단체교섭법론

이 준 희

신 조 사

COLLECTIVE BARGAINING LAW

BY

Jun Heui Lee

SINJOSA
Seoul, Korea
2017

머 리 말

노동법을 공부하는 사람들은 누구나 가슴에 이상(理想)의 노동법을 가지고 있습니다. 이상과 현실의 괴리는, 때로는 괴로움을 때로는 현실 노동법에 대한 치열한 해석 욕구를 동시에 발현시키는 에너지입니다. 이 에너지가 누적되어 임계점에 이르게 될 때 공부하는 사람은 새로운 입법론을 고민하지 않을 수 없게 됩니다. 2010년 1월 1일 노동조합 및 노동관계조정법이 큰 폭으로 개정됐습니다. 이상의 노동법과 더 다른 쪽을 향해 직선으로 방향을 잡은 현실 노동법에 직면해야 했습니다. 2010년 이후의 단체교섭법은 오랜 시간 공부하고 기도하면서 그려온 아름답고 완결된 법전의 체계와 너무 다릅니다. 게다가 그나마 주어진 조문의 내용 및 체계와도 맞지 않는 해석론들이 이미 화석처럼 딱딱하게 자리 잡아 우리의 단체교섭 제도를 규정하고 있습니다. 이 조문들과 해석론들이 과연 공동체 구성원들에 대한 방향제시와 분쟁해결 기준이 될 수 있을지 혼란스러웠습니다. 눈앞에 덩그러니 놓인 현실의 단체교섭 관련 조문들을 이성적으로 풀이하고 납득할 만하게 적용되도록 하려면, 법전 전체를 아우르는 안목과 노동법 및 노사관계의 역사적 흐름을 꿰뚫는 식견에 기초해서 상식이나 관행에 사로잡히지 않는 새로운 해석론을 만들어내야 했습니다. 올바른 해석론은 올바른 입법론으로 이어지게 되므로 이러한 작업은 더욱 절실했습니다. 저와 같이 모자란 사람이 쉽사리 할 수 없는 어려운 일이었습니다.

어설픈 해석 욕구가 치열하게 올라왔지만 두려운 마음으로 누르면서 여러 해 동안 고민하고 정리했습니다. 그 과정은 2014년 모교 은사이신 하경효 교수님의 지도를 받아 박사학위 논문을 쓰면서 한 매듭을 지을 수 있었습니다. 선생님께서는 더디고 부족한 제자를 오랜 시간 인내하고 기다려주셨습니다. 턱없이 부족한 문장들을 들고 늦은 밤 찾아온 제자에게 따뜻한 차를 사주시면서 타이르고 가르쳐주셨던 시간들을 잊을 수 없습니다. 학위 논문을 쓰면서 정리했던 내용을 더 다듬고, 독백이 아닌 대화를 염두에 두면서 생략했던 내용들을 추가했습니다. 입법론까지 너무 많이 나아가지 않고 해석론으로서 충실하고자 했습니다. "단체교섭은 서로를 위해 보장된 대화"라는 명제가 참이 되도록 하기 위해 한 방향을 향해 논리를 집중했습니다. 진영 논리에서 벗어나고자 애썼습니다. 완결된 체계라고 하기에는 아직 한계가 분명해 보입니다. 하지만 이 작은 책자가 논쟁의 밀알이 될 수 있다면 더 바랄 게 없겠습니다. 편안하고 재미있게 읽어주신다면 정말 행복하겠습니다.

공부의 한 매듭을 만들면서, 너무도 과분한 가르침을 넘치게 주셨던 큰 산 같은 모교 선생님들, 자랑스러운 민사법 전공 선배님들과 동기와 후배들, 글을 통해 가르침을 주신 학계의 여러 선생님들, 실무에 눈을 뜨게 해주신 한국경영자총협회의 선배님들과 동료들, 무수한 현실의 난제들에 대해 함께 이야기 나눠주신 현장의 노사 실무자분들을 기억하지 않을 수 없습니다. 또 공부하는 남편을 항상 지지해준 아내 순영, 아빠에게 늘 힘을 주는 서연과 주연, 그리고 부모님과 가족들에게 사랑과 고마움을 전합니다. 느닷없는 출판 제의를 수락하시고 정성스레 책을 만들어주신 신조사에도 깊은 감사 말씀을 드립니다.

2017년 11월

이 준 희 드림

읽으시는 분들께

* 독자 대부분은 아마 연구자이거나 전공자, 전문가 또는 노사관계 현장에서 실무를 담당하시는 분들이리라 짐작됩니다. 그렇다면 이 책을 활용하는 방법에 대해 조언하는 것은 글쓴이의 쓸데없는 노파심일지도 모르겠습니다. 양해를 구하면서 몇 마디 덧붙입니다.

* 이 책은 관련 지식을 일목요연하게 정리하려는 목적으로 쓴 것이 아니라 우리나라의 단체교섭법을 정확히 해석하고 적용하는 방법에 관해 독자들을 설득하고자 쓴 것입니다. 참고서 또는 해설서로 사용하기 위해 이 책을 고르신 분들께는 생각보다 친절하지 않은 구성을 가지고 있을 수 있습니다.

* 참고서나 해설서로서 활용하고자 하시는 분을 위해 참고문헌과 상세한 사항색인을 마련했습니다. 2017년 11월 현재 판례까지 반영해서 최근의 흐름을 놓치지 않도록 했습니다.

* 참고서로만 보시려고 하는 분이더라도 적어도 제3장까지는 한 번 순서대로 읽어주시기를 부탁합니다. 이 책이 견지하는 관점을 파악하면 사항색인을 통해 찾아본 내용도 더 쉽게 이해하고 활용할 수 있게 될 것이기 때문입니다. 끝까지 읽어주신다면 글쓴이로서는 더 다행스럽겠습니다.

* 단체교섭법제에 대해 처음 공부하시는 분은 [보충논의]와 [관련판례]는 건너뛰고 본문만 빠르게 읽는 것도 효과적인 방법입니다.

＊ 저자에게 주시고 싶은 조언이나 의문 또는 이견이 있으면 www.facebook.com/with.junny로 찾아오셔서 말씀을 남겨주시거나 ljunny@hanmail.net, ljunny@kef.or.kr로 메일을 보내주시기 바랍니다.

차 례

제 3 장 단체교섭의 주체와 상대방

제 4 장 단체교섭의 목적과 대상

제 5 장 단체교섭의 종류와 방식, 절차

제 6 장 단체교섭 관철수단

참고문헌

1. 국내 문헌

[단행본]

강희원, 「노동법 기초이론」, 동림사, 2004, 234.
강희원, 「노동헌법론」, 법영사, 2011
강희원/ 김영문, 「근로자개념과 계약의 자유」, (주)중앙경제, 2001
권　혁, 「단체교섭질서와 원하청관계」, 법문사, 2012
김영문/ 이상윤/ 이　정, 「부당노동행위제도와 원하청관계」, 법문사, 2012
김유성, 「노동법Ⅱ」, 법문사, 1998
김치선, 「노동법강의」, 박영사, 1990
김형배, 「노동법(제23판)」, 박영사, 2014
김형배, 「노동법(제8판)」, 박영사, 1996
김형배, 「새로 쓴 노동법(제25판 전면개정판)」, 박영사, 2016
김형배, 「항운노조 조합원과 사용자 사이의 법적 관계」, 1996
노동법실무연구회, 「노동조합 및 노동관계조정법 주해Ⅰ」, 박영사, 2015
박덕배, 「사회법서설과 노동법」, 민중서관, 1956
박상필, 「한국노동법」, 대왕사, 1991
박홍규, 「노동단체법」, 삼영사, 2002
유성재, 「판례노동법」, 법문사, 2008, 702쪽
이　정, 「파견과 도급에 관한 비교법적 연구」, 법문사, 2014
이병태, 「최신 노동법」, 중앙경제사, 2008
이상윤, 「노동법」, 법문사, 2012
이영희, 「노동기본권의 이론과 실제」, 까치글방, 1990
이흥재, 「노동법 제정과 전진한의 역할」, 서울대학교출판문화원, 2010
임종률, 「노동법」, 박영사, 2017
하갑래, 「집단적 노동관계법」, 중앙경제, 2016
하경효, 「노동법사례연습」, 박영사, 2006

하경효/ 김규완/ 박지순/ 백경일/ 방준식/ 권 혁, 「사내하도급과 노동법」, 신조사, 2006
홍영표, 「노동법론」, 법문사, 1962

계희열, 「통일독일헌법원론」, 박영사, 2001
권영성, 「헌법학원론」, 법문사, 2008
김철수, 「헌법학개론」, 박영사, 2007
성낙인, 「헌법학」, 법문사, 2007
전광석, 「한국헌법론」, 법문사, 2010
정종섭, 「헌법학원론」, 박영사, 2013
허 영, 「한국헌법론」, 박영사, 2008
허 영, 「헌법이론과 헌법」, 박영사, 2010
홍성방, 「헌법학」, 현암사, 1999
변정일, 「미국헌법과 아시아 입헌주의」, 고시연구사, 1995

김형배, 「민법학강의」, 신조사, 2006
송덕수, 「신민법강의」, 박영사, 2010
신동운/ 김영환/ 이상돈/ 김대휘/ 최봉철, 「법률해석의 한계」, 법문사, 2000
이영준, 「한국민법론」, 박영사, 2003
이상돈, 「기초법학」, 법문사, 2010

강만길/ 최윤오/ 박은숙/ 하원호/ 곽건홍, 「한국노동운동사」, 고려대노동문제연구소, 2004
유종선, 「미국사 100장면」, 가람기획, 1995
이원보, 「한국노동운동사 100년의 기록」, 한국노동사회연구소, 2013
Cole, 「영국 노동운동의 역사」, 김철수 옮김, 책세상, 2007
Howard Zinn, 「살아있는 미국역사」, 김영진 옮김, 추수밭, 2008
Rousseau, 「인간불평등기원론/사회계약론」, 최석기 옮김, 동서문화사, 2007
Schulze, 「새로 쓴 독일 역사」, 반성완 옮김, 知와 사랑, 2008
Supiot, 「프랑스 노동법」, 박제성 옮김, 오래, 2011
Giorgio Agamben, 「예외상태(Stato di eccezione)」, 김 항 옮김, 새물결, 2009
Calvin, 「기독교 강요1」, 고영민 옮김, 기독교문화사, 2010

민중서림, 「민중 에센스 국어사전」, 2006

고용노동부, 「2015년 전국 노동조합 조직현황 보고서」, 2016
고용노동부, 「노조법 개정 설명자료」, 2010
고용노동부, 「사업(사업장) 단위 복수노조 업무매뉴얼」, 2010, 9
고용노동부, 「일본 노동법령집」, 2004
고용노동부, 「집단적 노사관계 업무매뉴얼」, 2013
고용노동부, 「필수유지업무제도 운영안내」, 2007
국회, '제183회 국회 제2차 환경노동위원회 회의록', 1997. 2
노동부, 「ILO 주요협약집」, 2002
노사관계개혁위원회, 「노사관계 개혁백서」, 1998. 2
중앙노동위원회, 「복수노조 업무 매뉴얼」, 2011
중앙노동위원회, 「조정 및 필수유지 업무 매뉴얼」, 2013
노사관계제도선진화연구위원회, 「노사관계 법·제도 선진화 방안」, 2003
김영환, 「영국의 임금수준 결정구조」, 한국노동연구원, 1997
김기선/ 박제성 編, 「노동판례리뷰 2012~2013」, 한국노동연구원, 2014
문무기/ 김홍영/ 송강직/ 박은정, 「부당노동행위제도 연구」, 한국노동연구원, 2005
박종희, 「노동조합의 조직유형과 단체교섭당사자적격」, 한국노동연구원, 1998
박지순/ 박제성/ 박은정, 「기업집단과 노동법」, 한국노동연구원, 2007
이승욱, 「교섭단위분리제도에 관한 연구」, 중앙노동위원회, 2010
하경효, 「단체교섭구조 개선방안을 위한 연구」, 노사정위원회, 1999
노동조합활동실태조사단, '노동조합 활동 실태 조사·연구결과', 2010. 4. 20
경제사회발전노사정위원회, 「노사관계선진화위원회 활동보고」, 2009. 7
노사정위원회, 경제 위기 극복을 위한 노사민정 합의문, 2009. 2. 23
경제단체협의회, 「단체협약 체결지침」, 2014
한국경영자총협회, 「노동관계법 연구」, 1997
한국경영자총협회, 「복수노조와 단체교섭-현장 노동법 실무 시리즈 II」, 2010
한국경영자총협회, 「판례로 본 노무관리」, 1994
한국노동법학회, 「노동법 60년사 연구」, 2012
한국노총 중앙연구원, '전임자 및 노조의 활동과 역할에 관한 실태조사보고서', 2009
한국노총, '[논평] 교섭창구단일화제도, 반드시 개정할 것(교섭창구단일화제도 헌법소원 기각 판결에 대한 입장)', 2012. 4. 24

[학위 논문]

강선희, 「단체협약 효력의 정당성 기초와 내용」, 고려대학교 박사학위 논문, 2009
강성태, 「근로자의 개념」, 서울대학교 박사학위 논문, 1994
고호성, 「노동법상의 집단적 자치원리」, 서울대학교 박사학위 논문, 1995
김미영, 「미국 집단적 노사관계법상 단체협약 법리에 관한 연구」, 고려대학교 박사학위 논문, 2007
김상호, 「협약자치의 한계에 관한 연구」, 고려대학교 박사학위 논문, 1999
김용진, 「복수노조 하에서의 교섭창구 단일화 제도」, 고려대학교 석사학위 논문, 2011
오세웅, 「공무원의 근무조건 결정 구조에 관한 연구」, 고려대학교 박사학위 논문, 2014
이준희, 「직장 내 집단 괴롭힘에 대한 연구」, 고려대학교 석사학위 논문, 2009
이철수, 「단체교섭의 근로자 측 주체에 관한 비교법적 연구」, 서울대학교 박사학위 논문, 1995
장우찬, 「단체교섭에서의 성실교섭의무에 관한 연구」, 서울대학교 박사학위 논문, 2012

[논문]

강선희, '노동기본권과 소수 노동조합의 협약능력 및 단체협약의 효력에 관한 연구', 「노동법학」(제38호), 한국노동법학회, 2011
강성태, '관리적 근로자의 부당노동행위 주체성', 「노동법연구」(제2호), 서울대 노동법연구회, 1992
강성태, '영국의 노동조합승인제도 : 새로운 단체교섭제도의 이해를 중심으로', 「노동법연구」(제19호), 2005. 12
강신준, '정파문제의 역사적 경험과 민주노조 운동의 발전 전략', 「산업노동연구」(제15권), 2009
고호성, '단체협약의 기본법리 시론', 「노동법의 쟁점과 과제(김유성 교수 화갑기념)」, 2000
권 혁, '교섭창구단일화제도와 산별교섭', 「노동법학」(제43호), 한국노동법학회, 2012
권창영, '노동가처분에 관한 최근 동향', 「노동법학」(제51호), 한국노동법학회, 2014

김동욱, '권리분쟁 사항이 쟁의행위의 목적이 될 수 있나?', 「월간 노동법률」, 2015. 4
김동욱, '교섭단위와 교섭당사자', 「노동판례리뷰 2012~2013」, 한국노동연구원, 2014
김동욱, '복수노조 사업장의 징계 관여 노동조합 결정', 「월간 노동법률」, 2013. 6
김미영, '한국과 미국의 단체교섭법제 비교', 「노동법학」(제40호), 한국노동법학회, 2011
김상호, '교섭단위 분리에 관한 법적 쟁점 고찰', 「노동법학」(제43호), 한국노동법학회, 2012
김상호, '복수노조·교섭창구 단일화 개정 내용의 평가', 「노동법 포럼」(제5호), 노동법 이론실무학회, 2010
김상호, '프랑스의 단체협약 적용의 연구', 「성균관법학」(제20권 제3호), 2008
김선수, '단체협약체결권의 법리를 왜곡한 대법원 판결', 「법과 사회」(제8호), 1993
김성진, '권리분쟁과 쟁의행위대상', 「노동법연구」(제60호), 2016
김소영, '쟁의행위의 정당성 판단과 권리분쟁', 「법학연구」(충남대 법학연구소, 제27권 4호), 2016
김영문, '복수노조와 협약자율', 「노동법학」(제38호), 한국노동법학회, 2011
김유성, '조합대표자의 단체교섭권한과 협약체결권한', 「사법행정」(제34권8호), 1993
김인재, '노동조합의 공정대표의무 시론 「노동법의 쟁점과 과제」(김유성 교수 화갑기념), 2000
김재훈, '공무원노동조합의 단체교섭 및 단체협약에 관한 연구', 「노동법연구」(제23호), 서울대 노동법연구회, 2007
김종진 외3인, 「복수노조 시행 전후 노사관계 비교 연구」, 민주노총 정책연구원, 2012
김형배, '노동조합의 대표성과 제2노조의 문제', 「노동법학」(제2호), 한국노동법학회, 1989
김홍영, '노동위원회의 노동쟁의조정 대상의 확대', 「노동법연구」(제19호), 서울대 노동법연구회, 2005
김홍영, '파업시 유지되는 필수유지업무의 범위와 관련된 조항의 법리적 해석 토론문', 「노동쟁의의 해결과 공익보호」, 한국노동법학회 2007년도 하계학술대회 자료집, 2007

노상헌, ‘교섭의제 결정에 관한 설명의무와 공정대표의무’, 「노동판례리뷰 2012~2013」, 한국노동연구원, 2014

노상헌, ‘단체협약의 해석과 적용에서의 공정대표의무’, 「노동법학」(제51호), 한국노동법학회, 2014

류문호, ‘노동조합법상 사용자 개념의 이원성’, 「노동정책연구」 제14권 제2호, 2014

문무기, ‘필수유지업무의 범위와 관련 법조항의 법리 해석’, 「2007 노동법의 쟁점(Ⅰ)」, 한국노동연구원, 2007

박 철, ‘법률의 문언을 넘는 해석과 법률의 문언에 반하는 해석’, 「법철학연구」(제6권 1호), 한국법철학회, 2003

박수근, ‘경영상 해고와 고용안정협약’, 「노동법학」(제39호), 한국노동법학회, 2011

박은정, ‘노동분쟁해결제도 개선방향의 모색’, 「노동법학」(제22호), 한국노동법학회, 2006,

박제성, ‘필수공익사업의 쟁의행위에 대한 새로운 규율 : 필수유지업무와 대체근로’, 「노동정책연구」 제7권 제3호, 2007

박종희, ‘교섭창구 단일화 방안의 안정적 정착을 위한 해석방안’, 「안암법학」(제34호), 안암법학회, 2011

박종희, ‘노동3권의 보장의의와 내용’, 「고려법학」 제48호, 고려대학교 법학연구원, 2007

박종희, ‘노동조합의 개념과 협약능력’, 「노동법에 있어서 권리와 책임」(김형배교수 화갑기념), 1994

박종희, ‘단체교섭 당사자 확정의 법리: 자율성과 효율성, 특히 단위노동조합 하부조직인 지부 분회와 연합단체의 단체교섭 당사자 적격성을 중심으로’ 「노동법학」(제17호), 한국노동법학회, 2010

박종희, ‘독일 집단적 노사관계법상 판례 법리의 주요 특징’, 「고려법학」(제58호), 고려대학교 법학연구원, 2010

박종희, ‘복수노조 하에서의 단체교섭창구단일화’, 「고려법학」(제36호), 고려대학교 법학연구원, 2001

박종희, ‘사용자의 정당한 단체교섭 거부와 이를 이유로 하는 쟁의행위의 위법성’, 「월간 경영계」(제240권), 1998. 3

박종희, ‘협약자치의 견지에서 본 단체교섭응낙가처분결정인용에 관한 비판적 고찰’, 「안암법학」(제31호), 안암법학회, 2010

박지순, ‘공정대표의무의 의의와 내용’, 「월간노동리뷰」, 2011. 6

박지순, ‘노동법 규제개혁의 관점과 방법 : 노동법적용의 탄력화와 근로계약법 제정을 중심으로’, 「경영법률」, 한국경영법률학회, 2009
박지순, ‘노동법에서의 학설, 그 현상과 문제점’, 「안암법학」(제31호), 안암법학회, 2010
방준식, ‘노동쟁의의 대상범위에 대한 소고’, 「월간 노동법률」, 2016. 7
손창희, ‘단체교섭, 교섭권과 협약 체결권한에 관한 고찰’, 「노동관계법 연구」, 한국경영자총협회, 1997, 120.
송강직, ‘교섭대표 노동조합의 공정대표의무’, 「노동법연구」(제34호), 서울대 노동법연구회, 2013
유성재, ‘2010년 개정 노동법에 대한 입법론적 평가’, 「노동법학」(제34호), 한국노동법학회, 2010
유성재, ‘노동조합 대표자의 협약체결권 제한 가능성’, 「노동법연구」(제30호), 서울대 노동법연구회, 2011
유성재, ‘단체협약의 경합·병존과 단일 단체협약의 원칙’, 「노동법학」(제29호), 한국노동법학회, 2009
윤성천, ‘사업(장) 단위에서의 복수노조와 단체교섭 문제’, 「노동법학」(제8호), 한국노동법학회, 1998
이 정, ‘자율교섭과 교섭단위분리에 관한 법적 쟁점’, 「노동법학」(제41호), 한국노동법학회, 2012
이정원, ‘항만하역근로자의 법적지위에 대한 고찰’, 「한국해법학회지」(제33권 제1호), 2011. 4
이광택, ‘조합원총회의 결과에 따라 단체협약을 체결하도록 한 협약규정에 대한 행정관청의 변경명령’, 「노동법학」(제3호), 한국노동법학회, 1991
이상윤, ‘권리분쟁과 이익분쟁’, 「월간 노동법률」, 2016. 7
이승길·조성관, ‘노동위원회 조정제도의 활성화를 통한 분쟁해결방안에 관한 소고’, 「노동법연구」(제33호), 2012
이승욱, ‘공무원 단체교섭제도의 문제점과 개선방안’, 「노동법연구」(제25호), 서울대 노동법연구회, 2008
이승욱, ‘교섭단위 분리제도의 내용과 쟁점 : 복수노조 시대 무엇이 쟁점인가’, 「월간노동리뷰」, 2011. 6
이승욱, ‘교섭창구단일화의 절차를 둘러싼 노동법상 쟁점’, 「사법」(제15호), 사법발전재단, 2011
이승욱, ‘노동쟁의조정 대상의 재검토’, 「법학논집」(이화여대 법학연구소, 18권 4

호), 2014

이승욱, '복수노조와 교섭창구단일화', 「법과 노동의 소통 Ⅲ」(서울대 노동법연구회 가을학술발표회 자료집), 2009. 10

이승욱, '항만근로자의 근로조건결정', 「노동법학」(제15호), 한국노동법학회, 2002

이영희, '단체교섭권의 법적성질과 문제', 「노동법과 현대법의 제문제」(심태식 박사 화갑기념), 1983

이원우, '일본 노동운동 변천과정과 노사관계 동향', 「노사공포럼」(계간), 통권 제11호, 2008. 9

이종복, '노동조합법 제33조 1항의 단체교섭권의 의미', 「판례월보」, 1991

이종복, '단체협약 추인조항의 합법성', 「사법관계와 자율」(이종복 교수 논문집), 1993

이종복, '조합내 의사결정과 단체교섭', 「사법관계와 자율」(이종복 교수 논문집), 1993

이종복, '협약자율의 우위성', 「사법관계와 자율」(이종복 교수 논문집), 1993

이준희, '권리분쟁 사항과 단체교섭 사항에 대한 재검토', 「노동법논총」(제40집), 2017

이준희, '교섭창구 단일화 체계 하에서 소수노조가 갖는 단체교섭권의 범위', 「노동법포럼」(제18호). 2016. 7

이준희, '필수유지업무제도에 대한 법리 검토', 「노동정책연구」 제8권 제2호, 2008

이철수, '교섭창구단일화와 관련한 법률적 쟁점', 「노동법연구」(제18호), 서울대 노동법연구회, 2005

이철수, '단체교섭거부와 불법행위책임', 「월간 노동법률」, 2007. 1

이철수, '복수노조·노조 전임제의 법리와 입법론적 과제', 「복수노조·전임자 문제 어떻게 풀 것인가」(노사정대토론회자료집), 2009

임종률, '단체교섭의 대상', 「노동법에 있어서 권리와 책임」(김형배 교수 화갑기념논문집), 1994

임종률, '단체협약 체결에 관한 인준투표', 「성균관법학」(7호), 1996

전윤구, '노동법의 과제로서의 근로자 인격권 보호 (1)', 「노동법연구」(제33호), 서울대 노동법연구회, 2012

전윤구, '파업권의 주체에 관한 비교법적 검토', 「민사법의 현대적 과제와 전망」(서광민 박사 정년기념), 2007

정명현, '교섭대표의 선정방식 및 법적 지위에 관한 고찰', 「서울대학교 법학」(제53권), 2012

정인섭, '노동관계와 파업결정단위' 「노동법연구」(제29호), 서울대 노동법연구회, 2010

정진경, '노동조합 대표자의 단체교섭권과 단체협약체결권', 「노동법강의」, 법문사, 2002

조상균, '개정노조법상 교섭창구 단일화 방안을 둘러싼 문제' 「노동법논총」(제18집), 비교노동법학회, 2010

조상균, '교섭창구단일화제도의 쟁점과 문제점', 「노동법학」(제43호), 한국노동법학회, 2012

조상균, '복수노조하에서의 소수조합의 법적 지위', 「노동법논총」(제23집), 비교노동법학회, 2011

조용만, '헌법상 단체교섭권의 보장과 교섭창구 단일화제도', 「노동판례리뷰 2012~2013」, 한국노동연구원, 2014

최홍엽, '고용안정협약의 법적성격과 경영사항', 「노동법학」(제51호), 한국노동법학회, 2014

최홍엽, '중재의 대상이 되는 노동쟁의의 범위', 「노동판례 비평」, 1997

최홍엽, '중재재정의 대상', 「노동법학」(제13호), 한국노동법학회, 2001

하경효, '노사관계환경의 변화와 노사자율질서의 발전 방향', 「서강법학」(제5권), 2003

하경효, '단체교섭 대상, 어디까지 가능한가', 「월간 경영계」(제222권), 1996. 8

하경효, '단체교섭거부에 대한 구제방법과 내용', 「민사법의 현대적 과제와 전망」(서광민 박사 정년기념), 2007

하경효, '복수노조와 단체협약의 근로조건 통일기능', 「고려법학」(제70호), 고려대학교 법학연구원, 2013

하경효, '한국의 노동쟁의조정제도의 문제점과 개선방안', 「노사저널」(통권 55호), 산업노동연구원, 1996. 8

허영구, '민주노총 민주주의의 위기', 「월간 좌파」(통권 2), 2013

홍찬표, '미국 노사관계의 역사적 발전과정에 관한 연구', 「노동연구」(제16집), 2008. 10

2. 해외 문헌

[단행본]

菅野和夫, 「勞働法」, 弘文堂, 2012
渡辺 章, 「勞働法講義(下)」, 信山社, 2011
林 弘子, 「勞働法」, 法律文化社, 2014
山口浩一郎, 「勞働組合法」, 有斐閣, 1996
西谷 敏, 「勞働法」, 日本評論社, 2013
西谷 敏, 「勞働組合法」, 有斐閣, 2012
石川吉右衛門, 「勞働組合法」, 有斐閣, 1978
日本勞働法學會, 「現代勞働法講座4」, 總合勞働硏究所, 1981
日本勞働法學會, 「現代勞働法講座7」, 總合勞働硏究所, 1982
村田毅之, 「日本の勞使關係法」, 晃洋書房, 2012
秋田成就, 「勞使關係法Ⅰ」, 信山社, 2012
下井隆史, 「勞使關係法」, 有斐閣, 1995
荒木尙志, 「勞働法」, 有斐閣, 2013

Biedenkopf, 「Grenzen der Tarifautonomie」, 1964
Bötticher, 「Gestaltungsrecht und Unterwerfung im Privatrecht」, 1964
Brox / Rüther / Henssler, 「Arbeitsrecht」, Kohlhammer, 2004
Däubler(Hrsg.), 「Kommentar zum Tarifvertragsgesetz」, Nomos Verlagsgesellschaft, 2003
Douglas L. Leslie, 「Labor Law」, Thomson/West, 2008
Hansjörg Otto, 「Arbeitsrecht」, De Gruyter Recht, 2008
Harper/ Estreicher/ Flynn, 「Labor Law-Cases, Materials, and Problems」, Wolters Kluwer, 2007
Higgins(Editor in Chief), 「The Developing Labor Law(Sixth Edition) Vol. Ⅰ」, BloombergBNA, 2012
Löwisch / Rieble, 「Tarifvertragsgesetz」, Vahlens Kommentare, 2004
Oberer/ Hanslowe/ Heinsz, 「Labor Law-Collective Bargaining in a Free Society」, West Publishing Co, 1994
Rieble, 「Verfassungsfragen der Tarifeinheit」, ZAAR, 2010

Rivero/ Savatier, 「Droit du travail」, Presses Universitaires de France, 1993
Scholz, 「Koalitionsfreiheit als Verfassungsproblem」, 1971
Simon Honeyball, 「Textbook on Labour Law」, Oxford, 2006
Sinzheimer, 「Der korporative Arbeitsnormenvertrag」, 1907
Sinzheimer, 「Grundzüge des Arbeitsrechts」, 1927

The Committee on Freedom of Association of ILO, 「Freedom of Association」, ILO, 1996
Susan Hayter(Edited by), 「The Role of Collective Bargaining in the Global Economy」, ILO, 2011

[논문]

根本到, '日本における公正代表義務論', 「勞働法律旬報」(제1727호), 2010. 9
山口浩一朗, '労働者派遣の見直しと今後の派遣労働', 「労働法令通信」(제2202호), 2010. 8
三宅 正男, '不当労働行為', 「現代勞働法講座7」, 日本勞働法學會, 1982
三浦惠司, '団交拒否', 「現代勞働法講座7」, 日本勞働法學會, 1982
水町勇一郎, '団体交渉は組合員の勞働契約のためにあるのか?', 「勞働法と現代法の理論(西谷 敏 先生 古稀記念論集 下)」, 2013
手塚和彰, '団交と協議·参加', 「現代勞働法講座4」, 日本勞働法學會, 1981
中山和久, '団体交渉権とその法的構造', 「現代勞働法講座4」, 日本勞働法學會, 1981
秋田成就, '上部団体の団体交渉権', 「現代勞働法講座4」, 日本勞働法學會, 1981

Rieble, 'Der Tarifvertrag als kollektive-privatautonomer Vertrag', 「ZfA」(Vol.31), 1/2000
Junker, 'Grundfragen der Tarifeinheit in den Mitgliedstaaten der EU', 「ZfA」(Vol.42), 6/2011

Richard Freeman, 'New Roles of collective bargaining in the global economy', 「The Role of Collective Bargaining in the Global Economy」, ILO, 2011

3. 인터넷 사이트

독일 법령 검색 : www.gesetze-im-internet.de/
미국 판례 검색 : www.uscourts.gov/FederalCourts.aspx
미국 법령 검색 : www.law.cornell.edu/
영국 법령 검색 : www.legislation.gov.uk/ukpga/
일본 법령 검색 : www.houko.com/
한국 판례 검색 : glaw.scourt.go.kr/wsjo/intesrch/sjo022.do
한국 법령 검색 : www.law.go.kr/main.html
노동위원회 판정례 검색 : www.nlrc.go.kr/search/search_case.jsp
국회 계류 법안(개정안) 검색 : likms.assembly.go.kr/bill/jsp/main.jsp
조선왕조실록 검색 : sillok.history.go.kr/

제1장
단체교섭법 서설

Collective Bargaining

제 1 장 단체교섭법 서설

노사관계를 자유로운 사적 관계로 파악하고 있는 자본주의사회에 있어서의 노동법 중에서 국가가 점해야 할 위치는 과연 어떡해야 할 것인가?
- 김진웅 -

제1절 단체교섭의 가치

Ⅰ. 단체교섭의 기원과 의미

노동조합은 사용자와 대화하기 위해 존재하는 조직이다. 대화의 주된 방법은 단체교섭이다. 하지만 역사는 단체행동을 중심으로 기록되어 있다. 우리나라 최초의 단체행동은 1888년 당시 함경도 고산군 초산역 대동광에서 있었던 광산 노무자들의 폭동이었다고 한다.[1] 초산역 사건을 최초라고 보는 이유는 임금을 받으며 생활하던 근로자들이 단체를 이루어 집단적 행위에 나선 것만을 검토의 대상으로 삼고, 그 외의 피지배 빈민들의 민란이나 저항운동은 제외했기 때문이다. 1888년은 조선 후기에 임금을 받고 노동력을 제공하는 근로형태가 만들어져 가던 시기이다. 임금노동이 시작하는 것과 거의 같은 시기에 이미 파업이 발생하고 있다. 광산 노동자들이 폭동을 일으키면서 한 일은 관청을 습격하여 불을 지르고 관리들을 벌주는 것이었다고 하는데, 대다수의 광산이 국유였던 당시 상황을 고려하면 그것은 사용자에 대한 집단적 대항수단을 사용한 것이라고 볼 수 있다. 이후에도 크고 작은 파업과 폭동이 계속 이어졌으며 1929년에 1월부터 4월까지 계속된 원산총파업은 한국 노동운동사상 초

1) 강만길 외, 「한국노동운동사」, 148쪽; 이원보, 「한국노동운동사 100년의 기록」, 36쪽.

유의 지역단위 동맹파업으로 기억되고 있다.[2] 영국에서는 1808년 랭커셔(Lancashire) 지방 면방직공업 근로자들이 최저임금법의 부결에 분노하여 대규모 파업을 일으켰는데 그것이 최초의 대규모 단체행동이라고 기록되고 있다.[3] 1811년 시작된 러다이트 기계파괴운동(Luddite Movement)보다 앞선 시기이다. 독일에서는 이보다 다소 늦은 1844년에 첫 대규모 파업의 기록이 남아 있다. 페터스발다우(Peterswaldau)와 랑엔빌라우(Langenbielau) 지방에서 직조공들이 폭동을 일으켜 생산시설을 파괴하고 공장주의 집을 습격했다.[4] 이는 1848년 3월 혁명의 기폭제가 됐다고 한다. 근로자들의 단체행동의 최초의 모습들은 방화와 파괴, 죽음의 이미지가 교차되어 있다. 1877년 미국 철도 파업(The Great Railroad Strike) 당시에 각 주 방위군이 파업을 유혈진압 한 사례[5]가 대표적이다.

그러나 노동조합과 같은 근로자단체가 처음으로 결성되었던 모습이나 단체교섭이 최초로 열렸던 장면에 대한 기록은 희미하다. 영국 최초의 노동조합은 18세기에 이미 활동하고 있었다고 하고, 그때 이미 사용자와 근로자 사이의 교섭이 진행되고 있었다고 하는 식의[6] 두루뭉술한 기록을 찾아볼 수 있을 뿐이다. 단체행동에 대한 기록처럼 선명하지 않다. 아마도 노무를 제공하는 사람들이 단체를 이루어 행동에 나서기 전에 사용자나 관리들을 상대로 자신들의 요구사항을 전달하려고 시도했을 수도 있다. 그 요구사항들 중 일부를 사용자가 받아들여주기도 했을 것이다. 또한 단체행동을 통해 사용자를 굴복시킨 이후에 자신들의 요구사항을 전달하고 그 주장을 관철시키는 과정이 뒤따랐을 것이 틀림없다. 1869년 미국에서 노동기사단(Knights of Labor)이 각종 파업을 주도하면서 8시간 근

2) 한국노동법학회, 「노동법 60년사 연구」, 354쪽.
3) Cole, 「영국 노동운동의 역사」, 김철수 옮김, 64쪽.
4) Schulze, 「새로 쓴 독일 역사」, 반성완 옮김, 130쪽.
5) Howard Zinn, 「살아있는 미국역사」, 김영진 옮김, 139쪽.
6) Cole, 「영국 노동운동의 역사」, 김철수 옮김, 57쪽 이하.

로제 입법화, 근로자의 건강과 안전, 아동노동 금지, 철도와 전신전화의 국유화 등을 주장한 것,[7] 1898년 2월 목포부두 동맹파업 당시 파업을 주도한 부두 노무자들이 임금 지급방식 개선, 임금 인하 반대, 십장(什長)의 중간착취 거부, 일본인들의 행패 방지 등을 요구했던 것[8] 등을 보면 단체행동을 전후하여 사용자들을 상대로 교섭을 하려고 하는 단체교섭 시도가 존재했다는 것을 확인할 수 있다. 하지만 공장제 산업화 초기의 근로자들이 그와 같은 방법으로 자신들의 요구사항을 전달하고 사용자들의 양보를 얻어냈던 과정을 오늘날 우리가 누리고 있는 단체교섭제도와 같은 것이라고 보기는 어렵다. 우리가 이 책에서 이야기 나누고자 하는 "단체교섭"이란 평화적인 방법으로 노동조합과 사용자가 각자의 주장을 가지고 상대방을 설득하거나 상대방의 주장을 수용해 나가는 것을 뜻하는 절차적 개념이고 그 자체로 완결된 개념이며, 헌법과 법률이 그 정당성을 떠받쳐주고 있는 제도이기 때문이다. 단순히 단체행동에 부수하거나 단체협약 체결만을 목적으로 존재하는 것이 아니다.

우리나라를 포함한 인류 역사의 기록에 선명하게 남아 있는 단체행동의 흔적들만큼 단체교섭의 형성 과정이 극적으로 기록되어 있지는 않지만, 오늘날 우리가 누리고 있는 단체교섭제도는 노동관계에서 근로자들과 사용자들이 오랜 기간 지난한 투쟁 과정을 거치면서 얻은 경험을 바탕으로 또 그만큼 오랜 기간 동안 머리를 맞대고 다듬고 고쳐서 만들어낸 소중한 열매이자 더없이 아름다운 제도적 장치이다. 근로자와 노동조합에는 단체교섭권을, 사용자에게는 단체교섭에 응할 의무를 부여하는 단체교섭법제가 마련됨으로써 노사가 평화적으로 단체협약을 체결할 수 있게 되었고, 단체행동이 극단과 파국으로 치닫는 것을 방지할 수 있게 되었다.

단체교섭이 제대로 이루어져야 근로자들의 근로조건이 합리적으로 개

---

7) 유종선, 「미국사 100장면」, 249쪽 이하; 홍찬표, '미국 노사관계의 역사적 발전과정에 관한 연구', 42쪽.

8) 강만길 외, 「한국노동운동사」, 199쪽; 이원보, 「한국노동운동사 100년의 기록」, 36쪽.

선될 수 있고 노사관계가 안정적으로 유지될 수 있다는 확신을 통해 각국은 개별 기업, 산업 또는 지역 차원에서 자생적으로 발생하고 이루어지고 있던 단체교섭 및 단체협약 체결 관행을 법률적인 제도로 수용하려는 시도를 하게 된다. 이러한 시도는 다양한 형태로 나타나게 된다. 그 중 하나는 영국과 같이 단체교섭에 국가가 간여하지 않고 노사의 자율적 판단과 합의에 따라 교섭이 진행되도록 하고 그 결과 체결된 단체협약에 대해서도 임의규범적 성격만을 인정하는 소위 "임의주의" 유형이 있다.[9] 근로자단체의 단체교섭 요구와 단체행동, 단체협약 체결에 관해 국가가 과도하게 개입했던 것에 대한 반성의 결과이다. 또 다른 유형은 단체교섭의 결과물인 단체협약에 법령으로 규범적 효력을 부여하는 유형이다. 독일과 스위스에서 대표적인 사례를 찾을 수 있다. 스위스는 1911년 채무법(Obligationenrecht)에, 독일은 1918년 단체협약령(Tarifvertragsverordnung, 이하 'TVVO'로 약칭)에 단체협약의 규범적 효력을 규정하기 시작했다. 다음으로는 단체교섭 절차를 법률로써 보장하는 방법을 택하는 유형이 있다. 미국에서는 제1차 세계대전 발발 이후 1918년 전국전시노동위원회(National War Labor Board)를 설치하여 근로자들의 단체교섭권을 보장하기 시작한 이후로 1926년 철도산업법(Railway Act)에서 단체교섭권을 명문으로 인정하였다.[10] 우리나라는 단체협약에 규범적 효력을 부여하는 방법과 절차적 권리인 단체교섭권을 보장하는 두 가지 방법을 모두 택하여 입법화했다. 이와 같이 단체교섭제도를 보장하는 방법은 나라마다 서로 다르지만 대부분의 현대 국가들은 단체교섭제도의 가치와 의미에 주목하여 단체교섭권을 헌법상의 기본권 또는 그에 버금가는 권리로 인정하고 법률이나 오랜 판례의 축적을 통해 단체교섭 절차를 규범적으로 보장하고 있다는 점에서는 일치하고 있다.

---

9) 강성태, '영국의 노동조합승인제도 : 새로운 단체교섭제도의 이해를 중심으로', 「노동법연구」(제19호), 2005. 12, 56쪽 이하.

10) 김미영, 「미국 집단적 노사관계법상 단체협약 법리에 관한 연구」, 13쪽 이하.

Ⅱ. 단체교섭의 현대적 의의와 문제점

1995년 이후 최근까지 20여년 간 한국은 두 번의 큰 경제적인 위기를 겪었다. 하나는 1997년의 외환위기로 국제통화기금(IMF)의 구제금융 지원을 받아야 했던 시기이고, 또 하나는 2008년 미국 금융산업의 붕괴로부터 초래된 전 세계적 경제위기 상황에서 한국 역시 심각한 경제위기에 봉착했던 때이다. 그런데 이 두 번의 경제위기에 대하여 한국 사회가 대응한 방법은 외견상 상당한 차이가 있었고, 그 대응 방법의 차이는 한국이 그러한 경제위기로 인해 입은 충격의 크기와 그 충격으로부터 벗어나는 속도에도 영향을 미쳤다. 1997년 외환위기 시에는 국제통화기금(IMF)의 요구에 따라 수세적인 자세로 기업의 대규모 구조조정과 고용유연화를 통해 위기를 극복하려 했다면, 2008년에 다시 경제위기에 직면했을 때에는 정부와 경영계, 노동계 등 노·사·정이 중심이 되어 정부는 재정지원을 하고 경영계는 고용안정을 보장하기로 하며, 노동계는 임금 인상 요구를 자제하기로 하는 합의를 하고,[11] 그 합의를 바탕으로 최대한 고용안정을 유지하면서 경제위기 상황을 통과해 낼 수 있었다. 한국의 이와 같은 경험에 주목하면서 단체교섭 시스템을 통한 임금 및 고용 안정 확보가 경제적 불평등을 해소하고 근로자들의 구매력을 지지하여 재정 부문에서 초래된 경제위기 상황을 건강하게(healthy) 극복해 내는 데에 크게 기여할 수 있다고 분석하는 견해가 있다.[12] 20세기 후반 이후 경기변동에 대한 예측가능성이 현저히 낮아지고 위기가 상시화된 상황에서[13] 어떤 사회가 직면하게 된 위기의 원인과 그 극복 방법을 특정 요인에만 집

---

11) 경제 위기 극복을 위한 노사민정 합의문(2009. 2. 23).

12) Richard Freeman, 'New Roles of collective bargaining in the global economy', 256쪽.

13) 이와 같은 위기의 상시화의 의미와 역사적 전개, 그 규범적인 영향에 대해서는 Giorgio Agamben, 「예외상태(Stato di eccezione)」, 김 항 옮김, 30쪽 이하 참조.

중해서 설명하는 것은 분명 한계가 있다. 그리고 한국에서 2009년 초의 노사정 대타협과 그 의미에 대한 Richard Freeman평가에 온전히 동조하기는 어렵다. 오히려 합의 주체의 통제력과 실천력, 합의 주체로서의 자격과 정당성에 의문을 제기하는 목소리도 높았고, 정작 그 위기상황을 몸으로 겪으면서 지나온 많은 사회구성원들은 그와 같은 사회적 합의의 존재조차 모르는 경우가 많았다. 상층부에서의 노사정 합의의 내용이 과연 현장에서 이루어지는 개별 단체교섭으로 이어졌는지에 대해서도 추가적인 분석이 필요하다. 그러나 위기 상황에서 고용안정의 중요성에 주목하여 분석을 시도한 것은 매우 의미 있는 통찰이다. 자본시장에 대한 통제를 완화하고 노동조합의 역할을 최소화하여 고용을 고도로 유연화하는 것으로 대변되는 미국의 자본주의 모델[14)]은 2008년 금융시장 붕괴와 그로 인해 촉발된 경제위기의 가장 큰 원인이라고 지적되고 있다. 이러한 상황에서 미국 학자가 미국에 비해 상대적으로 충격을 덜 받으면서 안정적으로 위기를 극복해 나간 유럽의 대륙법계 국가들과 한국의 사례[15)]에 주목하게 된 것은 당연하다고 할 수도 있다. Richard Freeman은 단체교섭제도를 통한 노동조합의 고용안정 확보와 사용자에 대한 견제가 위기상황을 안정적으로 통제할 수 있는 매우 중요한 수단이 된다고 분석한 뒤에 근로자들과 함께 번영하면서 지속가능한 경기 회복을 유지하기 위해서는 노동조합들이 전통적인 단체교섭 그 이상의 무언가를 해주어야 한다고 지적하고 있다.[16)]

---

14) Richard Freeman, 'New Roles of collective bargaining in the global economy', 254쪽 이하는 미국 사회가 이를 "왕관의 보석과 같이 여긴다"고 표현한다.

15) 박지순, '노동법 규제개혁의 관점과 방법', 77쪽 이하는 시장중시형 노동법제와 조직중시형 노동법제로 분류하여 시장변동에 대응하는 각 노동법제의 특징과 양상의 차이에 대해 소개하고 있다.

16) Richard Freeman, 'New Roles of collective bargaining in the global economy', 269쪽 이하.

그렇다면 우리나라에서 단체교섭제도는 해외에서 바라보는 시각과 같이 그 역할을 충분히 해내고 있다고 볼 수 있는가? 시장중시형의의 노동법제를 가지고 있는 나라들과 비교하면 우리나라에서의 고용안정성이 상대적으로 높은 것은 사실이지만 이는 단체교섭의 기능이 온전히 확보되고 있어서라기보다는 근로기준법 등 노동 관련 법제도의 뒷받침에 힘입은 바가 크다고 보는 것이 옳다. 오히려 지나치리만큼 꼼꼼한 법률의 개입과 간섭이 노동관계 당사자들 사이의 자율적인 규범 형성과 이익조절 능력을 저해하고 있다고 생각된다. 특히 2010년 노동조합 및 노동관계조정법(이하 '노조및조정법'이라 약칭) 개정을 통해 복수노조 하에서의 단체교섭 창구단일화 제도가 도입된 이후 우리 헌법상 단체교섭권과 단체교섭제도는 오히려 새로운 위기에 봉착하고 있다. 법제사적으로 보면 노동관련 법률의 제·개정이 거듭될수록 단체교섭권의 범위가 점차 협소해지고 쟁의행위의 대상으로 인정되는 교섭사항의 범위도 함께 좁아져왔다.

헌법 제33조는 단체교섭권을 단결권 및 단체행동권과 함께 근로자의 권리로 명시하고 있지만 우리 노동법제의 해석과 노사관계의 현실에서는 단체교섭의 역할과 기능이 갈수록 축소되고 있다. 사용자는 노동조합의 단체교섭 요구에 적극성을 보이지 않으며, 노동조합도 사용자와의 자율적인 단체교섭을 통해 문제를 해결하기보다는 시민·사회단체나 상급 노동단체, 정치권 등 사업장 밖의 제3의 조력자에 의존하려는 경향이 점점 커지고 있다. 이러한 현상은 1997년 노조및조정법 제정 이후 노동쟁의의 개념과 노동위원회의 조정 대상 축소로 더욱 심화되고 있는 것으로 보인다. 이와 같은 통제된 규범 환경 하에서 노동관계 당사자의 자율적인 규율 정립과 집단적 자치를 통한 자율적인 문제해결 능력이 저하되어 가는 현상은 이미 서로 상승작용을 일으키면서 더욱 촉진되고 있다. 또한 우리나라는 초기에는 노동조합법에 단체교섭의 보충적 기능을 담당하는 노사협의회를 규정했었지만 점차 노조및조정법의 규율 대상이 되는 단체교섭사항과 근로자참여 및 협력증진에 관한 법률(이하 '근참법'이라 약칭)의 규율 대상이 되는 노사협의 사항을 준별하여 노사협의회의 독자성을 강화하는 방향으로 개정되어 왔다. 근참법상 노사협의회의 독자성 강화도 단체교섭의 대상을 축소하는 데에 일조를 해 온 것도 사실이다. 학계에서는 일찍이 단체교섭의 분권화 추세가 이어지는 것에 주목하면서 우리나라에서의 집단적 자치 질서의 발전 방향은 노동조합을 통한 단체교섭제도와 근로자대표에 의한 노사협의 및 경영참가제도가 이중적·병존적으로 독자적 기능을 다할 수 있도록 입법적 정비와 법제도적인 뒷받침이 필요하다는 지적[17]이 제기되어 왔다. 그러나 노사협의회의 형식화는 개선되기보다는 더욱 심화되어 가고 있으며, 근로기준법상 근로자대표의 기능도 노사관계 현실에서의 기능과 실태를 평가하기가 난감할 정도로 사문화되어 가고 있다. 우리나라의 이와 같은 단체교섭 현실은 Richard Freeman이 모범으로 삼고자 했던 모습과는 상당히 괴리가 있다.

특정 사업장이나 산업 또는 지역의 노사관계를 안정적으로 유지하고 근로자들의 근로조건을 개선하는 기능을 담당해왔던 단체교섭제도는 이제 한 나라의 경제를 지속가능하도록 유지하고 발전시키는 기초가 되는 것으로 인식될 만큼 중요성이 커지고 있다. 그러나 단체교섭제도의 증대되는 중요성에도 불구하고 단체교섭의 기능과 역할을 더욱 제한하고 단체교섭에 관한 당사자들의 자율의 영역을 축소시키는 방향으로 법제도와 관행이 변해가고 있는 오늘날 우리나라의 법상황은 매우 모순적인 것이라고 지적하지 않을 수 없다.

---

17) 하경효, '노사관계환경의 변화와 노사자율질서의 발전 방향', 참조.

제2절 우리나라 단체교섭제도의 연혁

Ⅰ. 단체교섭과 단체교섭권에 대한 인식

일제시대 「경찰범처벌규칙」은 제1조에서 단체가입을 강청하는 것, 고의로 면회를 강청하거나 강담·협박하는 것, 고의로 타인의 금전거래에 간섭하거나 함부로 소송 또는 쟁의를 권유·교사하거나 기타 분쟁을 야기시킬 만한 행위를 하는 것 등을 금지하고 그 위반자에 대해서는 구류 또는 과료에 처할 수 있도록 규정하고 있었다.[18] 이러한 규정 내용은 노동조합 조직, 단체교섭 요구 등을 원천적으로 금지하고 있는 것으로서 당시 일제의 노동3권에 대한 인식을 확인할 수 있는 근거가 된다. 불행히도 이와 유사한 노동3권에 대한 거부감은 우리 제헌헌법 제정 당시의 제헌권력에게도 그대로 이어지고 있다. 그것은 제헌헌법 제18조가 노동3권을 법률유보 하에 보장했다는 것에서 알 수 있다. 우리나라에서 단체교섭권의 역사적 변천과정을 검토하려고 할 때 그 출발점에서 제헌권력과 입법자의 인식에는 이와 같은 노동3권에 대한 의구심과 경계심, 반감이 자리하고 있었다고 할 수 있다.

Ⅱ. 단체교섭 관련 규정의 변천

1953년 제정된 우리나라 최초의 노동조합법[19]은 제33조에서 "노동조합의 대표자 또는 조합의 위임을 받은 자는 노동조합 또는 조합원을 위하여 사용자 또는 그 단체와 단체협약의 체결 기타 사항에 관하여는 교섭할 권한이 있다"고 하여 단체교섭권이 노동조합에 있음을 명시한 이후, 제34조에서 사용자와 노동조합은 단체협약 체결을 거부할 수 없다고 규정

---

18) 강성태, '일제에서 현재까지의 노동악법연구', 259쪽.

19) 법률 제280호, 1953. 3. 8 제정 및 시행.

하여 단체협약 체결을 목적으로 하는 단체교섭을 거부할 수 없다는 것을 분명히 하였다. 이 규정의 해석대로라면 1953년 제정 노동조합법 하에서 사용자는 단체교섭권의 보유 주체는 아니지만 단체교섭요구권을 법률상 보장받고 있었다고 볼 수 있다. 이에 위반한 노동관계 당사자에게는 벌금형이 부과되었다. 1963년 개정 시에는[20] 제33조 제2항에서 "전국적인 규모를 가진 노동조합의 산하 지부 대표자"에게도 단체교섭권이 있다는 것이 명시되었고, 단체교섭 거부 금지 의무의 수규자에서 노동조합이 삭제되었다. 또 제33조 제4항에서 "노사협의회의 대표자는 제1항의 규정에 의한 단체교섭의 대표권을 위임받은 것으로 본다"라는 내용이 신설되었다. 1963년 개정 노동조합법 제6조에 의해 최초로 도입된 노사협의회가 노동조합을 대신할 수 있도록 한 것으로 입법자가 기업별 노동조합 활동을 약화시키고 대체조직을 활성화하려는 의도를 가지고 있었다는 것을 보여준다. 1963년 노동조합법 개정은 민주적 정당성이 취약한 1961년 군사 쿠데타 집권 정부가 노동조합활동을 극도로 경계하고 적대시한 결과로서 이 시기 사업 또는 사업장 단위로 조직되어 있는 것이 일반적이던 우리나라 노동조합들의 단체교섭권은 상당히 위축될 수밖에 없었다.

노사협의회가 단체교섭을 할 수 있도록 했던 규정은 1973년 개정 시에[21] 삭제되었고, 1980년 노사협의회법 제정[22]으로 단체교섭과 노사협의는 개념상 구별될 수 있게 되었다. 1980년 5차 개정 노동조합법[23]은 제12조의2에 "제3자 개입금지" 규정을 신설하여 "직접 근로관계를 맺고 있는 근로자나 당해 노동조합 또는 법령에 의하여 정당한 권한을 가진 자" 이외에는 노동조합의 설립과 해산, 노동조합에의 가입·탈퇴 및 단체

20) 법률 제1329호, 1963. 4. 17 시행.
21) 법률 제2610호, 1973. 3. 13 시행.
22) 법률 제3348호, 1980. 12. 31 제정 및 시행.
23) 법률 제3350호, 1980. 12. 31 시행.

교섭에 관여하지 못하도록 하였다. 이는 제13조 제1항에서 단위노동조합은 사업 또는 사업장 단위로만 설립할 수 있도록 하면서 "사업 또는 사업장 단위로 근로자 30인 이상 또는 5분의 1 이상의 찬성이 있는 설립총회의 의결이 있어야 한다"고 설립요건을 강화한 것과 함께 노동조합의 단체교섭권을 더욱 위축시키는 입법적 조치였다. 1980년 노동조합법 개정은 1963년과 마찬가지로 역사적·민주적 정당성이 취약한 가운데 정국을 장악하고 완전히 통제하고자 했던 신군부 쿠데타 세력의 의지가 반영된 것이라고 이해된다. 이후 1997년 노동조합법과 노동쟁의조정법이 통합되면서 노조및조정법이 제정되었지만 큰 틀에서의 단체교섭구조는 변함 없이 유지되었다.[24] 1963년 노동조합법이 제3조 제5호에서 "조직이 기존 노동조합의 정상적인 운영을 방해하는 것을 목적으로 하는 경우" 노동조합으로 보지 않도록 규정한 이래 하나의 사업장에 복수의 노동조합이 존재하는 것이 금지된 것도 마찬가지로 유지되었다. 다만 1997년 노조및조정법[25]은 당시 1996년 노사관계개혁위원회 이후의 노사정 논의 결과를 반영하여 부칙 제5조에서 "사업 또는 사업장 단위로 조직대상이 중복되는 노동조합의 설립" 허용만을 유예함으로써 초기업단위 노동조합의 경우 복수노조 설립 금지의 대상에서 제외하였다.

2000년대에 들어 단체교섭과 관련한 주요 문제는 사업 또는 사업장 단위에서 기업단위 노동조합과 산업별 또는 지역별 단위 노동조합 등 초기업단위 노동조합의 지회·분회가 병존할 경우에 후에 설립된 조직이 단체교섭권을 행사할 수 있는지가 주로 다투어졌고, 단체교섭 응낙 가처분 제도가 활발하게 이용되었다. 교원 및 공무원 부문에서는 교원의 노동조

---

24) 1996년 12월 26일 통과된 노동관계법이 1997년 3월 1일부터 시행되었으나, 1997년 3월 13일 근로기준법, 근로자참여및협력증진에관한법률, 노동조합및노동관계조정법, 노동위원회법 등 4개 법안을 폐지하고 여야 합의를 거쳐 4개 법안을 국회에서 다시 의결하였다.

25) 법률 제5310호, 1997. 3. 13 제정 및 시행.

합 설립 및 운영 등에 관한 법률과[26] 공무원의 노동조합 설립 및 운영 등에 관한 법률[27]이 각각 1999년과 2005년에 제정되면서 교원과 공무원의 단체교섭권이 명시적으로 보장되는 계기가 만들어졌다.

우리나라 단체교섭제도의 큰 변화는 2010년 1월 1일 노조및조정법 개정[28]으로 단체교섭 창구단일화제도가 2011년 7월 1일부터 적용된 이후에 발생했다. 종전에는 사업 또는 사업장 단위에서의 복수노동조합 설립이 금지되어 하나의 교섭단위 내에 하나의 노동조합에 의한 단체교섭만 가능한 구조가 지속되어왔지만 단체교섭의 세부적인 절차는 노동관계 당사자들의 자율에 맡겨져 있었다. 그런데 단체교섭 창구단일화제도가 시행된 이후에는 단체교섭 개시 단계에서 수많은 절차적 규제가 가해지고 그 각 과정에 국가기관이 개입할 수 있는 여지가 매우 커졌다. 절차적 규제의 상당부분을 법률이 아닌 시행령에 규정하고 있다는 것도 심각한 문제이다. 교섭창구를 단일화하도록 강제하는 것이 과연 타당한지에 대한 의문을 떠나서 창구단일화 절차를 지나치게 세부적이고 구체적으로 규정하려 하는 시도는, 노동관계 당사자 사이의 자율의 영역을 크게 열어둠으로써 자연스러운 관행이 만들어져 갈 수 있도록 하는 것보다 오히려 더 큰 부작용이 있을 수 있다. 국가의 개입이 가능한 영역이 커질수록 노동관계 당사자 사이의 단체교섭 의지와 단체교섭 역량은 점차 줄어들 수밖에 없다. 이러한 문제는 뒤에서 설명될 "단체교섭권"의 범위 축소 문제와 맞물려서 우리 단체교섭법제의 자연스러운 발전을 가로막는 걸림돌이 되고 있다.

---

26) 법률 제5727호, 1999. 7. 1 제정 및 시행.
27) 법률 제7380호, 2006. 1. 28 제정 및 시행.
28) 법률 제9930호, 2010. 1. 1 시행.

제3절 이 책의 문제의식과 설명 방법

가장 바람직하고 지속가능한 노사관계의 모습은 근로자의 단결체와 사용자가 서로 능동적이고 적극적으로 교섭하고 투쟁하면서 자신들의 문제를 자율적으로 결정하고 해결해 나가는 것이다. 그러나 현재와 같은 규범 상황이 지속된다면, 나아가 지금의 추세대로 법률과 국가의 개입이 과도해지는 흐름이 더욱 커져 간다면, 머지않아 집단적 자치를 통한 노사 간의 자율적 통제와 조절 기능이 현저히 약화되고 근로자들의 실질적인 단결권과 단체교섭권이 형해화되는 상황에 직면하게 될 것이다. 국가와 사용자의 권한과 노사관계에 대한 지배력이 비대칭적으로 강화되어 가는 흐름을 통제할 수 없게 될 것이 분명하다. 반면 산업구조의 변화와 정보화 기술 발달이 근로자들의 개인화를 더욱 촉진하여 전통적 노동조합 조직은 일시적 약화가 불가피하다. 그리고 그러한 흐름의 끝단에서 우리는 근로자 측의 힘의 공백으로 인해 초래된 혼란 속에서 다시 노동3권의 권리로서의 실효성을 회복하고 힘의 비대칭성을 극복하기 위해 격한 투쟁에 의지할 수밖에 없는 노동계의 대대적인 궐기에 마주하게 될 가능성이 높다. 이와 같은 극단적인 흐름을 끊고 노사 간 힘의 균형과 집단적 자치를 통한 노사 간의 자율적 통제와 조절 기능을 회복하기 위해서는 인류가 오랜 경험과 지혜에 터잡아 마련한 절차적 장치인 단체교섭제도가 본질적 기능을 회복할 수 있도록 해야 한다. 이를 위한 법학적 과제는 서둘러 헌법상 단체교섭권과 노조및조정법상 단체교섭제도의 본질을 재검토하고, 이를 둘러싼 오해와 성문법의 명문의 한계를 벗어난 해석들을 바로잡아 올바른 해석론을 체계적으로 재정립해 나가는 것이다.

이 책은 위와 같은 문제의식에 집중하여 현행 헌법과 노조및조정법상 단체교섭권 및 단체교섭제도에 대한 기존 해석론의 문제점과 오해의 원인을 규명하고, 법규 본래의 규정 태도에서 도출될 수 있는 올바른 해석론을 정립하려고 시도하고 있다. 이러한 작업은 노사관계의 자연스러운 생태계를 조성하여, 노동현장에서 사용자와 노동조합 등 근로자의 단결체가 공존하는 가운데 건강하게 대립하고 견제하고 서로 통제하면서 함께 성장해 나갈 수 있는 토대를 제공해 줄 수 있으리라 기대된다. 그리고 일방적으로 노동조합들이 하나로 통합되거나 또는 도태되도록 강제하는 환경이 지속될 때 발생할 수 있는 노동조합의 강성화와 노사관계의 혼란, 노사 간 대립의 격화를 예방할 수 있는 효과적인 규범적 대응의 한 가지 방향을 제시한 것으로서 의미가 있으리라 생각한다.

이 책은 단체교섭제도에 대한 기술적 설명이나 조문 순서에 따른 설명 방법을 지양하고, 단체교섭의 본질에 한 걸음씩 접근해 나가기 위한 개념 중심 설명 방법을 택했다. 때로는 돌아가는 듯하고, 때로는 속도가 너무 늦다고 느껴질 수도 있다. 이러한 서술 방법이 실무적으로도 유용한지에 대해서 동의하지 않을 수도 있다. 하지만 단체교섭권과 단체교섭법제의 본질에 집중하여 풀어가는 서술 방법이 오히려 우리 단체교섭법제의 필수적인 내용들에 대한 충실하고 비판적인 설명을 가능하게 했다고 생각한다. 또한 독자들에게는 단체교섭의 실체를 이해하고 현재까지 당연하게 여겨왔던 통념들에 대한 비판적 시각을 갖게 되는 한편, 향후 새롭게 제기될 단체교섭법제 상의 각종 쟁점들에 대하여 스스로의 시각을 가지고 해법을 모색할 수 있는 힘을 길러 드릴 수 있을 것이라고 믿는다.

제2장
단체교섭과 단체교섭권의 개념

제 2 장 단체교섭과 단체교섭권의 개념

우리나라 헌법이 단체교섭권을 별도로 보장하고 있는 것은 단체교섭권을 헌법상의 기본권으로서 명백하게 부각시키고 이에 대한 법률에 의한 보호의 기초를 마련하기 위한 것이다.

- 김형배 -

제1절 단체교섭과 단체교섭권의 정의 필요성

단체교섭권의 개념이 어떻게 설명되고 있는지 검토하려고 할 때 가장 먼저 직면하는 문제는 아직 단체교섭이나 단체교섭권에 대한 명확한 개념 정의가 확립되어 있지 않다는 사실을 발견하는 것이다. 우리 헌법이나 노조및조정법에도 단체교섭이나 단체교섭권의 정의가 규정되어 있지 않다. 따라서 단체교섭과 단체교섭권의 정의는 해석에 맡겨져 있다고 보아야 하는데, 학설과 법원 판례도 단체교섭이 무엇이고 단체교섭권은 어떠한 권리인지를 적극적으로 정의하지 않은 채 논리를 전개하고 판결을 내리고 있다. 아마도 모두가 이미 잘 알고 있다는 전제를 갖고 있기 때문일 것이다. 하지만 법해석과 적용을 위한 작업에서 단체교섭 또는 단체교섭권과 관련된 논의를 명확하고 논란의 소지 없이 전개하기 위해서는 단체교섭과 단체교섭권의 정의를 분명히 할 필요가 있다.

국내의 거의 대부분의 노동법 학술 서적들이 "단체교섭권의 의의"라는 항목을 가지고 있다. 하지만 단체교섭권의 개념에 대해 정확히 정의하지 않은 채 곧바로 그 내용과 대상, 한계 등에 대한 논의를 전개한다. 단체교섭의 정의를 내린다 하더라도 "근로자가 그 대표자를 통하여 사용자 측과 진행하는 평화적인 교섭 또는 집단적 교섭"이라고 하는[1] 동어 반복적인 표현으로 단체교섭의 개념을 정리하는 것에 그치고 있다. 단체교섭권도 "근로자가 그들의 단결체를 통하여 사용자 또는 사용자단체와 교섭하고 그 교섭의 결과 합의된 사항에 관하여 단체협약을 체결할 수 있는 권리" 정도로 매우 제한적으로 정의되고 있다.[2] 단체교섭권이나 단체교섭의 개념이 분명하게 정의되지 않는 것은 우리나라만의 모습이 아니다. 단체교섭(collective bargaining)이라는 용어가 최초로 사용되었고, 가장 발달된 단체교섭 시스템을 가지고 있다고 자평하는 영국의 경우에도[3] 노동조합 및 노동관계법(Trade Union and Labour Relations Act 1992) 제178조에 단체교섭을 "단체협약 사항에 관계가 있거나 연관된 사항에 대하여 교섭하는 것"이라고 간단히 규정하고 있을 뿐이다. 단체교섭권을 중심으로 집단적 자치 원리를 구체화하고 있는 대표적인 나라인 미국의 경우도 연방노동관계법(National Labor Relation Act; 이하 'NLRA'로 약칭) 제7조(일명 Wagner Act)에서 노동3권을 선언하는 것에 그치고 있다.[4] 독일에서는 단체교섭권이 헌법상 권리로서 규정되어 있지 않고 단지 쟁의행위로 나아가는 전 단계에 위치하는 과정 개념 정도로 인식되고 있다.[5] 때로는 협약능력(Tariffähigkeit)이라는 용어가 우리나라에 있어서의 단체교섭권에 해당하는 개념으로 사용될 수 있을 정도로[6] 단체교섭권에 대한 독자

---

1) 김유성, 「노동법II」, 123쪽; 노동법실무연구회, 「노동조합 및 노동관계조정법 주해 I」, 557쪽; 박홍규, 「노동단체법」, 61쪽; 임종률, 「노동법」, 28쪽; Löwisch/ Rieble, 「Tarifvertragsgesetz」, §1 방주 413, 139쪽 등 참조.

2) 노동법실무연구회, 「노동조합 및 노동관계조정법 주해 I」, 557쪽 이하.

3) Honeyball, 「Textbook on Labour Law」, 364쪽 이하.

4) Leslie, 「Labor Law」, 182쪽 이하.

5) Brox/ Rüther/ Henssler, 「Arbeitsrecht」, 250쪽 방주 799 이하; Hansjörg Otto, 「Arbeitsrecht」, 379쪽 방주 777; Löwisch/ Rieble, 「Tarifvertragsgesetz」, §1 방주 413, 159쪽 이하를 보면 단체교섭(Tarifverhandlung)에 해당하는 단어가 몇 군데에서 간략하게 언급될 뿐 중요하게 다루어지지 않고 있다.

6) 가령 Brox/ Rüther/ Henssler, 「Arbeitsrecht」, 220쪽 방주 693의 "Der einzelne

적인 분석과 개념정립이 되어 있지 않다. 독일 단체협약법(Tarifvertragsgesetz; 이하 'TVG'로 약칭)도 단체교섭이나 단체교섭권에 대한 규정을 갖고 있지 않다. 이러한 나라들 이외에도 단체교섭이나 단체교섭권을 적극적으로 정의하고 있는 입법례나 학술 서적은 찾기 어렵다.

단체교섭권을 단순히 "단체교섭을 할 권리"라는 식으로만 정의한다면 그러한 정의를 통해서는 단체교섭권의 본질과 의미에 대한 어떠한 추가적인 정보도 구체화해낼 수 없다. 단지 드러난 현상만 기술할 수 있을 뿐 실정법의 해석과 적용, 나아가 개선점을 제시할 수 있는 규범적 기초를 확립할 수 없다면 그러한 개념을 정의하는 작업은 무의미하다. '단체교섭'과 '권리'의 개념을 먼저 확정해 놓은 이후에야 그 개념에 기초해서 명확한 논리적 분석을 이어갈 수 있을 것이다.[7] 어쩌면 단체교섭법제에 대한 논의의 가장 핵심적이고 중요한 작업은 단체교섭과 단체교섭권이 무엇인지 그 개념을 정의하는 것이라고 할 수도 있다. 따라서 단체교섭에 대한 논의를 본격적으로 전개하기 위한 기초를 마련하기 위해 단체교섭과 단체교섭권의 정의를 밝혀내는 것을, 단체교섭권을 중심으로 우리나라의 집단적 자치의 개념을 다시 구성해 가는 과정에서의 첫 번째 작업으로 삼으려 한다. 우리 헌법이 단체교섭권을 어떻게, 그리고 왜 그러한 방식으로 규정하게 되었는지 확인하는 것부터 시작해보자.

Arbeitgeber ist tariffähig"라는 문장은 "개별 사용자는 협약능력이 있다"라고 번역하는 것보다, "개별 사용자는 단체교섭권이 있다"라고 번역하는 것이 우리나라에서는 오히려 더 자연스러운 의미를 전달한다.

7) 손창희, '단체교섭, 교섭권과 협약 체결권한에 관한 고찰', 120쪽 각주 4) 참조.

제2절 헌법상 단체교섭권 보장체계의 특색과 의미

Ⅰ. 헌법 제33조 노동3권 규정의 특징

우리 헌법 제33조 제1항은 "근로자는 근로조건의 향상을 위하여 자주적인 단결권·단체교섭권 및 단체행동권을 가진다"라고 규정하고 있다. 헌법이 이와 같이 단결권과 단체행동권, 특히 단체교섭권을 열거하여 규정하고 있는 것이 다른 나라에서는 비슷한 예를 찾기 어려운 매우 드문 입법례[8]이며, 이는 상당히 흥미로운 사실이다. 우리나라가 우리만의 고유한 법체계를 창안하고 발전시켜온 나라가 아니라 외국 법제를 계수해온 나라라는 점을 생각하면 더욱 그렇다. 우리나라는 보통 대륙법체계의 단체협약이론을 수용한 법제라고 이해되고 있는데[9] 독일, 프랑스, 이탈리아 등 다수의 대륙법계 국가들이 단체교섭권을 다른 노동기본권과 별도로 명시하여 규정하고 있지 않다는 것에 주목하면, 우리 헌법의 규정태도가 어디에서 비롯되었고, 그 특별함이 갖는 함의가 무엇인지 궁금증이 더욱 커질 수밖에 없다.

예를 들어 독일 기본법(GG) 제9조 제3항은 "근로조건과 경제조건의 유지와 개선을 위하여 단체를 결성할 권리는 누구에게나 그리고 모든 직업에도 보장된다. 이 권리를 제한하거나 방해하려는 협정은 무효이며, 이를 목적으로 하는 조치는 위법이다"라고 규정하고 있고, 이 규정으로부터 단체행동권과 단체협약체결권을 도출해내고 있다.[10] 이탈리아 헌법은 제39조에서 단결권과 단체협약체결권을, 제40조에서 법률의 범위 내에서 허용되는 파업권을 각각 규정할 뿐 별도의 단체교섭권 규정을 두고 있지

---

8) 김형배, 「새로 쓴 노동법」, 149쪽; 박종희, '노동3권의 보장의의와 내용', 127쪽.
9) 박종희, '노동3권의 보장의의와 내용', 128쪽.
10) Löwisch/ Rieble, 「Tarifvertragsgesetz」, Grundle. 방주 23, 14쪽 이하.

않다.[11] 다만 프랑스 현행 헌법은 경영권과 함께 단체교섭권을 헌법상 성문의 기본권으로 보장하고 있는 것으로 보지만, 단체교섭권이라는 용어를 명시적으로 사용하지는 않는다. 1958년에 제정되고 2008년에 개정된 프랑스 현행 헌법은 기본권에 관한 독자적인 규정들을 두지 않고 전문(前文)을 통해서 1946년 제4공화국 헌법의 인권선언 내용을 그대로 계승하고 있다.[12] 1946년 헌법 전문의 인권선언 중 "모든 인간은 조합 활동에 의하여 그들의 권리와 이익을 방어할 수 있으며 그 선택으로 노동조합에 가입할 수 있다"고 명시된 부분으로부터 단결권을 도출해내고,[13] "모든 근로자는 그 대표를 통하여 근로조건의 집단적 결정과 사업의 경영에 참여한다"는 내용으로부터 단체교섭권과 경영참가권을 도출해내고 있다.[14]

이와 같이 대부분의 대륙법계 국가에서 단체교섭권을 별도의 권리로 규정하지 않거나 규정하는 경우에도 명시적으로 드러내지 않는 이유는 단체교섭 개념을 단결권 및 단체행동권 보장 속에 당연히 포함되어 있는 것으로 전제하기 때문이다.[15] 하지만, 단체교섭의 체계적 지위가 그와 같이 사유될 수 있음에도 불구하고 우리 헌법이 단체교섭권을 굳이 별개의 권리로 헌법의 기본권 목록에 명시적으로 규정했다면 거기에는 특별한 이유가 있다고 이해하는 것이 합리적이다. 이는 다른 나라의 입법례와 구별되는 우리 헌법의 독특한 특징일 뿐 아니라, 헌법 규정의 해석과 적용에 있어서도 그러한 독특한 규정 태도가 간과되어서는 안 된다는 헌법 제정권자의 의지가 반영된 것으로 보아야 한다.

---

11) 이영희, 「노동기본권의 이론과 실제」, 224쪽.
12) 성낙인, 「헌법학」, 233쪽; 정종섭, 「헌법학원론」, 276쪽.
13) Supiot, 「프랑스 노동법」, 박제성 옮김, 56쪽.
14) Rivero/ Savatier, 「Droit du travail」, 298쪽.
15) 하경효, 「단체교섭구조 개선방안을 위한 연구」, 108쪽.

[보충논의]

근로와 노동, 용어 선택의 문제

우리 사회에서 노동과 근로는 거의 같은 뜻으로 사용되고 있다. 하지만 시간이 흐르면서 이 양 용어는 이념이나 사상적 지향이 은연 중에 드러나는 개념으로 점차 사용자층이 분화되는 현상이 나타나고 있다. 노동계와 노동계를 지지하는 시민·사회단체 측에서는 주로 노동이라는 낱말을, 그 외의 진영에서는 근로라는 낱말을 자주 사용한다. 이렇게 두 낱말을 사용하는 이용자들의 편이 나누어지면서 역설적이게도 두 낱말이 지칭하는 대상, 즉 두 낱말의 뜻은 점점 더 일치해가고 있다. 이 두 낱말을 영어로 번역할 때, 노동과 근로 모두 "labor"로 번역될 수밖에 없을 정도로 사실상 의미를 명확히 구별할 수 없는 것이 현실이다.

그러나 비록 의미 차이가 거의 없고, 점점 접근하는 경향을 보인다 하더라도 각 낱말의 사용 관행과 사회의 인식을 보면 노동은 광범위하게 몸이나 지적 능력을 써서 일을 하는 것들을 모두 포함하는 개념으로 받아들여지는 경우가 많은 반면, 근로는 규범의 영역에서 사용자에 대하여 종속적인 노동을 제공하는 것을 표현하는 경우가 많다는 것을 발견하게 된다. 물론 노동이나 근로 모두 "勞" 한 글자로 표현되기도 한다. "노사협의회" 등이 그 예가 되겠다.

헌법을 비롯하여 근로기준법, 노조및조정법, 산업재해보상보험법, 기간제 및 단시간 근로자 보호 등에 관한 법률 등 거의 모든 노동관련 법규에서 이미 공식적으로 "근로", "근로자" 개념이 사용되고 있다. "노동조합", "노동위원회", "노동관계", "부당노동행위", "노동쟁의", "노동단체" 등의 용어에서는 "노동"이라는 낱말을 사용하고 있으나 그것은 용어 사용에 있어서의 오랜 관행과 전통을 따른 것일 뿐 반드시 "근로"라는 표현을 배척하고 "노동"이라는 표현을 사용해야 한다는 적극적인 판단이 전제된 용례는 아니라고 보인다. 특히 헌법이 "근로", "근로자"라는 표현을 사용한 것은 1948년 제헌헌법(헌법 제1호, 1948. 7. 17, 제정) 이후로 한 번도 달라지지 않고 이어지고 있다. 물론 제헌헌법 기초 당시에는 나라가 남북으로 나뉘어 있고 북한 지역의 공산주의 세력에 대한 경계심과 경쟁심이 매우 높아져 있던 상황에서 "노동", "동무" 등의 용어가 불온시 되었던 시대적 배경을 무시할 수는 없다. 그러나 헌법 제정 이후 상당한 시간이 흐르면서 언어 사용 경향이 굳어져왔다면 현재의 언어 상황을 무조건 배척하는 것이 늘 옳은 것은 아닐 것이다. 현재에는 "근로", "근로자"라는 용어는 노동관련 법률의 적용 대상이 될 수 있는 일하는 사람, 즉 종속노동(從屬勞動)[16]을 제공하는 자를 지칭하는, 정착된 법률용어로 보는 것이 옳다고 본다. 그러한 관점에서 판단하면 일각에서 "노동", "노동자"라는 용어가 더욱 가치중립적 의미를 가진다고 본 것[17]은 일응 타당한 측면이 있다. 그러나 "근로"라는 용어의 기원이 일제 총독부나 군부 독재정권에 있고 "노동"이라는 용어는 그 이전부터 사용해왔다는 주장은 현재로서는 충분히 입증된 주장이라고 보기 어렵다. "근로"는 조선시대에도 이미 "일을 하는 것"을 나타내는 용어로 널리 사용되고 있었기 때문이다.[18]

현재 규범적 영역에서 "근로"라는 용어가 종속노동을 지칭하는 것으로 인정한다면, "노동"은 광범위하게 몸을 써서 일을 하는 것들을 모두 포함하는 개념이 되며, "근로"에 대비되는 "노동"의 특징은 일을 하는 사람의 신분을 불문하고 직접 자신의 노동력을 활용하는 소규모 자영업자나 농민, 어민 등의 생계활동 등이 모두 그 범주에 들어갈 수 있다는 데에 있다. 그리고 이와 같은 "노동" 활동을 하는 사람들 중에는 근로기준법을 포함한 노동관련 법규의 보호 및 적용 대상인 근로자에 포함되지 않는 사람들도 있을 수 있다. 그러므로 "노동" 개념의 외연이 "근로"보다 더 넓다고 보게 된다.

---

16) 종속성의 개념과 자세한 내용에 대해서는 김형배, 「새로 쓴 노동법」, 33쪽 이하 참조.

17) 심상정 외 12인, '勤勞者의날制定에관한法律 전부개정법률안', 2012. 7. 3. 발의(의안번호: 1900471); 박광온 외 9인, '근로기준법 일부개정법률안', 2017. 8. 25. 발의(의안번호: 2008713) 등 12개 법안.

18) 국사편찬위원회 조선왕조실록 홈페이지(sillok.history.go.kr/)에서 검색해보면 조선시대 전반에 걸쳐 "근로"와 "노동" 모두 상당한 사용례가 검색된다. 사용례에서 의미의 차이를 유추해보면 "근로"는 열심히 일을 하는 것, "노동"은 힘들게 일을 하는 것을 표현할 때 사용된 것으로 보인다.

그렇다면 헌법 제33조에서 보장되는 단결권, 단체교섭권, 단체행동권 등 세 가지 권리는 노동3권으로 일컫는 것이 옳을까 아니면 근로3권이라고 칭하는 것이 옳을까? 뒤에서 자세히 설명하겠지만, 헌법 제33조 제1항의 "근로자"는 실정법인 근로기준법, 노조및조정법, 산업재해보상보험법 등의 적용 대상이 되는 "근로자"와는 개념이 다르다.[19] 하위 실정법에 따른 근로자가 될 수 있는 가능성이 있는 사람들을 포함하는 넓은 개념이다. 즉 지금 현실적으로 종속노동에 종사하는 사람이 아닌 경우에도 헌법 제33조 제1항의 근로자에 해당하는 경우가 있다. 헌법 규정상 근로자의 개념이 이와 같이 넓게 이해되어야 한다는 사실은 제헌헌법 제정 당시인 1948년 6월 26일 제1독회에서 신광균 의원이 당시 단결권, 단체교섭권, 단체행동권 등이 규정되어 있던 초안 제18조의 "근로자"에 농민도 포함될 수 있는지 질문하자 유진오 전문위원이 "근로라는 말은 도회지의 노동자를 상대로 쓴 것이지만, 농민이라 하더라도 농민조합을 만든다든지 하는 권리는 역시 제18조에 의해서 보장된다"라고 답변한 것[20]을 통해서도 알 수 있다. 따라서 헌법 제33조가 비록 단결권, 단체교섭권, 단체행동권은 근로자의 권리라고 표현하고 있다 하더라도 입법취지, 법체계 전체에서의 의미 등을 고려할 때 헌법 제33조의 기본권은 근로3권이 아닌 노동3권이라고 칭하는 것이 옳다고 본다. 이 책에서는 이후 "노동3권"이라는 용어를 사용하기로 한다.

Ⅱ. 헌법 제33조 제1항 규정의 연원

1. 일본 헌법의 영향

단체교섭권을 단결권 등과 별도로 명시하여 규정하고 있는 우리 헌법 제33조 제1항의 특별함은 어디에서 비롯된 것일까? 의외로 가까운 곳에서 우리 헌법 제33조 제1항의 노동3권 규정과 유사한 입법례를 찾을 수 있다. 바로 일본 헌법 제28조이다. 일본 헌법 제28조는 "근로자의 단결할

19) 박종희, '노동3권의 보장의의와 내용', 121쪽.
20) 이흥재, 「노동법 제정과 전진한의 역할」, 68쪽.

권리 및 단체교섭 그 밖의 단체행동을 할 권리는 이를 보장한다"[21]고 규정하고 있다. 거슬러 올라가 우리 제헌헌법 제18조를 보면, "근로자의 단결, 단체교섭과 단체행동의 자유는 법률의 범위 내에서 보장된다"고 규정하고 있었는데, 법률유보 부분만 제외하면 일본 헌법 제28조와 사실상 같은 규정이라고 볼 수 있을 정도로 그 내용과 체계가 유사하다.

당시 제헌헌법을 논의한 제헌의회의 의사록에서 명시적인 근거를 찾을 수는 없지만, 제헌헌법 제18조는 일본 헌법 제28조 규정을 거의 그대로 계수한 것이라고 보는 데에 특별한 이론이 없다. 이와 같은 제헌헌법의 태도는 노동3권 보장에 있어서 법률유보 조항이 삭제된 1963년 개정헌법[22] 제29조 제1항이 "근로자는 근로조건의 향상을 위하여 자주적인 단결권·단체교섭권 및 단체행동권을 가진다"라고 규정한 이래로 큰 변경 없이 유지되어 왔다. 1972년 헌법은 노동3권 보장에 있어서 법률유보 원칙을 부활시켰고 1980년 헌법은 단결권과 단체교섭권은 그대로 보장하면서 단체행동권에 대해서만 법률유보를 두는 등 부침을 겪었고, 이와 같은 헌법의 태도 변화는 향후 노동3권 상호간의 체계적 지위와 관계를 검토함에 있어서 중요한 시사점을 제공한다. 하지만 단체교섭권을 갖는다고 명시적으로 선언하는 기본적인 태도는 현행 헌법 제33조 제1항까지 그대로 이어지고 있다. 결론적으로 우리 헌법이 노동3권을 보장함에 있어 단체교섭권을 별도로 명시하여 규정하기 시작한 연원은 제헌헌법까지 거슬러 올라가며, 제헌헌법의 그러한 헌법 조문 작성 방식은 일본의 영향을 받은 것으로 볼 수 있다.[23]

---

21) 日本國 憲法 第28條
勤労者の團結する權利及び團體交涉その他の團體行動をする權利は, これを保障する.

22) 헌법 제6호, 1962. 12. 26, 전부개정.

23) 이영희, 「노동기본권의 이론과 실제」, 151쪽.

2. 일본 헌법에 미친 미국법제의 영향

일본 헌법 제28조가 단결권과 단체교섭권, 단체행동권을 모두 열거하여 기본권으로 보장하고 있는 연원이 어디에 있는지 한 단계 더 찾아 올라가면, 그 시작점을 미국에서 찾을 수 있다. 일본 학계에서는 일본 헌법 제28조의 연원을 독일의 1919년 바이마르 헌법 제159조에서 찾으면서 일본 헌법 제28조가 독일 바이마르 헌법 제159조의 내용을 "충실히 한" 것이라고 설명하기도 한다.[24] 이러한 설명은 독일 바이마르 헌법이 사회적 기본권을 헌법상 기본권으로 도입한 최초의 헌법이라는 점[25]에 주목하고 일본 헌법이 사회적 기본권의 하나로 제28조에 노동3권을 도입했다는 것을 고려하면 일응 정확한 설명이라고 할 수도 있다. 하지만 독일 바이마르 헌법 제159조는 "근로조건과 경제조건의 유지와 개선을 위한 단체의 자유는 누구에게나 그리고 모든 직업에 대하여 이를 보장한다. 이 자유를 제한 또는 방해하려고 하는 약정이나 조치는 위법이다"라고 규정하여 현행 독일기본법(Grundgesetz; 이하 GG로 약칭) 제9조 제3항과 마찬가지로 단결권만을 보장하고 있다.[26] 그렇다면 일본 헌법 제28조가 단체교섭권을 별도로 명시하여 규정하고 있는 특수성이 어디에서 비롯되었는지에 대한 정확한 설명이라고 보기는 어렵다.

일본 헌법 제28조가 노동3권을 헌법상 기본권으로 수용한 것은 1919년 독일 바이마르 헌법의 영향을 받은 것으로 볼 수 있지만, 단체교섭권을 별개의 권리로 규정한 것은 미국 법제의 영향이라고 보는 것이 타당하다.[27] 일본 헌법이 제2차 세계대전 이후 미군정(美軍政)의 주도 하에 제정

---

24) 菅野和夫, 「労働法」, 26쪽.

25) 성낙인, 「헌법학」, 574쪽; 정종섭, 「헌법학원론」, 274쪽; 西谷 敏, 「労働組合法」, 24쪽.

26) 김형배, 「새로 쓴 노동법」, 115쪽 각주 1) 참조.

27) 西谷 敏, 「労働組合法」, 31쪽.

되었다는 점,[28] 단체교섭권 개념을 구체화하고 그 개념을 중심으로 집단적 노사관계법체계를 구성하는 것은 미국식 노동법체계의 전형적인 모습이라는 점,[29] 그 외에 단체교섭권을 별도로 명시하여 보장하는 다른 나라의 앞선 입법례를 찾기 어렵다는 점 등을 고려할 때 일본 헌법이 단체교섭권을 단결권 등과 별개의 권리로 규정하는 것은 미국 노동법제의 영향이라고 볼 수밖에 없다. 다만 차이가 있다면 미국의 단체교섭권은 헌법상 권리가 아니라 실정법상 권리이고,[30] 일본과 우리나라의 단체교섭권은 헌법상의 권리라는 점이다. 실제로 미국의 연방노동관계법(NLRA) 제7조는 "근로자는 자치조직에 관한 권리, 근로자단체를 설립, 가입 또는 지원할 권리, 스스로 선택한 대표를 통해서 단체로 교섭할 권리, 그리고 단체교섭 또는 다른 상호부조 또는 보장을 목적으로 기타 여타의 단체행동에 참여할 권리를 가지며, …"라고 하여 연방법의 차원에서 단결권, 단체교섭권, 단체행동권을 보장하고 있다. 일본 헌법이 노동3권을 각각 명시하여 규정한 것이 미국 법체계의 영향임을 확인할 수 있다. 다만 차이점이 있다면 일본 헌법과 우리 헌법은 미국에서 실정법상 권리로 취급되는 단체교섭의 권리·의무를 헌법상의 권리로 고양시킨 것이다.[31] 물론 연방국가 법체계의 특성상 연방법을 단순히 실정법이라고 평가하기는 어렵다. 결론적으로 우리 헌법 제33조 제1항이 단체교섭권을 별도로 명시하여 규정하고 있는 연원을 거슬러 올라가면 일본의 입법례를 지나 미국의 입법례로 이어지고 있다는 점을 알 수 있다.

---

28) 변정일, 「미국헌법과 아시아 입헌주의」, 230쪽 이하; 이원우, '일본 노동운동 변천과정과 노사관계 동향', 75쪽.

29) 김미영, 「미국 집단적 노사관계법상 단체협약 법리에 관한 연구」, 13쪽 이하; 이영희, 「노동기본권의 이론과 실제」, 227쪽.

30) 박종희, '노동3권의 보장의의와 내용', 128쪽; 김유성, 「노동법Ⅱ」, 21쪽; 김형배, 「새로 쓴 노동법」, 114쪽 참조.

31) 고호성, 「노동법상의 집단적 자치원리」, 186쪽.

3. 계수한 외국 법제의 이해

우리 헌법이 노동3권을 각각 명시하여 규정한 것이 미국 노동법제의 영향임을 인정하면, 우리 헌법상 단체교섭권에 대한 올바른 인식과 적용의 단서를 발견하기 위해서는 미국에서의 단체교섭권 논의를 참조하는 것이 매우 중요한 의미를 가진다는 것을 알 수 있다. 단체교섭권을 관철하기 위한 가장 강력한 수단으로서 이용되는 우리 노조및조정법 제81조의 부당노동행위 규정을 입체적으로 이해하는 데에 미국에서의 단체교섭 논의를 참조하는 것이 매우 유익한 관점을 제공하는 것도 마찬가지 이유이다.

같은 이유로 단체교섭권을 별도로 명시하여 규정하지 않고 단결권 규정으로부터 단체협약 체결권을 도출하고 있는 독일 등 여타 대륙법계 국가에서의 단체교섭권에 대한 접근 방법을 우리 헌법의 해석론으로 곧바로 적용하는 것은 일정한 한계를 가질 수밖에 없다. 물론 우리 노조및조정법 제33조는 단체협약의 규범적 효력을 선언하는 등 독일법상의 단체협약법리를 계수하고 있다. 그러나 우리 노사관계에서의 집단적 자치가 더 이상 협약자치만은 아닌 것과 마찬가지로 헌법상의 단체교섭권을 더 이상 독일에서와 같이 단체협약 체결을 목적으로 하는 단체교섭의 차원으로 축소해서 해석해서는 안 된다. 미국법상의 단체교섭법리는 헌법 차원에서 수용하고 있고, 독일법상의 단체협약법리는 하위 실정법 차원에서 계수하고 있는 것을 고려하여야 하고, 우리 헌법이 단체교섭권에 대하여 그와 같이 적극적[32]인 태도를 취하고 있는 것을 경시하지 말아야 하기 때문이다. 헌법상 단체교섭권 규정이 이와 같이 독특하고 독자적인 규정체계를 가지고 있음에도 불구하고 그러한 특별함이 실정법 해석에 전혀 영향을 미칠 수 없다고 한다면 그것은 매우 이상한 결론이 아닐 수

---

32) 김유성, 「노동법II」, 124쪽.

없다. 헌법을 정점으로 하는 우리 법체계상 단체교섭 법리를 이해함에 있어서는 헌법 제33조 제1항의 규정 태도에 주목하고 그로부터 해석론을 전개해나가야 한다. 그것이 헌법 합치적인 실정법 해석 태도이기 때문이다.

Ⅲ. 미국과 일본의 단체교섭권 보장체계

1. 미국의 단체교섭권 보장체계

(1) 연방노동관계법(NLRA)을 통한 단체교섭권 부여

현재 미국에서의 단체교섭구조는 와그너법(Wagner Act)이라고 부르는 1935년 미국 연방노동관계법(NLRA)에 이르러 거의 완성되었다고 볼 수 있다. 이 법은 제7조에서 근로자가 단결권, 단체교섭권, 단체행동권 등을 가진다고 규정하면서,[33] 이에 대응하는 사용자의 단체교섭의무를 제8조 (a), (5)에서 "제9조 (a)의 규정에 따른 근로자대표와의 단체교섭을 거부하는 행위"를 부당노동행위로 규정하고, 제7조에 보장된 근로자의 권리 행사를 방해, 제한 또는 강요하는 행위를 금지하고 있다. 또한 제8조 (d)에서 사용자와 근로자 측 대표[34]에게 성실교섭의무를 부여하고, 임금, 근로시간 등 단체교섭 대상 사항 등에 대하여 규정하고 있다.[35]

---

33) NLRA Sec. 7.
Employees shall have the right to self-organization, to form, join, or assist labor organizations, to bargain collectively through representatives of their own choosing, and to engage in other concerted activities for the purpose of collective bargaining or other mutual aid or protection, and shall also have the right to refrain from any or all such activities except to the extent that such right may be affected by an agreement requiring membership in a labor organization as a condition of employment as authorized in section 8(a)(3).

34) 미국 연방노동관계법(NLRA)은 "representative of the employees"라는 용어를 사용하고 있으므로 단체교섭권을 행사하는 배타적 교섭대표가 반드시 노동조합(union)이어야 하는 것은 아니지만, 문맥의 흐름상 "노동조합"이라고 칭하는 경우가 있음을 밝힌다.

35) 미국의 단체교섭제도와 판례 법리에 대한 자세한 내용은 Higgins 대표 편저, 「The

그 후 1947년의 이른바 태프트-하틀리법(Taft-Hartley Act)은 연방노동관계법(NLRA)을 개정하여 제8조 (b) (3)에서 사용자의 단체교섭거부와 함께 노동조합의 단체교섭 거부 또는 해태도 부당노동행위의 유형으로 규정하였다. 헌법상 노동3권 규정이 없고, 제2차 세계대전 이후에 전쟁기간 동안 세력이 확대된 노동조합 측을 압박하여 시급히 노사 간의 교섭력의 균형을 확보할 필요성이 있는 상황에서 취해진 극단적인 입법조치였던 것으로 이해된다. 미국은 판례법국가의 특성상 단체교섭에 관한 기타의 구체적인 내용들은 판례이론을 통해 구체화해 가고 있다.

연방노동관계법(NLRA)은 연방의회가 제정한 연방법으로서 연방헌법 제6조에 의해 모든 주(州)의 법률이나 판례에 우선하는 효력을 가진다. 그러므로 연방노동관계법(NLRA)에 규정된 단체교섭 및 단체협약에 관한 규정들에 위배되는 모든 주(州)의 법률 및 판례는 적용이 배제된다.[36] 미국에서의 노동3권은 분명 헌법이 아닌 법률상의 권리이기는 하지만, 모든 주(州)의 법률과 판례에 대하여 우위의 효과를 갖는 연방법에 규정되어 있기 때문에 주(州) 법률의 상위에 헌법의 하위에 위치하는 특수한 지위를 갖는다. 주(州) 법률과 연방 헌법 사이에 존재하는 연방법률의 지위는 연방제 국가가 아닌 우리나라의 규범체계와 수평적으로 비교를 해서는 이해하기 어렵다. 미국의 노동3권이 단순히 실정법상의 권리라고 치부하기는 어려운 이유이다. “미국은 불문법국가로서 성문헌법에도 일부의 기본권이 명문으로 규정되어 있기는 하나 대부분의 기본권은 연방대법원에 의하여 확인·창설되고 있으며, 노동3권도 성문헌법상의 기본권과 동일한 수준의 헌법적 보호를 받고 있다”라는 설명에서도 이를 확인할 수 있다.[37] 다만, 미국 연방노동관계법(NLRA)상의 단체교섭권을 곧바로

Developing Labor Law Vol.Ⅰ」, 503쪽 이하 참조.

36) 김미영, 「미국 집단적 노사관계법상 단체협약 법리에 관한 연구」, 12쪽 이하.

37) 이상윤, 「노동법」, 12쪽.

헌법상 권리라고 볼 수는 없다.

(2) 단체교섭권의 보유 주체

미국 연방노동관계법(NLRA)상 단체교섭권을 보유하는 주체는 해당 교섭단위 내의 근로자들이 선출한 배타적 교섭대표(exclusive representative)이다.[38] 근로자들이 자주적으로 가입·결성한 단체라도 해당 교섭단위 내에서 배타적 교섭대표로 인정되지 못하면 단체교섭권과 단체교섭의무의 주체가 되지 못 한다.[39] 연방노동관계법(NLRA) 제7조에 의해 배타적 교섭대표는 사업장 내에서 단체교섭을 할 수 있는 독점적인 권한을 인정받으며, 다른 근로자들은 배타적 교섭대표를 통하지 않고 파업(wildcat strike)을 할 수 없다.[40] 배타적 교섭대표는 교섭단위 내 전 근로자의 다수결 원리에 따라 선출 또는 확정되며, 그 대표는 교섭단위 내의 전체 근로자를 대표하여 단체교섭권을 행사할 수 있는 전체 근로자의 대표로서의 지위를 부여받는다.[41] 따라서 대표를 선출하고 대표권을 가지는 단위인 교섭단위 결정 문제는 배타적 교섭대표제도 하에서 매우 중요한 의미를 갖는다.[42] 미국에서 배타적 교섭대표로 결정된 노동조합의 교섭권이 그 교섭단위 내의 모든 근로자의 의사에서부터 발생된다는 점은 우리나라에서 노동조합의 단체교섭권이 근로자들의 개별적 의사에 의한 수권 없이 헌법으로부터 직접 수권된다는 점과 비교할 때 근본적인 차이가 있다.[43] 사용자는 이와 같이 선출된 배타적 교섭대표와 교섭할 법률상 의무

---

38) 秋田成就, 「勞使關係法 I」, 187쪽.

39) 김미영, 「미국 집단적 노사관계법상 단체협약 법리에 관한 연구」, 412쪽.

40) Harper/ Estreicher/ Flynn, 「Labor Law-Cases, Materials, and Problems」, 458쪽.

41) Harper/ Estreicher/ Flynn, 「Labor Law-Cases, Materials, and Problems」, 446쪽 이하. J.I Case Co. V. NLRB, 321 U.S. 332(1944) 판결을 통해 확립된 것으로 설명된다.

42) 秋田成就, 「勞使關係法 I」, 187쪽.

43) 하경효, 「단체교섭구조 개선방안을 위한 연구」, 52쪽.

를 지게 되고 동시에 이 대표 이외의 누구와도 교섭해서는 안 된다는 법률적 의무를 부담하게 된다.[44] 미국식 배타적 교섭대표제도 아래에서 배타적 교섭대표가 지게 되는 특징적인 의무로 교섭단위 내의 근로자들을 차별해서는 안 된다는 것을 내용으로 하는 공정대표의무(duty of fair representation)가 있다. 공정대표의무는 1944년 Steele 사건[45]에 대한 미국 연방대법원 판결에서 비롯되었다.[46] 배타적 교섭대표의 공정대표의무는 처음 인종차별 문제로부터 제기되기 시작했으나 점차 근로자 일반에 대한 차별 금지 의무로 자리 잡게 되어 오늘에 이르고 있다.[47]

(3) 단체교섭 대상 사항

미국 판례법상 단체교섭 대상 사항의 특징을 이루는 것은 의무적 교섭사항(mandatory bargaining topic), 임의적 교섭사항(permissive bargaining topic), 위법적 교섭사항(illegal bargaining topic)을 구분하는 소위 교섭사항 3분론이다. 교섭사항 3분론은 Borg-Warner 사건[48]에 대한 미국 연방대법원의 판결에서 처음 제시되었다고 한다.[49] 이 판결의 주요 내용은 사용자가 의무적 교섭사항에 해당하지 않는 전제조건, 예를 들면 쟁의행위 이전에 반드시 단체협약 최종안에 대한 조합원 찬반투표를 실시할 것, 배타적 교섭대표가 아닌 다른 조직을 교섭대표로 할 것 등의 조건을 단체협약에 포함시켜야 한다고 요구하면서, 근로자 측이 동의하지 않을 경우 단체협약을 체결할 수 없다고 주장하는 것은 의무적 교섭사항에 대한 단

---

44) 이철수, 「단체교섭의 근로자 측 주체에 관한 비교법적 연구」, 79쪽 이하.
45) Steele v. Louisville & Nashville Railroad, 323 U.S. 192(1944).
46) Oberer/ Hanslowe/ Heinsz, 「Labor Law-Collective Bargaining in a Free Society」, 711쪽, 180쪽 이하 참조.
47) Harper/ Estreicher/ Flynn, 「Labor Law-Cases, Materials, and Problems」, 1022쪽.
48) NLRB v. Wooster Division of the Borg-Warner Co, 356 U.S. 342(1958).
49) Harper/ Estreicher/ Flynn, 「Labor Law-Cases, Materials, and Problems」, 511쪽 이하.

체교섭 거부에 해당한다고 본 것이다.

미국에서 의무적 교섭사항은 연방노동관계법 제8조 (d)에서 제시하는 "임금, 근로시간, 기타의 근로조건"[50]에 관한 사항을 말한다.[51] 이러한 사항에 대해서는 사용자에게 단체교섭 의무가 발생한다. 물론 단체교섭은 의무적 교섭사항에 대해서만 행해질 수 있는 것은 아니므로, 사용자가 의무적 교섭사항 이외의 사항에 대한 교섭을 자율적으로 수용한다면 그에 대하여 단체교섭을 할 수도 있다. 미국 판례는 임금, 근로시간 이외의 기타의 근로조건으로서 고용, 승진, 배치전환, 징계, 해고 등 인사에 관한 사항, 고충처리절차나 중재절차에 관한 사항, 평화조항과 같은 쟁의행위 절차에 관한 사항, 단체교섭의 절차에 관한 사항, 노동조합과 사용자의 관계에 관한 사항 등도 원칙적으로 의무적 교섭사항에 해당한다고 보고 있다.[52] 의무적 교섭사항에 해당되지 않는 사항으로서 위법적 교섭사항이 아닌 것은 어떠한 사항이든 대부분 임의적 교섭사항에 해당된다고 볼 수 있다. 위법적 교섭사항은 법률이나 판례법상의 원칙에 위배되는 사항을 말하는데, 평등원리에 어긋나거나 인종차별적 요구, 독점금지법에 위반되는 요구사항 등이 위법적 교섭사항의 대표적인 예이다. 위법적 교섭사항은 단체교섭 의제로 제안되어서도 안 되고 그에 대하여 노동관계 당사자가 합의하는 것도 허용되지 않는다.[53]

(4) 단체교섭의 계속적 성격

미국 연방노동관계법(NLRA) 체계 하에서 단체교섭권과 단체교섭의무는 단체협약을 체결하기 위한 단체교섭에만 한정되는 것이 아니다. 배타

50) NLRA Sec. 8. (d)
… wages, hours, and other terms and conditions of employment …

51) Leslie, 「Labor Law」, 194쪽.

52) Leslie, 「Labor Law」, 194쪽 이하.

53) Harper/ Estreicher/ Flynn, 「Labor Law-Cases, Materials, and Problems」, 516쪽.

적 교섭대표는 기업 내 근로관계 및 노사관계 운영의 계속적 과정에서 발생하는 의무적 교섭사항 전반에 대하여 사용자에게 교섭을 요구할 수 있는 권리를 갖고,[54] 사용자는 그 노동조합과 교섭할 의무를 부담한다.

그렇다면 단체협약 체결 목적 이외의 단체교섭의 대상이 될 수 있는 사항에는 어떤 것이 있을까? 단체협약 체결 목적 이외의 단체교섭으로서 대부분을 차지하는 것은 주로 단체협약의 이행에 관한 단체교섭이다. 미국에서는 개별 근로자에 대한 사용자의 단체협약 이행과 관련된 문제를 고충(grievance)이라고 하므로[55] 단체협약 체결을 위한 교섭 이외의 대부분의 단체교섭은 고충교섭이라고 할 수 있다.[56] 특히 근로자들의 고충처리를 위하여 협약 유효기간 동안 항구적인 중재위원(arbitrator)을 두도록 하는 단체협약도 있다고 한다.[57] 우리나라 근참법 제26조 이하가 고충처리위원을 두고 고충처리절차를 해당 근로자에게 통보하도록 할 때의 "고충"은 번역은 grievance로 똑같이 되지만, 미국의 단체교섭구조에서 말하는 고충과는 성격이 다르다. 미국 단체교섭구조에서의 고충은 개인 근로자에 대한 사용자의 단체협약 미이행을 뜻하지만, 우리나라 근참법에서 처리를 예정하는 고충은 단체협약 이행과는 무관한 근로자의 각종 개인적인 불만과 애로사항 등을 말한다.[58] 그러므로 우리나라에서 사용자가 개별 근로자에게 단체협약을 제대로 이행하지 않는 차원의 고충을 처리할 수 있는 제도는 개별 근로자의 개인적인 청구권 행사와 노동조합의 단체교섭 외에는 없다고 보아야 한다. 이런 종류의 "고충"은 근참법 제26조 이하에 의해서 창설하는 고충처리위원회나 고충처리위원을 통해서 해결할 수 있는 "고충"이 아니기 때문이다.

---

54) 고호성, 「노동법상의 집단적 자치원리」, 121쪽 이하.
55) 菅野和夫, 「勞働法」, 643쪽 이하.
56) 고호성, 「노동법상의 집단적 자치원리」, 122쪽.
57) Leslie, 「Labor Law」, 265쪽.
58) 노사 68010-210, 2001. 6. 16.

2. 일본의 단체교섭권 보장체계

(1) 헌법과 노동조합법을 통한 단체교섭권 부여

일본 헌법 제28조는 “근로자의 단결할 권리 및 단체교섭 그 밖의 단체행동을 할 권리는 이를 보장한다”고 규정하고 있으며, 앞에서 설명한 바와 같이 이는 일본 노동3권 규정 체계의 중요한 특징을 이룬다. 일본 勞働組合法 제6조는 “교섭권한”이라는 표제 아래 “노동조합의 대표자 또는 노동조합의 위임을 받은 자는 노동조합 또는 조합원을 위하여 사용자 또는 그 단체와 단체협약의 체결 기타의 사항에 관하여 교섭할 권한을 가진다”라고 규정하여 노동조합의 단체교섭권을 포괄적으로 규정하고 있다.[59] 병존하는 복수의 노동조합이 있는 경우에도 미국이나 캐나다 등이 채택하고 있는 배타적 교섭대표제도와는 달리 복수의 노동조합 모두에게 단체교섭권을 보장하고 있는 것도 일본 단체교섭 법제의 특징이라고 할 수 있다.[60] 일본에서 노동조합 조합원 수의 대소에 관계없이 모든 노동조합에게 일률적으로 단체교섭권이 보장된다고 보는 것은 일본 헌법 제28조가 단체교섭권을 독자적으로 명시하여 보장한 것의 효과라고 설명되고 있다.[61]

일본 헌법 제28조와 일본 勞働組合法 제6조에 의해 보장되는 단체교섭권이 실질적인 권리와 의무로서 실효적으로 보장되도록 하기 위해 부당노동행위제도가 설정되어 있다. 즉 일본 勞働組合法 제7조 제2호는 “사용자가 고용하는 근로자[62]의 대표자와 단체교섭을 하는 것을 정당한 이유 없이 거부하는 것”을 부당노동행위로 규정하고 있다.

59) 고용노동부, 「일본 노동법령집」, 2004, 70쪽.

60) 菅野和夫, 「勞働法」, 30쪽 이하; 林 弘子, 「勞働法」, 233쪽.

61) 西谷 敏, 「勞働組合法」, 58쪽.

62) 일본 노동관련 법규 조문에 “勞働者”라고 표현된 경우에도 그 문맥상 의미가 우리 노동관계법상 “근로자”에 해당하는 것으로 판단될 경우 “근로자”로 번역하기로 한다.

(2) 단체교섭권의 보유 주체

일본에서 단체교섭권의 원칙적인 당사자는 단위노동조합과 연합단체이다.[63] 조직을 갖춘 노동조합으로 볼 수 없는 직장 내의 기타 종업원 조직이나 미조직 근로자집단(쟁의단)은 단체교섭권을 가지지 못한다고 보는 것이 원칙이다.[64] 그러나 노동조합으로서의 조직을 갖지 못한 근로자집단도 대표자를 선정하고 교섭체계를 정비하면 일본 헌법 제28조의 단체교섭권의 주체로서 보호를 받는다.[65] 다만 노동조합이 아닌 근로자의 집단은 일본 勞働組合法 제7조 제2호의 부당노동행위 구제제도의 보호는 받지 못한다고 보는 것이 일반적이다.[66]

일본 勞働組合法 제7조 제2호 부당노동행위 규정의 특이한 점은 단체교섭의 근로자 측 당사자가 노동조합이 아닌 "근로자의 대표자"로 규정되어 있는 것이다. 이에 근거해서, 단체교섭의 근로자 측 당사자는 그것이 근로자가 자발적으로 결성하는 단체이기만 하면 노동조합에 한정할 필연성은 없다고 보는 견해가 있다.[67] 이러한 해석론을 기초로 판단한다면 단체협약의 당사자가 될 수 있는 자만이 단체교섭의 당사자가 될 수 있다고 하는 견해는 합리적 근거 없이 단체교섭의 주체를 제한하는 것이라고 보게 된다.

(3) 단체교섭 대상 사항

일본에서도 단체교섭의 대상 사항은 의무적 교섭사항과 임의적 교섭사항으로 나누어서 설명하는 것이 일반적이다. 의무적 교섭사항이 아니라도 기업으로서 처리할 수 있는 사항으로 사용자가 임의로 단체교섭 요

---

63) 菅野和夫, 「勞働法」, 646쪽; 西谷 敏, 「勞働組合法」, 286쪽 이하.

64) 菅野和夫, 「勞働法」, 651쪽; 渡辺 章, 「勞働法講義(下)」, 94쪽.

65) 菅野和夫, 「勞働法」, 652쪽; 西谷 敏, 「勞働組合法」, 291쪽; 荒木尙志, 「勞働法」, 564쪽; 下井隆史, 「勞使關係法」, 337쪽; 渡辺 章, 「勞働法講義(下)」, 94쪽.

66) 菅野和夫, 「勞働法」, 652쪽; 荒木尙志, 「勞働法」, 564쪽.

67) 西谷 敏, 「勞働組合法」, 286쪽.

구에 응하는 경우에는 특별한 문제가 없으면 대부분 단체교섭의 대상이 될 수 있는 것으로 본다.[68] 일반적으로 조합원인 근로자의 근로조건, 기타 대우와 집단적 노사관계의 운영에 관한 사항으로서 사용자가 처분 가능한 것을 의무적 교섭사항으로 본다.[69] 여기에서 근로조건 기타의 대우에 관련된 사항이란 임금, 근로시간, 휴식, 안전보건, 재해보상 교육훈련 등이 포함되며, 배치전환이나 해고, 새로운 생산설비의 도입, 영업양도 등 소위 경영과 생산에 관한 사항도 단체교섭의 의무적 교섭대상이라고 보고 있다.[70]

일본 労働組合法 제6조는 "단체협약의 체결 기타의 사항에 관하여 교섭할 권한을 가진다"라고 규정하고 있는데, 여기에서 과연 단체협약 체결 이외의 "기타의 사항"이 무엇인지가 해석상 논란이 되고 있다. 여기에 대해 별다른 의미를 부여하지 않는 견해도 있지만, 단체교섭의 대상을 단체협약 체결에 한정하고 있지 않다는 점을 나타내는 것이라고 적극적으로 해석하는 견해도 있다.[71] 한 가지 주목할 점은 "기타의 사항"이라는 규정에 의미를 두는지를 불문하고 자주적인 고충처리절차가 확립되어 있지 않다는 이유로 특정 조합원 개인에 대하여 이루어진 배치전환이나 해고 등에 관한 사항도 의무적 교섭사항으로 보는 것이 일반적 견해라는 점이다.[72] 일본에서도 근로자 개인의 고충을 처리하기 위한 단체교섭은 노동조합이 단체교섭을 요구한다 하더라도 근로자 개인의 위임에 의한 대리

---

68) 菅野和夫, 「勞働法」, 655쪽; 西谷 敏, 「勞働組合法」, 296쪽.

69) 菅野和夫, 「勞働法」, 655쪽 이하; 西谷 敏, 「勞働組合法」, 296쪽 이하; 石川吉右衛門, 「勞働組合法」, 148쪽; 下井隆史, 「勞使關係法」, 112쪽; 渡辺 章, 「勞働法講義(下)」, 99쪽 이하; 水町勇一郎, '団体交渉は組合員の労働契約のためにあるのか?', 86쪽.

70) 菅野和夫, 「勞働法」, 657쪽; 西谷 敏, 「勞働組合法」, 299쪽 이하; 林 弘子, 「勞働法」, 232쪽; 村田毅之, 「日本の勞使關係法」, 52쪽.

71) 西谷 敏, 「勞働組合法」, 283쪽.

72) 菅野和夫, 「勞働法」, 658쪽; 西谷 敏, 「勞働組合法」, 297쪽; 石川吉右衛門, 「勞働組合法」, 349쪽; 東京高等裁判所, 昭57(1982). 10. 7, 勞判 406호 69쪽(日本鋼管事件).

인 자격으로 요구하는 것일 뿐 단체교섭은 아니라고 하는 견해도 있다고 한다.[73] 이 문제에 대해 우리나라에서는 단체교섭 대상의 집단성을 이유로 조합원 개인의 권리 또는 이익에 관한 분쟁사항은 원칙적으로 민사소송이나 고충처리 절차 등을 통하도록 하되 단체교섭의 대상은 아니라고 보는 견해[74]와 조합원의 근로조건을 결정하는 것이라면 단체교섭의 대상이 된다고 보아야 한다는 견해[75]가 대립하고 있다. 후자의 견해에서 근로자 개인의 고충과 관련된 문제는 근로조건 결정, 즉 단체협약 체결을 위한 쟁점이라기보다는 단체협약의 해석·적용·운용과 관련된 권리분쟁사항이 쟁점인 경우가 대부분일 것이라는 점에서 실익은 거의 없는 견해라고 보인다. 특정 조합원 개인의 고충처리에 관한 사항은 분명 단체협약 체결을 목적으로 하는 사항이 아니므로 고충처리에 관한 사항을 단체교섭 사항으로 볼 수 있는 근거로서 일본 勞働組合法 제6조의 "기타의 사항에 관하여 교섭할 권한을 가진다"라고 규정이 제시될 수도 있을 것으로 생각된다.

(4) 단체교섭 개념 확장론의 존재

단체교섭을 단체협약 체결을 목적으로 하는 단체교섭에 한정시키지 않고 넓게 해석하여 체결된 단체협약의 해석·적용과 노사관계에 적용되는 룰에 대한 것까지 단체교섭의 대상에 포함되는 것으로 보려는 견해가 있다.[76] 일본의 단체교섭 개념 확장론은 결론적으로 단체교섭을 단체협약 체결 목적의 단체교섭에 국한하지 않고, 미국의 경우처럼 단체협약의 운용에 관한 문제와 단체협약에 정해져 있지 않는 사항일지라도 기업 내

---

73) 山口浩一朗, '労働者派遣の見直しと今後の派遣労働', 3쪽(이 정, 「파견과 도급에 관한 비교법적 연구」, 282쪽에서 재인용).

74) 김형배, 「새로 쓴 노동법」, 1018쪽 이하.

75) 임종률, 「노동법」, 137쪽.

76) 西谷 敏, 「勞働組合法」, 283쪽, 287쪽 이하; 中山和久, '団体交渉権とその法的構造', 12쪽 이하.

근로관계 및 노사관계의 계속적 운용과정에서 발생하는 개별적 사항에 대한 교섭까지 포함하는 것으로 이해하려는 것이다.77) 이와 같은 이해는 단체교섭의 당사자와 관련된 논의를 단체협약 체결 능력이 있는 당사자 문제의 논의와 결부시키는 것은 옳지 않다는 것을 근거로 한다.78) 단체교섭 주체가 단체협약 체결을 목적으로 하지 않는 경우도 있을 수 있기 때문이다. 그리고 단체협약 체결 당사자와 단체교섭 당사자 문제가 서로 별개의 문제로 논의되어야만 하는 근거로서 일본 勞働組合法 제7조 제2호 부당노동행위 조항이 단체교섭의 근로자 측 당사자를 노동조합이 아닌 "근로자의 대표자"로 규정하고 있는 것을 들고 있다.79)

이 논의가 일본에서 제기된 것은 매우 오래 전의 일이다. 그러나 이러한 견해가 일본에서 널리 받아들여지지 않고 아직도 소수의 견해에 머물러 있는 이유는, 미국의 경우 배타적 교섭대표가 기업 내 모든 근로자를 대표하여 사용자와 교섭하기 때문에80) 기업 내 근로관계 및 노사관계의 계속적 운용 과정에서 발생하는 개별적 문제들까지 교섭하는 것이 현실적으로 용이한 반면, 일본에서는 노동조합이 사업장 전체의 근로자의 대표로서 기능하는 것이 아니라 단지 조합원의 대표로서의 자격밖에 없고, 노동조합이 복수로 존재할 경우 사용자는 창구단일화 없이 각각의 노동조합과 교섭을 해야 한다는 점81)이 계속적 교섭의무를 인정하는 것을 현실적으로 어렵게 만들기 때문인 것으로 보인다.

3. 일본과 미국의 단체교섭권 보장체계 논의의 시사점

단체교섭권을 단결권 및 단체행동권과 구별하여 명시적으로 규정하고

---

77) 고호성, 「노동법상의 집단적 자치원리」, 189쪽 이하.
78) 西谷 敏, 「勞働組合法」, 283쪽, 283쪽.
79) 西谷 敏, 「勞働組合法」, 286쪽.
80) 하경효, 「단체교섭구조 개선방안을 위한 연구」, 37쪽 이하.
81) 하경효, 「단체교섭구조 개선방안을 위한 연구」, 84쪽; 菅野和夫, 「勞働法」, 641쪽.

있는 미국과 일본의 단체교섭권 보장체계를 살펴봄으로써 우리는 근로자의 권리인 단체교섭권이 모든 노동조합에게 보장되는 기본권이라는 점, 단체교섭이 단체협약 체결 이후에도 계속적으로 이루어질 수 있다는 점 등을 수긍할 수 있는 법리적 기초를 확인할 수 있었다.

일본에서의 단체교섭 개념 확장론을 소개하면서 이 논의는 단체교섭권의 독자성을 밝히는 데에 상당히 유용한 접근 방식이지만, 단체교섭권 개념을 형해화 시킬 수 있으므로 받아들이기는 어렵다고 설명하는 견해도 있다.[82] 또 다른 견해는 우리나라가 미국 단체교섭 법제의 핵심제도인 배타적 교섭대표제도를 택하고 있지 않기 때문에 노동조합의 대표자가 근로자 전체의 대표자가 아니라는 점에서 단체교섭 개념의 확장과 단체교섭의 계속적 성격을 그대로 인정하기에는 한계가 있다는 점을 지적하기도 한다.[83] 하지만 단체교섭을 단체협약을 체결하기 위한 교섭에 국한시키지 않고 단체협약의 해석·적용 등 운용에 관한 문제와 단체협약에 규정되어 있지 않은 사항 중에서도 기업 내의 근로관계 및 노사관계의 계속적 운용 과정에서 발생하는 개별적인 사항에 대한 교섭까지 포함시켜 단체교섭의 개념을 이해하는 것은 우리의 단체교섭제도가 직면하고 있는 여러 문제점을 해결하는 데에 매우 유용한 단초를 제공해줄 수 있다고 본다. 그러한 점에서 미국 단체교섭 제도의 계속적 특성, 일본의 단체교섭 개념 확장론 등은 시사하는 바가 크다. 특히 복수노조 교섭창구 단일화 제도가 도입된 이후 단체교섭권 없는 단결권 보장의 의미, 교섭대표 아닌 노동조합의 단체교섭권 보장 문제, 교섭대표 아닌 노동조합 조합원의 보호 문제, 신규 설립 노동조합의 단체교섭권 보장 문제 등이 계속해서 제기가 되고 있는 현실에서 단체교섭을 단체협약으로부터 분리하여

---

82) 이철수, 「단체교섭의 근로자 측 주체에 관한 비교법적 연구」, 149쪽 이하.

83) 고호성, 「노동법상의 집단적 자치원리」, 191쪽 이하도 단체교섭 개념 확장론이 우리나라에 적용될 수 있는 가능성에 대하여 매우 긍정적으로 판단하고 있다.

독자적으로 존재하는 제도와 권리로서 바라보는 시각은 우리 노사관계 법제도 전반을 바라보는 유연하고 거시적인 시각을 회복시켜줄 수 있는 의미가 있다고 기대된다.

단체협약 유효기간 중에도 계속적인 단체교섭을 허용하는 것과 단체협약의 해석·적용을 둘러싼 문제에 대한 단체교섭권을 인정하는 것이 미국식 배타적 교섭대표제도하에서 더욱 유용하고 적용이 용이하다는 점은 분명한 사실이다. 하지만, 노동조합이 미국의 배타적 교섭대표제도와 같이 교섭단위 내 근로자 전체의 대표이어야 한다는 것이 단체교섭의 계속성을 인정할 수 있는 필연적인 전제는 아니다. 미국에서 단체교섭의 계속성이 인정되는 것은 원래 배타적 교섭대표의 단체교섭권이 자신의 조직 이외의 전체 종업원까지 대표해서 행사할 수 있는 것으로 확장되는 것을 전제한 것이다. 하지만 전체 근로자의 대표가 아닌 조합원만의 대표인 노동조합들에 대해서 사업장 내 근로조건 통일을 명분으로 교섭창구를 단일화하도록 하는 우리나라의 특수한 상황 하에서는 교섭대표 노동조합만[84]이 아닌 조직된 전체 노동조합이 가지는 단체교섭권의 관점에서 단체교섭권의 계속성 또는 단체교섭 개념 확장을 고려하지 않을 수 없다. 왜냐하면 우리나라의 교섭대표 노동조합은 근로자 전체가 아닌 조합원만의 배타적 교섭대표가 되는 것이라는 측면에서 미국의 배타적 교섭대표와 그 지위와 권한이 전혀 다르고, 비조합원의 근로조건은 여전히 단체협약의 적용 범위 밖에 있다는 점에서 사업장 전체의 근로조건 통일이라는 명분이 우리나라에서 제기되기에는 상당한 한계가 있기 때문이다. 배타적 교섭대표를 정하거나 창구단일화를 하지 않는 일본의 단체교섭 개념 확장론에서 확장되는 단체교섭권은 다수노조가 갖는 단체교섭권에 한하는 것이 아니라 사업 또는 사업장에 존재하는 모든 노동조합이 갖는 단체

84) 특별한 설명이 없는 한 이하에서 "교섭대표 노동조합"에는 공동교섭대표단도 포함되는 것으로 한다.

교섭권을 대상으로 하는 것이다. 따라서 미국과 일본에서의 논의를 참조하여 우리나라에서의 단체교섭의 계속성을 인정하려 할 때 그 대상에 교섭대표 노동조합뿐만 아니라 교섭대표 아닌 노동조합이 갖는 단체교섭권에 대한 것까지 포함하여 논의하는 것이 논리적으로 문제될 것은 없다.

다만 일본에서의 논의를 우리나라에 소개한 문헌들이 "단체교섭 개념 확장론"이라는 표제 하에 그러한 논의를 소개하는 것은 적당한 표현은 아니라고 본다. "단체교섭 개념 확장론"이라는 표현은 일견 단체교섭권의 개념이 본래 고정되어있는데, 이러한 고정된 개념의 경계를 무너뜨리고 넓은 개념으로 확장시킨다는 의미로 다가오기 때문이다. 단체교섭 개념 확장이라는 표현보다는 "단체교섭 개념 정립" 정도의 표현을 사용하는 것이 더 나았을 것이라고 생각한다. 우리 헌법과 노조및조정법 체계가 이미 단체교섭권 개념을 2원적으로 이해하고 단체협약 체결 목적 이외의 단체교섭을 인정할 수 있는 해석상의 가능성을 열어두고 있었음에도 불구하고 그동안 단체교섭의 개념과 대상을 지나치게 축소하여 이해해왔던 관행을 바로잡는다는 의미를 부각시키는 것이 타당하다고 보기 때문이다.

Ⅳ. 단체교섭권이 헌법상 기본권으로 규정된 효과와 의미

1. 단체교섭권의 독자적 중요성 확인

단체교섭권이 별도로 명시되어 규정된 의미에 대하여, "단체교섭권을 기본권으로서 신설하는 것이 단결권 및 단체행동권에 실제적으로 또는 법리적으로 어떠한 영향을 줄 것인지, 단체교섭권이 구체적으로 단체교섭 과정에서 어떠한 권리로서 나타날 것인지에 대해서 충분한 사전적 검토 없이 입법된 것"이라고 하여 우리 헌법의 규정형식이 갖는 의미를 제한적으로 이해하는 견해도 있다.[85] 하지만 이 견해도 단체교섭권이 헌법

85) 이영희, 「노동기본권의 이론과 실제」, 151쪽.

상 보장된 것은 단체교섭권이 민·형사상 면책을 보장한 것이며, 자유로서 보장된 것이고, 권리로서 보장되어 상대방에게 단체교섭에 응할 의무를 갖게 하는 것이라고 하여[86] 결론에 있어서는 단체교섭권의 독자적 중요성은 인정하고 있다.

우리 헌법이 단결권만을 규정하지 않고, 단결권, 단체행동권과 함께 단체교섭권을 병렬적으로 명시하고 있다면, 단결권을 행사하여 결성된 근로자의 단결체가 단체협약을 체결하는 과정에서 단체행동에 나아가기 위한 전 단계로서의 의미로, 즉 단체교섭권을 단지 중간에 거쳐 가는 개념으로 배치했다고 해석하는 것은 타당하지 않다. 적어도 단체교섭권이 단결권, 단체행동권과 동등한 중요성을 갖는 권리로서 기능하도록 하기 위해 우리의 헌법 제정권력이 행사된 것이라고 보는 것이 옳다.[87] 그러므로 단체교섭의 독자적 성격과 중요성을 임의로 축소하거나 무시해서는 안 되며, 우리 헌법의 특수한 규정 형식이 하위법령의 해석과 적용, 법이론적 검토 등에 있어서 반드시 항상 고려되어야 하는 중요한 요소가 되어야 한다고 생각한다.[88]

2. 단체교섭권의 기본권성 보장

단체교섭권이 헌법상 근로자의 기본권으로 독자적으로 규정된 가장 큰 실익 중 하나는 단체교섭권을 헌법상의 기본권으로 명백하게 부각시키고 이에 대한 법률상 보호의 기초를 마련하는 데에 있다.[89] 단체교섭권이 헌법상 근로자의 기본권으로 보장된다면 그 효과로서 근로자의 자주적인 단결체인 노동조합은 당연히 그 기본권을 향유할 수 있는 주체가 된다. 그 노동조합이 행정관청에 설립신고를 마친 노동조합인지 아닌지,

---

86) 이영희, 「노동기본권의 이론과 실제」, 153쪽.

87) 손창희, '단체교섭, 교섭권과 협약 체결권한에 관한 고찰', 123쪽.

88) 박종희, '노동3권의 보장의의와 내용', 128쪽.

89) 김형배, 「새로 쓴 노동법」, 149쪽.

다수노조인지 소수노조인지 여부에 따라 기본권 주체성 인정 여부가 달라질 수는 없다.[90)]

단체교섭권을 기본권으로 보는 한 국가는 단체교섭권을 헌법이나 법률의 근거 없이 부당하게 침해하거나 제한할 수 없고, 국가기관의 침해행위 또는 제한행위는 위헌으로 무효가 된다. 단체교섭권이 갖는 자유권적 기본권으로서의 성격을 고려하면 당연한 결론이다. 다음으로 근로자 측의 단체교섭요구가 정당하게 행해진 경우에는 사용자 측의 권리 내지 자유를 침해하게 된다 하더라도 민·형사상 책임이 면제된다.[91)] 더 나아가 국가는 기본권인 단체교섭권이 충분히 보장될 수 있도록 법제도적 뒷받침을 하여야 한다. 단체교섭권이 사회적 기본권으로서의 성격을 가지기 때문이다. 대사인적 효력이 긍정되는 한 사용자를 비롯한 제3자에게도 기본권으로서의 권리성은 관철되어야 한다.

3. 국가의 조직 및 형성의무 부과

노동3권 모두가 마찬가지이지만, 그 중에서도 단체교섭권은 산업평화를 유지하면서, 경제 및 노동질서 등 객관적인 질서를 형성하는 기능을 수행한다. 양 당사자가 만나 "교섭"하여 문제를 해결하도록 하는 단체교섭제도는 그 개념상 본질적으로 평화적 문제해결을 지향한다. 또한 노동3권은 다른 사회적 기본권과는 달리 국가의 급부행위가 아니라 근로조건의 향상을 위하여 필요한 제도·절차 및 조직을 형성하기 위해 법적 제도와 법규범을 마련해야 하는 의무를 국가에 부과한다.[92)] 이것은 헌법 제정권자가 입법자로 하여금 노동3권을 부정하거나 제한하지 못하도록 하고, 나아가 노동3권이 원활히 보장될 수 있도록 하는 방향으로만 입법권

90) 西谷 敏, 「勞働組合法」, 58쪽.

91) 김유성, 「노동법II」, 126쪽.

92) 계희열, 「통일독일헌법원론」, 258쪽; 전광석, 「한국헌법론」, 382쪽; 헌재결 1998. 2. 27, 94헌바13·26, 95헌바44.

을 행사하도록 하는 '유보된' 입법권의 행사를 명령한 것으로 이해할 수 있으며, 이렇게 보는 한 헌법상 노동3권은 공적질서를 형성하는 일종의 제도보장의 의미로 이해할 수도 있다.[93]

입법자가 노동3권의 보장원리에 기초하여 집단적 자치가 제대로 실현될 수 있는 기본 틀을 구체적인 법률로 만들어 놓은 것[94]이 바로 노조및조정법상 교섭제도와 부당노동행위제도, 그리고 그 밖의 단체교섭의 권리·의무 관계를 뒷받침 하고 있는 각종 법제도들이 될 것이다.

이와 같은 노동3권의 성격과 유보된 입법권 행사의 전제를 수용한다면, 근로자를 노동3권의 주체로 규정하고 있는 우리 헌법의 체계상 부당노동행위제도는 사용자를 향하여 노동3권을 침해·제한하지 못하도록 명령하고, 사용자의 침해행위가 있을 경우 그에 대한 규제와 구제가 이루어지도록 하기 위해 마련된 제도로 이해되어야 한다. 그렇다면 우리 헌법과 노조및조정법의 체계 아래에서는 적어도 미국 연방노동관계법 제8조 (b)와 같은 노동조합의 부당노동행위 개념이 도입될 가능성은 없다고 보아야 한다.[95] 우리의 1953년 제정 구 노동조합법[96] 제34조 제2항이 "노동조합의 대표자는 사용자 또는 그 단체가 단체협약의 체결을 요구할 경우에는 정당한 이유 없이 거부 또는 해태할 수 없다"라고 하여 노동조합측의 단체교섭 거부를 금지하고 여기에 위반한 경우 벌금형에 처하도록 규정한 것은 노동조합의 부당노동행위를 규정한 것으로서, 제헌헌법 제18조의 내용을 고려했을 때 명백히 위헌적인 조항이었다. 이 조항이 1963년 개정 시에 삭제된 것은 구 노동조합법의 위헌성을 해소해야 한다는 점을 생각했을 때 당연한 결과라고 생각된다.

---

93) 박종희, '노동3권의 보장의의와 내용', 118쪽; 하경효, '단체교섭거부에 대한 구제방법과 내용', 532쪽.

94) 박종희, '노동3권의 보장의의와 내용', 118쪽.

95) 김치선, 「노동법강의」, 374쪽; 박종희, '노동3권의 보장의의와 내용', 128쪽.

96) 법률 제280호, 1953. 3. 8 시행.

한편 단체교섭권이 국가법의 보호를 받는다는 의미는 곧 근로자 측의 교섭력, 즉 단체교섭 자리에 사용자가 나오도록 강제할 수 있는 노동조합의 힘이 법제도적인 측면에서 이미 확보되어 있다는 것을 나타낸다.[97] 이것은 독일에서의 협약능력 개념을 둘러싼 논의와도 밀접하게 연관이 되어 있다. 협약능력 문제에 대해서는 뒤에서 상세히 설명하기로 한다.[98]

4. 단체교섭권의 대사인효

독일 기본법(GG) 제9조 제3항은 "근로조건과 경제조건의 유지와 개선을 위하여 단체를 결성할 권리는 누구에게나 그리고 모든 직업에도 보장된다. 이 권리를 제한하거나 방해하려는 협정은 무효이며, 이를 목적으로 하는 조치는 위법이다"라고 하여 단결권 보장 규정이 사인 간의 관계에도 직접 적용된다는 것을 분명히 하고 있다.[99] 그러나 우리 헌법 제33조 제1항은 단체교섭권을 "근로자"의 권리로 기술하고 있을 뿐이다. 따라서 단체교섭권이 대 국가적 효력 외에 대사인적 효력을 갖는지 여부, 특히 사용자를 상대로 직접 주장할 수 있는 권리인가가 해석론으로서 문제된다.

여기에 대해서는 단결권, 단체교섭권, 단체행동권 등이 직접 사인에게 적용된다고 보면 노동3권을 침해하는 사용자의 행위는 헌법을 근거로 곧바로 당연 무효가 된다고 보게 되어 옳지 않다고 하면서, 국가가 사인에게 기본권 규정이 적용될 수 있는 근거를 법률로 구체화 하였을 때에 그에 따라 비로소 이 권리를 사인에게 행사할 수 있다고 보는 것이 타당하다는 견해가 있다.[100] 소위 대사인효 부정설 내지 간접적용설의 입장이

---

97) 박종희, '노동3권의 보장의의와 내용', 128쪽.
98) 자세한 내용은 제2장 제4절 II. 4. (1) 참조.
99) 김형배, 「새로 쓴 노동법」, 123쪽 이하; 三宅 正男, '不当労働行為', 374쪽 이하.
100) 정종섭, 「헌법학원론」, 726쪽; 허 영, 「한국헌법론」, 516쪽.

다. 여기에서의 관련 법률에는 노조및조정법, 노동위원회법 등 관련 법규 이외에 민법 제2조 신의칙 규정 등 일반규정이 포함된다고 한다.[101]

우리나라는 노조및조정법 제81조에서 부당노동행위제도를 강행규범으로 설정하고 있기 때문에 간접적으로 적용된다고 보는 견해나 직접적으로 적용된다고 보는 견해의 논의의 실익은 별로 없다고도 볼 수 있다.[102] 그러나 노동3권의 직접적 효력을 인정하지 않는다면 단체교섭 주체로서 노조및조정법상 노동조합의 형식적 요건을 갖추지 못하였지만, 실질적 요건을 갖추고 있는 근로자의 단체, 즉 실질적 노동조합의 단결권, 단체행동권, 단체교섭권을 보장할 수 없다는 문제가 생긴다. 자주성과 조직의 실체를 가지고 있지만 노조및조정법상의 노동조합의 형식적 요건을 갖추지 못한 소위 법외노조인 노동조합[103]의 경우에는 노동3권을 간접적으로 보장할 수 있는 일반규정이 민법 등에 존재하는 것도 아니다. 따라서 헌법을 근거로 직접 단체교섭권을 주장하거나 행사할 수밖에 없는데, 간접적 효력만 있다고 본다면, 법외노조는 결국 단체교섭권을 포함한 노동3권을 전혀 행사할 수 없다는 결론에 이르게 된다. 이는 매우 부당한 결론이 아닐 수 없다. 생각해보면 노동3권은 노사관계를 전제로 하는 것이므로 처음부터 사인 간의 관계에 관한 것이라는 점이 명백하고,[104] 특히 단체교섭권은 노사관계에서 발생하는 각종 문제들을 단체교섭을 통해 해결하도록 하는 취지를 강하게 가지고 있으므로 사인 간에도 직접적으로 적용된다고 보는 것이 옳다고 생각한다.[105] 따라서 사용자는

---

101) 김형배, 「새로 쓴 노동법」, 123쪽.

102) 박종희, '협약자치의 견지에서 본 단체교섭응낙가처분결정인용에 관한 비판적 고찰', 142쪽.

103) 임종률, 「노동법」, 68쪽은 이러한 노동조합을 "헌법상의 조합"이라고 한다. 이 글에서도 "헌법상 조합"이라고 하기로 한다.

104) 권영성, 「헌법학원론」, 690쪽; 김철수, 「헌법학개론」, 1188쪽; 三宅 正男, '不当労働行為', 366쪽 이하.

105) 김유성, 「노동법II」, 26쪽; 김치선, 「노동법강의」, 146쪽; 임종률, 「노동법」, 24쪽;

비록 사인이지만 근로자에게 헌법상 보장된 노동3권을 존중하고 준수할 의무를 지고, 노동3권을 부정하거나 침해해서는 안 된다. 만약 사용자가 노동3권을 침해하는 행위를 할 경우 그러한 행위는 위법·무효라고 보아야 한다.[106] 물론 사용자가 단체교섭권을 근로자 측의 헌법상 기본권으로 수인하여야 한다 하더라도 사용자의 수인행위는 단체교섭에 성실하게 임하는 것으로 충분하며, 근로자 측의 요구를 사용자가 그대로 수용하여야 한다는 의미는 아니다.[107]

V. 노동3권 상호간의 관계에서의 단체교섭권

단결권, 단체교섭권, 단체행동권 등 노동3권 상호간의 관계가 어떻게 설정될 수 있을 것인가 하는 것은 각각의 권리들의 구체적인 내용과 발현형태를 설명하기 위한 중요한 전제가 된다. 특히 세 가지 권리를 모두 한 문장 안에서 병렬적으로 나열하는 방식으로 규정하고 있는 우리나라 헌법 하에서는 이 논의의 중요성이 더욱 크다. 노동3권 상호간의 관계에 대해서는 서로 간의 밀접성을 중심으로 한 논의, 중심이 되는 권리가 무엇인가 하는 논의 등 두 가지 차원의 논의가 전개되고 있다.

1. 노동3권 상호간의 밀접성을 중심으로 한 논의

전통적인 견해로서, 노동3권은 밀접한 상호 관련 하에서 근로자의 생존확보를 위한 수단으로 보장되어 있다고 보는 견해가 있다.[108] 여기에 더하여 단결권, 단체교섭권, 단체행동권이 상호 불가분의 일체적 권리라

林 弘子, 「労働法」, 8쪽.

106) 임종률, 「노동법」, 320쪽 각주 1).

107) 박종희, '노동3권의 보장의의와 내용', 127쪽 각주 34).

108) 강희원, 「노동헌법론」, 463쪽 이하; 김치선, 「노동법강의」, 146쪽; 김형배, 「새로쓴 노동법」, 115쪽 이하; 임종률, 「노동법」, 22쪽 이하.

는 점에서 노동3권보다는 단결활동권이라고 부르는 것이 더욱 적절하다고 하기도 한다.[109] 사실 "노동3권"이라는 용어도 3개의 권리의 상호 밀접성을 염두에 둔 조어라고 볼 수 있다.[110] 이와 같은 노동3권의 밀접한 상호 관련성은 단결체만이 단체교섭권 및 단체행동권을 행사할 수 있다는 의미이고, 단결체가 단체행동을 하는 경우에도 단체교섭을 위해서만 할 수 있다는 의미에서 서로가 서로를 제한하며 어느 하나의 권리가 다른 권리에 의하여 정당성이 규정될 수 있다는 뜻을 갖는다.[111] 이를 "상호 제약적인 관점에서의 밀접성"이라고 지칭하기도 한다.[112] 이와 같은 상호 제약적인 관점에서의 노동3권 상호간의 밀접성은 근로조건 개선을 위해 근로자들이 단결하게 되었고 단결체의 활동을 통해 사용자와 대등하게 교섭할 수 있었다는 연혁적 배경을 생각하면 일응 타당성이 있는 분석이다. 대법원도 과거 구 노동조합법상 조합원 범위에 관한 규정이 노동쟁의조정법상 쟁의행위의 정당성을 판단하는 데에 적용될 수 있는가가 문제된 사건에서 노동3권 상호간의 밀접한 상호 관련성을 긍정하는 전제하에 판단을 내린 바 있다.[113]

그러나 이에 대하여, 집단적 자치의 개념을 개방적으로 이해하여 시대상황의 변화에 따라 향후 새로운 시스템을 수용할 가능성을 전혀 배제하지 않는 것으로 보아야 하기 때문에, 노동3권의 관계를 상호 제약적인 관점에서 이해해서는 안 된다는 반론이 제기되고 있다.[114] 상호 관련성을 긍정할 수 없다고 보는 견해의 추가적인 근거로는 우리 헌법이 3개의 권리를 단결권, 단체교섭, 단체행동권으로 나누어 병렬적으로 규정하여 각

109) 임종률, 「노동법」, 22쪽.
110) 김치선, 「노동법강의」, 146쪽.
111) 유성재, 「판례노동법」, 518쪽.
112) 박종희, '노동3권의 보장의의와 내용', 124쪽.
113) 대판 1990. 11. 27, 89도1579.
114) 박종희, '노동3권의 보장의의와 내용', 124쪽.

각의 독자성을 강조하고 있다는 점, 노동3권의 상호 관련성을 어느 정도로 할 것인지는 입법정책 내지 입법재량의 문제로 보아야 한다는 점 등이 제시되고 있다.[115] 상호 밀접성만을 강조하는 것은 옳지 않다고 보는 견해들 사이에도 밀접성을 완화하는 정도를 어느 정도까지 인정할 것인가에 따라 다시 견해가 나뉜다. 즉 밀접성을 소극적으로 본다 하더라도 노동3권 중 어느 하나도 결여되어서는 안 된다고 보는 견해가 있는 반면,[116] 노동3권 중 어느 하나 예컨대 단체행동권을 대체할 수 있는 새로운 형태의 갈등해결수단이 개발된다면 단체행동권이 그것으로 대체될 수도 있다고 보는 견해도 있다.[117] 집단적 자치의 이상을 추구함에 있어서 노동3권이 항구적인 불변의 진리가 아닐 수도 있다는 점에서 후자의 견해가 타당하다고 생각한다. 우리 헌법 제정권자도 1948년 제헌헌법에서는 노동3권을 모두 법률유보 하에서 보장했었고, 1980년 헌법에서는 단결권과 단체교섭권은 온전히 보장하면서 단체행동권에 대해서만은 법률유보를 두어 노동3권 중 어느 하나의 권리를 보장하지 않을 수도 있다는 점을 드러낸 바 있다.

또한 겉으로 보기에는 다소 역설적으로 보일 수 있지만, 노동3권은 3개의 서로 다른 권리의 산술적 합이 아닌 온전한 하나의 권리로 보아야 한다는 헌법학계의 주장[118]은 노동3권 상호간의 밀접성을 소극적으로 파악해야한다는 노동법학계의 주장과 서로 모순되지 않으며 오히려 맞닿아 있는 논리이다. 노동3권을 전체로서 하나의 권리라고 보는 경우에는 그 중 하나의 권리를 헌법 제37조 제2항에 따라 제약하는 경우 단결권과 단체교섭권과 단체행동권 중 어느 하나를 인정하지 않아도 노동3권 자체를

115) 김유성, 「노동법II」, 32쪽 이하.
116) 김유성, 「노동법II」, 33쪽.
117) 박종희, '노동3권의 보장의의와 내용', 125쪽.
118) 전광석, 「한국헌법론」, 383쪽 이하.

박탈한 것으로 보지 않는다. 다시 말하면, 노동3권을 완전한 하나의 권리로 보면, 노동3권 중 어느 하나를 보장하지 않더라도 그것은 하나의 권리인 노동3권의 일부분을 제한하는 문제가 되므로 기본권 제한의 적정성을 헌법 제37조 제2항에 따라 심사할 수 있게 된다는 것이다. 반면 노동3권을 각각 완전한 별개의 3개의 권리로 본다면 3개의 권리 중 어느 하나, 예컨대 단체행동권을 인정하지 않는다면 그것은 기본권의 일부 제한이 아니라 어느 하나의 기본권 전체에 대한 완전한 박탈을 의미하게 되므로 헌법 제37조 제2항에 따른 심사를 받을 것도 없이 그대로 헌법 위반이 된다고 보는 결론에 이르게 된다. 실제로 노동법학계에서 제시되는 노동3권 상호간의 밀접한 상호 제약적 연관관계를 긍정하는 견해를 취하게 되면 논리적으로 노동3권 중 어느 하나를 인정하지 않거나 부인하는 것은 노동3권 전체를 실효성이 없게 만든다고 보게 된다. 우리 헌법은 제33조 제3항에서 "법률이 정하는 주요방위산업체에 종사하는 근로자의 단체행동권은 법률이 정하는 바에 의하여 이를 제한하거나 인정하지 아니할 수 있다"라고 하여 헌법 스스로가 단체행동권의 완전한 박탈을 허용하는 규정을 가지고 있다. 그렇다면, 그러한 헌법의 규정 태도가 타당한지 여부를 떠나서, 우리 헌법은 적어도 노동3권을 완전한 하나의 권리로 보고 있다는 헌법학계에서의 설명을 택할 때, 그리고 밀접한 상호 관련성을 고려하지 않고 있다고 볼 때 노동3권의 전체적인 성격과 노동3권에 포함되는 각 권리의 개별적 기능과 독자적 의미를 더욱 정확하게 이해할 수 있다고 생각한다.

2. 중심 권리가 무엇인가를 둘러싼 논의

노동3권 서로가 밀접하게 관련되어 있다고 볼 경우 중심적인 권리가 무엇인가에 대하여 논의가 이루어지고 있다. 단결권과 단체교섭권, 단체행동권 중 어느 권리가 더 중요성이 있다고 보아야 하는가 하는 논의가 반드시 노동3권 상호간의 밀접성을 긍정해야만 검토할 수 있는 사항은 아니다. 그러나 이 논의는 주로 노동3권의 밀접한 상호 제약적 연관관계를 인정하는 전제 하에서 전개되고 있다. 크게 보면 단체교섭권이 중심이 된다는 견해와 단결권이 중심이 된다고 보아야 한다는 견해가 제시되고 있다.

우선 단체교섭권이 중심이 된다고 보는 견해는 헌법 제33조 제1항은 단체교섭을 중심으로 하여 전개되는 노사자치에 대하여 법적 기초를 부여하는 규정이므로, 단체교섭이나 단체협약의 체결을 전제로 하지 않는 단결권이나 단체행동권은 무의미하다고 설명한다. 다수 학자들과 법원 판결이 지지하는 견해이다.[119] 이 견해에 따르면 노동3권의 중심에 단체교섭권이 서 있으므로 단결권 및 단체행동권의 정당성 범위는 단체교섭권의 정당성 기준에 의하여 결정되게 된다.[120] 즉 단결활동 또는 단체행동이 정당하려면 사용자를 상대방으로 하여, 근로조건과 밀접하게 관련되고 사용자에게 처분권한이 있는 사항을 대상으로 하여야 한다고 보는 것이다.

[관련판례]

노동3권 중 중핵적 권리로서의 단체교섭권을 인정한 사례

대판 1990. 5. 15, 90도357

헌법 제33조 제1항에 의하여 선명된, 이른바 노동3권은 사용자와 근로자 간의 실질적인 대등성을 단체적 노사관계의 확립을 통하여 가능하도록 하기 위하여 시민법상의 자유주의적 법원칙을 수정하는 신시대적 시책으

119) 김형배, 「새로 쓴 노동법」, 119쪽; 박상필, 「한국노동법」, 436쪽; 임종률, 「노동법」, 22쪽; 손창희, '단체교섭, 교섭권과 협약 체결권한에 관한 고찰', 125쪽; 전광석, 「한국헌법론」, 386쪽; 대판 1990. 5. 15, 90도357; 헌재결 1996. 12. 26, 90헌바19; 菅野和夫, 「勞働法」, 24쪽; 林 弘子, 「勞働法」, 8쪽.

120) 김유성, 「노동법II」, 33쪽.

> 로서 등장된 생존권적 기본권들이므로 이 노동3권은 다같이 존중, 보호되어야 하고 그 사이에 비중의 차등을 둘 수 없는 권리들임에는 틀림없지만 근로조건의 향상을 위한다는 생존권의 존재목적에 비추어볼 때 위 노동3권 가운데에서도 단체교섭권이 가장 중핵적 권리이므로, 노동자에게 단체교섭권이 정당하게 확보되어 있기만 하다면 그것을 보장하는 권리로서의 단체행동권이 제한된다 해도 필요한 최소한도 내에서, 어쩔 수 없는 것으로서 사회관념상 상당한 대상조치가 마련되어 있다고 보여질 때에는 권리의 본질적인 내용을 침해하는 것으로 볼 수 없다.
>
> - 공익사업에 대한 강제중재를 규정한 구 노동쟁의조정법 제30조 제3호, 제31조에 대한 판단 -

반면 단결권이 중심이 된다고 보는 견해는 노동3권 중에서도 단결권이 가장 근원적인 것으로서 실제에 있어서 단결체의 힘을 배경으로 하지 않는 한 노동기본권의 의의가 없게 된다고 한다.[121] 이 견해는 단결권을 목적적인 권리로, 단체교섭권과 단체행동권은 단결목적을 달성하기 위한 수단적 권리로 파악한다.[122] 이 견해를 취할 경우 노동3권의 목적을 달성하기 위해서는 국가를 상대로 하는 단결활동도 필수적이라고 인정하게 되므로 노동3권 행사의 정당성 기준에 대하여 사용자의 처분권한 및 근로조건 관련성 요건을 엄격하게 해석하지 않고 근로자의 생활 이익과 관련되는 사항이면 널리 노동3권 행사의 대상으로 파악하게 된다.[123]

그러나 노동3권을 구성하는 3개의 권리 중 어느 권리가 중심이 되는 권리인가에 대한 논의는 그 자체로는 중요한 실익이 있는 것은 아니라고 생각된다. 우리 헌법 제33조 제1항이 단결권, 단체교섭권과 단체행동권을 각각 특별한 우선순위에 대한 암시 없이 열거하고 있고, 헌법 조문에

121) 김치선, 「노동법강의」, 146쪽.

122) 김유성, 「노동법II」, 34쪽.

123) 김유성, 「노동법II」, 34쪽.

대한 해석을 통해서 어느 권리가 중심인 권리인지를 밝혀낼 수도 없기 때문이다. 또한 넓은 의미에서 근로자의 단결체가 행사할 수 있는 단체행동에는 노조및조정법이 예정하는 쟁의행위 이외에 업무시간 외에 행하는 별도의 집회, 시위, 집단 교육, 홍보활동 등 다양한 행위가 있을 수 있는데, 이러한 행위들이 반드시 단체교섭을 유리하게 이끌기 위해서만 행해진다고 하기도 어렵다.

3. 노동3권의 개별성과 일체성

노동3권을 불가분적 연관관계에 놓고 이해하여야 할 필연적인 이유는 없다. 우리 헌법상 노동3권인 단결권, 단체교섭권, 단체행동권은 서로 밀접하게 상호 제약적으로 연관되어 있다기보다는, 서로 분리되어 각각 존재하고 있으므로 원칙적으로 개별적 독자성이 있는 권리로서 이해되어야 한다. 동시에 헌법 규정의 취지상 헌법 제33조 제1항에 열거된 기본권들은 전체로서 하나의 기본권이라고 이해하여야 한다. 노동3권을 구성하는 각각의 권리가 서로 다른 특성과 내용을 가지고 개별적으로 존재하지만, 이 세 가지의 권리가 전체로서 하나의 기본권이 된다는 인식이 모순된 것이라고 생각할 필요는 없다.[124] 이러한 노동3권 상호간의 관계를 "단결권, 단체교섭권, 단체행동권은 각각 상대적인 독자성을 유지하면서 일체적으로 근로자의 근로조건 향상에 봉사하는 것이 기대되는 것"이라고 표현하기도 한다.[125]

이와 같이 노동3권 상호간의 밀접한 상호 제약적 연관관계라는 인식의 틀을 벗어나면, 비로소 단결권, 단체교섭권 및 단체행동권이 근로조건의 향상을 위하여 행사되기만 하면 족하며 3개의 각 권리들은 그 자체로

---

124) 기독교 신학에서 Calvin(1509-1564)이 성부, 성자, 성신의 3위를 이해하기 위해 주창했던 3위일체론의 논리를 연상하면 이해가 쉬울 것이다(Calvin, 「기독교 강요 1」, 고영민 옮김, 256쪽 이하).

125) 西谷 敏, 「勞働組合法」, 42쪽.

중요성을 가질 수 있다는 점을 긍정할 수 있게 된다. 굳이 노동3권 상호간에 어느 권리가 중심이 되는지에 대하여 논의하는 것은 큰 의미를 가지지 않는다.[126] 하지만 아직 노동3권을 완전히 대체할 만한 수단적 권리가 개발되지 않은 상태이고, 여전히 단체교섭권에 대한 인식과 실현 정도가 턱없이 부족한 우리나라의 상황을 고려하면, 단체교섭권이 배제되는 단결권 보장은 의미가 없고, 단체교섭권을 전제로 하지 않는 단체행동권 행사는 맹목이라는 시각이 전적으로 비현실적인 것이라고 치부하기는 어려운 측면이 있다. 그러한 관점에서 단체교섭권 상호간의 밀접한 연관성을 강조하는 견해들과, 노동3권 중 어느 권리가 중심에 놓여야 하는 가에 대한 고민들은 지금까지도 우리나라의 상황에서 노동3권의 본질을 이해하고 실현해 가는 데에 상당히 유용한 관점을 제공해왔다고 평가되어야 한다.

제3절 단체교섭권의 법적 성질

단체교섭권의 법적 성질은 단체교섭권을 바라보는 시점에 따라 여러 가지 차원에서의 설명이 가능하다. 이를 목적 측면에서의 행위로서의 특징, 효과 측면에서의 권리로서의 특징, 기본권의 분류 측면에서의 특징 등 세 가지로 나누어 설명하기로 한다.

Ⅰ. 목적 측면에서의 행위로서의 법적 성질

단체교섭 중에서도 단체협약 체결을 목적으로 하는 단체교섭권의 법적 성질에 대한 검토이다. 단체교섭에는 단체협약 체결 이외에도 노사관계에 있어서의 실체적 또는 절차적 각종 규율에 관한 사항을 설정하거나 해석·적용하기 위하여 사용자 또는 사용자단체와 평화적으로 협의하고

126) 강희원, 「노동헌법론」, 465쪽.

절충해가는 과정을 의미하는 단체교섭이 있다. 그 중 목적 측면에서의 행위로서의 법적 성질에 대한 검토는 단체협약 체결 목적 단체교섭의 경우에 국한한 법적 성질 문제에 집중된다. 왜냐하면 단체협약 체결을 목적으로 하지 않는 단체교섭의 경우 그 교섭의 결과가 합의에 도달하여 합의서가 작성되는 경우도 있으나, 대부분의 경우 교섭이 이루어지는 현상과 과정에 집중하게 되기 때문이다. 반면 단체협약 체결을 목적으로 하는 단체교섭의 법적 성질이 무엇인가 하는 문제는 체결되는 단체협약의 법적 성질을 어떻게 보는가에 따라 결론이 달라진다.[127]

단체협약의 법적 성질을 어떻게 파악할 것인가를 둘러싸고는 크게 규범설과 계약설이 대립하고 있다. 여기에 수권설이 더하여 설명되면서 논의는 점점 복잡해진다. 뒤의 보충논의에서 자세히 살펴보겠지만, 단체협약의 법적 성질에 대한 논의가 복잡해지는 근본적인 이유는 수권설에서 논의되는 수권의 "지점", 즉 체계적 위치에 대한 서로의 이해가 다른 것에서 비롯된다고 볼 수 있다. 수권의 의미가 규범적 효력을 갖는 법률로서의 단체협약을 체결할 수 있도록 체결 당사자에게 권한을 부여한다는 의미의 수권이라면 그러한 단체협약을 체결하는 과정, 즉 단체교섭은 입법 과정이 되고 단체교섭권은 입법권과 같은 의미를 갖게 된다.[128] 이러한 이론구성은 본래 국가가 독점적으로 행사하여야 할 입법권을 사인이 행사하는 것이라고 보게 되는 난점이 있다. 반면 수권의 의미가 사적자치의 당사자 사이에 체결된 계약으로 형성된 단체협약 그 자체에 대하여 규범으로서의 효력을 부여한 것으로 보거나 단체협약 자체를 계약의 결과물로 보는 견해들에 따를 경우 단체협약 체결 과정, 즉 단체교섭은 일단 계약체결행위로서의 성격을 가지게 된다. 이때의 단체교섭권은 계약체결권과 같은 의미를 갖게 된다.

---

127) 이영희, '단체교섭권의 법적 성질과 문제', 42쪽 이하.
128) 이종복, '단체협약 추인조항의 합법성', 517쪽.

결론적으로 단체협약은 단체협약 적용 단위인 부분 사회에 적용되는 집단적 자치규범이라고 보아야 한다고 생각된다. 단체협약은 그 자체로는 국가가 제정한 법률이 아니므로 단체협약의 체결 과정은 노동조합과 사용자 또는 사용자단체 사이의 자치규범 설정계약이라고 보아야 하지만, 헌법 제33조 제1항과 노조및조정법 제33조에 의해 규범적 효력이 부여(수권)되면서 단체협약은 강행적 효력을 가지고 직접적으로 체결 당사자인 사용자와 노동조합 이외에 조합원에게 적용되는 효력을 갖게 된다. 이와 같은 전제에 따른다면 목적 측면에서의 행위로서의 단체교섭의 법적 성질은 계약체결행위로 평가될 수 있다.

[보충논의]

단체협약의 법적 성질론

1. 논의의 필요성

단체협약의 법적 성질 문제는 단체협약제도를 창설하거나 혁신하기 위한 논의라기보다는 단체협약이 체결·적용되고 있는 기성의 현상을 규범적으로 인식하기 위한 다소 수동적인 논의이다. 그리고 적어도 100여 년이 훨씬 넘는 매우 오랜 시간 동안 전개되어온 논쟁이다. 그러나 이 문제는 근로자의 임금과 근로조건은 개개 근로자와 사용자 사이의 개별적 계약에 의하여 규율된다는 시민법 원리에 대한 중대한 수정이며, 민법과 구별되는 노동법의 독자성[129]을 분명하게 드러내는 부분이자, 노동법학 전반을 이해하는 체계를 세울 수 있는 출발점으로서의 의의를 가지는 것[130]으로까지 인식되고 있다고 평가될 만큼 여전히 매우 중요한 논점이다. 또한 단체교섭권의 법적 성질은 독자적으로 논의되기 보다는 단체협약의 법적 성질 문제와 결부되어 판단될 수밖에 없다는[131] 점에서 단체협약의 본질에 대한 정확한 이해는 단체교섭권의 법적 성질을 이해하는 데에 매우 중요한 단서를 제공해 준다.

129) 강희원, 「노동법 기초이론」, 234쪽.
130) 菅野和夫, 「勞働法」, 672쪽.
131) 이영희, '단체교섭권의 법적 성질과 문제', 42쪽 이하.

2. 단체협약의 법적 성질을 논의하는 체계의 차이

단체협약의 법적 성질을 논하는 체계도 논자마다 다소 차이가 있다. 이것은 단체협약의 법적 성질을 설명하는 단계의 차이라고도 할 수 있는데, 한 가지는 단체협약의 본래의 법적 성질 문제와 단체협약의 규범적 효력을 규정하고 있는 노조및조정법 제33조 규정이 입법되고 난 후의 단체협약의 규범적 효력이 관철되는 근거의 문제로 나누어 설명하는 견해[132]이고 다른 한 가지는 단체협약의 법적 성질이라는 목차 아래 함께 설명하는 견해[133]이다. 물론 양 부분으로 나누어 고찰하는 견해들 사이에도 설명의 내용이나 근거가 일치하지는 않는다. 두 가지 단계를 분리해서 설명하는 것이 단체협약의 법적 성질론의 전개 및 논쟁의 핵심을 이해하고 정리하는 데에 더 적합하다 생각한다.

3. 단체협약의 법적 성질에 대한 학설 대립

단체협약의 법적 성질에 대한 각종 학설을 설명함에 있어서 계약설과 규범설로 나누어 각각에 속하는 학설을 나열하는 설명 태도가 일반적이고 그러한 정리가 가지는 장점도 있다고 생각되나, 여기에서는 연혁적 흐름에 따라 제기되는 각각의 견해들을 설명하고 그 주장이 갖는 문제점과 한계에 대해 짚고 넘어가려 한다.

독일에서 단체협약은 19세기 말에 이미 정착되고 있었고 1900년을 전후하여 단체협약에 대한 법이론적 연구가 본격적으로 진행되었다.[134] 초기의 논의가 협약체결 당사자가 아닌 개별 사용자 또는 조합원에게 노동조합과 사용자단체가 체결한 단체협약이 직접 적용되는 적용관계의 근거를 모색하는 것이었다면, 단체협약령(TVVO)과 단체협약법(TVG)을 통해 단체협약의 규범적 효력이 규정된 이후에는 규범적 효력을 근거 짓는 것 자체보다는 그러한 규범을 형성할 권한을 협약체결 당사자에게 인정할 수 있는 근거에 대하여 연구가 집중되었다고 할 수 있다.

---

132) 고호성, '단체협약의 기본법리 시론', 442쪽 이하; 김유성, 「노동법Ⅱ」, 158쪽 이하; 김형배, 「노동법」, 912쪽 이하.

133) 박상필, 「한국노동법」, 436쪽; 이병태, 「최신 노동법」, 240쪽 이하; 임종률, 「노동법」, 147쪽 이하; 菅野和夫, 「労働法」, 671쪽 이하 등.

134) 고호성, 「노동법상의 집단적 자치원리」, 52쪽 이하.

(1) 규범적 효력을 규정한 법률 제정 이전의 법적 성질론

① 미국의 고용계약 편입설

순수한 계약설에 속하는 이론이다. 고용계약 편입설은 유효한 단체협약이 성립하더라도 그 자체가 단체협약 당사자의 권리와 의무의 기초가 될 수는 없고, 단체협약의 근로조건과 고용계약 사이에는 편입이라는 단계가 필요하다고 보는 견해이다.[135] 원래의 고용계약 편입설은 근로자와 사용자가 근로계약체결 당시에 단체협약의 내용을 근로계약의 내용으로 한다는 사실을 명시적으로 밝혀야 한다고 보았다. 그러나 1935년 제정된 미국 연방노동관계법(NLRA) 제9조 (a)가 단체협약의 해석과 적용에 관한 분쟁해결의 기초가 된다는 일련의 판례이론이 축적된 1960년대 이후에는 단체협약의 내용은 근로계약체결 시 명시적으로 승인되지 않더라도 당연히 근로조건의 내용으로 볼 수 있게 되었다. 미국 연방노동관계법(NLRA) 제9조 (a)는 "목적에 적정한 단위에서 근로자 다수가 단체교섭을 목적으로 지명하거나 선출한 대표는 급여율, 근로시간, 기타 고용조건에 관하여 단체교섭을 목적으로 그 단위 전체 근로자들의 배타적인 대표가 된다. 다만 모든 개별 근로자와 근로자집단은 어느 때라도 자신들의 이의를 사용자에게 제기할 권리와 그 제기된 이의의 조정이 유효한 단체협약 내용에 위반되지 않는 한, 교섭대표의 개입 없이, 자신들의 이의를 사용자와 조정할 권리를 갖는다. 다만 그 교섭대표에게는 그 조정에 참여할 기회가 주어져야 한다"라고 규정하고 있다.

고용계약 편입설에 의하면 단체협약 당사자로서 사용자와 교섭대표에게 창설된 권리·의무와 단체협약이 고용계약에 편입됨으로써 창설된 사용자와 근로자의 권리·의무가 서로 구별되어, 단체협약 당사자인 교섭대표는 사용자에 대하여 단체협약의 근로조건 부분에 기한 청구를 할 수 없고 개별 근로자만이 자신의 근로계약에 기초하여 청구할 수 있다고 보았다. 고용계약 편입설의 이러한 관점은, 연방노동관계법 제301조 단체협약 위반 소송에서 협약 당사자인 교섭대표가 단체협약상의 임금 및 근로조건에

135) 김미영, 「미국의 집단적 노사관계법상 단체협약법리에 관한 연구」, 92쪽.

대해서도 사용자를 상대로 직접 청구할 수 있게 되면서 더 이상 유지될 수 없게 되었다고 한다.[136)]

② 독일의 집합적 계약설 : 대리설, 제3자를 위한 계약설

독일에서 법률에 의해 단체협약의 규범적 효력이 인정되지 않은 상태에서 단체협약이 직접 조합원에게 효력을 미치는 것을 인정하기 위한 이론 구성으로 대리설과 제3자를 위한 계약설 등이 있다. 이 이론들은 1918년에 제정된 단체협약령(TVVO)이 단체협약이 조합원에게 직접 적용된다는 것을 명문으로 규정하기 이전에 제시된 것으로, 단체협약 체결의 실제 당사자가 아닌 개별 근로자에게 노동조합과 사용자 또는 사용자단체가 체결한 단체협약이 어떠한 근거로 직접 적용되는지, 즉 단체협약 내용이 제3자에게 어떻게 구속력을 미치는지를 규범적으로 해명하기 위해 구성된 이론들이다.[137)]

독일에서는 단체협약이 노동조합과 사용자단체 사이에 체결되는 것이 일반적인데 특히 사용자단체가 그 구성원인 개별 사용자들에게 불리한 내용의 단체협약을 체결하는 경우는 제3자를 위한 계약이론이 적용될 수 없었다. 제3자를 위한 계약은 제3자에게 권리를 취득하도록 하는 경우에만 유효하게 인정될 수 있기 때문이다.[138)] 기업별로 단체협약을 체결하는 것이 일반적인 미국이나, 기업별 교섭이 더 많은 부분을 차지하는 우리나라의 경우에는 제3자를 위한 계약이론의 문제점이 축소될 수도 있는 것이 사실이다. 노동조합과 조합원 사이의 거리가 밀착되어 제3자를 위한 계약이론을 적용할 때의 문제점이 많이 줄어들 수 있는 것이다. 그러나 그러한 상황을 전제한다 하더라도, 단체협약은 개별 근로자의 별도의 수익의 의사표시를 필요로 하지 않지만 제3자를 위한 계약에서는 필요로 한다는 점, 단체협약으로 정한 개별 근로자의 권리는 사용자와 개별 근로자 사이의 합의로 포기할 수 없지만 제3자를 위한 계약에서는 수익자의 포기가 가능하

136) 김미영, 「미국의 집단적 노사관계법상 단체협약법리에 관한 연구」, 90쪽 이하.
137) 강선희, 「단체협약 효력의 정당성 기초와 내용」, 27쪽.
138) 김형배, 「민법학강의」, 1058쪽.

다는 점, 사용자와 노동조합은 단체협약 유효기간 중이라도 개별 조합원의 동의 없이 단체협약을 개정하거나 새로운 단체협약을 체결할 수 있지만 제3자를 위한 계약에서는 제3자에게 권리가 귀속된 후에는 요약자와 낙약자가 계약을 변경·소멸시키지 못한다[139]는 점 등 단체협약에는 제3자를 위한 계약설로 설명할 수 없는 수많은 차이점이 있기 때문에 만족할 만한 이론은 아니라는 것을 알 수 있다.

제3자를 위한 계약설이 갖는 이러한 문제점을 극복하기 위해서 제기된 것이 Lotmar 교수의 대리설이다. 대리설은 협약 당사자인 노동조합은 조합원인 근로자들의 대리인의 지위에 있다고 보는 견해이다. Lotmar 교수는 노동조합의 구성원은 단체협약 체결 이전에 노동조합에 대리권을 수여했거나, 만약 대리권을 수여하지 않았다면 이는 무권대리에 해당하는 것으로서 이에 기초하여 체결된 단체협약을 사후에 추인해야 한다고 전제했다.[140] 대리설은 단체협약이 조합원에게 직접 효력을 갖는 것은 규율받을 당사자가 그러한 의사를 가지고 있었기 때문이라고 보는 것이다. 사용자단체와 그에 속한 사용자 사이의 관계도 대리관계로 설명한다. 대리설에 의하면 단체협약의 규범적 효력 중 강행적 효력을 설명할 수는 없지만 적어도 단체협약의 규범적 효력 중 직접적 효력을 설명할 수는 있게 된다.[141] 비록 근로자가 노동조합에 대리권을 직접적으로 수권했다고 보기는 어렵지만 노동조합에 가입하는 것으로 근로조건 결정, 즉 단체협약 체결에 대한 대리권을 수권한 것으로 볼 수 있다는 점에서 대리설은 나름대로 상당한 설득력을 가진 이론이었다.

그러나 대리설에 대해서는 단체협약의 강행적 효력을 근거지울 수 없고,[142] 단체협약이 체결된 이후에 노동조합에 가입한 근로자에게는 단체협약상의 근로조건이 적용될 수 없고, 근로자 개인이 단체협약의 기준에 미

139) 김미영, 「미국의 집단적 노사관계법상 단체협약법리에 관한 연구」, 94쪽; 김형배, 「민법학강의」, 1062쪽 이하.

140) 강선희, 「단체협약 효력의 정당성 기초와 내용」, 28쪽.

141) 김형배, 「노동법(제8판)」, 496쪽.

142) 김형배, 「노동법(제8판)」, 496쪽.

달하는 근로계약을 체결하더라도 이를 무효로 볼 수 없게 되어 단체협약의 규범적 효력에 배치되는 결과가 되며, 노동조합이 대리인에 불과하다고 보기 때문에 단체협약 체결의 당사자로서 파악되지 못하고 협약상 권리·의무의 주체가 될 수 없게 되는 등의 문제가 생긴다.[143] 또한 평화의무의 주체도 노동조합이 아니라 근로자 개인이 되어버리는 것도 대리설로는 해결할 수 없는 문제라고 할 수 있다.[144] 제3자를 위한 계약설과 대리설에 대해서는 이러한 문제점들 이외에 지나치게 의제적인 이론 구성이라는 비판이 가능하다.

③ 독일의 단체설 : 단체 간 채권계약설

이에 대하여 단체협약이 조합원에게 직접 효력을 갖게되는 이유를 노동조합 또는 사용자단체 자체의 권한 또는 그러한 단체 자체의 의사에 기초하여 인정하려는 Sinzheimer 교수의 단체설(Verbandstheorie)이 대두되었다.[145] Sinzheimer 교수는 대리론을 비판하면서, 노동조합은 그의 고유한 권한을 가지고 단체협약을 체결하는 것이며, 집단적 근로규범계약으로서의 단체협약은 자율적으로 설정된 법규범의 효력을 갖는다고 주장하였다.[146] 노동조합과 사용자 또는 사용자단체를 당사자로 하는 채권계약인 단체협약이 국가법적 효력을 갖는다고 보았다는 점은 단체설의 중요한 특징이라고 할 수 있다. 단체설이 가지는 또 하나의 중요한 의미는 단체협약의 규범적 효력과 사회적 자기결정의 사상에 기반한 고유한 권리의 담당자로서 단체협약 당사자 개념을 구축했다는 점에 있다.[147] 그러나 어떠한 근거에 의해 조합원에게 효력을 미치게 되는지는 해명하지 못했다.[148]

단체설은 단체 간 채권계약의 당사자가 부담하는 채무의 내용을 사용자 또는 사용자단체가 부담하는 실행의무와 노동조합이 부담하는 평화의

143) 이종복, '단체협약 추인조항의 합법성', 515쪽.

144) 임종률, 「노동법」, 150쪽.

145) 강선희, 「단체협약 효력의 정당성 기초와 내용」, 29쪽.

146) Sinzheimer, 「Der korporative Arbeitsnormenvertrag」, 1907, 72쪽(김형배, 「노동법(제8판)」, 496쪽에서 재인용).

147) 강선희, 「단체협약 효력의 정당성 기초와 내용」, 29쪽.

148) 임종률, 「노동법」, 150쪽.

무로 파악하였다.149) 이러한 실행의무와 평화의무는 스스로 단체협약에 어긋나는 근로계약을 체결하지 않거나 쟁의행위를 하지 않을 의무, 즉 자기 의무와 구성원으로 하여금 단체협약에 어긋나는 근로계약을 체결하지 않거나 쟁의행위를 하지 않도록 영향을 미칠 의무, 즉 영향의무를 포함하는 것이다. 즉, 단체설에 따를 경우 단체협약이 근로자와 사용자 사이의 근로관계를 규율하는 측면은 노동조합과 사용자 또는 사용자단체의 채무이행에 따른 간접적·반사적 효과에 불과한 것으로 본다.

그러나 이러한 단체설은 단체 사이의 채권계약의 이행을 강제할 수단이 마땅치 않다는 점이 큰 문제였다. 단체협약상의 실행의무는 이행강제도 곤란하고 손해배상청구도 비현실적인 것이었기 때문이다. Sinzheimer 교수는 단체설이 갖는 이러한 문제점을 극복할 수 있는 가장 타당한 방법은 단체협약이 개별 조합원에 대하여 직접 효력을 미친다는 것을 법률로 규정하는 것이라고 보았다. 국가의 수권에 의해서만 노동조합과 사용자 또는 사용자단체가 객관적 법규범으로서의 단체협약을 체결할 권한이 인정될 수 있다고 본 것이다. 이러한 판단이 초기의 단체설이 수권설로 완성되어 가는 계기가 된다. Sinzheimer 교수의 단체설은 독일의 1918년 단체협약령(TVVO)에 수용되어 단체협약의 규범적 효력이 입법됨으로써 실현되었다.150)

④ 사회적 자치규범설

사회적 자치규범설은 객관적 사회규범설이라고도 하는데, 단체협약이 적법하고 유효하게 성립하기 위해서는 일반 계약법리가 적용되지만 일단 협정이 체결되어 협약의 존재 및 내용이 확정되면 자치규범으로서 효력을 갖는다는 데에 착안한 견해이다.151)

사회적 자치규범설은 단체협약은 법률로부터 국가법적 효력을 부여받기 전에는 국가법적 효력이 인정되지 않는 사회적 자치규범으로서의 성격

149) 고호성, '단체협약의 기본법리 시론', 446쪽.
150) 강선희, 「단체협약 효력의 정당성 기초와 내용」, 30쪽.
151) 고호성, '단체협약의 기본법리 시론', 448쪽.

을 가질 뿐이라고 한다. 즉 단체협약이 노동조합과 사용자 또는 사용자단체라는 사적 주체에 의해서 설정되는 것이기 때문에 자율적인 차원에서 근로관계를 객관적으로 규율하는 것은 인정되지만 그러한 객관적 규율기능이 국가법적 효력으로 보장되는 것은 아니라고 본다. 사회적 자치규범설을 주장하는 측에서는 단체협약 체결 당사자들은 자신들의 독자적 권한으로 근로관계의 운영을 위한 객관적 규범을 설정한다는 의사를 갖고 있다고 보는 것이 실태에 부합한다고 한다.[152] 사회적 자치규범설에 대해서는 사인에 불과한 단체협약 체결 당사자 사이의 합의를 법규범으로까지 볼 수는 없다는 비판이 가해지고 있다.[153]

⑤ 소 결

오늘날 단체협약을 체결하는 당사자인 노동조합과 사용자 또는 사용자단체가 단체협약을 체결하기 위한 과정을 계약으로 이해하고 그 결과물을 계약내용으로 의욕하면서 스스로를 근로자 또는 사용자의 대리인이라고 생각하거나 그들이 수익하도록 하기 위한 계약을 체결한다고 의도하고 있다고 보기는 어렵다고 생각한다. 오히려 협약 체결 당사자들은 단체협약 그 자체에 대하여 그것이 국가법적 효력을 부여받는가와 상관없이 자신들의 교섭단위 내에 적용되는 객관적인 자치규범을 정립하는 것을 의욕하고 있다고 보는 것이 더욱 현실적이라고 생각한다. 그리고 그 단체협약의 내용으로 포함된 것이라면 그것이 소위 채무적 부분에 해당하는지 또는 규범적 부분에 해당하는지 구별할 필요 없이 모두 당연히 그러한 자치규범으로서의 성격을 갖는 것으로 보아야 할 것이다. 한편 단체협약의 근로조건 기타 근로자의 대우에 관한 부분에 대해서만 객관적 사회규범으로서의 성격을 인정하는 견해[154]가 있다. 그러나 국가가 제정한 법률에 의해 규범적 효력이 인정되기 전단계의 단체협약 자체에 대하여 채무적 부분과 규범적 부분의 효력을 구별해야 하는 이유가 있는지는 의문이다.

152) 고호성, '단체협약의 기본법리 시론', 449쪽.
153) 임종률, 「노동법」, 149쪽.
154) 고호성, '단체협약의 기본법리 시론', 449쪽.

(2) 규범적 효력을 정한 법률 제정 이후의 법적 성질론

① 서 론

독일은 1918년 단체협약령(TVVO)에서 단체협약의 규범적 효력을 명문으로 인정한 이래 1949년 단체협약법(TVG)에 이러한 태도가 계승되어, 적어도 그 부분에 한해서는 단체협약이 과연 규범적 효력을 갖는가, 갖는다면 어떻게 규범적 효력을 근거지울 수 있는 것인가 하는 문제는 입법적으로 해결되었다. 우리 노조및조정법 제33조도 이 문제를 입법으로 해결하고 있다.

단체협약의 규범적 효력을 법률로 인정하게 되면 적어도 그 범위 내에서 단체협약의 법적 성질 문제는 논란의 여지가 거의 없어진다. 단체협약의 규범적 효력 그 자체보다는, 노동조합과 사용자 또는 사용자단체라는 사적인 주체가 법규범을 설정할 수 있는 근거가 어디에 있는가, 단체협약 체결 절차는 일반 입법절차와는 달리 노동조합과 사용자단체 사이의 의사의 합치라는 계약적 절차와 유사한데, 그 절차에 대해서 계약법리를 적용할 수 있을 것인가 하는 문제가 관심의 대상이 될 수밖에 없다. 그렇다면 단체협약 체결 과정, 곧 단체교섭 문제가 쟁점이 되는 것이다.

② 객관적 법규범설 : 독일과 우리나라의 수권설

단체협약의 규범적 부분의 법적 성질을 국가권력의 위임에 의해 정립된 객관적 법규범으로 보는 것을 전제로, 노동조합과 사용자 또는 사용자단체라는 사적 주체가 그러한 법규범을 설정할 수 있는 것은 국가가 그들에게 일정한 입법권을 부여했기 때문이라고 이해하는 이론이다.[155] 국가만이 객관적 법규범을 설정할 수 있는 입법권을 독점하고 있다는 전통적인 법원론에 기초하고 있는 이 수권설은 논리구성이 간명하고 설득력 있기 때문에 독일에서 Sinzheimer 교수가 주장한 이래 Nipperdey에 이르기까지 많은 지지를 받았던 견해이다.[156] 수권설은 독일에서 상당기간 동안 통설이자 판례의 지위를 차지하기도 하였다.[157]

---

155) 김형배, 「새로 쓴 노동법」, 1032쪽; 임종률, 「노동법」, 150쪽.
156) 강선희, 「단체협약 효력의 정당성 기초와 내용」, 36쪽 이하.
157) 김상호, 「협약자치의 한계에 관한 연구」, 23쪽.

독일의 수권설은 '수권'의 근거를 둘러싸고 헌법수권설과 법률수권설로 나뉘어 견해가 대립하고 있다. 협약자치의 이념에 의하여 독일 기본법(GG) 제9조 제3항이 노동조합과 사용자단체에게 단체협약이라는 법규범을 설정할 권한을 부여했다고 이해하는 견해[158]가 헌법수권설이라고 할 수 있고, 독일 기본법(GG) 제9조 제3항에 의하여 협약제도의 법적 규율의무를 부담하는 입법자가 단체협약에 의한 협약자치를 보장했다고 보는 견해가 법률수권설이라고 볼 수 있다. 헌법수권설에 따르면 단체협약은 법률과 동등한 효력계위를 가지게 되며, 근로조건 유지 개선과 같은 협약자치의 핵심적 영역에서는 단체협약의 우위를 인정하게 되고,[159] 단체협약에 규범적 효력을 부여하는 단체협약법(TVG) 규정은 확인규정에 지나지 않는다고 보게 된다. 법률수권실에 따르면 단체협약은 법률보다 하위의 효력을 가지는 것으로 이해되고,[160] 독일 단체협약법(TVG) 제1조 제1항과 제4조 제1항은 창설적 규정으로 보게 된다. 국가가 사적 주체에게 입법권을 부여했다고 볼 경우 단체협약 체결을 위한 단체교섭은 곧 입법행위가 되기 때문에 체결 과정에서 의사표시의 하자 등이 발생했을 경우 이 문제를 해결하기 어렵다는 문제가 지적되고 있다.[161]

우리나라에서 주장되는 수권설도 법률수권설과 헌법수권설로 나누어 볼 수 있다. 법률수권설은[162] 노조및조정법 제33조의 규정을 정당한 단체협약에 대하여 법규범으로 인정한다고 하는 수권행위라고 본다고 설명한다. "헌법과 법률 양 질서에서 기초하는 것으로 본다"라고 하는 설명[163]도 법률수권설이라고 볼 수 있을 것이다. 이러한 견해에 의할 경우 노조및조정법 제33조의 규정은 창설적 규정으로 보게 된다.[164]

---

158) Biedenkopf, 「Grenzen der Tarifautonomie」, 102쪽 이하.

159) 김상호, 「협약자치의 한계에 관한 연구」, 23쪽.

160) 김상호, 「협약자치의 한계에 관한 연구」, 24쪽.

161) 고호성, '단체협약의 기본법리 시론', 456쪽.

162) 김유성, 「노동법Ⅱ」, 159쪽; 박상필, 「한국노동법」, 438쪽, 각주 9); 이종복, '조합내 의사결정과 단체교섭', 「사법관계와 자율」, 1993, 485쪽.

163) 이종복, '조합내 의사결정과 단체교섭', 「사법관계와 자율」, 1993, 485쪽.

164) 김유성, 「노동법Ⅱ」, 2000, 159쪽; 김형배, 「새로 쓴 노동법」, 1032쪽.

단체협약이 규범적 효력을 지니는 것은 헌법 제33조에서 근거를 찾아야 한다는 헌법수권설이 있다. 이 견해는 단체협약의 규범적 부분이 조합원에게 강제력을 지니는 근거를 조합원의 수권적 동의에서 찾아야 하지만, 노동조합과 사용자가 이러한 협약을 체결할 수 있는 능력을 가지는 근거는 '자율적 · 집단적 이익조정절차의 보장'을 추구하는 헌법 제33조 제1항에 있다고 한다.[165)]

'수권'의 의미에 대하여 Sinzheimer 교수 등 대다수 학자들이 노동조합과 사용자단체 또는 사용자 등에게 입법권 자체를 부여한 것이라고 보는 데에 대하여, 노동관계 당사자에게 법률 제정권한을 수권한 것이 아니라, 협약체결 당사자가 체결한 단체협약 그 자체에 대하여 법률이 규범적 효력을 부여한 것이라고 보는 비판적 견해가 있다. 이 견해를 수권설과 구별하여 승인설이라고 하는데, 국내에서는 수권설과 혼동되거나 수권설의 일부로 소개되고 있는 것이 일반적이다. Scholz 교수가 설명하는 승인설[166)]에 따르면 단체협약의 규범적 효력을 무리 없이 인정할 수 있고, 단체협약의 정립 과정이 다른 국가법 규정과 달리 협약 당사자 사이의 의사의 합치라는 계약체결 과정과 유사한 형태로 되어 있기 때문에 그러한 규범정립 과정에서 의사표시의 하자 등이 있을 때 민법상 계약법리를 적용할 수 있다.[167)] 이와 같은 Scholz 교수의 견해는 성립 과정의 측면에서는 계약설에 매우 가까운 것이라고 이해할 수도 있다.

우리나라에서는 '수권'의 의미에 대해 정확하게 규명하지 않은 채 "수권설"이라는 이름으로 다양한 견해가 제시되어 온 것으로 보인다. 다시 말하면 '수권'의 의미를 Sinzheimer 교수와 같이 법률 또는 헌법으로부터 '입법권'을 부여받았다는 의미의 '수권'으로 이해하는 경우와, Scholz 교수와 같이 '수권'의 의미를 계약적 합의에 불과한 단체협약에 대하여 법률 또는 헌법이 직접 규범적 '효력을 부여'한 것이라고 하면서도, 그러한 '효력

---

165) 박종희, 「노동조합의 조직유형과 단체교섭당사자적격」, 33쪽 이하.

166) Scholz, 「Koalitionsfreiheit als Verfassungsproblem」, 1971, 58쪽(고호성, '단체협약의 기본법리 시론', 456쪽에서 재인용).

167) 고호성, '단체협약의 기본법리 시론', 456쪽.

부여'가 '수권'이라고 이해하는 경우와 분명히 구별되지 못한 채 논의되고 있다. 우리 학계에서 수권설을 규범설에 속하는 것으로 보아야 하는지 아니면 계약설에 속하는 것으로 보아야 하는지에 대한 논란[168)]이 계속되는 이유는 대부분 여기에 기인한 것으로 보인다.

한편 "근로조건이 단체협약에 의하여, 즉 근로조건의 집단적 결정이라는 '방식'을 통하여 규율되어야 한다는 국가의 정책적 의도에 의하여 수권된 것[169)]"이라는 설명은 Sinzheimer 교수식의 수권으로 이해할 수 있을 것이다. 반면 Scholz 교수의 취지와 유사하게 단체협약은 본래 당사자인 노동조합과 사용자 사이의 계약에 불과하지만 근로자보호 및 노사관계 안정을 위하여 국가법이 특별히 정책적으로 규범적 효력을 부여한 것이라고 설명하면서 이 견해를 수권설로 부르는 견해도 있다.[170)] 이 견해를 취하는 학자들은 수권설을 계약설에 속하는 것으로 분류하면서, 단체협약에 규범적 효력을 부여하는 근거규정으로는 노조및조정법 제33조를 들고 있다.[171)] 수권설을 법규범설의 일종으로 설명하는 것은 오해에서 비롯된 것이라고 평가하는 견해도 있다.[172)] 그러나 '수권'의 의미를 어떻게 이해하느냐에 따라 수권설의 학설 체계상 지위가 달리 평가될 수 있으므로 이러한 견해가 반드시 옳은 분석이라고 할 수는 없다. 또한 Scholz 교수의 견해에 가까운 내용으로 수권설을 소개하면서 이를 계약설로 분류하는 견해도 있는데[173)], 이를 타당성이 없다고 단정하는 것은 잘못된 판단이다. 수권설을 법규범설의 일종으로 보는 것을 비판하는 견해도 "협약에 규범적 효력을 부여한 것"이라는 설명에 부연하여 "노조및조정법이 협약 당사자에게 특별히 규범설정의 권한을 수권한 것"이라고 기술하기도 하여 '수권'의 의미

168) 김유성, 「노동법Ⅱ」, 159쪽; 김형배, 「새로 쓴 노동법」, 1032쪽; 박상필, 「한국노동법」, 438쪽; 박홍규, 「노동단체법」, 265쪽; 이병태, 「최신 노동법」, 240쪽 이하; 임종률, 「노동법」, 150쪽 등.

169) 김유성, 「노동법Ⅱ」, 159쪽.

170) 박홍규, 「노동단체법」, 265쪽; 임종률, 「노동법」, 150쪽.

171) 임종률, 「노동법」, 150쪽.

172) 임종률, 「노동법」, 150쪽 각주 2).

173) 김형배, 「새로 쓴 노동법」, 1032쪽.

를 혼동하고 있는 것으로 보인다.[174] 이러한 논의 상황을 고려하면 수권설이 우리나라의 다수설이라고 평가하기도 어렵게 된다. 수권설이라는 이름 아래 서로 다른 견해들이 주장되는 것이기 때문이다.

③ 독일과 우리나라의 집단적 규범계약설

1960년대 이후 독일에서는 노동조합이 거대화 관료화, 중앙집권화 되면서 노동조합과 조합원 사이의 거리가 멀어지고 노동조합의 의사와 조합원의 의사가 괴리되는 현상이 나타났다. 그리고 이러한 현상에 대한 문제제기의 일환으로 근로자 개인의 의사보다 노동조합 또는 사용자단체의 의사를 우월시하는 단체주의적 입장인 수권설에 대한 비판이 제기되었다. 이러한 비판들은 단체협약의 규범적 효력을 근로자 개인의 의사와 매개시키려는 방향으로 전개되었고, 이러한 흐름 속에서 독일에서 계약설이 다시 힘을 얻기 시작했다고 한다.[175]

새로운 계약설, 즉 집단적 규범계약설 중 대표적인 것으로 Bötticher 교수의 집단적 사적자치설을 들 수 있다. Bötticher 교수는 단체협약 체결을 집단적 사적자치계약이라고 보았다.[176] Bötticher 교수는 개별 근로자 및 사용자는 노동조합 또는 사용자단체에 가입하는 것을 통해 단체의 형성권에 따른다는 뜻을 약정한 것으로 볼 수 있으며, 이에 근거하여 단체협약의 내용이 당사자들에게 직접 효력을 갖게 된다고 보았으며, 노동조합과 사용자단체 등 협약 당사자는 제3자를 위한 계약에 관해 규정한 독일 민법(BGB) 제317조의 제3자로서 근로계약관계에서 그 계약 내용을 지정하는 지위를 갖는 것으로 볼 수 있다고 설명한다.[177] Rieble 교수에 따르면 1998년 독일 연방노동법원[178]도 그 간의 입장에서 태도를 변경하여, 단체

174) 임종률, 「노동법」, 150쪽.

175) 고호성, '단체협약의 기본법리 시론', 441쪽.

176) Rieble, 'Der Tarifvertrag als kollektive-privatautonomer Vertrag', 5쪽.

177) Bötticher, 「Gestaltungsrecht und Unterwerfung im Privatrecht」, 29쪽 (Rieble, 'Der Tarifvertrag als kollektive-privatautonomer Vertrag', 12쪽에서 재인용).

178) BAG 11. 3. 1998-7 AZR 700/96-EzA §620 BGB Altersgrenzen Nr.8.

협약에 조합원인 근로자의 정년에 대해 규정한 것에 대하여 정당한 사적자치에 의한 협약형성으로 인정하는 판결을 함으로써 집단적 사적자치로서의 협약자치의 성격을 갖는 것으로 보고 있다고 한다.[179] 그리고 독일에서 단체협약의 법적 성질에 대한 종래의 대리설과 단체설이 최근 극복되고 있는 것으로 평가하고 있다. 우리나라의 집단적 규범계약설[180]은 비록 독일 민법 제317조와 같은 규정을 원용하지는 않지만 기본적으로 Bötticher 교수, Rieble 교수 등의 집단적 사적자치설과 같은 견해로 볼 수 있다고 생각한다. 여기에서는 집단적 사적자치설을 집단적 규범계약설과 같은 것으로 이해하는 관점을 전제로 서술을 이어가기로 한다.

집단적 규범계약설의 중요한 특징[181]은 협약 당사자의 협약 체결 능력은 국가의 법으로부터 수권된 것이 아니라 오히려 그 구성원의 의사에 기초하고 있다고 보는 것이다. 단체협약이 협약 체결 당사자인 노동조합과 사용자 또는 사용자단체에 대하여 직접 효력을 미치는 것은 계약법적으로 이해하고, 그 협약이 협약 당사자가 아닌 노동조합의 구성원 또는 사용자단체의 구성원에 대하여 효력을 미치는 것은 그러한 단체에 가입하는 행위를 통해 확인될 수 있는 스스로의 의사에 의한 것으로 파악할 수 있다고 한다. 그러므로 비록 국가 법률이 단체협약 위반행위를 처벌하도록 하고 있다 하더라도 이것이 곧 단체협약이 법규범이라고 볼 수 있는 근거가 되는 것은 아니고, 단체협약의 집단적 규율을 통한 질서유지기능을 고려하여 정책적으로 정립된 것이라고 한다.

이와 같은 집단적 규범계약설에 따를 때에 단체협약은 단체협약 체결 당사자 사이에서는 노동법적 내용을 가진 채권계약으로, 협약 당사자의 구성원과의 관계에 있어서는 강행적 효력을 가진 집단적 규범계약으로서의 성질을 가진다고 한다.[182] 이러한 단체협약의 특수한 성질로부터 단체협약의 체결·이행·변경·종료에 있어서는 원칙적으로 민법의 규정이 준용되고,

---

179) Rieble, 'Der Tarifvertrag als kollektive-privatautonomer Vertrag', 6쪽.
180) 김형배, 「새로 쓴 노동법」, 1032쪽.
181) 김형배, 「새로 쓴 노동법」, 1032쪽 이하.
182) 김형배, 「새로 쓴 노동법」, 1032쪽.

그 해석에 있어서는 규범적 부분에 관한한 협약 당사자의 합치된 의사내용을 객관적으로 파악해야 한다고 한다. 그리고 노조및조정법 제33조는 단체협약의 규범적 효력을 창설한 것이 아니라 사적자치에 따른 규범설정행위에서 당연히 도출되는 단체협약의 규범성을 확인하고 뒷받침하는 규정에 불과한 것이 된다.[183] 우리나라에서 단체협약의 법적 성질에 대하여 정면으로 밝힌 대법원 판례나 헌법재판소 결정은 아직 발견할 수 없다. 하지만 헌법재판소가 "단체협약에 법규범적 성격이 있음을 부인하지 아니한다 하더라도 이를 국회가 제정한 형식적 의미의 법률과 동일시할 수는 없다"[184] 라고 판시한 것에 대하여 집단적 규범계약설을 택한 것이라고 평가하기도 한다.[185] 집단적 규범계약설은 단체협약의 규범적 효력에 있어서 직접적 효력은 매끄럽게 설명할 수 있으나 강행적 효력을 근거지우기에는 어려움을 겪는 등 초기의 계약설이 갖는 문제점을 여전히 가지고 있다.[186] 단체협약에 위반되는 근로계약의 효력을 무효로 만드는 강행적 효력을 인정하기 위해서는 노동조합에 가입하는 행위에서 도출하는 추정적 의사가 단체협약과 다른 내용의 개별 근로계약을 체결하는 근로자의 확정적 의사보다 우월한 효력을 갖는다고 보아야 하는데 이는 무리한 이론 구성이라고 하지 않을 수 없다. 하지만 소위 규범적 부분을 규정한 것으로 보는 독일 단체협약법(TVG) 제1조 제1항과 제4조 제1항이 단체협약의 특정 부분을 "법규범(Rechtsnormen)"이라고 표현하고 있는 것과는 달리 우리 노조및조정법 제33조는 그러한 표현을 사용하지 않고 있으므로 독일보다는 우리나라에서 적용하기가 자연스러워 보인다.

④ 미국의 논의

미국의 경우에는 1935년 제정된 연방노동관계법(NLRA)이 단체협약의 해석과 적용에 관한 일련의 판례이론이 축적된 1960년대 이후의 견해들이 앞에 소개한 순수한 계약설과 대비된다고 할 수 있다. 미국에서의 단체협

---

183) 임종률, 「노동법」, 150쪽.

184) 헌재결 1998. 3. 26, 96헌가20.

185) 김형배, 「노동법(제23판)」, 916쪽.

186) 고호성, '단체협약의 기본법리 시론', 460쪽; 김유성, 「노동법II」, 159쪽.

약의 법적 성질에 대한 이론으로 대표적인 것은 고용계약 편입설, 제3자를 위한 계약설, 대리설, 관습법설, 자치규범설, 신탁계약설, 규범계약설, 약관설정계약설 등이 있다. 이 견해들 중 고용계약 편입설, 제3자를 위한 계약설, 대리설 등은 그 법적 기초를 계약법에 두고 있고, 관습법설, 자치규범설, 신탁계약설, 규범계약설, 약관설정계약설 등은 연방노동관계법상 단체협약의 규범적 효력을 인정한 규정에 법적 기초를 두고 있다고 한다.[187) 제3자를 위한 계약설, 대리설, 관습법설 등은 우리나라에서의 논의에서도 지적된 바와 유사한 문제점들이 지적되었으며, 오늘날 더 이상 주장되지 않는다고 한다.[188) 다만 자치규범설, 신탁계약설, 약관설정계약설 등과 유사한 논거를 원용한 판례들이 존재하며, 규범계약설을 택한 판례도 존재하여 단체협약의 법적 성질론은 이제 연방노동관계법(NLRA)상의 단체협약 법리에 기초하는 이론으로 일반화되고 있다고 한다.[189)

(3) **단체협약의 법적 성질론의 결론**

단체협약의 법적 성질에 대한 이상의 논의들은 각각의 시대와 상황 속에서 직접적 효력과 강행적 효력을 갖는 단체협약 특유의 법적 성질을 인식하기 위한 수단으로서 모두 타당한 부분이 있다. 따라서 가장 타당한 결론을 얻기 위해서는 단체협약의 체결 과정과 체결된 단체협약, 그리고 법률에 의해 규범적 효력이 부여된 단체협약의 단계를 모두 고려하여 종합적으로 판단해야 할 것이다.

우선 단체협약의 체결 과정은 법률에 의해 수권된 입법 과정이라고 보기보다는 헌법 제10조의 행복추구권으로부터 도출되는 계약자유·사적자치의 원칙[190)과 헌법 제33조 제1항의 단체교섭권을 통해 보장되는 노동조합과 사용자 또는 사용자단체 사이의 자치규범 설정계약으로 볼 수 있을

187) 김미영, 「미국의 집단적 노사관계법상 단체협약법리에 관한 연구」, 91쪽.

188) 임종률, 「노동법」, 148쪽이 “미국에서는 명문의 규정은 없지만 대리설, 제삼자를 위한 계약설 등을 근거로 단체협약이 규범적 효력을 가지는 것으로 해석되고 있다”고 설명하는 것은 의문이다.

189) 김미영, 「미국의 집단적 노사관계법상 단체협약법리에 관한 연구」, 91쪽.

190) 헌재결 1991. 6. 3, 89헌마204.

것이다. 이 부분은 집단적 규범계약설에서 말하는 규범계약 체결행위와 비슷하다고 할 수 있다. 그리고 이러한 과정을 통해 체결된 단체협약은 당사자들 사이에서 집단적 자치규범으로서의 성격을 가지고 있다고 보아야 한다. 이 집단적 자치규범의 성격은 법규범으로서 판단할 수는 없고 협약자치의 구성단위 내에서만 적용되는 자치규범으로서의 성격을 가지므로 규범적 효력, 즉 직접적 효력과 강행적 효력 등 법률과 같은 효력을 가지기는 어려울 것이다. 이러한 자치규범은 노동조합 또는 사용자단체에 가입하는 구성원의 자발적 의사에 의한 수권적 동의를 기초로 하여 구성원들에 대하여 구속력을 가진다고 볼 수 있다. 그 구성원은 그 단체를 탈퇴함으로써 자치규범의 적용에서 이탈할 수 있을 것이다. 유사한 성격의 규범을 찾자면 교회법을 찾을 수 있을 것이다. 천주교는 물론 개신교 각 교단도 각각의 헌법을 두고 구성과 권한 행사, 처벌과 징계 등에 대해 규정하고 있다. 일본에서 주장된 사회자주법설과 유사한 측면이 있으나, 사회자주법설은 부분사회 구성원들이 자주적으로 설정한 객관적 규범인 단체협약이 국가의 수권을 기다릴 필요 없이 곧바로 국가법으로서의 규범적 효력을 가진다고 본다는 점[191]에서 자치규범이라고 보는 것과는 중요한 차이점이 있다.

자치규범으로서의 성격을 가지는 단체협약은 헌법 제33조 제1항과 노조및조정법 제33조에 의해 규범적 효력이 부여되면서 강행적 효력을 가지고 직접적으로 조합원 또는 사용자에게 적용되는 효력을 갖게 된다. 그리고 헌법 제33조 제1항은 단체협약의 효력에 대해 직접 언급하지 않지만, 헌법 제33조 제1항이 노동3권을 보장하는 취지에 따라 국가는 노동3권 행사의 결과 형성된 단체협약의 효력에 대해 규정해야 하는 입법적 의무를 지고 있다. 단체협약 그 자체로는 법규범이라고 볼 수 없으나 노조및조정법상 요건에 적합하게 형성된 단체협약에 대해서는 노조및조정법 제33조가 법규범으로서의 효력을 승인한다는 점에서 Scholz 교수의 이론구성과 유사하다고 할 수 있다.[192] 이때 법규범으로서의 효력이 인정된다는 의미

191) 그리고 직접 국가법적 효력을 가지는 근거를 두고 법감정, 법적 확신 등 추상적 가치를 원용한다.

192) 고호성, '단체협약의 기본법리 시론', 462쪽은 노조및조정법 제33조가 '객관적 사

는 원칙적으로 입법부가 제정한 법률과 동일한 효력을 갖는다는 뜻이다. 하지만 헌법재판소는 개별적·집단적 노사관계 이외의 영역, 예컨대 단체협약이 형법상 국가 형벌권 행사의 근거가 되는 형벌 구성요건이 될 수 있는가의 문제에서 입법부가 제정한 형식적 의미의 법률과 동일시 할 수는 없다고 판단하였다.[193)]

협약체결 당사자와 그 구성원들에 대하여 자치규범으로서 기능하는 단체협약이 노조및조정법 제33조에 의한 규범적 효력을 인정받기 위해서는 일정한 요건을 갖추어야 하는데, 그 요건은 협약을 체결한 노동조합이 자주적인 근로자의 단결체로서 자주성과 단체성을 가지고 있으면 충족되었다고 볼 수 있을 것이다. 단체성은 독자적인 조직과 규약을 가지고 있으며 고유한 사항에 대하여 독자적으로 단체교섭을 진행하고 단체협약을 체결할 수 있는 능력을 가지고 있는 것으로 인정될 수 있는 경우 충족될 수 있다.[194)] 이러한 요건을 충족하는 노동조합이 체결한 단체협약에 대해서는 노조및조정법 제33조가 규정하는 규범적 효력이 인정되어야 할 것이다. 이 경우 그 노동조합이 설립신고를 하였는지 여부는 단체협약이 규범적 효력을 인정받는 전제가 될 수 없다.[195)] 일부 견해에 의하면 단체협약의 규범적 효력을 인정받으려면 설립신고를 완료한 소위 법내 노동조합이 체결한 단체협약이어야 한다고 설명하는데[196)] 이는 노동조합 자유설립주의에 위배되고 신고의 효력을 과도하게 확대하는 것이라고 생각한다. 결론적으로 소위 법내 조합이냐 법외 조합이냐의 문제가 그 노동조합이 체결한 단체협약의 규범적 효력을 좌우할 수는 없다고 해야 할 것이다.[197)]

회규범'인 단체협약을 일정한 조건 아래에서 '객관적 국가법규범'으로 전환시킨다고 기술한 이후 아래에서는 다시 "노조및조정법 제33조가 노동조합 및 사용자 또는 사용자단체에게 일종의 입법권을 창설적으로 부여하는 규정으로 이해하여야 할 것"이라고 하여 수권의 의미에 대한 혼동을 일으키고 있는 것으로 보인다.

193) 헌재결 1998. 3. 26, 96헌가20.

194) 대판 2002. 7. 26, 2001두5361; 대판 2004. 7. 22, 2004다24854.

195) 대판 2001. 2. 23, 2000도4299.

196) 고호성, '단체협약의 기본법리 시론', 462쪽; 김유성, 「노동법Ⅱ」, 161쪽.

197) 김형배, 「새로 쓴 노동법」, 921쪽 이하; 박상필, 「한국노동법」, 404쪽. 김유성, 「노동법Ⅱ」, 158쪽이 박상필 교수가 같은 견해인 것으로 소개하는 것은 잘못된 인용

> 집단적 규범계약설 내지 집단적 사적자치설이 갖는 중요성은 인정하지만 이 이론들이 종래의 계약설이 갖는 한계를 완전히 떨쳐냈다고 보기 어렵다. 그리고 수권설도 국가가 독점하는 입법권을 사인에게 위임했다고 보는 것은 국가가 입법권을 독점하는 것으로 보는 전통적인 견해에 입각할 때에 지나치게 의제적인 견해라고 할 수밖에 없으며, 협약체결 과정의 하자에 대한 설명이 어렵다는 문제가 있다. 결국 단체협약의 법적 성질을 가장 무리 없이 설명할 수 있는 견해는 집단적 자치규범설이라고 생각된다.

Ⅱ. 효과 측면에서의 권리로서의 법적 성질

효과 측면에서의 권리로서의 법적 성질 문제는 헌법 제33조 제1항에 의해 단체교섭권이 보장되는 것으로부터 노동조합이 사용자에 대하여 단체교섭에 임할 것을 요구할 수 있는 사법상의 청구권이 발생한다고 볼 수 있는지에 대한 논의이다. 단체교섭권의 사법상 청구권성을 인정할 것인지 여부에 따라 단체교섭 응낙가처분을 인정할 수 있는지에 대한 결론이 달라진다.

1. 단체교섭권의 청구권성을 긍정하는 견해

단체교섭권은 노동조합이 사용자에 대하여 단체교섭을 행하도록 '청구하는', 그 청구에 응하지 않으면 법적 장치를 통해서 응하도록 강제할 수 있는 권리(right)이며, 그에 대하여 사용자는 일종의 '하는 채무'를 부담하는 관계라는 견해가 있다.[198] 이 견해에 따르면 단체교섭권은 특정한 합의를 요구할 수 있는 청구권은 아니지만, 사용자로 하여금 교섭 자리에 출석

인 듯하다. 임종률, 「노동법」, 68쪽도 소위 법외조합에게 적용이 배제되는 조항으로서 노조및조정법 제33조를 들고 있지는 않다.

198) 손창희, '단체교섭, 교섭권과 협약 체결권한에 관한 고찰', 127쪽 이하. 노동법실무연구회, 「노동조합 및 노동관계조정법 주해Ⅰ」, 560쪽 이하는 단체교섭의 청구권성을 일반적으로 인정하는 듯하지만 모호한 입장을 취하고 있다.

하여 교섭을 '개시'하도록 요구하는 청구권인 동시에 사용자가 단체교섭을 '속행'하여 교섭을 실행하도록 요구하는 청구권을 포함하는 권리라고 한다. 이와 같은 사법상의 청구권을 인정하는 근거는 헌법 제33조 제1항과 노조및조정법 제30조의 성실교섭의무와 단체교섭응낙의무에서 구할 수 있다고 한다.[199] 노동조합이 사용자에게 단체교섭을 요구하면 사용자는 일종의 하는 채무를 부담하게 되어 그 요구를 거부할 정당한 사유가 없는 한 성실하게 이행하여야 한다고 보기 때문에, 이 견해에 따르면 단체교섭 응낙가처분을 인정하게 된다. 단체교섭권이 헌법상 기본권으로 보장됨으로써 파생하는 법적 효과로서 일반적 의미에서의 단체교섭청구권이 인정된다고 보는 견해[200]도 급부 내용의 특정이 곤란한 경우가 있다는 점을 인정하기는 하지만 기본적으로 사법적 청구권성을 긍정하는 견해와 유사한 태도라고 할 수 있다. 이 청구권의 존속기간은 노동조합이 스스로 교섭 속행의 의사를 명시적 또는 묵시적으로 포기하는 시점까지로 본다.[201]

사법상 청구권성을 일반적으로 인정하는 견해의 문제점을 일부 인정하면서 이를 보완하는 수정된 견해가 있다. 헌법상 단체교섭권이 보장되는 것이 사법적 청구권의 근거가 된다고 전제하는 것은 앞의 견해와 동일하지만, 이 견해[202]는 단체교섭은 근로자 측의 태도와 구체적 상황에 좌우되는 유동적인 것이라는 점을 인정하면서, 단체교섭의 일시, 장소, 의제 등이 예비교섭 등에서 명확하게 결정되어 있음에도 불구하고 사용자가 단체교섭을 거부하는 경우에 구체적인 청구권이 발생한다고 볼 수 있다고 한다. 그

---

199) 권창영, '노동가처분에 관한 최근 동향', 67쪽; 김치선, 「노동법강의」, 154쪽; 박홍규, 「노동단체법」, 259쪽 이하; 대판 2007. 7. 26, 2005다67698; 대판 2007. 12. 13, 2006다34268 등. 김치선 교수는 단체교섭 응낙가처분까지는 논의를 이어가지 않지만, "노동조합은 사용자에 대하여 단체교섭에 응할 것을 요구할 권리가 생기게 된다"라고 기술하고 있다.

200) 김유성, 「노동법Ⅱ」, 151쪽 이하.

201) 손창희, '단체교섭, 교섭권과 협약 체결권한에 관한 고찰', 130쪽.

202) 西谷 敏, 「労働組合法」, 318쪽 이하.

리고 이와 같이 청구권이 구체적으로 확정된 때에는 단체교섭 응낙가처분이 가능하다고 설명한다. 반면 여기까지 특정이 이루어지지 않은 상태에서는 단체교섭을 요구하는 지위의 확인을 청구할 수 있음에 그친다고 한다.

2. 단체교섭권의 청구권성을 부정하는 견해

헌법 제33조 제1항에 의해 보장되는 노동3권이 직접 대사인적 효력을 가진다 하더라도 그것은 제3자가 노동3권을 부정하거나 침해할 경우 이를 위법·무효로 한다는 의미일 뿐이지 노동조합의 사용자에 대한 적극적인 청구권을 인정하고 그에 상응하는 사법상 의무를 긍정하는 것은 아니라고 하여 단체교섭권의 사법상 청구권성을 부정하면서, 노조및조정법은 제29조, 제30조 제2항, 제81조 제3호 등을 통해 노동조합이 민사상 단체교섭을 구할 수 있는 기초적인 법적 지위를 설정한 것이라고 보는 견해가 있다.[203] 이 견해에 따르면 노동조합의 정당한 단체교섭 요구에 사용자측이 응하지 않는 경우, 그것이 사용자가 단체교섭을 요구할 수 있는 노동조합의 지위 그 자체를 부정한 것이라면, 노동조합은 사용자 측을 상대로 단체교섭을 요구할 수 있는 지위를 확인해달라는 청구를 할 수 있다고 한다.[204] 한편 단체교섭권의 사법상 청구권성을 긍정하는 견해가 노조및조정법 제30조를 근거로 제시하는 것에 대해서는, 이 조항이 구체적이고 특별한 의무내용을 설정하고 있다기보다는 법일반원칙을 확인함과 동시에 부당노동행위법상 성실교섭의무의 위반 여부를 판단하는 기준을 제시한 것으로[205] 단체교섭의 중요성을 확인한 규정으로 보아야 할 뿐[206] 이

---

203) 박종희, '협약자치의 견지에서 본 단체교섭응낙가처분결정인용에 관한 비판적 고찰', 142쪽; 임종률, 「노동법」, 320쪽 이하; 하경효, '단체교섭거부에 대한 구제방법과 내용', 535쪽 이하; 菅野和夫, 「労働法」, 665쪽 이하; 渡辺 章, 「労働法講義(下)」, 83쪽 이하; 秋田成就, 「労使關係法Ⅰ」, 219쪽 이하.

204) 임종률, 「노동법」, 321쪽; 菅野和夫, 「労働法」, 666쪽.

205) 박종희, '협약자치의 견지에서 본 단체교섭응낙가처분결정인용에 관한 비판적 고찰', 142쪽 각주 16).

206) 하경효, '단체교섭거부에 대한 구제방법과 내용', 536쪽.

로부터 단체교섭권의 구체적인 사법적 청구권성을 도출할 수는 없다고 한다. 성실교섭의무란 개시된 단체교섭의 의제에 대한 당사자의 주장이 대립하고 있는 상황에서 사용자의 태도가 그 시점에 상대적으로 보아 불합리한 것인지 여부를 판단하는 미묘한 문제이므로 사법상의 권리로 볼 수 없다는 비판도 가해지고 있다.[207] 이와 같이 단체교섭권의 사법상 청구권성을 부정하게 되면 논리적으로 단체교섭 응낙가처분 신청은 긍정할 수 없게 된다.

어떤 쟁점을 둘러싼 노동조합과 사용자 측의 단체교섭은 근로자의 단결과 법률의 지지를 통해 확보된 당사자 간의 대등성을 토대로, 양 당사자가 각자 의도하는 목적을 쟁취하기 위해 다양한 전술을 활용하여 공방을 거듭하면서 진행되는 사실적인 개념으로 이해하여야 한다. 그리고 그러한 과정 속에서 사용자는 교섭에 응하여 적정한 선에서 타협을 할 것인지 아니면 교섭에 응하지 않고 노동조합이 쟁의행위에 돌입하는 상황을 유도할 것인지 선택할 수 있는, 집단적 자치를 보장하는 수단으로서 허용된 자유를 지닌다고 보아야 한다.[208] 이와 같은 다양한 가능성과 변수들을 무시하고 국가 기관인 사법부가 교섭의 상대방인 사용자를 교섭 석상에 나오도록 일방적으로 강제할 수 있다고 보는 것은 타당하지 않다. 언뜻 보기에는 단체교섭권의 사법상 청구권성을 긍정하는 것이 상대적 약자인 노동조합을 뒷받침하고 쟁의행위 발생을 억제하면서 단체교섭을 촉진할 수 있는, 어려운 상황에 처한 노동조합에 대한 신속한 구제[209]를 가능하게 하는 실무적 감각이 뛰어난 견해라고 생각될 수도 있다. 하지만 장기적으로는 오히려 노동조합의 교섭력을 약화시켜 의제된 단체성의 부작용을 키울 뿐 아니라 국가가 중립의무를 위반하고 과도하게 개입함으

---

207) 菅野和夫, 「勞働法」, 667쪽.

208) 박종희, '협약자치의 견지에서 본 단체교섭응낙가처분결정인용에 관한 비판적 고찰', 143쪽.

209) 권창영, '노동가처분에 관한 최근 동향', 67쪽.

로써[210] 오히려 집단적 자치를 저해하는 결과를 가져오게 될 것이다. ILO도 정부가 단체교섭을 촉진하여야 하는 의무를 부담한다는 ILO 제98호 협약 제4조의 의미가 강제적인 수단(compulsory means)으로 단체교섭을 강제집행(enforce)하는 것을 뜻하는 것을 아니라는 점을 밝히고 있다.[211]

따라서 헌법 제33조 제1항을 근거로 노동조합이 사용자에게 직접 단체교섭을 청구할 수 있는 사법상 권리를 가진다고 보기보다는, 단체교섭을 요구할 수 있는 법률상 지위를 가지는 것으로 이해하는 것이 타당하다고 본다.[212]

Ⅲ. 기본권의 분류 측면에서의 법적 성질

1. 자유권으로서의 성격

노동3권 중 자유권적 성격이 가장 강한 것은 단결권이라고 할 수 있다. 독일 기본법(GG) 제9조 제3항이 보장하고 있는 단결권[213]도 "단결의 자유"라고 기술되고 있다.[214] 자주적으로 단결체를 조직하고 가입하는 것과 조직된 단결체를 자주적으로 운영·통제할 수 있는 것이 중심 내용이라는 점에서 단결권이 자유권적 성격을 갖는 것은 자연스러운 일이다. 반면 단체교섭권은 상대방이 반드시 필요한 권리로서 사용자가 단체교섭에 임하는 것을 전제하는 권리라는 점에서 단결권과 같은 정도의 자유권적 성격을 갖는다고 보기는 어렵다.

---

210) 박종희, '협약자치의 견지에서 본 단체교섭응낙가처분결정인용에 관한 비판적 고찰', 147쪽.

211) The Committee on Freedom of Association of ILO, 171쪽, para 846.

212) 하경효, '단체교섭거부에 대한 구제방법과 내용', 536쪽.

213) "Das Recht, … Vereinigungen zu bilden,".

214) 계희열, 「통일독일헌법원론」, 257쪽.

그러나 국가는 헌법 제33조 제1항에 규정된 단체교섭권의 정당한 행사를 제한하거나 금지하는 입법적 또는 행정적 조치를 취할 수 없다. 그러한 행위는 위헌·무효가 된다.[215] 이와 같이 국가기관을 제약하는 효과는 단체교섭권이 갖는 자유권적 성격을 나타내주는 효과라고 할 수 있다. 헌법재판소도 "그 단체의 본질적인 활동의 자유인 단체교섭권에는…"[216] 이라고 하여 단체교섭권의 자유권적 성격을 긍정하고 있다. 또한 정당한 단체교섭권 행사로 인해 상대방인 사용자에게 손해가 발생하는 경우에도 근로자의 단결체는 민·형사상 책임을 지지 않는다. 이는 헌법 제33조 제1항으로부터 직접 도출될 수 있는 효과이므로 우리 노조및조정법 제3조의 손해배상 청구권 제한 규정과 제4조의 위법성 조각사유 규정은 당연한 내용을 확인한 확인규정이라고 볼 수 있다. 이러한 면책적(immunity) 효과도 국가의 불개입을 의미한다는 점에서 역시 자유권적 성격을 나타내는 내용이라고 할 수 있다.[217]

2. 사회적 기본권으로서의 성격

노동3권은 국가에 대하여 근로조건의 향상을 위하여 필요한 제도·절차 및 조직을 형성하도록 하는 과제를 부과한다.[218] 근로자들이 국가에 대하여 근로조건의 향상을 위한 단체교섭권의 조성을 입법적·행정적 수단을 통해 적극적으로 실현하고 장해를 제거해 줄 것을 요구할 수 있는 권리는 노동3권을 규정한 우리 헌법 제33조 제1항에서 비롯된다.[219] 근로조건의 향상을 지향한다는 것은 인간다운 생활을 확보한다는 사회권적 기본권의 이념과도 직결된다.[220] 보통 사회적 기본권은 국가의 급부행위

215) 김형배, 「새로 쓴 노동법」, 120쪽.
216) 헌재결 1998. 2. 27, 94헌바13·26, 95헌바44.
217) 정종섭, 「헌법학원론」, 715쪽.
218) 전광석, 「한국헌법론」, 382쪽.
219) 김형배, 「새로 쓴 노동법」, 120쪽.
220) 정종섭, 「헌법학원론」, 715쪽.

를 요구하는 것을 내용으로 하는 기본권이라는 점을 고려하면, 국가의 급부행위를 요구하는 것이 아니라 제도나 절차를 형성하고 장해를 제거해 줄 것을 요구하는 것을 내용으로 하는 노동3권은 전형적인 사회적 기본권이라고 하기는 어렵다.[221] 하지만 직접적인 급부행위는 아니더라도 단체교섭권의 실질적 보장을 위해서는 국가의 "적극적인 개입과 뒷받침"이 요구된다는 점은 자유권의 성격이 아니라 사회적 기본권으로서의 성격이 드러난 것이라고 볼 수 있다.

3. 자유권적 성격과 사회권적 성격이 혼합된 권리로서의 노동3권

이상의 내용을 정리해보면, 단체교섭권은 근로자가 자유로운 단체교섭권의 행사를 국가로부터 법률에 근거 없이 부당하게 제한당하거나 금지당하지 않을 권리를 뜻하므로 자유권적 성격을 가진다고 할 수 있다. 동시에 단체교섭권의 온전한 실현을 위해서는 국가의 적극적인 조성행위, 즉 제도·절차적 뒷받침이 필요하다는 것을 볼 때 분명 사회권적 성격도 가지고 있다. 하지만 다른 기본권 주체를 상대방으로 하는 권리이기 때문에 국가의 침해를 배제하는 것을 주 내용으로 하는 전형적인 자유권적 기본권과는 분명 차이가 있다. 그리고 국가의 급부행위를 요구하는 권리도 아니라는 측면을 고려할 때 전형적인 사회권적 기본권이라고 단정하기도 어렵다. 이러한 특성을 고려해서 헌법재판소는 노동3권을 "사회적 보호기능을 담당하는 자유권 또는 사회권적 성격을 띠는 자유권"이라고 표현하고 있다.[222] 이와 같은 결정은 자유권적 성격에 더욱 무게를 두면서 사회권적 성격도 갖는 것으로 판단한 것으로 이해된다.

그러나 이와 같은 개괄적인 이해는 단체교섭권을 이해하는 데에는 큰 도움이 되지 않는다. 비록 하나의 권리인 노동3권이라고 지칭되기는 하

221) 권영성, 「헌법학원론」, 678쪽; 김철수, 「헌법학개론」, 1184쪽; 전광석, 「한국헌법론」, 382쪽; 허 영, 「한국헌법론」, 516쪽.

222) 헌재결 1998. 2. 27, 94헌바13·26, 95헌바44.

지만, 단결권, 단체교섭권, 단체행동권 3가지 권리는 서로 다른 내용과 특징을 갖는 권리이기 때문이다. 자유권적 성격을 더 많이 갖는 권리가 단결권이고 단체교섭권은 단결권에 비해서는 자유권적 성격을 제한적으로 보유하고 있다고 이해하는 것이 타당하다. 반면 단체행동권은 자유권이라기보다는 소극적인 면책특권을 인정한 것이라고 보아야 한다. 그러므로 노동3권을 복합적 권리로 보면서 자유권적인 성격이 강조되는 권리로 볼 것인지 아니면 사회권적인 성격이 강조되는 권리로 볼 것인가와 관련해서는 단결권, 단체교섭권, 단체행동권 각각에 대하여 개별적으로 판단해야 한다고 보는 것이 정확한 인식이다.

[관련판례]

노동3권이 혼합적 권리성을 인정한 사례

헌재결 1998. 2. 27, 94헌바13·26

헌법 제33조 제1항이 보장하는 근로3권은 근로자가 자주적으로 단결하여 근로조건의 유지·개선과 근로자의 복지증진 기타 사회적·경제적 지위의 향상을 도모함을 목적으로 단체를 자유롭게 결성하고, 이를 바탕으로 사용자와 근로조건에 관하여 자유롭게 교섭하며, 때로는 자신의 요구를 관철하기 위하여 단체행동을 할 수 있는 자유를 보장하는 자유권적 성격과 사회·경제적으로 열등한 지위에 있는 근로자로 하여금 근로자단체의 힘을 배경으로 그 지위를 보완·강화함으로써 근로자가 사용자와 실질적으로 대등한 지위에서 교섭할 수 있도록 해주는 기능을 부여하는 사회권적 성격도 함께 지닌 기본권이다. 근로3권은 근로자가 국가의 간섭이나 영향을 받지 아니하고 자유롭게 단체를 결성하고 그 목적을 집단으로 추구할 권리를 보장한다는 의미에서 일차적으로 자유권적 성격을 가지나 고전적인 자유권이 국가와 개인 사이의 양자관계를 규율하는 것과는 달리 국가·근로자·사용자의 3자관계를 그 대상으로 한다.

- 단체협약안에 대한 조합원 총회의 인준투표가 필요하다는 노동조합 규약의 적법성을 부인하는 근거가 되는 구 노동조합법 제33조 제1항(현 노조및조정법 제29조 제1항)에 대한 위헌심판 -

결론적으로 단체교섭권에 이르러서는 단체교섭의 자유로서의 측면과 국가의 적극적인 조성 노력이 필요하다는 사회적 기본권으로서의 성격을 아울러 갖는 권리라고 이해하면 족하며 어느 성격이 주가 되는 성격으로서 발현되고 있는지를 단정적으로 밝히기는 어려운 기본권이라고 설명하는 것이 오히려 정확한 판단이라고 본다. 결국 단체교섭권은 자유권적 성격과 사회권적 성격을 함께 가지고 있는 복합적 성격의 기본권이라고 보는 것이 타당하다. 이를 "자유권과 생활권의 교차효과"라고 부르는 견해도 있다.[223] 같은 시각에서 굳이 부연하면, 단결권에 대해서는 자유권적 성격이 강조된다고 보고, 단체행동권에 대해서는 사회권적 성격이 강조된다고 볼 수 있을 것이다.

제4절 단체교섭과 단체교섭권에 대한 정의

Ⅰ. 단체교섭권의 정의를 위한 기초개념 정리

1. "교섭"으로서의 단체교섭

단체교섭은 교섭이다. 따라서 단체교섭이 무엇인지 분명히 하기 위해서는 "교섭"이 무엇인지를 밝혀야 한다. 교섭이란 사전적으로는 "어떤 일을 이루기 위하여 서로 의논하고 절충하는 것"[224]을 말한다. 어떤 교섭인가에 따라 주체와 주제가 달라지겠지만, 교섭은 이해가 서로 대립하거나 충돌하는 둘 이상의 주체들이 서로 자신의 주장을 제기하고 상대의 주장을 확인하면서 의논하고 절충해나가는 역동적이고 연속적인 과정을 지칭하는 사실적 개념이다. 교섭은 그 결론으로서 합의를 필연적으로 포함하는 개념은 아니다. 때로는 상대방을 교섭 석상에 나오도록 강제하기 위하

223) 허 영, 「헌법이론과 헌법」, 698쪽.
224) 「민중 에센스 국어사전」, 260쪽.

여 행하는 단체행동이나, 교섭 과정에서 자신들의 주장을 관철하기 위해 행하는 쟁의행위, 나아가 교섭의 결과를 합의서 내지 협약서로 성문화하는 작업까지를 넓은 의미의 단체교섭에 포함되는 것으로 보기도 한다. 그러나 헌법 제33조 제1항이 단체행동권을 단체교섭권과는 구별되는 권리로 명시하고 있는 것을 고려할 때 단체행동의 영역에 해당하는 것은 단체행동으로 보고,[225] 단체교섭은 상대방이 교섭 장소에 나와서 성의를 가지고 교섭에 임하는 것 자체를 의미한다고 보는 것이 타당하다고 생각된다. 노조및조정법 제30조는 "교섭 등의 원칙"이라는 표제 아래, "노동조합과 사용자 또는 사용자단체는 신의에 따라 성실히 교섭하고 단체협약을 체결하여야 하며 그 권한을 남용하여서는 아니 된다"라고 규정하고 있다.

남는 문제는 과연 무엇을 교섭하는가 하는 문제이다. 여기에 대해서는 뒤에서 자세히 설명하겠지만, 우선은 근로조건 또는 근로조건에 밀접한 영향을 주는 다양한 문제들에 대하여 교섭하는 것이라고 정리하고 넘어가기로 하자. 단체교섭권이 미치는 범위는 교섭에 참여한 주체가 서로 협의하고 절충해서 만들어내는 결론인 "합의"에 이르는 과정에서의 교섭뿐 아니라 그러한 "합의"가 이행되거나 운용되는 과정에 대한 교섭까지 포괄한다.[226] 이 문제는 권리분쟁과 이익분쟁의 문제나 교섭대상의 문제로 이어지므로 자세한 설명은 해당 부분에서 하기로 한다.

2. "단체"가 행하는 교섭으로서의 단체교섭

단체교섭은 근로자의 단결체가 사용자 또는 사용자단체를 상대로 행하는 교섭을 말한다. 단결체만이 단체교섭을 행할 수 있다. 개념상 근로자 개인이 사용자와 교섭한다는 의미의 "개별적 교섭"과는 구별된다.[227]

---

225) 김치선, 「노동법강의」, 155쪽.

226) 손창희, '단체교섭, 교섭권과 협약 체결권한에 관한 고찰', 121쪽.

227) 秋田成就, 「勞使關係法 I」, 182쪽.

근로자 개인은 개별적 교섭을 통해 근로계약을 맺거나 변경할 수는 있어도 개인의 자격으로 단체교섭의 주체가 될 수는 없다.[228]

사용자를 근로자들과의 교섭석상으로 이끌어내는 계기를 만들어낸 역사적인 사건이 발생한 것은 제1장에서 설명한 사건들 외에도 1811년 즈음에 확산된 영국의 Luddites 운동으로 대변되는 기계파괴 활동과 18세기 후반의 식량폭동 등에까지 거슬러 올라간다고 한다.[229] 이것을 보면 근로조건의 개선을 위한 근로자들의 사용자에 대한 교섭요구가 단결체가 갖는 집단적 힘을 통해 이루어질 수밖에 없었던 사실을 쉽게 이해할 수 있다. 단체교섭은 개별 조합원들이 사용자와 노동력을 거래함에 있어 준거해야 할 근로조건의 기준을 설정할 목적으로[230] 근로자들이 사용자와 실질적인 힘의 대등성을 확보하는 수단[231]으로 단결체를 이루어 교섭했던 것에서 유래하므로 근로자 개인이 단체교섭을 할 수는 없다는 것은 당연한 결론이다.

단체교섭에서 소위 "단체성"이 필요한 이유는, 첫 번째는 근로자 측이 수적인 다수를 점하여 그 근로자들이 일시에 근로제공을 거부하는 것이 사용자에게 유의미한 타격이 될 수 있다는 것을 암시적 또는 명시적으로 과시함으로써 사용자를 교섭 석상에 나오도록 하고 교섭에 적극적으로 임하도록 할 수 있기 때문이다. 이러한 내용을 앞에서 "힘의 대등성"이라고 표현했다. "단체성"은 우리 노조및조정법 체계 하에서는 "노동조합"이 징표한다. 노동조합이 실질적인 조직으로서 규약과 자주성을 갖고 있기만 하면 "단체성"이 있는 것으로 간주되고 있고,[232] 노동조합이 단체일

---

228) 김유성, 「노동법II」, 31쪽; 김형배, 「새로 쓴 노동법」, 149쪽; 박홍규, 「노동단체법」, 224쪽; 임종률, 「노동법」, 28쪽; 박종희, '노동3권의 보장의의와 내용', 124쪽; 이영희, 「노동기본권의 이론과 실제」, 131쪽 이하; 西谷 敏, 「勞働組合法」, 286쪽.

229) 김영환, 「영국의 임금수준 결정구조」, 16쪽 이하.

230) 이병태, 「최신 노동법」, 223쪽.

231) 임종률, 「노동법」, 22쪽.

232) 대판 2001. 2. 23, 2000도4299; 대판 2002. 7. 26, 2001두5361; 대판 2004. 7.

수 있는 최소한의 인원수는 2인 이상만 되면 족한 것으로 설명되고 있다.[233] 일단 어떤 노동조합이 노조및조정법상 노동조합으로 인정될 수만 있다면 그 노동조합은 굳이 단체로서의 세력을 사용자에게 직접 과시하지 않아도 부당노동행위 규정 등 노조및조정법의 각종 제도들을 통하여 사용자에게 교섭에 임할 것을 강요할 수 있다. 즉 법 제도적인 측면에서 근로자 측의 단체교섭력이 확보내지 의제되고 있는 것이다.[234] 이는 물론 노동조합의 교섭력을 지지해주는 긍정적인 부분도 있지만, 우리나라에서 법률상 노동조합의 단체교섭 주체로서의 단체성이 형식화하고 있는 현상의 한 원인이 되기도 한다. 심지어는 초기업단위 노동조합에 특정 사업장의 근로자 1인이 가입한 경우에도 그 1인의 조합원이 있음을 이유로 해당 사업장 사용자에게 단체교섭을 요구할 수도 있고, 사용자가 이를 거부하면 부당노동행위로 의율된다. 단체성의 관점에서 의문을 가지지 않을 수 없다.

독일에서는 단체교섭 주체의 단체성이 실질적 의미를 갖게 하기 위한 조건으로서 노동조합이 협약능력을 인정받기 위해서는 사회적 세력(soziale Mächtigkeit)을 확보하고 있을 것을 요하는데[235] 독일의 이러한 모습은 단체성의 형식화를 우려하는 입장에서는 상당한 시사점을 갖는다.[236] 다만 우리나라에서 법률상 노동조합이 갖는 "단체성"은 사실적인 힘에서라기보다는 헌법 제33조 제1항과 노조및조정법 체계 아래에서의 단결권 및 단체행동권 보장 질서에서 의제되는 측면이 크므로 단체성의 형식화로 인한 문제점이 당장 전면에 부각되지는 않고 있다. 우리나라에서 노동조

22, 2004다24854 등.

233) 김형배, 「새로 쓴 노동법」, 898쪽; 임종률, 「노동법」, 50쪽 등.

234) 박종희, '노동3권의 보장의의와 내용', 127쪽 이하.

235) Brox/ Rüther/ Henssler, 「Arbeitsrecht」, 220쪽 방주 691 이하; 박종희, '노동조합의 개념과 협약능력', 343쪽 이하.

236) 박종희, '독일 집단적 노사관계법상 판례 법리의 주요 특징', 420쪽 이하.

합이 집단의 실질적인 힘을 바탕으로 사용자를 설득하여 교섭석상에 나오게 하는 현상을 관찰할 수 있는 국면은 산업별 노동조합이 개별 사용자로 하여금 사용자단체에 가입하여 산별교섭에 임하도록 압력을 가하는 것이 대표적이고, 이론적으로는 법률상 노동조합이 아닌 근로자의 단결체, 즉 헌법상 조합이 사용자와 단체교섭을 하려고 한다면 적어도 사용자를 압도하거나 압박할 수 있을 만큼의 세력을 형성하여야 하는 상황 등을 예상할 수 있을 것이다.

"단체성"이 강조되는 두 번째 이유는 근로자들이 개별적으로 사용자와 교섭하게 되었을 때, 근로자들이 다른 근로자들과 서로 근로조건 인하 경쟁을 벌이게 되는 것을 차단하기 위하여 일정한 카르텔을 인정할 필요가 있다는 데에서 찾을 수 있다. 이러한 측면에서 단체성은 단결권을 행사한 근로자들 스스로에 대한 통제 가능성을 내포하고 있다.

단체교섭은 개별적 교섭의 산술적인 합이 아니다. 즉 개별 근로자들이 사용자와 노동력을 거래하면서 이루어지는 노동력 거래의 단순한 집단화가 아니다. 노동조합은 개별 근로자들의 의사보다 우월한 효력을 갖는 결정을 단체의 의사로 내리게 되고, 이때 고려되는 근로자들의 의사는 원칙적으로 추상적·관념적 의사이다. 따라서 단결체는 개별 근로자들의 단결체이지만 단체교섭은 개별적 교섭의 산술적인 합과는 전혀 다른, 오히려 개별적 교섭을 새로이 규정하고 통제할 수 있는 교섭이라고 할 수 있다. Rousseau의 표현을 빌리면, 근로자들은 생존하기 위해서 힘들을 하나로 모아서, 자신들을 위해 단결된 힘을 자신들이 스스로 만들어내야 하고, 그것을 단 하나의 원동력에 따라 함께 움직이게 해야 한다.[237] 이때 하나의 원동력이란 근로자들 각자의 의지의 산술적 합이 아니라 우월하고 추상적이며 새롭게 규정된 단체의 의지를 말한다.

---

237) Rousseau, 「인간불평등기원론/사회계약론」, 최석기 옮김, 168쪽.

단체가 주체가 되는 교섭의 문제는 자연스럽게 단체교섭의 담당자와 당사자 문제로 이어진다. 단체교섭의 당사자와 담당자 문제는 단체교섭의 당사자의 범위가 단체협약 체결권자의 범위와 같은 것인가 하는 문제를 두고 매우 복잡한 논의가 필요하다. 그러므로 여기에서는 단체교섭의 당사자는 단체협약체결권을 갖는 것이 보통이지만 단체교섭의 당사자 또는 주체라고 해서 반드시 단체협약체결권을 가지고 있어야 하는 것으로 제한적으로 이해할 필요는 없다[238]는 정도로 간략하게 정리하고 자세한 내용은 후술하기로 한다.

3. 계속적 교섭으로서의 단체교섭

단체협약 체결을 목적으로 하는 단체교섭권은 단체협약이 체결되면 더 이상 권리를 행사할 수 없다. 따라서 이때의 단체교섭권은, 예외적인 보충교섭 등을 제외하면 계속적인 권리라기보다는 중단되는 권리 내지 정기적으로 행사할 것이 예상되는 권리라고 볼 수 있을 것이다. 하지만 단체협약 체결 목적 이외의 단체교섭, 즉 단체협약을 통해 설정된 근로조건의 해석·적용과 관련된 문제와 노사관계에 있어서의 실체적 또는 절차적 각종 규율로서 설정된 사항을 해석·적용하는 과정에서 발생하는 문제들에 대하여 행해지는 단체교섭은 단체협약 유효기간 중에도 계속되어야 한다. 이러한 측면에 주목하여 단체협약 체결 목적 이외의 단체교섭 중 상당부분은 계속적 교섭으로서의 단체교섭에 해당한다고 볼 수 있다.[239]

4. 단체교섭의 사회적 기능

단체교섭의 기능은 매우 다양한 측면에서 설명할 수 있지만, 기본적으로는 근로자의 보호, 노사 간의 질서와 규율과 관련된 문제 등을 노동관

---

238) 西谷 敏, 「労働組合法」, 285쪽.
239) 고호성, 「노동법상의 집단적 자치원리」, 121쪽.

계 당사자 사이의 자율적인 교섭과 협의를 통해 형성하고 실현해나가는 기능을 한다고 정리할 수 있다. 단체교섭의 기능을 "근로자의 '보호'와 노사관계의 '질서·평화'를 노사 당사자 간의 합의를 통해서 실현시키는 메커니즘"[240]이라고 설명하는 견해도 이와 비슷한 취지라고 이해된다. 단체교섭의 기능은 구체적으로는 다음과 같이 설명될 수 있다.

첫째, 단체교섭은 근로자를 보호하는 기능을 한다. 근대 산업사회에서 계약의 자유란 경제력이 없는 개별 근로자의 입장에서는 실질적으로 사용자에 의하여 일방적으로 결정되는 내용을 수용하여 계약을 체결하도록 강요받는 것이었고, 이러한 불합리와 사실상의 불법을 근로자의 단결에 의해 집단적으로 바로잡기 위해[241] 단체교섭권이 보장되기 시작한 것이라는 점을 고려하면 단체교섭의 일차적인 기능은 근로자 보호에 있다고 보아야 한다. 제헌헌법 제18조에 대한 논의 과정에서도 헌법 초안 기초자인 유진오 박사는 단체교섭권의 의의에 대하여 "단체를 만들어서 단체교섭을 할 수 있으며 그 단체교섭으로써 근로자의 지위를 보호할 수 있게 된 것"이라고 설명하여 단체교섭의 근로자보호기능을 강조하였다.[242] 근로자 보호 기능을 담당하기 위해서 단체교섭 과정에서 단결체는 근로조건의 유지·개선을 위한 다양한 의제들을 전략적인 관점에서 관철해나가기 위해 노력하게 된다.

둘째, 단체교섭은 집단적 자치의 원리를 구현하는 기능을 한다. "문제를 노동관계 당사자 사이의 자율적인 교섭과 협의를 통해 형성하고 실현해나가는 기능"이 바로 집단적 자치의 원리를 구현하는 기능이다. 집단적 자치란 풀어서 말하면 노동조합과 사용자 또는 사용자단체가 집단적 차원에서 국가나 외부세력의 개입 없이 근로조건 또는 근로조건에 밀접한

---

240) 손창희, '단체교섭, 교섭권과 협약 체결권한에 관한 고찰', 120쪽, 122쪽.
241) 김유성, 「노동법Ⅱ」, 123쪽.
242) 이흥재, 「노동법 제정과 전진한의 역할」, 49쪽.

영향을 주는 다양한 문제들에 대하여 합의를 형성하고 이 합의를 통하여 자신들의 문제를 자율적으로 해결해나가는 것을 말한다.[243] 이러한 기능을 "집단적·자율적 이익조정시스템"이라고 하면서 이를 "집단적 자치"라고 지칭하기도 한다.[244] 또한 단체교섭의 이와 같은 기능을 "협약자율 또는 협약자치"라는 용어를 사용하여 설명하기도 한다.[245] 협약자율 또는 협약자치는 독일어인 Tarifautonomie[246]의 번역어인데, 독일에서는 단결권으로부터 파생되는 노동기본권의 보장을 위해 가장 중요한 역할을 하는 것이 단체협약이므로 집단적 자치를 협약자치 내지 협약자율로 인식하는 것[247]이 자연스럽다. 그러나 단체교섭을 통해 합의된 결과를 토대로 단체협약을 체결하는 것이 일반적이기는 하지만 단체교섭이 반드시 단체협약 체결을 목적으로 해야만 하는 것은 아니므로[248] 단체교섭을 중심으로 이루어지는 집단적 자치 원리를 협약자율 또는 협약자치라고 칭하는 것은 언제나 타당한 표현이라고 하기는 어렵다. 따라서 이 책에서는 "집단적 자치"라는 개념을 사용하기로 한다.

셋째, 단체교섭은 노사 간에 발생하는 분쟁을 평화적으로 해결하고 자율적인 질서를 만들어나가는 기능을 한다.[249] 단체교섭에 임하는 노동관계 당사자의 교섭능력이 낮을수록 노사 간의 문제를 법률이나 공권력 또는 외부세력의 개입에 기대어 해결하려는 경향이 높아지고 그 경우 교섭

---

243) Biedenkopf, 「Grenzen der Tarifautonomie」, 122쪽 이하; Brox/ Rüther/ Henssler, 「Arbeitsrecht」, 242쪽 방주 759 이하 등 참조.

244) 박종희, '노동3권의 보장의의와 내용', 112쪽.

245) 김상호, 「협약자치의 한계에 관한 연구」, 18쪽 이하; 김형배, 「새로 쓴 노동법」, 116쪽 등.

246) Biedenkopf, 「Grenzen der Tarifautonomie」, 122쪽 이하; Brox/ Rüther/ Henssler, 「Arbeitsrecht」, 242쪽 방주 759 이하;

247) Löwisch/ Rieble, 「Tarifvertragsgesetz」, Grundl. 방주 42, 20쪽 이하.

248) 김치선, 「노동법강의」, 156쪽; 西谷 敏, 「労働組合法」, 283쪽.

249) 손창희, '단체교섭, 교섭권과 협약 체결권한에 관한 고찰', 120쪽; 임종률, 「노동법」, 118쪽.

이 결렬되어 쟁의행위로 이어졌을 때 극단적인 물리적인 충돌로 이어지는 빈도가 매우 높다. 이를 반대로 설명하면 노사가 단체교섭이라는 헌법과 법률로 보장된 수단을 유효적절하게 활용할 수 있는 능력이 높을수록 노사 간의 문제가 평화적으로 해결될 가능성이 높다는 의미일 수 있다. 그리고 여기에서 말하는 노사 간에 발생하는 "분쟁"이란 우리 노조및조정법 제2조 제5호의 노동쟁의 상태만을 의미하는 것은 아니다. 노사 간의 분쟁은 "근로조건의 결정"과 관련해서만 발생하는 것이 아니라 결정된 근로조건을 해석하고 적용하는 과정에서도 발생할 수 있고 근로조건 이외의 노동조합과 사용자 사이의 집단적 노사관계의 각종 규율을 둘러싸고 발생하는 경우도 많기 때문이다.

Ⅱ. 단체교섭과 단체교섭권의 정의 : 2원적 이해

이상에서는 단체교섭과 단체교섭권의 개념을 본격적으로 정의하기에 앞서 우리 헌법상 단체교섭권 규정이 갖는 특징, 단체교섭권의 법적 성질, 단체교섭의 기본적인 요소들의 내용을 먼저 살펴보았다. 이와 같이 단체교섭의 모습들을 먼저 살펴본 이유는, 연혁적으로 서구에서 처음 단체교섭이 행해지기 시작했을 때에는 단체교섭권이라는 기본권과 단체교섭제도를 선험적으로 창조하고 이에 따라 단체교섭이 시작된 것이 아니라, 현실에서 근로자들이 단결체를 이루어 사용자와 근로조건에 관한 교섭을 하는 모습이 실제로 등장한 이후에 그러한 현상을 규범적으로 인식하고 제도적·법률적으로 보완하고 수용하기 위한 방법으로 헌법과 각종 법률상 제도들이 도입되는 흐름을 거쳤기 때문이다. 그와 같은 과정을 거쳐 도입된 단체교섭권의 정확하고 포괄적인 개념 정의를 위해서는 귀납적인 정리 방법이 유용하다고 보았다. 물론 우리나라에서는 그와는 반대로 해외에서 계수된 법제도로서 노동3권과 단체교섭제도를 통해 자생적으로 형성되어 가던 단결활동과 단체교섭과 쟁의행위를 새롭게 규정한

다소 역전된 흐름을 가지고 있다. 하지만 상당한 시간이 흐르는 동안 단체교섭제도도 이미 우리 고유의 문화나 다름없이 녹아들어 있으므로 귀납적 접근 방법이 무리는 없다고 본다. 이상의 논의를 토대로 단체교섭과 단체교섭권의 정의를 정리해보면 다음과 같다.

1. 단체교섭과 단체교섭권의 정의

(1) 단체교섭의 정의

이상에서 정리한 단체교섭권의 기본적인 내용들을 종합적으로 판단해보면, 우리 헌법과 노조및조정법 체계 하에서 단체교섭은 「근로자의 단결체가 근로조건 및 기타 근로자의 대우에 대한 사항과 노사관계에 있어서의 실체적 또는 절차적 각종 규율에 관한 사항을 설정하거나 해석·적용하기 위하여 사용자 또는 사용자단체와 협의하고 절충해가는 과정 및 체계」를 말한다고 정의할 수 있다.

(2) 단체교섭권의 정의

그렇다면 단체교섭권은 위에서 정의한 단체교섭을 행할 수 있는 권리를 말한다. 구체적으로는 「근로자의 단결체가 근로조건 및 기타 근로자의 대우에 대한 사항과 노사관계에 있어서의 실체적 또는 절차적 각종 규율에 관한 사항을 설정하거나 해석·적용하기 위하여 사용자 또는 사용자단체와 평화적으로 협의하고 절충해가는 과정 및 체계를 말하는 단체교섭을 단결체의 자주적인 결정에 따라 사용자 또는 사용자단체를 상대로 행할 수 있는 지위 내지 권리[250]이며, 사용자는 정당한 단체교섭 요구를 거부해서는 안 되는 의무를 부담하고, 국가는 헌법상 단체교섭권이 적극적으로 실현될 수 있도록 법제도와 법규범을 조성할 의무를 부담하도록 하는 기본권」이라고 정리할 수 있을 것이다.

---

250) 이때의 권리는 사법상 청구권을 의미하는 것은 아니다.

2. 단체교섭권에 대한 2원적 이해의 내용

위 정의를 다시 분석해보면 단체교섭은 첫 번째, 근로조건 및 기타 근로자의 대우에 대한 사항과 노사관계에 있어서의 실체적 또는 절차적 각종 규율에 관한 사항을 설정하는 단체교섭과, 두 번째, 그 설정된 사항을 해석·적용하거나 노사관계에 있어서 발생하는 각종 실체적 또는 절차적 문제들을 협의하고 조율하기 위하여 사용자 또는 사용자단체와 평화적으로 협의하고 절충해가는 단체교섭으로 나누어 볼 수 있다. 이와 같이 단체교섭권의 개념을 2원적으로 이해하는 것은 단체교섭의 영역에서 단체협약 체결 목적 이외의 단체교섭 대상의 존재를 인식할 수 있는 기초를 제공할 수 있다는 점에서 반드시 필요한 관점이다.

두 번째 개념에 해당하는 단체교섭에는 다양한 단체교섭의 모습이 포함될 수 있다. 우선 체결된 단체협약의 해석과 적용과 관련해서 발생하는 이견과 갈등을 해결하기 위한 비정기적인 교섭, 단체협약에 근거 없이 사용자가 일방적으로 행한 조합원들에 대한 인사조치를 둘러싼 단체교섭, 단체협약에 규정되어 있지 않지만 집단적 노사관계 운용에 관한 사항으로서 노사 간의 협의가 필요한 사항, 필수유지업무협정 체결을 위한 교섭, 노동위원회와 법원의 부당노동행위 등 구제명령이 내려졌을 때 그 구제명령의 이행을 둘러싸고 노사 간의 협의가 필요할 때에 이루어지는 교섭, 사용자 또는 교섭대표 노동조합의 공정대표의무 위반이 있을 경우 공정대표의무 위반 시정신청을 하기 전에 이를 자율적으로 해결하기 위해 교섭대표 아닌 노동조합과 사용자 사이에 진행되는 교섭 등을 들 수 있다. 이러한 사항들에 대한 노동조합과 사용자 사이의 교섭이 단체교섭으로 평가받는 것을 부정할 이유는 없다. 물론 이상의 사항들이 의무적 교섭사항에 해당하는지 또는 임의적 교섭사항으로 보는 것으로 족한지 여부는 별도의 검토가 필요하다.[251)]

---

251) 자세한 내용은 제4장 제2절 Ⅲ. 2. 참조.

위에 예로 든 사항에 대한 교섭 중 상당수의 교섭에 대해서는 곧바로 노동위원회에 시정신청을 하는 것이 낫다는 이견이 있을 수 있다. 그러나 노동관계 당사자 사이에 발생하는 문제는 공적 조정이나 구제제도를 이용하기 이전에 집단적 자치의 틀 속에서 자율적으로 해결하는 것이 가장 바람직한 해결 방법이고, 그것이 가장 구체적이고 합리적인 해답을 찾을 수 있는 방법이기도 하다는 점에서 당사자 간의 단체교섭의 영역에 포섭시키는 것이 바람직하다. 노사 간의 사전 교섭 없이 곧바로 노동위원회에 단체협약 해석 의견 요청이나 공정대표의무 위반 시정신청을 하면 된다는 생각은 노사관계의 자율성과 자생력을 저해하게 되므로 지양하는 것이 좋다.

3. 단체교섭권에 대한 2원적 이해의 근거

(1) 실정법적 근거

단체교섭권의 개념에 대해서는 헌법에 정의 규정이 없고, 하위의 실정법인 노조및조정법에도 단체교섭의 의미에 대한 적극적인 정의 규정은 없다. 다만 노조및조정법 제29조 제1항이 "교섭 및 체결권한"이라는 표제 아래 "노동조합의 대표자는 그 노동조합 또는 조합원을 위하여 사용자나 사용자단체와 교섭하고 단체협약을 체결할 권한을 가진다"라고 규정하는 것에서 단서를 찾을 수 있다. 법전 각 조항의 표제에 대하여 규범적 효력을 인정할 수는 없지만, 특정 조항의 표제가 그 조항이 나타내고자 하는 바를 이해하는 단서는 될 수 있다. 노조및조정법 제29조 제1항이 "교섭 및 체결권한"이라는 표제를 두고 있는 것에 주목해보면, 교섭권한과 체결권한을 두 개의 권한으로 인식하고 있는 것을 알 수 있다. 이러한 표제의 취지를 고려하여 제29조 제1항의 규정을 나누어 보면, 첫째, 노동조합의 대표자는 그 노동조합 또는 조합원을 위하여 사용자나 사용자단체와 교섭할 권한, 둘째, 노동조합의 대표자는 그 노동조합 또는 조합원을 위하여 사용자나 사용자단체와 단체협약을 체결할 권한을 가진다는 의미라고 분석할 수 있다. 여기에서 다소 문제가 될 수 있는 것은 제29조 제1항 본문이 "교섭하고 단체협약을 체결할 권한"이라고 하여 마치 교섭권 행사가 단체협약 체결로 곧바로 이어지는 행위인 것처럼 기술되어 있는 점인데, "하고"의 의미를 반드시 그와 같이 이해해야 만하는 것은 아니라는 점에서 연결어미 "~고"가 "교섭하고 단체협약을 체결할 권한"이라는 문장을 2원적으로 이해하는 데에 큰 문제가 되지는 않는다고 본다. 국어사전도 연결어미 "~고"의 뜻을 "두 가지 이상의 사실 등을 대등하게 잇따라 나타내는 연결 어미"라고 풀이한다.[252)]

현행 노조및조정법이 단체교섭권과 단체협약체결권을 별개의 권리로 인식하고 그러한 인식을 전제로 구성되어 있다는 점은 제29조뿐만 아니라 제81조 제3호를 보아도 알 수 있다. 노조및조정법 제81조 제3호는 사용자는 "노동조합의 대표자 또는 노동조합으로부터 위임을 받은 자와의 단체협약체결 기타의 단체교섭을 정당한 이유 없이 거부하거나 해태하는 행위"를 할 수 없다고 한다. 여기에서 주목해야 하는 표현은 "단체협약체결 기타의 단체교섭"이라고 규정한 부분이다. "기타의 단체교섭"이 과연 어떠한 대상에 대한 단체교섭을 뜻하는지에 대해서는 학계의 뚜렷한 해명이 없다. 부당노동행위 조항이 아닌 현행 노조및조정법 제29조에 해당하는 구 노동조합법 제33조 제1항의 해석과 관련해서 "기타의 사항의 범위에는 정리해고를 당한 사람의 복직요구 등과 같이 단체협약의 체결을 필요로 하지 않는 사항으로서 사용자가 처분 가능한 사항이면 모두 포함된다"고 하는 견해가[253)] 제시된 바 있을 뿐이다. 단체교섭과 경영참가적 노사협의를 준별하면서 단체협약 체결 목적 이외의 단체교섭의 존재 가능성을 인정하지 않는 견해를 취할 경우, "기타의 단체교섭"이란 단

252) 「민중 에센스 국어사전」, 177쪽.
253) 김치선, 「노동법강의」, 339쪽.

체협약 체결을 위해 진행되는 단체교섭의 각 과정에서 발생하는 부수적인 문제들을 해결하기 위한 교섭으로 보거나 단체협약의 핵심적인 부분인 근로조건과 관련된 부분 이외의 단체협약 사항에 대한 교섭으로 이해하는 해석론도 가능하다. 하지만 이와 같은 해석론은 실존하는 단체협약을 구성 부분에 따라 임의로 분류하여 핵심적인 사항으로 정하면서 노사관계의 규율과 관련된 부분을 핵심이 아닌 사항으로 간주하게 되는 문제가 있고, 단체교섭의 각 과정에서 발생하는 부수적 문제들에 대한 교섭을 본래의 단체교섭과 구별되는 별도의 교섭으로 인정해야 하는 근거를 찾을 수 없다는 점에서 수긍하기 어려운 견해이다. 하급심 판결례 중에는 노조및조정법 제81조 제3호의 '기타의 단체교섭'이라 함은 단체협약의 체결 이외에 단체협약의 체결을 위한 일련의 단체교섭 절차를 의미하는 것이라고 판결한 사례[254]가 있는데, 이는 우리 노조및조정법 각 규정의 제정 및 개정 연혁과 각각의 의미를 깊이 고려하지 않은 근거 없는 해석이므로 반드시 재고되어야 한다고 생각된다.

노조및조정법 제81조 제3의 "기타의 단체교섭"은 단체협약 체결을 위한 단체교섭 이외의 교섭사항들에 대한 단체교섭을 의미한다고 해석하는 것이 가장 자연스럽다. 일본에서도 "단체협약 체결 그 외의 사항에 관해서 교섭할 권한"이라는 일본 労働組合法 제6조의 문구를 단체교섭의 대상을 단체협약 체결에 한정하고 있지 않다는 점을 나타내는 것이라고 이해하는 해석론이 있다.[255] 그리고 같은 해석방법에 따라 우리 노조및조정법은 단체교섭을 단체협약 체결을 목적으로 하는 단체교섭과 기타의 단체교섭으로 나누어 2원적으로 인식하는 태도로 입법되어 있다는 사실을 확인할 수 있다. 부당노동행위 조항의 이와 같은 규정 태도는 단체교섭 거부의 부당노동행위가 도입된 1963년 구 노동조합법(법률 제1329호,

254) 서울행판 2013. 7. 17, 2013구합50678.

255) 西谷 敏, 「労働組合法」, 283쪽.

1963. 4. 17, 전부개정) 이후 특별한 변화 없이 유지되고 있다. 개방적 집단적 자치 시스템의 전제 하에서 단체교섭의 의미도 단체협약 체결을 위한 단체교섭 외에 근로조건과 관련한 집단적 논의의 장을 포함하여 이해할 수 있다는 견해[256]도 결론에 있어서는 같은 취지라고 이해된다.

이와 같이 우리 노조및조정법이 단체협약 체결 목적 이외의 기타의 단체교섭이 존재한다는 것을 승인하고 있다는 사실이 확인된다면, 단체교섭이나 단체교섭권의 개념을 2원적으로 인식하는 것은 실정법의 규정으로부터 도출되는 자연스러운 해석론적 결론이라는 점을 인정하는 데에 하등의 문제가 없다. 그리고 단체교섭에 대한 2원적 이해의 토대에서 노조및조정법상 교섭창구 단일화 제도를 분석하면 교섭대표 노동조합이 대표하여 독점적으로 행사할 수 있는 단체교섭권의 범위를 단체협약 체결 및 이행과 관련된 사항으로 제한하는 방향으로 해석되는 조문 구조를 갖고 있는 것이 분명하다. 그렇다면 그 해석의 한계 내에서 교섭대표 노동조합이 행사할 수 있는 단체교섭권의 범위를 제한하여 해석하는 것이 타당하다. 왜냐하면 소수의 노동조합이든 다수의 노동조합이든 단체교섭권에 대한 제한은 자유민주주의 헌법질서에 저촉되는, 단체교섭권에 대한 본질적 내용의 침해로 보아야 하기 때문이다.[257] 위와 같은 방향으로 해석되는 우리 노조및조정법의 조문 구조에도 불구하고 해석론적 근거 없이 현실적 필요 등을 이유로 교섭대표노조가 모든 단체교섭권을 행사하여야 한다고 보는 입장은 현실적 편의를 이유로 법률의 진정한 의미를 외면하는 태도라고 볼 수밖에 없다.

(2) 국제법적 근거

1981년 6월 19일에 채택되고, 1983년 8월 11일부터 효력이 발생된 국제노동기구(ILO)의 제154호 협약인 「단체교섭 촉진에 관한 협약」을 보

---

256) 박종희, '노동3권의 보장의의와 내용', 129쪽 이하.

257) 하경효, 「단체교섭구조 개선방안을 위한 연구」, 110쪽.

면, 제2조에서 "이 협약의 적용에 있어서 단체교섭이라 함은 다음 각 호의 목적을 위하여 개별사용자, 다수의 사용자단체 또는 하나 혹은 둘 이상의 사용자단체를 일방 당사자로 하고, 하나 혹은 둘 이상의 근로자단체를 다른 당사자로 하여 양 당사자 사이에 이루어지는 모든 교섭을 말한다"라고 단체교섭을 정의하면서, 단체교섭의 목적으로 "㈎ 근로조건과 고용조건 결정, ㈏ 노사 간의 관계 규제, ㈐ 사용자 또는 사용자단체와 하나의 근로자단체 또는 복수의 근로자단체의 관계 규제" 등을 들고 있다.[258] 국제노동기구(ILO)의 제154조 협약은 전문에서 명시적으로 1949년에 채택된 제98호 협약인 「단결권 및 단체교섭권 원칙의 적용에 관한 협약」을 보완하기 위한 것이라고 밝히고 있다.

국제노동기구(ILO) 제98호 협약은 제4조에서 "단체협약에 의해 고용조건을 규제하는 목적을 가지고 행하는 사용자 또는 사용자단체와 근로자단체와의 사이에서의 자발적인 교섭을 위한 절차가 충분히 발달하고 … "라고 하여 단체교섭을 단체협약 체결을 위한 단체교섭에 국한해서 이해하고 있다는 것을 알 수 있다. 그러나 제154호 협약에 이르러서는 이와 같은 단체협약에의 구속에서 완전히 탈피하고 있다.[259] 제154호 협약이 상정하는 단체교섭의 개념은 반드시 단체협약을 체결하려는 것으로 한정하지 않고 단지 "양 당사자 사이에 이루어지는 모든 교섭"이라고 기술되고 있으며, 그 대상도 고용조건 결정 외에 노사 간의 관계 등을 명시하여, 근로조건 결정과 관련된 것 이외에 집단적 노사관계의 규율과 관한 내용까지 모두 단체교섭의 목적이 되는 것으로 하여 제98호 협약의 협의의 교섭 개념에서 나아가 더욱 다양한 교섭의 개념을 포괄하는 방향으로 전환하고 있다. 이와 같은 국제노동기구(ILO)의 협약의 입장 변화는 "자유롭고

258) 노동부, 「ILO 주요협약집」, 385쪽.
259) 이철수, 「단체교섭의 근로자 측 주체에 관한 비교법적 연구」, 210쪽 이하.

임의적인 단체교섭 촉진"[260]을 위해서는 단체교섭의 개념과 목적을 더욱 유연하고 개방적으로 이해할 수밖에 없다는 고려의 결과였을 것이다. 이러한 경향은 "단체교섭을 단체협약을 통한 기준설정행위로서가 아니라 노사관계에 있어서의 공동의 제도형성적 행위로 이해하고 전통적 의미에 있어서의 단체협약과 결별하려는 경향"이라고 소개되기도 한다.[261]

(3) 현실적 필요성

단체교섭권을 2원적으로 이해하는 것은 위와 같은 실정법적 근거와 국제법적 근거 외에 현실적 필요성도 크기 때문이다. 현실적 필요성으로는 대표적으로 다음과 같은 세 가지를 들 수 있다.

첫째, 단체교섭권을 2원적으로 이해하는 것은 현행 교섭창구 단일화 제도의 위헌성을 줄여줄 수 있다. 2010년 노조및조정법이 시행되고 2011년 7월 1일부터 사업 또는 사업장단위 복수노조 설립 및 교섭창구 단일화 제도가 전면 시행되면서 가장 큰 논란은 창구단일화 제도가 위헌이 아닌가 하는 것이었다.[262] 이 논란은 비록 헌법재판소의 재판관 전원 일치 합헌 결정[263]으로 일단락되었지만, 창구단일화 제도 실시가 단결권과 단체교섭의 분리현상을 초래했다는 사실을 우리나라에서 최초로 공식화한 것이다. 또한 창구단일화 제도가 교섭대표 아닌 노동조합의 단체교섭권을 박탈한 것이라는 노동계의 인식은 여전한 것으로 보인다.[264] 그리고 헌법재판소의 결정에도 불구하고 교섭대표 노동조합의 대표권 유지기간 동안 교섭대표 아닌 노동조합이 전혀 단체교섭권을 행사할 수 없다는 문제도 완전히 해소된 것은 아니라는 점에서 논란은 계속되고 있다고 볼 수 있다.

---

260) 제154호 협약 전문(노동부, 「ILO 주요협약집」, 384쪽 참조).

261) 이철수, 「단체교섭의 근로자 측 주체에 관한 비교법적 연구」, 210쪽.

262) 제3장 제3절 II. 1. [보충논의] '단체교섭 창구단일화 절차의 위헌론과 합헌론' 참조.

263) 헌재결 2012. 4. 24, 2011헌마338.

264) 한국노총, '[논평] 교섭창구단일화제도, 반드시 개정할 것(교섭창구단일화제도 헌법소원 기각 판결에 대한 입장)', 2012. 4. 24,

그러나 단체교섭권의 개념을 2원적으로 이해하면서 단체교섭권의 본질은 단체협약 체결 목적에 있는 것이 아니라 "교섭하는 권리" 그 자체에 있다는 점에 주목하면, 복수노조 사이의 교섭창구 단일화제도는 교섭대표 아닌 노동조합으로부터 단체교섭권의 본질인 교섭하는 권리 모두를 박탈하는 것이 아니라 그 중 일부인 단체협약 체결 목적 단체교섭에 있어서만 교섭대표 노동조합이 독점적 대표권을 갖게 되는 것에 불과하다는 점을 알 수 있다. 이에 대하여 교섭대표 노동조합과 교섭대표 아닌 노동조합의 관계를 위임관계로 보는 견해가 있으나,[265] 교섭창구 단일화 이후 교섭대표 아닌 노동조합은 단체협약 체결 목적 단체교섭에 있어서는 교섭권한을 가지지 못한다는 점에서 위임이 아닌 대표관계로 보는 것이 타당하다.[266]

이상과 같은 해석론을 따르면 교섭창구 단일화 제도의 위헌성 논란의 여지는 그만큼 줄어든다. 단체협약 체결 목적 단체교섭 이외의 고유한 단체교섭권은 여전히 교섭대표 아닌 노동조합이 보유하고 있다고 인정하게 되면, 교섭대표권이 없는 노동조합도 근로자의 단결체로서 사용자와의 관계에서 단결체를 유지·존속하기 위해 필요한 사항과 자신의 조합원에 대한 단체협약의 해석·적용과 관련된 사항에 대해서는 고유한 단체교섭권을 가지고 사용자와 교섭해나갈 수 있다는 해석이 가능하다. 이와 같이 단체교섭권에 대한 2원적 이해는 단체교섭 창구단일화가 법률로 규정되어 시행되고 있는 현상에 대하여 더욱 합헌적이고 합리적인 이해가 가능하게 하고, 규범에 의존하지 않고 해석자의 의지에 의존해 결론 내려지고 있는 여러 가지 어려운 문제들에 대한 규범적인 이해와 해결이 가능하게 할 수 있다는 장점이 있다.

---

265) 이철수, '교섭창구단일화와 관련한 법률적 쟁점', 17쪽.

266) 강선희, '노동기본권과 소수 노동조합의 협약능력 및 단체협약의 효력에 관한 연구', 103쪽 이하; 김용진, 「복수노조 하에서의 교섭창구 단일화 제도」, 106쪽 이하.

둘째, 교섭대표 노동조합이 행사하는 단체교섭권의 범위를 법률의 본래 규정 태도에 부합하게 축소하고, 교섭대표 아닌 노동조합이 자신과 자신의 조합원을 위한 단체교섭 권한을 계속 보유하고 있다고 보는 해석론의 현실적인 유용성은 무엇보다도 경쟁과 대립의 긴장관계가 건강하게 유지되는 노사관계를 만들어갈 수 있다는 데에 있다. 현행 교섭창구 단일화 제도는 장기적으로는 교섭대표 노동조합을 중심으로 하는 노동조합 통합을 필연적으로 가져올 수밖에 없도록 설계되어 있다. 그리고 자유로운 노동조합 설립과 병존이 가능한 상황에서 단일화되어 통합된 거대 노동조합이 사측과 항상 원만한 관계를 유지할 수 있다고 믿는 것은 사용자들의 환상에 불과하다. 경쟁이 실종된 상황에서 모든 권한을 독점한 노동조합은 점차 조합원과의 거리가 멀어질 수밖에 없다. 자신의 존재의 토대인 조합원과 거리가 멀어진 노동조합은 조직 그 자체를 위한 사업과 활동에 몰두하게 되고 조합원을 위한 본연의 역할을 점점 외면하게 되기 쉽다. 교섭대표 노동조합이 교섭대표권을 유지하는 기간 동안 교섭대표 아닌 노동조합이 독자적인 교섭권을 행사하게 되면, 노동조합들은 조합원들에게 존재 의의를 인정받는 조직이 되기 위해 지속적으로 경쟁할 수밖에 없는 구도가 형성되게 되고 이는 노동조합이 계속해서 조합원의 필요에 집중하게 만드는 보이지 않는 압력 수단이 될 것이다.

복수노조 구도가 아닌 사업장에서도 단체협약 체결 이후 유효기간 동안 발생하는 각종 문제들에 대한 그 동안의 사용자와 노동조합 사이의 공식·비공식 접촉들이 단체교섭의 틀로 묶이게 된다. 이로 인해 노동조합이 조합원의 근로조건 향상과 단결체로서의 조직 환경 개선을 위한 각종 사안에 대하여 사용자와 지속적으로 협의·절충 하는 교섭을 진행할 수 있게 될 것이다. 이러한 환경의 조성은 그 동안 정부에 대한 공적 질의·회시나 노동위원회 등에 의뢰하는 각종 의견제시나 구제신청으로 해결했던 문제들을 노동조합과 사용자가 자율적으로 조정하고 해결해 나갈 수 있도록 각 당사자의 교섭능력과 자율적 문제해결 능력을 향상시키고 나아가 노사관계의 지속 가능한 안정을 확보하는 결정적인 계기가 될 것으로 기대된다. 공적 기관에 의존하지 않고 노사가 자율적으로 문제를 해결해 나가는 것이 노조및조정법을 비롯한 노동관계법의 기본적 요청이기 때문에 이러한 장점은 매우 중요하다.[267] 따라서 단체교섭권에 대한 2원적 이해는 우리나라 노사관계에서 집단적 자치의 원리를 한층 높은 수준으로 구현하는 데에 의미 있는 기초를 제공할 수 있는 관점이라고 생각한다.

셋째, 단체교섭권을 2원적으로 인식하는 해석론은 정기적으로 행해지는 단체협약 체결 목적 단체교섭의 집중도를 높이고 조기 타결을 가능하게 해주는 장점이 있다. 종래의 해석론에 따르면 단체협약 유효기간 만료일이 다가오는 경우에만 단체교섭권 행사가 가능했다. 따라서 모든 쟁점을 일거에 모아서 단체협약 체결기에 모두 요구하고 그에 대하여 사용자와 합의를 도출해야만 했다. 단체협약기가 아니라 하더라도 매년 체결하는 관행이 널리 퍼져 있는 임금협약 체결기에 보충적인 교섭사항으로 임금 이외의 추가 요구사항을 포함시켜 교섭하려는 노동조합의 욕구가 매우 높을 수밖에 없었다. 그러나 단체협약 체결 목적 이외의 단체교섭을 인정하고 단체협약 유효기간 중에도 계속적인 단체교섭권 행사 가능성을 인정하게 되면 노동조합은 정기적으로 돌아오는 단체협약 체결기나 임금협약 체결기에 모든 쟁점을 몰아서 사용자에게 요구할 필요가 없게 되고, 단체협약 체결을 위한 의제나 임금협약 체결을 위한 의제에 집중할 수 있게 된다. 자연스럽게 단체협약 의제나 임금협약 의제의 숫자도 줄어들게 된다. 그리고 그 결과 유효기간 경과 후 짧게는 몇 달 길게는 몇 년씩 교섭이 지연되고 단체협약 체결이 미뤄지는 현상을 어느 정도 예방할 수 있게 되는 효과도 가져올 수 있을 것으로 기대된다.

---

267) 박홍규, 「노동단체법」, 248쪽.

4. 단체교섭권의 개념과 관련된 기타 문제

(1) 협약능력과 단체교섭권

일반적으로 협약능력(Tariffähigkeit)이란 협약의 구속력이 미치는 구성원들에게 법규범과 같이 직접적이고 직률적인 효력을 가지면서 개별 근로계약상의 근로조건을 협약 상대방과의 약정을 통해 규율할 수 있는 능력, 즉 단체협약을 체결할 수 있는 당사자가 될 수 있는 지위 또는 능력을 의미한다고 설명된다.[268] 다른 말로 “협약체결능력”이라고 표현할 수도 있다.[269] 협약능력 개념은 독일 단체협약법(TVG) 하에서 독일 연방노동법원의 판례를 통해 근로자의 단결체가 노동조합으로서 인정되기 위해서 요구되는 요건으로 형성된 것이다. 독일 연방노동법원은 교섭상대방인 사용자에 대한 관철능력과 조직의 급부능력을 뜻하는 “사회적 세력”을 보유한 근로자의 단결체만이 협약능력을 갖는다고 보고 있다. 즉 노동조합이 이러한 사회적 세력을 갖고 있는가 하는 점이 협약능력이 있다고 볼 수 있는가의 결정적 판단기준이 된다는 것이다.[270]

협약능력이라는 개념은 우리나라 실정 노동법 체계에서는 나타나지 않는 표현이다. 우리나라 헌법 제33조는 단결권, 단체교섭권, 단체행동권을 규정하고 있을 뿐 단체협약능력에 대하여 규정하고 있지는 않다. 노조및조정법 제29조 제1항은 헌법 제33조가 “근로자”의 권한으로 규정한 단체교섭권을 행사할 수 있는 주체를 “노동조합의 대표자”로 명시하면서, “노동조합의 대표자는 그 노동조합 또는 조합원을 위하여 사용자나 사용자단체와 교섭하고 단체협약을 체결할 권한을 가진다”고 하여 단체교섭권과 단체협약체결권을 각각 별도의 권리로 규정하고 있다. “노동조합”

268) 박종희, ‘노동조합의 개념과 협약능력’, 373쪽.

269) 김형배, ‘노동조합의 대표성과 제2노조의 문제’, 9쪽.

270) 사회적 세력의 의미와 독일 연방노동법원 및 연방헌법재판소의 판결을 통한 개념의 발전, 학계의 찬반양론 등에 대한 자세한 내용은 박종희, ‘노동조합의 개념과 협약능력’, 343쪽 이하 참조.

은 노조및조정법 제2조에서 정의되는데, 그에 따르면 노동조합이란 “근로자가 주체가 되어 자주적으로 단결하여 근로조건의 유지·개선 기타 근로자의 경제적·사회적 지위의 향상을 도모함을 목적으로 조직하는 단체 또는 그 연합단체”를 말한다. 노조및조정법 제2조의 “노동조합”이 의무적 교섭사항에 대한 단체교섭을 요구할 경우 사용자는 제30조에 규정된 성실교섭의무를 부담하고, 단체교섭 요구에 응하지 않으면 제81조에 의해 부당노동행위 책임을 지게 되는 경우가 발생할 수 있다. 즉 우리나라 노조및조정법 체계 하에서 노동조합에게는 이미 법률로써 사용자에 대한 노동조합의 교섭력이 확보되어 있다. 따라서 그러한 법률적 뒷받침이 없는 독일에서와 같이 노동조합이 사용자를 상대로 단체교섭을 하기 위해서는 ‘사회적 세력’이 있어야 한다고 부가적 요건을 굳이 요구할 필요가 없어진다.

법상황이 이와 같이 다름에도 불구하고 우리 노조및조정법을 인식함에 있어서 독일에서 유래한 ‘협약능력’이라는 개념이 반드시 도입될 필요가 있는지는 의문이다. ‘협약능력’ 개념이 우리 노조및조정법의 체계적 이해를 위해서도 필요하다고 보는 견해는 그 이유에 대해 “근로자 개인에 대해서가 아니라 단결체 자체에게 부여되는 특별한 법적 지위로서 협약능력을 인정함으로써 노동3권의 의미를 더욱 명확하게 나타낼 수 있다”[271]는 점에서 실익이 있다고 한다. 협약능력이라는 개념을 통해 협약자율의 의미를 더욱 분명히 할 수 있을 것이라는 점은 충분히 인정할 수 있다.

그러나 협약능력이라는 개념을 그대로 도입할 경우 우리 노조및조정법 특유의 구조를 제대로 인식할 수 없게 되는 문제가 생긴다. 그 문제란 우리 실정법이 명시하고 있는 “단체교섭권” 개념을 실정법에 전혀 등장

---

271) 박종희, ‘노동조합의 개념과 협약능력’, 379쪽.

하지 않는 "협약능력"이라는 개념으로 대체하게 되는 문제이다. 단체교섭권이 반드시 단체협약 체결을 목적으로 하는 것은 아니라는 점에서 단체교섭권이 반드시 단체협약 체결능력, 즉 협약능력으로까지 이어져야 하는 필연적인 이유는 없다. 단체교섭권의 가장 중요한 목적은 단체협약 체결이지만, 단체협약 체결을 목적으로 하지 않는 단체교섭의 영역, 그야말로 교섭 그 자체를 지향하는 단체교섭도 존재하기 때문이다. 단체교섭권이란 사용자와 단체교섭을 할 권리를 말하는 것이지 그것이 곧 협약을 체결할 권리만을 뜻하지는 않는다는 것이다. 노조및조정법의 이러한 규정 태도를 외면하고 단체교섭이 단체협약 체결을 위한 교섭만을 의미하는 것으로 인식하여 우리 노조및조정법의 단체교섭권 보유 능력과 행사능력을 굳이 협약능력 개념으로 대체할 필요는 없다. 우리 노조및조정법을 인식하기 위한 개념으로 협약능력을 도입하는 것은 오히려 우리 노조및조정법이 기초하고 있는 단체교섭권 개념을 축소시키는 결과를 초래하게 된다고 본다.

(2) 단체교섭권과 단체협약체결권

종래 학계와 실무에서는 단체교섭권이 단체협약체결권을 포함하는가 하는 문제가 중요하게 검토되었다. 이 문제가 검토된 현실적인 이유는 많은 노동조합들이 규약을 근거로 실시해오고 있는 조합원 총회의 인준투표를 통한 단체협약 또는 잠정합의안에 대한 사후추인의 정당성 문제 때문이었다.

[보충논의]

인준투표의 적법성

인준투표란 노동조합 대표자가 체결한 단체협약이 노동조합 총회의 사후 결의를 거쳐야 효력을 갖는다고 정한 노동조합 규약에 따라 실시되는 단체협약 인준을 위한 조합원 투표를 말한다. 우리나라에서는 노조및조정법 제29조 제1항이 “노동조합의 대표자는 … 단체협약을 체결할 권한을 가진다”라고 규정한 것을 근거로 노동조합의 대표자가 최종적인 단체협약 체결권을 가지며, 그것을 부정한 노동조합 규약상의 인준투표 조항은 무효라는 시각이 강조돼왔다.[272]

그러나 인준투표 조항이 언제나 위법·무효라고 보아야 할 이유는 없다. 그 이유는 다음과 같다. 첫째, 노조및조정법 제29조 제1항은 단체교섭의 원칙을 선언한 규정일 뿐 사회질서에 반하지 않는 노동조합의 자주적인 결정을 위법·무효로 돌리는 강행적인 규정이라고 보기 어렵기 때문이다. 설사 강행규정이라고 본다 하더라도 그것은 교섭 석상에 나와 있는 노동조합의 대표자가 대표권이 있다는 것을 사용자에게 확인시켜서 사용자가 노동조합 대표자의 단체협약체결권을 문제 삼아 교섭을 거부할 수 없도록 하는 편면적인 강행성을 가진다고 보아야 한다. 둘째, 인준투표는 노동조합 집행부의 부패와 사용자와의 야합을 방지할 수 있는 매우 중요한 통제장치가 된다는 점에서 오히려 반드시 필요한 절차이다.[273] 노동조합이 사용자의 이익을 위하여 조합원들의 이해에 반하는 내용의 단체협약을 체결하려 할 때 조합원들이 이를 통제할 수 있는 장치가 필요하기 때문이다. 내부 통제 절차에 따라 제재하거나 차기 노동조합 임원 선거에서 책임을 물으면 된다는 반론이 가능하지만, 그렇게 되면 조합원의 이익에 반하는 내용으로 체결된 단체협약이 상당기간 유효하게 적용될 수밖에 없게 되고 그로 인한 피해는 쉽게 회복되기 어려운 상황이 될 수도 있다는 점을 고려해야 한다. 셋째, 민법 제41조, 제59조 제1항 등을 보면 단체는 자유롭게 대표의 대표권을 제한할 수 있다고 규정하고 있다. 따라서 일반 민법상 단체와 달리 노동조합만 자기 대표의 대표권을 제한할 수 없다고 보아야 하는 규범적 근거는 없다고 생각한다. 이에 대하여 “단체협약을 체결할 수 있는 법적 지위는 헌법상 기초를 갖춘 노동단체에게 법률상 부여되는 것이며, 이러한 노동조합의 지위에서 단체협약 체결권을 포함하는 단체교섭권한이 인정되

272) 고용노동부, 「집단적 노사관계 업무매뉴얼」, 197쪽 이하; 김유성, 「노동법II」, 137쪽; 대판(전) 1993. 4. 27, 91누12257; 대판 2002. 6. 28, 2001다77970 등.

273) 임종률, ‘단체협약 체결에 관한 인준투표’, 364쪽 이하.

는 것이라는 점에서 노동조합이 비록 사단으로서의 지위를 갖는다 하더라도 대표권을 제한할 수 있는 민법 제60조의 대표권 제한 법리는 노동조합의 경우에는 제한될 수 있다"고 보는 반대 견해가 있다.[274)]

그러므로 단체협약 조인 또는 가조인 이후 노동조합이 스스로 정한 규약에 근거해서 실시하는 조합원 총회에서의 인준투표가 불법시되거나 또는 사용자가 인준투표 조항의 존재만을 이유로 단체교섭을 거부하거나 해태하는 것이 정당화되어서는 안 된다고 생각한다. 노동조합 대표자는 노조규약에 단체협약 인준투표 조항이 있는 경우에는 조합민주주의의 원리상 이에 당연히 구속된다고 하여야 할 것이다.[275)] 따라서 잠정 합의된 단체협약안에 대한 조합원 총회의 인준투표를 규정한 노동조합 규약은 유효하다. 그러므로 노동조합 대표자가 인준투표 절차가 있다는 사실을 단체교섭 개시 전에 사용자에게 밝힌 경우, 해당 사업 또는 사업장에 인준투표를 실시하는 관행이 있는 경우 또는 사용자가 노동조합 규약에 인준투표 조항이 있다는 사실을 충분히 인지하고 있었던 경우에는 가조인된 단체협약안은 조합원 총회의 인준투표에서 가결되어야 유효하게 단체협약으로서 성립하고 효력을 발생하게 된다. 다만 그와 같은 관행이 없거나 사용자가 노동조합 규약상 인준투표 조항의 존재를 알지 못했을 경우에 노동조합 대표자가 단체협약안에 아무런 이의 유보 없이 확정적으로 서명했는데 이후의 인준투표 절차에서 부결된 경우에는 그 단체협약은 대외적 효력, 즉 사용자와의 관계에서는 적법하게 성립한 단체협약으로서의 효력을 가진다고 보아야 할 것이다.[276)] 이 때 사용자는 체결된 내용대로 이행하기만 하면 단체

274) 박종희, '사용자의 정당한 단체교섭 거부와 이를 이유로 하는 쟁의행위의 위법성', 70쪽.

275) 김인재, 「노동조합의 공정대표의무 시론」, 410쪽 이하.

276) 김형배, 「새로 쓴 노동법」, 996쪽 이하; 손창희, '단체교섭, 교섭권과 협약 체결권한에 관한 고찰', 156쪽; 이종복, '노동조합법 제33조 1항의 단체교섭권의 의미', 29쪽; 대판 2005. 3. 11, 2003다27429; 대판 2002. 6. 28, 2001다77970. 단체협약의 효력을 부인하는 견해는 김인재, 「노동조합의 공정대표의무 시론」, 412쪽; 유성재, '노동조합 대표자의 협약체결권 제한 가능성', 323쪽; 정진경, '노동조합 대표자의 단체교섭권과 단체협약체결권', 521쪽 참조.

협약 위반의 책임을 부담하지 않는다고 보아야 한다. 이와 같이 사용자가 규약상 인준투표 조항에 대하여 인지했을 것을 단체협약의 유효성과 연결시키는 근거는 민법 제60조가 법인 대표의 대표권 제한 효과의 제3자에 대한 대항 요건으로서 등기를 요구하는 것과 균형을 맞추어 대외적으로 공시하는 것과 유사한 요건을 갖추도록 하기 위해서이다. 대개의 사용자들은 노동조합 규약의 내용을 충분히 파악하고 있으며, 과거의 교섭 경험 등을 통해 이미 인준투표 조항의 존재 여부를 파악하고 있는 경우가 많다. 따라서 위와 같은 조건 하에 인준투표의 유효성을 인정하는 것으로 인해 사용자에게 손해가 발생하는 경우는 많지 않을 것으로 본다.

사용자가 인준투표 조항의 존재만을 이유로 단체교섭을 거부하는 것은 허용되지 않는다고 보아야 한다. 마찬가지로 노동조합의 대표자는 성실교섭의 의무를 다하기 위해서 자신에게 확정적인 단체협약체결권이 없을 경우 그 사실을 사용자에게 고지하여야 한다. 노동조합의 대표권 제한을 부인하는 견해를 취하는 경우에도 노동조합 대표자가 단체협약체결권을 가지고 있어야 한다고 보는 근거를 노동조합의 성실교섭의무에서 찾고 있다.[277] 사용자가 단체교섭에 임한 노동조합 대표자의 단체협약체결권 보유 여부에 대하여 노동조합 측에 확인 요청을 할 경우 노동조합은 성실교섭의무에 따라 단체협약체결권 보유 여부를 확인해주어야 한다. 사용자 측의 확인 요구에 노동조합 측이 정당한 이유 없이 응하지 않았다면 노동조합의 확인 불응을 이유로 한 사용자 측의 단체교섭 거부나 해태는 부당노동행위로 판단할 수 없다고 본다. 대법원 판례도 노동조합 측에서 회사 측의 단체협약 체결권한에 대한 의문을 해소시켜 줄 수 있음에도 불구하고 이를 해소시키지 않은 채 단체교섭만을 요구하였다면 단체교섭을 위한 진지한 노력을 다하였다고 볼 수 없고, 이러한 상황에서 사용자만 단체교섭에 성실하게 임하여야 한다고 볼 수는 없다는 이유로 사용자의 단체교섭 거부의 정당성을 인정하였다.[278] 그러나 사용자가 노동조합 대표자에게

277) 박종희, '사용자의 정당한 단체교섭 거부와 이를 이유로 하는 쟁의행위의 위법성', 71쪽.

278) 대판 2000. 5. 12, 98도3299.

> 단체협약체결권 확보를 요구하면서 단체교섭을 거부하는 것은 허용되어서는 안 된다. 인준투표 조항 삭제는 노동조합 규약 개정 사항이므로 상당한 시간이 필요하며 조합원 총회에서 규약 개정 사항이 통과된다는 보장도 없는 상황에서 단체교섭이 무기한 지연되는 결과를 초래하게 되기 때문이다.

다수의 견해는 단체교섭권이란 근로자가 그 단결체의 대표를 통하여 사용자 측과 단체교섭을 할 권리를 말하고, 넓게는 그 단체교섭의 결과 합의된 사항을 단체협약으로 체결할 권리를 포함한다고 이해하고 있다.[279] 그리고 "이 사건 법률조항의 '단체교섭권'은 단체교섭을 할 수 있는 권한만이 아니라 나아가 단체교섭의 결과로 타결된 내용을 단체협약으로써 체결할 수 있는 권한까지 포함하고 있는 것으로 해석하는 것이 옳다"라고 판단한 헌법재판소 결정[280]을 인용하면서 헌법재판소도 동일한 견해를 갖고 있는 것으로 설명한다.

단체교섭권에는 단체협약을 체결할 권리가 포함되어 있다는 인식은 원칙적으로 타당하다. 그러나 단체교섭의 개념 속에 단체협약 체결을 목적으로 하지 않는 단체교섭이 있다는 것을 인정하면 광의와 협의의 범주에 대한 판단은 달라질 수 있다. 단체교섭권의 개념을 2원적으로 이해하는 입장에서는 단체교섭권에 단체협약 체결권한을 포함하는 것이 오히려 협의라고 볼 수밖에 없기 때문이다. 단체교섭에는 단체협약 체결을 목적으로 하는 단체교섭과 단체협약 체결을 목적으로 하지 않는 단체교섭이 있을 수 있고, 넓은 의미의 단체교섭권은 양자를 모두 포함하는 반면 좁은 의미의 단체교섭권은 단체협약 체결을 목적으로 하는 단체교섭만을 포함한다고 이해하게 되기 때문이다. 그리고 그 단체협약 체결을 목적으로 하는 단체교섭권의 당사자는 원칙적으로 단체협약체결권이 있으며,

---

279) 김형배, 「새로 쓴 노동법」, 995쪽; 임종률, 「노동법」, 28쪽; 대판 1998. 1. 20, 97도588; 대판 2002. 11. 26, 2001다36504 등.

280) 헌재결 1998. 2. 27, 94헌바13·26, 95헌바44.

이러한 사실은 노조및조정법 제29조 제1항에 의해 명시되고 있다. 단체교섭권자가 단체협약체결권이 있는지 여부는 노조및조정법 제29조 제1항을 통해 입법적으로 해결되었다고 보는 견해는 이 조항의 문리해석에 주목하고 있는 것이다.[281] 그러나 노조및조정법 제29조 제1항은 단체교섭의 원칙을 선언하는 규정이지만 단체협약체결권을 갖지 않고 순수하게 단체교섭권만을 조합으로부터 수권 받은 노동조합 대표자가 존재할 수 있다는 것을 부정하는 강행규정으로서의 효력을 갖지는 않는다. 노동조합의 정당한 단체협약 체결 요구 또는 단체교섭 결과 합의된 사항에 대한 협약화 요구를 사용자가 거부할 수 없다는 편면적 강행성이 인정될 수 있을 뿐이다. 노조및조정법 제29조 제1항은 "사용자 측의 성실한 단체교섭 응낙 및 단체협약 체결 의무를 규정한 것에 불과하고 노동조합의 대표자에게 아무런 제한도 없는 단체협약체결권이 있음을 인정하는 근거는 될 수 없다"[282]고 설명하는 견해도 비록 단체교섭권의 개념과 노동조합의 대표성에 대해서는 견해를 달리하지만 편면적 강행성을 인정한 부분에 국한해서는 유사한 태도를 취한 것이라고 볼 수 있을 것이다.

따라서 노조및조정법 제29조 제1항에도 불구하고 노동조합은 스스로의 권한으로 노동조합 대표자의 단체협약 체결권을 제한하여 협약안에 가조인만 할 수 있도록 제한할 수도 있으며, 경우에 따라 단체협약체결권은 없는 순수한 교섭권한만 인정할 수 있게 된다고 생각한다.[283] 노동조합의 대표자는 사실행위로서의 단체교섭을 할 수 있는 권한 이외에 단체협약 체결권한도 원칙적으로 가지고 있다고 보아야 한다. 따라서 당초에 단체협약을 개정하거나 새롭게 체결하기 위한 목적으로 교섭을 시작한 것은 아니지만 단체교섭을 진행하던 중 사용자와 합의한 사항을 단체협

281) 유성재, '노동조합 대표자의 협약체결권 제한 가능성', 314쪽.

282) 김선수, 「단체협약체결권의 법리를 왜곡한 대법원 판결」, 340쪽.

283) 대판(전) 1993. 4. 27, 91누12257 배만운 대법관 반대의견; 西谷 敏, 「労働組合法」, 286쪽.

약서로 성문화하는 결정을 노동조합 대표자가 내렸다면 그것은 노동조합 대표자의 권한을 넘어서는 행위로 보아서는 안 된다. 다만 조합원 총회에서 노동조합 대표자가 단체교섭권만을 가질 뿐 단체협약을 체결할 권한은 없다고 사전에 의결한 경우에는 그 대표자는 사실행위로서의 단체교섭권한만을 가질 뿐 단체협약체결권까지 가진다고 할 수는 없다. 그 노동조합 대표자가 교섭 이외에 단체협약을 체결하기 위해서는 조합원 총회 등을 통한 별도의 수권이 있어야 한다고 보아야 할 것이다. 그러나 노동조합 대표자가 단체협약체결권이 제한되어 있는 유보된 단체교섭권만을 가진다는 사실을 사전에 사용자에게 통지하지 않은 경우에는 그러한 단체교섭권의 제한은 사용자와의 관계에서 효력을 갖지 못한다고 보는 것이 타당하다. 민법 제60조를 노동조합에 대하여 그대로 적용하기에는 일정한 한계가 있으나,[284] 이 조항이 법인의 대표자의 대표권 제한은 등기하지 않으면 제3자에게 대항하지 못한다고 규정하고 있는 취지와 마찬가지로 노동조합 대표자의 대표권도 대외적으로는 그러한 제한 사실이 사용자에게 통지되어야 사용자에 대하여 효력을 갖는다고 보는 것이 타당할 것이다.

노조및조정법상 단체교섭권에 단체협약체결권이 포함되는가의 문제는 단체교섭권의 개념상 외연의 크기 문제라기보다는 단체교섭권의 본질적 속성에 관한 문제이다. 단체교섭권은 당연히 단체협약 체결만을 목적으로 행사되어야 하며, 단체교섭권에는 당연히 단체협약체결권이 포함되어 있다는 인식을 일관되게 유지하면 단체교섭권은 단체협약체결권과 분리하여 독립적으로 존재할 수 없다[285]고 보는 결론에 이를 수도 있다. 그러나 단체교섭권에 단체협약체결권이 포함되어 있다고 보더라도 단체교섭권이 단체협약체결권과 독립하여 존재할 수 없다고 보아야 할 논리적

---

284) 박종희, '사용자의 정당한 단체교섭 거부와 이를 이유로 하는 쟁의행위의 위법성', 70쪽.
285) 이영희, 「노동기본권의 이론과 실제」, 134쪽.

이유는 없다. 단체협약 체결을 목적으로 하지 않는 단체교섭권의 영역을 인정해도 단체교섭권을 보유한 노동조합 대표자는 단체협약체결권도 원칙적으로 보유한다는 판단을 내리는 데에 아무런 장해가 없기 때문이다. 또한 여기에서 더 나아가 단체교섭권에 단체협약체결권이 포함되는가의 논의는 단순히 단체교섭권의 개념과 범위 문제가 아니라, 노동조합 대표자가 노동조합에 의해서도 제한될 수 없는 고유한 권한으로서의 단체협약체결권을 갖는다고 볼 수 있는가에 대한 논의로 이어지게 된다. 노동조합 대표자에게 고유한 단체협약체결권이 있다고 하는 이론 구성은 규범적인 논리에 바탕을 둔 것이라기보다는 노동조합 대표자가 서명한 내용이 조합원 총회에서 사후적으로 부결될 경우에 새로운 교섭을 진행해야 하는 절차적인 번거로움과 어려움을 고려한 것, 즉 사실상의 편의를 중시하는 논리에 바탕을 둔 것이라고 보인다.[286)]

다음으로 헌법재판소 94헌바13·26, 95헌바44 결정이 단체교섭권을 단체협약 체결 목적 단체교섭으로 전제하고 있다고 제한하여 이해할 필요는 없다고 생각한다. 이 결정은 심판의 대상이 된 1987년 구 노동조합법[287)] 제33조를 해석하면서 "비록 헌법이 위 조항에서 '단체협약체결권'을 명시하여 규정하고 있지 않다고 하더라도 근로조건의 향상을 위한 근로자 및 그 단체의 본질적인 활동의 자유인 '단체교섭권'에는 단체협약체결권이 포함되어 있다고 보아야 한다"고 하면서 "단체교섭권은 단체교섭을 할 수 있는 권한만이 아니라 나아가 단체교섭의 결과로 타결된 내용을 단체협약으로써 체결할 수 있는 권한까지 포함하고 있는 것으로 해석하는 것이 옳다"고 밝히고 있을 뿐이기 때문이다.[288)] 이 결정문의 문장은 단체교섭권 안에는 단체협약을 체결할 수 있는 권한이 포함되어 있다는

---

286) 정진경, '노동조합 대표자의 단체교섭권과 단체협약체결권', 518쪽.

287) 법률 제3966호, 1987. 11. 28 시행.

288) 1987년 구 노동조합법 제33조 해석론에 관한 자세한 설명은 제2장 제5절 Ⅰ. 1. 참조.

의미일 뿐 단체협약 체결 목적 이외의 단체교섭을 인정할 수 없다는 논의까지는 이어지고 있지 않다. 오히려 "단체교섭을 할 수 있는 결과만이 아니라 … 협약으로 체결할 권한까지 포함하고 있는 것"이라는 표현을 보면 단체협약 체결 목적 이외의 단체교섭의 개념을 전제하고 있는 것이라고 생각할 여지도 충분히 있다. 결정문의 문장을 이와 같이 해석하는 데에 동의하지 않는다 하더라도, 최소한 단체협약 체결 목적 이외의 단체교섭이 존재할 수 있는가 여부에 대한 헌법재판소의 명사적 판단은 없다고 보는 것이 옳다.

Ⅲ. 노사협의회 협의와 단체교섭

1. 노사협의회 협의에 대한 법률의 규율 태도의 변천

노사협의회가 근참법에 의해 규율되기 이전 우리나라의 노사협의회 제도는 구 노동조합법에 의해 규정되어 오다가 노사협의회법을 제정하면서부터 본격적으로 독자적 의미를 갖는 제도로서 자리 잡게 되었다. 노사협의회가 법률을 통해 처음 규정된 것은 1963년 구 노동조합법 제6조에 "사용자와 노동조합은 노사협조를 기하고 산업평화를 유지하기 위하여 노사협의회를 설치하여야 한다"라고 규정하여 노사협의회 설치를 의무화한 것을 시작점으로 한다. 이후 1973년 구 노동조합법 제6조는 제2항에서 "노사협의회는 단체협약 또는 취업규칙의 범위 안에서 생산·교육·훈련·작업환경·불만처리·협의회의 운영 등에 관하여 필요한 사항을 협의한다"고 하여 노사협의회 협의사항을 단체협약 또는 취업규칙의 범위 안에서 규정하고 있다. 1963년은 1961년 5.16 군사쿠데타가 일어나고 공화당이 정권을 공고히 하던 시점이며, 1973년은 1972년 10월 유신체제 구축 이후 유신헌법 하에서 이루어진 개정이었다. 1980년 12월의 노사협의회법[289] 제정은 1980년 5월 신군부의 쿠데타를 통한 집권에 뒤이어 이루

289) 법률 제3348호, 1980. 12. 31 시행.

어졌다. 이와 같이 노사협의회제도가 노동관계 법령들의 개정이 있을 때마다 강화·확대된 배경에는 정치세력의 격변과정에서 그에 반대하는 노동조합의 쟁의행위를 억제하기 위한 의도가 숨겨져 있다는 것에 주목하지 않을 수 없다.[290] 그리고 이러한 노사협의회의 강화는 당초 1963년 구 노동조합법이 노사협의회를 단체교섭에 대한 예비교섭과 유사한 성격으로 이해했던 것으로부터 출발하여 점차 단체교섭과는 독립된 독자적인 경영참가적 요소를 강화하는 방법으로 이루어졌다.[291]

2. 노사협의회 협의와 단체교섭의 구별

일찍부터 경영조직법(Betriebsverfassungsgesetz; 이하 BetrVG라 약칭)을 발전시키면서 산업별 단위의 단체협약체계와 사업 단위의 경영협정을 구별해온 독일에서는 경영협정과 단체협약은 완전히 구별되어 있다. 즉 독일 경영조직법(BetrVG) 제77조 제3항에 따라 단체협약으로 규율되고 있거나 혹은 관행에 따라 규율되는 근로조건에 대한 사항은 경영협정의 대상이 될 수 없다.[292] 우리나라에서도 1980년 노사협의회법 제정 이후 단체교섭과 구별되는 노사협의회의 독자적 기능과 영역이 강조되고 있다. 단체교섭과 노사협의회를 준별하는 견해는 단체교섭은 근로자들이 노동3권을 통해 사용자를 상대로 자신들의 근로조건을 자주적으로 형성해나가기 위한 것이고, 노사협의회는 기업 경영의 주체의 입장에서 경영과 관련된 사항을 공동으로 결정해가는 제도라고 이해한다. 이러한 관점을 유지할 때, 노사협의회의 협의와 단체교섭에서의 교섭은 다음과 같은 부분에서 서로 구별된다고 설명되고 있다. 즉 첫째, 단체교섭의 주체는 근로자의 자주적인 단결체인 노동조합이지만 노사협의회의 근로자위원은 전체 종업원이 선출하는 종업원 대표라는 점, 둘째, 단체교섭은 초기업적으

290) 김형배, 「새로 쓴 노동법」, 1331쪽 이하.
291) 임종률, 「노동법」, 642쪽.
292) Brox/ Rüther/ Henssler, 「Arbeitsrecht」, 313쪽 방주 1021.

로 이루어질 수도 있지만 노사협의회는 언제나 기업단위로 이루어진다는 점, 셋째, 단체교섭이 결렬되면 쟁의행위를 할 수 있는 경우가 있지만 노사협의회 협의가 결렬된다고 해서 쟁의행위를 할 수 있는 것은 아니라는 점, 넷째, 단체교섭의 대상은 노사 간의 이해관계가 서로 대립하는 사항이 대부분인데 반하여 노사협의회의 협의대상은 노사 간의 공통의 이해관계에 관한 것도 협의될 수 있다는 점 등에서 구별된다고 보는 것이다.[293] 하지만 위의 차이점에 대하여 구체적·세부적으로 검토해보면 기업단위 조합활동이 주류를 이루는 우리나라에서 단체교섭의 대상 사항과 경영참가의 대상 사항을 준별하는 것은 사실상 불가능에 가깝다는 것을 확인하게 된다.

3. 단체교섭과 노사협의회의 기능상 교착 상태와 원인

노사협의회 협의는 노사 간의 협의와 절충 체계라는 점에서 단체교섭에서 말하는 "교섭"과 정확히 구별하기 어렵다.[294] 특히 우리나라의 경우처럼 단체교섭의 일부분의 성격을 갖는 협의제도로부터 시작되어 노사협의회 제도가 도입된 경우에는 더욱 그렇다. 심지어 현행 노조및조정법 제47조 제1항을 보면 당사자 사이의 자주적인 조정에 노력해야 한다는 사실을 규정하면서 "이 장의 규정은 노동관계 당사자가 직접 노사협의 또는 단체교섭에 의하여 근로조건 기타 노동관계에 관한 사항을 정하거나 노동관계에 관한 주장의 불일치를 조정하고 이에 필요한 노력을 하는 것을 방해하지 아니한다"라고 하여 근로조건 기타 노동관계에 관한 사항을 정하는 수단으로 노사협의와 단체교섭을 모두 예시하고 있다. 물론 노조및조정법 제47조에 명시된 "노사협의"가 근참법상 노사협의인지에 대해서는 검토해볼 여지가 있다. 노조및조정법 제47조는 1997년까지 적용

293) 김형배, 「새로 쓴 노동법」, 1333쪽 이하; 임종률, 「노동법」, 642쪽 이하.
294) 手塚和彰, '団交と協議·參加', 290쪽.

된 구 노동쟁의조정법[295] 제5조의2 제1항 임의조정 조항을 이어받은 것인데, 구 노동쟁의조정법 제5조의2 제1항은 "이 법 제3장, 제4장, 제5장의 규정은 노동쟁의의 당사자가 쌍방의 합의 또는 단체협약의 정하는 바에 따라 각기 다른 알선, 조정 또는 중재방법에 의하여 노동쟁의를 해결하는 것을 방해하지 아니한다"라고 규정하고 있다. 즉 구법의 "당사자 쌍방의 합의"를 1997년 노조및조정법 제정 시에 "노사협의"로 바꾼 것이다. 입법자의 의도를 짐작하기 어렵다. 그러나 이러한 규정의 혼란은 노사협의와 단체교섭의 개념이 명확히 구별되기 어려운 부분이 있다는 것을 나타내주는 근거가 된다고 보는 데에는 문제가 없다고 본다.

노동조합이 노사협의회를 단체교섭의 연장선상에 있는 교섭으로 이해하여 단체교섭 사항을 노사협의회 의제로 협의하고 그 결과를 단체협약으로 체결하는 현상[296]도 이제 이례적이거나 예외적인 현상이라고 보기 어려울 만큼 상당히 광범위하게 퍼져 있다. 노동조합과 사용자가 근로조건 기타 노사관계에 관하여 노사협의회에서 협의하다가 합의에 이르게 된 사안에서 대법원은 "당사자 쌍방이 이를 단체협약으로 할 의사로 문서로 작성하여 당사자 쌍방의 대표자가 각 노동조합과 사용자를 대표하여 서명·날인하는 등으로 단체협약의 실질적·형식적 요건을 갖추었다면 이는 단체협약이라고 보아야 할 것이다"[297]라고 하여 노사협의회에서의 합의가 단체협약으로서의 요건을 갖추고 있으면 단체협약의 성격을 갖는 것으로 인정하고 있다. 그렇다면 단체협약 체결에 이른 그 노사협의회에서의 협의는 사후적으로 노조및조정법에 의한 단체교섭으로 인정받은 것이라고 할 수 있다. 이와 같이 현실에 있어서 노사협의회 협의와 단체교섭의 교섭은 구별하기 어려우며, 이러한 구별의 어려움은 노동조합이 과

295) 법률 제12630호, 2014. 5. 20 시행.
296) 이러한 현상에 대한 자세한 설명은 김형배, 「새로 쓴 노동법」, 1350쪽 이하 참조.
297) 대판 2005. 3. 11, 2003다27429.

반수로 조직된 사업장의 경우에 더욱 분명하게 나타난다.[298] 대법원 판례가 노사협의회 협의와 단체교섭에 있어서의 교섭을 구별하는 입장을 견지하면서 노사협의회 협의의 결과를 기재한 노사합의서에 단체협약의 효력을 부여하는 결론을 인정하는 것[299]은 일관된 태도라고 보기 어렵다.

우리나라에서 노사협의회 협의가 단체교섭을 보충하는 기능을 담당하게 된 것은 노사협의회 제도가 점차 변천된 결과가 아니다. 노사협의회 제도가 처음 도입되던 당시부터 노사협의회는 단체교섭의 일환으로 활용될 수밖에 없는 태생적 한계를 가지고 있었다. 노사협의회제도가 법률상 처음 도입된 것이 1963년 구 노동조합법[300] 제6조에 규정되면서부터라는 것, 1997년 3월까지 적용된 노동쟁의조정법 제5조가 단체협약에 "노사협의회의 설치 기타 노동관계의 적정화를 위하여 필요한 사항"을 규정해야 한다는 의무규정을 두고 있었다는 것, 노사협의회가 법률상 강화되어 온 배경에는 노동조합 활동을 위축시키려는 집권세력의 의도가 있었다는 점 등을 고려하면 처음부터 단체교섭과 노사협의회 협의 사이에 역할의 혼란이 생길 수밖에 없는 한계를 가지고 있었다고 보인다. 더구나 기업단위 조직에 의한 기업단위 단체교섭이 주류를 이루는 우리나라의 상황을 고려할 때, 임금 및 근로조건에 관한 사항과 개별 사용자의 사업경영에 관한 사항 즉 소위 인사와 경영에 관한 사항을 구별하여 후자에 대해서는 단체교섭의 대상이 아니고 노사협의사항이 될 뿐이라고 보는 것은 현실을 정확히 반영하는 인식이라고 하기 어렵다.

4. 단체교섭과 노사협의회의 관계 정립

이상과 같은 현실을 고려할 때 노동조합이 단체교섭을 통하여 조합원의 인사에 관한 사항, 배치전환 등 근로조건에 영향을 미치는 경영참가적

298) 임종률, 「노동법」, 642쪽.

299) 대판 1994. 9. 16, 94가합40258; 대판 2005. 3. 11, 2003다27429 등.

300) 법률 제1329호, 1963. 4. 17 시행.

사항 등에 대하여 교섭을 통하여 사용자와 협의·절충하고 합리적인 결론에 도달해 나가는 과정을 단체교섭이 아니고 경영참가적 사항으로서 노사협의회 협의대상일 뿐이라고 분리하여 인식하는 것은 우리 노사관계에 대한 인식으로서는 유용성을 잃고 있다. 전적으로 사용자의 경영권에 속하는 사항에 대하여 노사협의회에서 협의가 이루어질 수는 있으며 이러한 사항은 단체교섭 대상에서 배제할 수도 있다. 그러나 근참법 제20조의 협의사항, 제21조의 의결사항, 제22조의 보고사항 등을 보면 이미 단체교섭의 대상으로 다루어지는 사항들이 다수 발견되며, 순수하게 경영사항에 해당하는 사항이라고 해도 사용자가 노동조합의 단체교섭 요구를 승인하는 때에는 자유롭게 단체교섭의 대상으로 할 수 있다는 점에서 오직 노사협의회의 협의 영역이 될 뿐 단체교섭의 대상이 될 수 없는 사항은 존재하지 않는다고 생각된다.

근참법에 따른 노사협의회 협의는 사업 또는 사업장 단위 단체교섭에 대하여 보충적인 지위에 서는 노사 간의 협력 증진을 위한 협의제도라고 보는 것이 단체교섭제도와 노사협의회제도를 합리적이고 일관된 관점으로 인식하고 운용할 수 있는 방법이라고 생각한다. 헌법 제33조 제1항의 단체교섭권을 실현하는 단체교섭이 하위의 법률에 근거를 두는 노사협의회 제도보다 체계상 우위에 있다고 보아야 한다. 근참법 제5조도 "노동조합의 단체교섭이나 그 밖의 모든 활동은 이 법에 의하여 영향을 받지 아니한다"라고 규정하여 근참법상 노사협의회 협의가 단체교섭 등에 대하여 보충적 지위와 효력을 갖는다는 점을 밝히고 있다. 따라서 노사협의회 협의의 형식으로 당사자 간의 협의가 개최된 경우에도 그 협의가 실질적으로 단체교섭을 할 수 있는 주체에 의해서 단체교섭의 대상이 되는 사항을 협의하고 절충하는 수단으로 개최되었다면 그것은 단체교섭으로 인정되어야 한다. 그리고 그 결과 노동관계 당사자 쌍방이 서명한 합의서가 작성되었다면 그 문서는 단체협약으로 볼 수 있을 것이다. 이때 협의의 주체가 노조및조정법상 노동조합이 아닌 경우에도 헌법상 조합으로 볼 수 있을 정도의 실질적 독자성과 단체성을 가지고 있고, 합의의 결과물을 합의서로 작성하였다면, 그 협의 과정을 단체교섭으로 보고 그 합의서를 단체협약서로 보는 데에 문제가 있는 것은 아니다.

제5절 단체교섭권 규정의 개정 과정과 함의

Ⅰ. 법률상 단체교섭권 규정의 변천

헌법상 규정된 단체교섭권은 하위의 실정법률에 의해 구체적으로 실현되고 있다. 따라서 노동조합 관련 법률의 단체교섭 관련 내용을 살펴보는 것은 단체교섭권이 현실에서 관철되는 정도와 모습을 살펴볼 수 있는 동시에, 입법자를 포함한 해당 법률 시행 당시의 단체교섭권에 대한 관념이 어떻게 형성되어 있는가를 알 수 있는 중요한 단서가 된다.

1. 구 노동조합법 시기 : 1953년~1996년

(1) 중요 조문의 개정 과정

1953년에 제정된 구 노동조합법[301] 제33조는 “교섭권한”이라는 표제 아래 “노동조합의 대표자 또는 조합의 위임을 받은 자는 노동조합 또는 조합원을 위하여 사용자 또는 그 단체와 단체협약의 체결 기타 사항에 관하여는 교섭할 권한이 있다”고 규정하고 있었다. 이 조항을 보면 단체교섭의 대상이 분명하게 단체협약의 체결에 관하여 교섭할 권한과 기타 사항에 관하여 교섭할 권한으로 나누어져 있다는 것을 볼 수 있다. 즉 단체교섭을 단체협약 체결을 목적으로 하는 단체교섭과 단체협약 체결을 목적으로 하지 않은 단체교섭으로 나누어 이해하는 이원론적인 태도를

---

301) 법률 제280호, 1953. 3. 8 시행.

유지하고 있었던 것이다. 이어서 제34조는 "협약체결에 관한 상호의무"라는 표제 아래 제1항에서 사용자의 단체협약 체결의무를, 제2항에서 노동조합 측의 단체협약 체결의무를 각각 규정하여서 정당한 이유 없이 단체협약 체결을 거부 또는 해태하지 못하도록 하고 있다. 앞에서 설명한 바와 마찬가지로 1953년 구 노동조합법 제34조 제2항은 노동조합의 단체교섭 거부·해태를 부당노동행위로 보는 규정이었으며, 이 규정은 1963년 구 노동조합법[302] 개정 시에 삭제되었다. 대신 제39조에 부당노동행위 금지 규정이 신설되면서 같은 조 제3호에 "노동조합의 대표자 또는 노동조합으로부터 위임을 받은 자와의 단체협약체결 기타의 단체교섭을 정당한 이유 없이 거부하거나 해태하는 행위"라고 규정되어 사용자의 단체교섭 거부·해태만 부당노동행위의 유형으로 남게 되었다.

(2) 구 노동조합법 제33조와 제34조에 대한 해석론

가. 단체협약체결권 포함 여부

구 노동조합법[303] 제33조는 "노동조합의 대표자 또는 조합의 위임을 받은 자는 노동조합 또는 조합원을 위하여 사용자 또는 그 단체와 단체협약의 체결 기타 사항에 관하여는 교섭할 권한이 있다"고 규정하고 있었다. 이 규정을 둘러싸고 구 노동조합법 제33조 규정의 해석상 단체협약체결권이 단체교섭권에 포함된다고 볼 수 있는지가 다투어졌다.[304] 구 노동조합법 제33조는 단체교섭권만을 규정하고 있었기 때문이다.[305] 이때에도 단체교섭권에는 당연히 단체협약체결권이 포함된다는 시각이 존재했다.[306] 그러나 구 노동조합법 제33조가 "교섭할 권한이 있다"라고 명

---

302) 법률 제1329호, 1963. 4. 17 시행.

303) 법률 제280호, 1953. 3. 8 시행.

304) 유성재, '노동조합 대표자의 협약체결권 제한 가능성', 311쪽; 임종률, 「노동법」, 129쪽 이하.

305) 손창희, '단체교섭, 교섭권과 협약 체결권한에 관한 고찰', 151쪽.

306) 이광택, '조합원총회의 결과에 따라 단체협약을 체결하도록 한 협약규정에 대한 행

시한 이상 단체교섭권한만 가진다고 보아야 할 뿐 여기에 당연히 단체협약체결권이 포함되어 있다고 보아서는 안 된다는 반론이 있었다.[307] 그리고 단체교섭권에 당연히 단체협약체결권이 포함되는 것은 아니라는 근거로서 "단체교섭권한은 단체협약체결권과는 성질이 다르다. 즉 단체교섭권한은 협약체결을 목적으로 그 협약내용이 될 수 있는 임금, 시간 기타 근로조건 등에 관하여 사전교섭을 하는 권한인 데 반하여 단체협약체결권한은 협약당사자로서 누구의 이름으로 협약을 체결할 수 있느냐의 문제이다"라고 하여, 구 노동조합법 제33조의 해석상 단체교섭권은 단체협약체결권과는 구별되는 독자의 개념으로 보아야 한다는 점을 강조하는 견해도 있었다.[308]

한편 구 노동조합법 제33조가 일본 勞働組合法 제6조와 동일한 조문이라는 것에 주목한 견해도 있다. 일본의 勞働組合法 제6조는 "교섭권한"이라는 표제 아래 "노동조합의 대표자 또는 노동조합의 위임을 받은 자는 노동조합 또는 조합원을 위하여 사용자 또는 그 단체와 단체협약의 체결 기타의 사항에 관하여 교섭할 권한을 가진다"라고 규정하고 있다.[309] 당시의 우리 구 노동조합법 제33조는 일본 勞働組合法 제6조를 그대로 계수한 것인데, 그 시기 일본의 통설 및 행정해석은 일본 勞働組合法 제6조는 해석상 교섭권한만을 규정한 것이지 단체협약 체결권한까지 규정한 것은 아니라고 보았다고 한다.[310]

한편 구 노동조합법 제33조 제5항이 "교섭권한"이라는 표제 아래 "사

정관청의 변경명령', 182쪽; 이종복, '노동조합법 제33조 1항의 단체교섭권의 의미', 24쪽 이하; 임종률, '단체협약 체결에 관한 인준투표', 365쪽 이하; 대판 1993. 4. 27, 91누12257.

307) 김유성, '조합대표자의 단체교섭권한과 협약체결권한', 5쪽 이하; 김치선, 「노동법강의」, 349쪽.

308) 김치선, 「노동법강의」, 349쪽.

309) 고용노동부, 「일본 노동법령집」, 2004, 70쪽.

310) 한국경영자총협회, 「판례로 본 노무관리」, 1994, 446쪽.

용자 또는 사용자단체는 노동조합의 대표자와의 성실한 단체협약 체결을 정당한 이유 없이 거부 또는 해태할 수 없다"라고 규정한 것을 근거로 구 노동조합법도 단체협약 체결만을 목적으로 하는 단체교섭권을 규정하고 있었다고 주장할 수도 있다. 그러나 구 노동조합법 제33조 제5항의 규정은 노동조합이 단체교섭의 내용으로서 협약체결 청구권을 가지고 있고 그에 대응하는 협약체결 의무를 사용자가 가진다는 뜻이 아니라, 단체협약 체결을 위한 교섭을 거부·해태하는 것, 특히 노사 간의 단체협약 체결을 위한 단체교섭이 성공적으로 타결되었는데도 불구하고 사용자가 그 합의의 내용을 서면화하는 것을 정당한 이유 없이 거부하거나 해태하는 것을 금지하는 의미였다고 해석하여야 한다고 본다.

나. 기타의 사항에 대한 교섭의 의미

구 노동조합법 제33조가 "단체협약의 체결 기타 사항에 관하여 교섭할 권한이 있다"고 규정한 것에 주목하여, 단체교섭은 단체협약의 체결에 관한 것이 주가 되지만 기타의 사항에 관하여도 단체교섭을 할 수 있다고 하면서, 기타의 사항의 범위에는 정리해고를 당한 사람의 복직요구 등과 같이 단체협약의 체결을 필요로 하지 않는 사항으로서 사용자가 처분 가능한 사항이면 모두 포함된다고 하는 견해가 있었다.[311] 이에 대하여 이 조항은 단체교섭의 목적 조항이지 대상 조항이 아니라는 반론이 있으나,[312] 목적과 대상을 명확히 구별하기 어렵고, 해석상으로도 "~에 관하여 교섭할 권한이 있다"는 표현이 대상을 언급한 것이라고 보지 않을 이유는 없다고 본다. 구 노동조합법 제33조의 "기타의 사항"이라는 문구에 주목한 위의 해석론은 오늘날 노조및조정법 제81조 제3호의 "단체협약체결 기타의 단체교섭"이라는 문구를 해석하는 데에 중요한 시사점을 준다.

---

311) 김치선, 「노동법강의」, 339쪽.
312) 박상필, 「한국노동법」, 431쪽 이하.

1953년 구 노동조합법의 이와 같은 교섭권한 규정은, 제34조가 삭제된 것을 제외하면, 1997년 3월에 노조및조정법 제정과 함께 폐지될 때까지 큰 변화 없이 기본적으로 같은 조문 체제를 거의 그대로 유지했다.

2. 노조및조정법 시기 : 1997년 이후

(1) 구 노동조합법 제33조와 노조및조정법 제29조 제1항의 차이

1997년 3월 노조및조정법은 비록 제정법률이었지만, 그 이전의 구 노동조합법과 노동쟁의조정법의 내용들을 거의 그대로 이어받고 있다. 단체교섭권과 관련된 조항만 봐도, 구 노동조합법 제33조의 "교섭권한" 규정은 노조및조정법 제29조 "교섭 및 체결권한" 규정으로 이어졌고, 구 노동조합법 제34조 "협약체결에 관한 상호의무" 규정은 노조및조정법 제30조 제2항 "교섭 등의 원칙" 규정으로 이어졌다. 그리고 1997년 노조및조정법의 규정은 거의 변화 없이 2008년 노조및조정법[313)]까지 이어졌고, 현행 노조및조정법[314)]에도 복수노조 허용에 따라 일부 규정이 추가된 것 이외에는 중요한 조문들의 내용과 틀이 거의 그대로 유지되고 있다.

노조및조정법이 구 노동조합법의 내용을 거의 그대로 이어받았다는 것은 제29조의 "교섭 및 체결권한" 규정에 대해서도 마찬가지였다. 다만 구 노동조합법[315)] 제33조가 "노동조합의 대표자 또는 노동조합으로부터 위임을 받은 자는 그 노동조합 또는 조합원을 위하여 사용자나 사용자단체와 단체협약의 체결 기타의 사항에 관하여 교섭할 권한이 있다"고 하여, "단체협약 체결 기타의 사항에 관하여 교섭할 권한"이라는, 단체교섭권의 내용을 2원적으로 이해할 수 있는 분명한 단서를 가지고 있었던 것에 반하여, 노조및조정법 제29조에 와서는 "노동조합의 대표자는 그 노

313) 법률 제9041호, 2008. 3. 28 시행.

314) 법률 제12630호, 2014. 5. 20 시행.

315) 법률 제3966호, 1987. 11. 28 시행.

동조합 또는 조합원을 위하여 사용자나 사용자단체와 교섭하고 단체협약을 체결할 권한을 가진다"라고 문구가 변경되어 기타의 사항에 대한 교섭 가능성을 인식하기 어렵게 되었다는 차이가 있다.

이와 같은 조문 구성의 변화는 종래 "교섭권한" 규정에 단체협약체결권이 포함되어 있다고 보아야 하는지 여부가 계속 논란이 되어왔고, 그 논란이 조문에 단체협약체결권이 포함되어 있지 않기 때문이라는 지적에 대한 입법자의 화답이었다. 입법자가 소위 단체협약체결권 포함 긍정설의 손을 들어준 것은 당시 대법원 판례가 구 노동조합법 제33조에 근거해서 단체교섭권에 단체협약체결권이 포함된다고 볼 수 있다는 입장을 견지하고 있었던 것에 영향을 받은 것으로 추측된다.

(2) 노조및조정법 제29조 제1항의 해석

그러나 입법자는 조문을 손보면서 "단체협약 체결 기타의 사항에 관하여 교섭할 권한"이라는 문구를 "단체협약 체결 기타의 사항에 관하여 교섭하고 단체협약을 체결할 권한"으로 바꾸지 않고 "교섭하고 단체협약을 체결할 권한"이라고 축약적으로 조문을 구성해버리고 말았다. 여기에서 "기타의 사항에 관하여"라는 문구를 삭제해야 하는 불가피한 이유가 있었는지 또는 그 내용을 빼고 단체교섭권의 개념을 재구성해야 한다는 반성적 고려가 있었는지에 대해서는 당시의 국회 회의록 등을 검토 해봐도 기록을 발견할 수가 없다.

그렇다면 단지 "단체협약을 체결할 권한"이라는 문구를 추가하는 과정에서 문장을 다듬다 보니 예기치 않게 위와 같은 방향으로 축약이 된 것이라고 볼 수밖에 없다. 왜냐하면, 현행 노조및조정법 제81조 제3호의 부당노동행위 규정에서 "단체협약 체결 기타의 단체교섭"이라는 표현이 여전히 그대로 남아 있기 때문이다. 만약 반성적이고 진지한 고려가 있었다면 법전 전체에 남아 있는 "기타의 단체교섭"이라는 문구를 모두 찾아

바꾸어야 했을 것이다. 실수였든 의도적이었든 1997년 노조및조정법 제29조 제1항에서 “기타의 사항에 관하여 교섭할 권한”이 삭제된 것은 입법자의 진지한 반성적 의도라고 생각하기는 어렵다. “단체협약을 체결할 권한”이라는 문구를 넣기 위한 작업 중에 예기치 않게 협약체결 목적 이외의 단체교섭에 관한 사항이 빠져버린 것이다. 이는 글자를 써넣는 과정의 실수라고 할 수 있다. 일찍이 미국 Scalia 대법관이 언급했던 “서기의 실수(scrivener's error)”[316]에 해당한다. 이러한 입법자의 부주의한 문구 작성의 결과 입법된 법률조항을 어떻게 해석해야 하는지는 분명하다.[317] 법률 문언을 작성하는 사람의 실수가 있는 경우 그 실수를 감안하여 해석해야 한다. 그리고 “교섭하고 단체협약을 체결할 권한”이라고 규정되어 있다고 해서 단체교섭권과 단체협약체결권을 별개의 것으로 보지 못할 것은 아니다. 앞에서 잠깐 언급했듯이, 문법적으로도 연결어미 “고”는 두 가지 이상의 사실 등을 대등하게 연결하면서, 앞의 사실이 뒤의 동작에 선행(先行)됨을 나타낼 뿐,[318] 앞의 행위가 반드시 뒤의 행위를 목적으로 해야 한다는 의미를 갖는 것은 아니기 때문이다. 따라서 1997년 이후에도 우리 노조및조정법의 해석상 여전히 단체협약 체결을 목적으로 하지 않는 단체교섭의 개념은 인정되고 있다고 보는 것이 타당하다.

다만 이와 같은 법률의 “교섭 권한” 규정 문구 변화는 마치 아무런 변화도 없었던 것과 같이 가볍게 취급되기는 어려운 문제를 내포하고 있다. 그 문제는 바로, 이러한 문구의 변화가 대륙법계의 단체협약법 중심의 이론과 관점이 확산되면서 마치 단체교섭은 오로지 단체협약 체결 목적 단체교섭밖에 없는 것과 같은 인식이 부지중에 일반화되었다는 것을 나타낸다는 점이다. 이러한 일반화된 관념은 법률 해석에도 영향을 미쳐서 오

316) 신동운 외 5인, 「법률해석의 한계」, 163쪽 이하; 박 철, ‘법률의 문언을 넘는 해석과 법률의 문언에 반하는 해석’, 190쪽 이하 참조.

317) 최홍엽, ‘중재의 대상이 되는 노동쟁의의 범위’, 256쪽.

318) 「민중 에센스 국어사전」, 177쪽.

늘날 노조및조정법 제81조 제3호에 남아 있는 "단체협약 체결 기타의 단체교섭"이라는 문구에서 기타의 단체교섭이 무엇을 의미하는지에 대한 해석론은 적극적으로 제시되고 있지 않다. 법률 조문이 문리적으로 다른 해석의 여지가 없이 완벽하게 구성될 수는 없고 결국은 해석자의 인식과 의도에 따라 다르게 해석될 수 있다고 지적하면서 "법률해석을 실질적으로 좌우하는 힘은 사실상 법관의 정치적, 정책적 또는 윤리적 판단이기 쉽다"고 설명하는 견해[319]가 있는데, 이러한 설명은 그간 누적되어 온 우리 노조및조정법 해석 관행에 있어서도 적용이 가능하다고 생각된다. 명시되어 있는 조문의 문구와 낱말들의 의미를 생략한 해석론이 자리 잡은 배경을 설명하는 데에 매우 유용한 표현이라고 생각된다.

단체교섭은 단체협약 체결을 목적으로 하는 것이라는 인식은 학계에 일찍부터 상당히 넓게 확산되어 있었다. 이는 1953년 구 노동조합법과 거의 같은 조문체계를 유지하고 있던 1990년대 초반의 이론서 중에도 "단체교섭은 단체협약의 체결을 전제로 하고 또한 이를 위한 수단이라고 할 수 있다"[320]라고 설명하는 견해가 있는 것을 보면 알 수 있다. 이러한 현상은 헌법과 법률은 미국의 영향을 강하게 받은 일본을 통해 수입하면서도 그 해석론은 대륙법계의 해석론을 받아들임으로써 비롯된 것이라고 할 수 있다. 이러한 인식이 만연한 상황에서 1997년 제정 노조및조정법의 문구를 작성하던 공무원은 당연히 단체교섭에는 단체협약 체결 목적 단체교섭밖에 없다는 생각을 가지고 별다른 인식 없이 제29조 제1항의 문구를 만들었고, 또한 별다른 인식 없이 제81조 제3항의 단체교섭 거부의 부당노동행위 규정을 존치했다고 보는 것이 사실에 대한 정확한 이해일 것이다.

---

319) 이상돈, 「기초법학」, 416쪽 이하.
320) 박상필, 「한국노동법」, 422쪽.

(3) 노조및조정법 제2조 제5호의 노동쟁의 개념 축소

단체교섭권의 범위 및 정의와 직결된 문제는 아니지만, 단체교섭이 결렬되었을 경우 노동위원회에 조정을 신청할 수 있는 근거가 되는 "노동쟁의"의 개념이 1997년 노조및조정법 시대의 개막과 함께 큰 변화를 겪었다.

1997년 이전의 노동쟁의조정법[321]은 제2조에서 노동쟁의를 "이 법에서 노동쟁의라 함은 임금·근로시간·후생·해고 기타 대우 등 근로조건에 관한 노동관계당사자간의 주장의 불일치로 인한 분쟁상태를 말한다"라고 규정하고 있었다. 이 규정은 일본 노동관계조정법 제6조 규정의 영향을 받은 것이다. 물론 일본 노동관계조정법 제6조의 노동쟁의는 단순히 "의견의 불일치로 인한 분쟁상태"가 아니라 "노동관계 당사자 사이에 노동관계에 관한 주장이 불일치하여 쟁의행위가 발생한 상태 또는 발생할 우려가 있는 상태"를 노동쟁의라고 규정하여 세부적인 부분에서 차이가 있다.[322] 이것이 1997년 제정 노조및조정법[323] 제2조 제5호에서는 "노동쟁의라 함은 노동조합과 사용자 또는 사용자단체(이하 "노동관계 당사자"라 약칭) 간에 임금·근로시간·복지·해고 기타 대우 등 근로조건의 결정에 관한 주장의 불일치로 인하여 발생한 분쟁상태를 말한다. 이 경우 주장의 불일치라 함은 당사자 간에 합의를 위한 노력을 계속하여도 더 이상 자주적 교섭에 의한 합의의 여지가 없는 경우를 말한다"라고 바뀌었다. 신·구양 조문의 가장 큰 차이는 노동쟁의의 개념이 "근로조건에 관한 주장의 불일치"에서 "근로조건의 결정에 관한 주장의 불일치"로 바뀌었다는 것이다.

"근로조건의 결정에 관한 주장의 불일치"이란 임금 등 근로조건을 결정하기 위해 각자가 제기하는 주장, 즉 단체협약의 소위 규범적 효력이 미치는 부분에 대한 주장이 불일치하는 것을 말한다. 다시 말하면 근로조

321) 법률 제3967호, 1987. 11. 28 시행.

322) 菅野和夫,「勞働法」, 826쪽.

323) 법률 제5310호, 1997. 3. 13 시행.

건을 결정하는 단체협약을 체결하기 위해 양 당사자가 제기하는 주장이 충돌하는 상황, 소위 이익분쟁 상황만을 노동쟁의로 본 것이다. 반면 과거의 규정처럼 노동쟁의를 “근로조건에 관한 주장의 불일치”로 보게 되면 이익분쟁만이 아니라 단체협약의 해석과 적용, 운용을 둘러싼 분쟁 즉 소위 권리분쟁도 노동쟁의의 범위에 포함되게 된다. 노동쟁의의 정의가 “근로조건에 관한 주장의 불일치”로 되어 있었던 구 노동조합법 하에서는 권리분쟁도 포함되는 것으로 보았다.[324] 이 판례들에 대해서는 직권중재제도가 시행되던 당시 상황에서 직권중재의 대상이 된다고 판단하기 위한 목적으로 권리분쟁 사항을 노동쟁의 대상이 된다고 본 판결들이었다는 점을 지적하면서, 법원이 권리분쟁을 노동쟁의의 개념에 포함시켜 이해하고 있었다고 보기에는 일정한 한계가 있다고 지적하는 견해도 있다.[325] 그러나 판시 내용을 검토해보면, 동 판례들이 권리분쟁 사항을 노동쟁의의 개념에 포함시키면서 이를 지하철공사 등 공익사업의 경우로 스스로 한정하지 않았다는 점에서 대법원의 판결들을 그와 같이 제한적으로 해석해야 하는 이유는 없다고 생각한다.

[관련판례]

노동쟁의의 개념에 이익분쟁과 권리분쟁 포함된다고 본 사례
대판 1991. 3. 29, 90도2528

노동쟁의조정법 제2조의 노동쟁의의 정의에서 말하는 “근로조건에 관한 노동관계 당사자 간의 주장”이란 개별적 노동관계와 단체적 노동관계의 어느 것에 관한 주장이라도 포함하는 것이고, 그것은 단체협약이나 근로계약상의 권리의 주장(권리쟁의)뿐만 아니라 그것들에 관한 새로운 합의의 형성을 꾀하기 위한 주장(이익쟁의)도 포함된다.

---

324) 대판 1990. 5. 15, 90도357; 대판 1990. 9. 28, 90도602; 대판 1991. 3. 29, 90도2528 등.

325) 김홍영, ‘노동위원회의 노동쟁의조정 대상의 확대’, 31쪽.

1997년 노조및조정법 제정 이후에는 대법원이 권리분쟁을 노동쟁의의 범위에서 배제했다고 설명하거나,[326] 이미 1996년을 기점으로 판례는 권리분쟁을 노동쟁의의 정의에서 배제했다고 설명하는 견해[327]가 있다. 하지만 이러한 설명은 대법원 판례의 태도에 대한 완결된 설명이라고 하기는 어렵다. 1996년을 기점으로 권리분쟁을 노동쟁의의 정의에서 배제했다고 설명하는 판결인 대판 94누9177 판결[328]과 1997년 이후의 관련 판결들[329]은 모두 근무시간 중 유급 조합활동 또는 유급 전임자 인정 문제에 관한 판결이며 그러한 사항이 "근로조건에 관한 분쟁이 아니어서"[330]라고 하거나 "근로조건의 결정에 관한 분쟁이 아니어서"[331] 판단한 것에 불과하기 때문이다. 이 판결들은 유급 노동조합활동 요구, 유급 노조 전임자 인정 요구 등이 근로조건과는 하등 관련이 없다는 법원의 인식을 확인시켜준 것일 뿐 권리분쟁 사항이 노동쟁의의 대상이 아니며, 나아가 단체교섭의 대상이 아니라고 확인한 것은 아니기 때문이다.[332] 권리분쟁의 노동쟁의 개념 포함 여부, 나아가 단체교섭 대상 포함 여부에 대한 판례의 입장이 무엇인지 확정하는 것은 현재로서는 유보하는 것이 옳다고 생각된다.

규범상 노동쟁의의 범위가 축소되었으나 1997년 이후 노동현장에서 발생한 충격과 파장이 곧바로 부각되지는 않은 것으로 보인다. 그 이유는 법 개정 전에도 당시 노동부가 권리분쟁은 단체교섭 대상이 되지 않는다

326) 김홍영, '노동위원회의 노동쟁의조정 대상의 확대', 32쪽.

327) 송강직, '노동분쟁해소기능의 실효성 제고 방안', 47쪽; 이승욱, '노동쟁의조정 대상의 재검토', 370쪽.

328) 대판 1996. 2. 23, 94누9177.

329) 대판 1997. 10. 10, 97누4951; 대판 1997. 12. 26, 96누10669; 대판 2003. 7. 25, 2001두4818 등.

330) 대판 1996. 2. 23, 94누9177; 대판 1997. 10. 10, 97누4951.

331) 대판 1997. 12. 26, 96누10669; 대판 2003. 7. 25, 2001두4818.

332) 결론에 있어 같은 견해 : 김성진, '권리분쟁과 쟁의행위대상', 671쪽.

는 입장을 견지하고 있었으며,[333] 노사관계 현장에도 그와 같은 도식적 고정관념이 이미 용인되어 통용되고 있었기 때문인 것으로 보인다. 하지만 노동쟁의라고 인정받는 분쟁상태만 노동위원회의 공적 조정의 대상이 되고, 조정신청 과정을 거쳐야만 쟁의행위를 할 수 있다는 점은 가시적으로 드러나지 않는 매우 큰 변화를 초래해왔다.

1997년 노조및조정법 개정 시 "노동쟁의"의 정의가 이와 같이 변경된 것은 노동위원회에 조정을 신청할 수 있는 대상의 범위를 축소하여 이익분쟁에 국한하기 위한 입법적인 의도가 있는 것이었다.[334] 노동쟁의의 정의가 개정된 이후 중앙노동위원회와 대법원도 권리분쟁은 조정의 대상이 되지 않는다는 입장을 견지하고 있다.[335] 1997년 노조및조정법을 제정한 입법권자의 의도는 단지 노동위원회의 조정 대상을 이익분쟁에 국한하려는 의도를 가지고 있었는지도 모른다. 하지만 권리분쟁이 노동위원회 조정대상이 아니라는 인식은, 권리분쟁이 발생하고 그에 대한 교섭이 결렬되어도 쟁의행위를 할 수 없다는 생각으로 이어지고, 사용자는 권리분쟁과 관련된 사항에 대한 노동조합 측의 단체교섭 요구에 응할 필요가 없다는 생각을 가지도록 만들었다.[336] 이는 의무적 교섭사항, 임의적 교섭사항이라는 용어의 오남용으로 이어지면서 단체교섭이 이루어질 수 있는 범위를 대폭 축소시켜 버리는 결과로 이어졌다.

그러나 노동쟁의의 개념이 축소된 것은 단지 노동위원회의 공적 조정 서비스 제공 대상이 바뀐 것으로 제한적으로 이해해야지, 이를 단체교섭 대상이 축소된 것으로 이해해서는 곤란하다. 노동쟁의의 개념은 단체교섭의 대상과는 직접 관련이 없다[337]고 보아야 하며, 단체교섭의 대상은

---

333) 노조 32262-173 단체교섭지도지침 1993. 2. 24.

334) 김유성, 「노동법II」, 403쪽; 김형배, 「새로 쓴 노동법」, 1209쪽; 김홍영, '노동위원회의 노동쟁의조정 대상의 확대', 32쪽.

335) 중노위 2001. 6. 8, 2001조정34; 대판 2003. 7. 25, 2001두4818.

336) 김홍영, '노동위원회의 노동쟁의조정 대상의 확대', 33쪽.

헌법 제33조 제1항의 규정과 노조및조정법상 단체교섭과 관련된 제반 조항들의 해석에 유보되어 있다고 보아야 한다.[338]

3. 집단적 노사관계법 개정 과정의 함의

해가 거듭될수록 노조및조정법상 단체교섭권 개념이 축소되어가고 노동쟁의의 정의가 협소해지는 흐름은 단지 법률 조항 문구의 변경에서 나아가 우리 노동관계법 체계의 문제해결능력을 현저히 약화시키는 결과로 이어지고 있다. 우리나라는 단체협약 체결 목적 이외의 근로조건 및 기타 근로자에 대한 대우와 노사관계에 있어서의 각종 규율에 대한 노사 간의 교섭을 촉진하는 기능을 얼마든지 할 수 있는 여지를 가진 개방적인 규정체계를 수십 년 간 유지해왔다. 그럼에도 불구하고, 우리나라에서는 "단체교섭권은 노사 간의 합의 성립, 즉 단체협약의 체결과 함께 소멸하게 된다"[339]는 성문법을 뛰어 넘는 해석이 아무런 문제제기 없이 관용구처럼 승인 내지 수용되고 있는 것이다. 단체협약 중 규범적 효력이 있는 부분만이 단체교섭의 의무적 교섭사항이 된다는 인식도 엄밀히 보면 법률에 근거가 없는 생각이다. 그러한 해석 자체만으로도 해석론상 문제가 있을 뿐만 아니라, 그와 같은 부당한 축소·제한해석이 단체협약 체결 이후 또는 이전의 시기에 노사관계에서 발생하는 무수한 쟁점을 노사 간의 자율적인 교섭과 합의를 통해 해결할 수 있는 소중한 가능성들을 모두 차단하는 결과를 초래해왔다는 점에서 심각한 문제가 있다.

우리 노동조합 관련 법규정이 개정되어 온 흐름을 보면 규범의 영역과 해석의 영역 각각에서 상호간의 상승작용을 일으키면서 단체교섭 대상 범위 축소의 정도와 강도를 점진적으로 더해왔다. 그리고 그것은 현재 한

---

337) 김홍영, '노동위원회의 노동쟁의조정 대상의 확대', 34쪽.

338) 김유성, 「노동법II」, 143쪽.

339) 이영희, 「노동기본권의 이론과 실제」, 139쪽.

국 노사관계에서 노조및조정법의 법률로서의 실효성, 즉 규범력을 축소시키는 중요한 하나의 원인이 되어왔으며 이는 현실 영역에서 노동조합의 역할 축소와 노동관계 당사자의 자율적 문제해결 능력 퇴화로 인한 집단자치 원리의 후퇴를 초래해왔다.

Ⅱ. 단체교섭권 개념 축소 경향의 문제점

1. 노사 간의 자율적 문제해결 능력 퇴화

최근에는 노동조합을 통한 자주적인 근로조건 형성과 문제해결보다는 정치과정을 통한 법률 개정, 노동조합 지도부와 사용자 측의 밀실합의 등 부가적이고 비정상적인 수단을 통해 근로조건을 결정해 나가는 관행이 확산되고 있다. 이러한 현상의 원인은 노동조합과 사용자의 자주적인 문제해결 능력 퇴화에서 상당부분 찾을 수 있을 것이다. 노사 간의 자율적인 문제해결 능력이 점차 퇴화되어 가자 노동계는 근로조건 개선을 위해 무조건 국회나 정부를 통한 법개정을 요구하고 정부와 국회의 처분만 기다리는 무력한 관람자의 모습을 갖게 만드는 악순환이 계속되었다. 노사 간의 문제를 근로자의 자주적인 힘으로 해결하기 위해 노력하기보다 정치권에 로비하거나 개인적 소송으로 해결하려는 분위기가 확산된다면 이는 노동조합이 없던 시대인 과거 보통법 시대로 회귀하는 것과 다를 바가 없다. 집단적 자치원리 무용론 확산이 실제로 집단적 자치원리를 무용하게 만드는 순환이 이루어지는 것이다.

근로자들의 힘은 파편화되는 반면 사용자, 특히 대기업의 경우에는 거대한 자금과 조직력, 정치적 배경 등을 토대로 세력을 확대하여 사회·정치적 영향력을 무한히 확대해 나가고 있다. 기업은 과거와는 비교할 수 없는 거대한 정치세력이자 경제세력으로 변모되고 있고 기업을 중심으로 정치세력과 사회적 권력이 재편되고 있다. 이와 같은 상황은 사용자와 근로자의 관계를 더욱 불균형하게 만들고 노사 간의 무기대등은 장차 이름만 남은 의미 없는 선언에 불과하게 되는 상황에 직면하게 될 수 있다.

노사 간의 자율적인 문제해결 능력 퇴화로 인해 초래된 노동조합의 조직률 하락과 근로자들의 파편화, 사용자와 근로자 사이의 힘의 불균형 확대 현상들이 점점 심화되어 임계점에 이르렀을 때, 근로자들은 다시 한번 단결권과 단체교섭권과 단체행동권의 본질에 집중하고 이를 회복하여야 할 필요를 절실히 느끼게 되는 시점에 이르게 될지도 모른다. 그러나 근로자들의 자주적인 단결체인 노동조합의 역할이 재강조되는 시점이 도래했을 때 이미 집단적 자치를 통한 자주적인 규범 형성과 문제 해결 경험을 가져보지 못한 노사는 더욱 극심한 혼란을 겪으며 대립하기만 할 뿐 전혀 문제를 해결해내지 못하는 상황을 맞게 되는 불편한 순환이 계속될 가능성도 배제할 수 없다. 그러한 과정은 과거 산업혁명기에 경험했던 최초의 투쟁과는 비교도 할 수 없을 만큼 어렵고 힘든 분쟁과 파괴의 과정이 될지도 모른다.

2. 집단적 자치원리 회복을 위한 규범해석

우리 헌법과 노조및조정법이 규정하는 단체교섭권의 본래 의미를 회복시키는 작업을 통해, 근로자들의 단결체와 사용자가 그들의 문제를 스스로 해결해나갈 수 있는 가능성을 최대한 넓게 열어주어야 한다. 법률의 개입은 가급적 뒤로 미루고 노사가 최대한 자치의 영역을 넓혀갈 수 있도록 공간을 만들어주는 것이 집단적 자치원리의 위기를 맞고 있는 현 상황에서 법률이 취할 수 있는 최선의 태도라고 생각한다. 노사관계의 일련의 과정에서 노동조합이 제 역할을 할 수 있도록 하기 위해서는 노동조합과 사용자가 더욱 적극적으로, 더욱 다양한 쟁점들에 대하여 단체교섭을 할 수 있도록 해야 할 것이다. 이를 위해서 당장 대규모의 노조및조정법 개정이 필요하거나 헌법 개정이 필요한 것은 아니다.

관점을 조금만 바꾸면 현행법의 본래적 해석의 회복을 통해서 단체교섭의 대상이나 기능을 얼마든지 폭넓게 인정할 수 있고, 노사가 자주적으로 자신들의 규범을 설정하고 운용해 나갈 수 있도록 할 수 있다. 그 시작이 되는 작업이 단체교섭의 2원적 개념을 인정하는 것이라고 본다. 단체교섭권의 개념과 목적에 대한 2원적 이해는 현행법의 문리해석상 당연히 도출되는 내용이다.[340] 현행의 법조문을 전체적인 체계에 주의하면서 맞춤법에 정확히 맞도록 해석하고 적용하기만 해도 그와 같은 2원적 이해는 얼마든지 가능하다. 그리고 단체협약 체결 목적 이외의 단체교섭을 인정하고 이를 적극적으로 적용해나가는 것만으로도 축소된 노동조합의 역할을 회복하고 노사 간의 자율적인 문제해결 능력이 고양될 수 있는 토대를 만들 수 있을 것이라고 본다.

---

340) 물론 Savigny의 4가지 법률해석 방법 중 문리해석 방법도 법률언어의 불가피한 '모호성' 때문에 명확한 잣대라고 보기는 어려우므로 법률해석의 한계가 되기 어렵다는 지적이 있다(이상돈, 「기초법학」, 414쪽).

제3장
단체교섭의 주체와 상대방

제 3 장
단체교섭의 주체와 상대방

> 근로3권의 실질적 중심이 단체교섭권에 모아진다고 본다면, 소수 조합의 단체교섭권에 대한 제한은 자유민주주의 헌법질서에 저촉되는 단체교섭권에 관한 본질적 내용의 침해로 보아야 한다.
> - 하경효 -

제1절 근로자의 개념

Ⅰ. 헌법 제33조 제1항의 근로자

1. 헌법상 근로자 개념에 대한 종래 학설 및 판례

헌법 제33조 제1항은 노동3권의 주체를 “근로자”라고 명시하고 있다. 근로자만 노동3권의 주체가 된다는 것은 결사의 자유를 비롯한 다른 기본권들은 대부분 “모든 국민”을 주체로 하고 있다는 것과 대비되어 우리 노동3권만의 중요한 특징을 이루고 있다.[1)] 독일 기본법(GG) 제9조 제3항이 단결권을 “누구에게나” 보장되는 권리로 규정하고 있는 것과도 구별된다. 하지만 우리 헌법은 근로자의 개념을 직접 정의하지 않은 채 개방된 개념으로 놓아두고 있기 때문에, 헌법에 규정된 “근로자”가 어떤 의미를 갖는지는 전적으로 해석을 통해 규명할 수밖에 없다. 그러나 헌법상 근로자 개념을 규명하기 위한 학계의 시도는 거의 없는 것으로 보인다. 대부분의 학술서들이 헌법 제33조 제1항의 근로자 개념을 설명할 때 구체적인 논증 없이 노조및조정법상 근로자 개념을 옮겨 적는 데에 그치고 있다.[2)] 노동법학계의 사정도 헌법학계와 크게 다르지 않다. 일반적으로

---

1) 박종희, ‘노동3권의 보장의의와 내용’, 127쪽; 임종률, 「노동법」, 24쪽;
2) 성낙인, 「헌법학」, 615쪽; 정종섭, 「헌법학원론」, 716쪽.

노동법학계에서 노동3권의 주체로서의 근로자는 사업체에 고용되어 있는 자로 한정할 이유가 없다[3]고 설명되고 있는 것은 고유한 헌법상의 근로자 개념을 상정해서가 아니라 노조및조정법상의 근로자 개념을 전제하고 있기 때문이다.

헌법 제32조 제1항과 제33조 제1항이 근로자의 개념을 사용하고 있는데도 불구하고 적극적으로 헌법상 근로자 개념을 정의하려 하지 않는 이유는, 헌법이 적극적으로 개념 정의를 하지 않고 있는 이상 헌법의 위임을 받은 하위 법률에 의거하여 그 개념을 파악할 수밖에 없다는 판단 때문인 것 같다.[4]

그러나 헌법상 근로자 개념이 무엇인지 적극적으로 규명하지 않고 하위 실정법의 규정에 의거하여 그 개념을 파악하는 태도는 치명적인 문제를 안고 있다. 우리 헌법의 단체교섭권을 포함한 노동3권은 헌법상 기본권으로서 자유권적 성격과 사회권적 성격을 가지고 있다. 그런데, 노동3권을 향유할 수 있는 주체가 누구인지 여부가 전적으로 하위 실정법에 의해서 결정될 수 있다고 보는 관점은 노동3권이 자유권적 성격이 전혀 없는 전형적인 사회적 기본권이라고 보는 경우에만 허용될 수 있는 관점이다. 국가의 시혜적인 입법조치에 따라 그 권리를 누릴 수 있는 사람의 범위가 달라진다면 이는 노동3권의 자유권으로서의 성격을 완전히 포기하는 견해가 아닐 수 없다. 국가의 부당한 침해나 제한을 배제할 수 있는 기본권이 자유권이라면 국가가 침해하거나 제한할 수 없는 고유한 내용을 가지고 있어야 한다. 또한 헌법이 헌법이기 위해서는 하위 법률에 의해 통제되는 것이 아니라 하위 법률을 통제하는 기능을 담당해야 한다. 헌법상 근로자 개념이 하위 실정법의 근로자 규정 제정 및 해석의 기초이자 한계로 작용하면서 최대한의 외연을 설정해주는 기능을 해야 하는데,

---

3) 임종률, 「노동법」, 25쪽.

4) 헌재결 1991. 7. 22, 89헌가106.

헌법상의 고유한 근로자 개념의 정의를 포기한다면 헌법 제33조 제1항의 그러한 기능은 전혀 기대할 수 없게 된다. 아래에서는 헌법 자체에서 발견할 수 있는 단서를 최대한 활용하여 근로자 개념을 정리해보려 한다.

2. 헌법 자체에서 추론되는 근로자 개념

우리 헌법은 근로자 개념을 해석할 만한 단서를 충분히 가지고 있지 않다. 헌법 조문 전체를 통틀어서 근로자 개념은 헌법 제32조와 제33조 양 조문에서만 사용되고 있다. 그렇다면 우리가 헌법 제33조 제1항의 근로자 개념을 해석적으로 이해하기 위해서 참조할 수 있는 조문은 제32조 밖에 남지 않는다. 헌법 제32조는 "국가는 사회적·경제적 방법으로 근로자의 고용의 증진과 적정임금의 보장에 노력하여야 하며"라고 하고 있다. 이 조문을 통해서 근로자는 적어도 고용되어 있거나 고용되고자 하는 사람을 가리킨다는 것을 알 수 있다. 왜냐하면 헌법상 근로자이기 위해서는 국가의 고용증진 노력의 상대방 또는 수혜자이어야 하는데, 국가의 고용증진과 적정 임금 보장 노력의 수혜자가 되기 위해서는 현재 종속노동을 제공 중인 자이거나 적어도 종속노동을 제공하는 자의 신분을 얻으려는 의사가 있는 사람이어야 하기 때문이다. 만약 종속노동에 종사하고자 하는 의사가 전혀 없는 사람이라면 국가의 고용증진 노력의 상대방이 될 수 없다. 그러한 측면에서 "노동력 제공 의사와 능력"이 있어야 헌법 제33조 제1항의 근로자로 볼 수 있다는 견해[5]는 비록 능력까지 포함해야 하는가에 대해서는 헌법 제33조 제1항의 근로자 개념을 이야기 할 때, 노동력 제공의 의사 이외에 노동력 제공의 능력까지 요구하는 것은 특정인이 근로의 능력이 있는지 판단할 수 있는 객관적이고 명백한 기준을 찾기 어렵고, 입법자나 법률 집행자가 자의적으로 근로자의 개념을 축소할 수 있는 위험이 있는 점에서 수긍하기 어려운 부분이 있기 때문에 의문이

5) 허 영, 「헌법이론과 헌법」, 699쪽.

있지만 주목할 만한 견해이다. 이때의 근로자를 "근로의 의사가 있는 근로자 계층"이라고 표현하는 견해도 있다.[6]

헌법 제33조 제1항의 근로자 개념이 헌법 제32조 제1항의 근로자 개념과 다른 뜻으로 사용되었다는 특별한 근거가 없다면 헌법 제33조 제1항의 근로자도 제32조 제1항의 근로자 개념과 같이 근로의 의사가 있는 근로자 계층을 뜻한다고 이해해도 무방할 것이다.[7] 근로자라고 할 때의 "근로"의 의미는 앞에서 설명한 바와 같이 종속노동을 의미하는 법률상 개념이라고 볼 수 있다. 따라서 헌법 제32조와 제33조를 통해 추론할 수 있는 근로자의 개념은 "종속노동에 종사하는 자이거나 종속노동에 종사하고자 하는 의사가 있는 자"라고 정리할 수 있을 것이다. "종속노동에 생활이 의존되어" 있는지 여부의 추상적인 종속성이 헌법 제33조 제1항의 근로자에 해당하는지를 판단하는 중요한 기준이 된다고 보는 견해[8]도 같은 입장이라고 생각된다. 여기에서의 "종속노동"의 의미는 근로계약 등 형식적인 요건을 가지고 판단해서는 안 되고, 실질적인 종속성을 기준으로 판단하여야 할 것이다.

Ⅱ. 노조및조정법상의 근로자

1. 노조및조정법의 근로자 개념

노조및조정법 제2조 제1호는 "근로자라 함은 직업의 종류를 불문하고 임금·급료 기타 이에 준하는 수입에 의하여 생활하는 자를 말한다"라고 근로자를 정의하고 있다. 이 정의는 두 가지 부분으로 나누어 볼 수 있다. 첫 번째는 직업의 종류를 불문한다는 부분이고, 두 번째는 임금·급료 기타 이에 준하는 수입에 의하여 생활하는 자라는 부분이다. 직업의 종류를

---

6) 박종희, '노동3권의 보장의의와 내용', 121쪽.
7) 박종희, '노동3권의 보장의의와 내용', 122쪽 각주 20) 참조.
8) 전광석, 「한국헌법론」, 380쪽.

불문한다는 기준은 특정한 직업에 종사하는 자만이 노조및조정법상의 근로자가 될 수 있는 것은 아니라는 뜻으로 근로자 개념의 외연을 넓히는 역할을 할 뿐 어떠한 대상이 근로자의 개념에 들어오는지를 설명해주는 부분은 아니다.[9] 따라서 이 조항에서 근로자의 개념을 판단할 수 있는 중요한 기준은 "임금·급료 기타 이에 준하는 수입에 의하여 생활하는 자"라는 내용이 된다.

(1) 임금·급료 기타 이에 준하는 수입

여기에서 임금은 근로기준법 제2조 제5호에 정의된 임금을 말한다. 즉 "사용자가 근로의 대가로 근로자에게 임금, 봉급, 그 밖에 어떠한 명칭으로든지 지급하는 일체의 금품"을 말한다. 사용자가 근로자에게 지급하는 근로의 대가로 인정될 수 있는 일체의 금품은 모두 임금이라고 할 수 있다. 급료는 임금이 다른 이름으로 불릴 수 있는 명칭들 중 하나로 예시된 것이라고 볼 수 있다.

문제가 되는 것은 "기타 이에 준하는 수입"이다. 왜냐하면, 근로기준법 제2조 제1항 제1호에 있는 근로자의 정의는 "임금을 목적으로" 근로를 제공하는 자라고 할 뿐 기타 이에 준하는 수입이라는 부분이 빠져 있기 때문이다. 각각 입법목적을 달리하는 근로기준법과 노조및조정법의 근로자 개념 정의 규정에서 입법자가 차이를 두고 있다면 그 부분에 주목하는 것이 당연하다. 그러므로 "기타 이에 준하는 수입"이란 근로기준법상 임금은 아니지만 임금에 준한다고 볼 수 있는 수입을 말하는 것이라고 생각된다. 임금은 아니지만 임금에 준하는 수입이란 사용종속관계 아래에서의 근로는 아니지만 다른 사람에게 그 사람이 원하는 노무를 제공하고 그 대가로 얻는 수입을 말한다.[10] 따라서 노조및조정법상 근로자에는 사용종속관계가 인정되지 않는 관계라 할지라도 일정한 노무를 제공하고

---

9) 강성태, 「근로자의 개념」, 165쪽; 강희원/ 김영문, 「근로자개념과 계약의 자유」, 84쪽.
10) 임종률, 「노동법」, 35쪽 이하.

그 노무 제공의 대가로 수입을 얻는 사람이 포함된다는 점에서 근로기준법상 근로자 개념보다 더 넓다는 판단이 내려지게 된다.[11] 임금이 아닌 임금에 준하는 수입을 받는 사람이란 구체적으로 표현하면 노무 제공의 상대방은 변경될 수 있지만 늘 비슷한 노무를 제공하며 수입을 얻는 사람 등을 포함하는 개념이다. 항만이나 창고 등의 하역업무를 수행하는 전국항운노동조합연맹(이하 '항운노조'라 약칭) 등이 노동조합일 수 있는 것도 이 때문이다.[12] 법원은 노조및조정법상 근로자 개념을 근로기준법상 근로자 개념과 동일시하는 경향이 있으나[13] 그 타당성은 의문이다.

(2) 수입에 의하여 생활하는 자

수입에 의하여 생활한다는 의미는 그 수입을 생계의 중요한 수단으로 한다는 뜻이다. 따라서 전적으로 임금 등에 의지해서 생활하는 사람뿐만 아니라, 다른 수입이 있다 하더라도 주된 생계 수단이 임금이나 기타 그에 준하는 수입이라면 노조및조정법상 근로자에 포함된다고 보아야 할 것이다. 여기에서 중요한 점은 그 수입에 의하여 생활하는 상황이 반드시 현재 계속되는 시점일 필요는 없다는 것이다. 비록 지금은 임금이나 그에 준하는 수입을 얻지 못하고 있지만 최근까지 그 수입을 얻고 있었던 사람으로서 앞으로도 임금이나 그에 준하는 수입을 통해 살아가려는 의지를 가진 사람은 노조및조정법 제5조 제5호의 "수입에 의하여 생활하는 자"에 포함된다고 보아야 한다. Sinzheimer는 이를 가족의 생존의 기초를 종속노동의 급부에서만 구하는 경우 사용자 측과의 노동법적인 관계에 의해 결합되어 있지 않더라도 근로자로 보아야 한다고 표현했다.[14] 그러나 최근까지는 임금이나 그에 준하는 수입에 의하여 생활해왔지만, 앞으

---

11) 김치선, 「노동법강의」, 297쪽; 김유성, 「노동법II」, 55쪽 이하; 김형배, 「새로 쓴 노동법」, 32쪽; 임종률, 「노동법」, 36쪽.

12) 대판 2011. 3. 24, 2007두4483.

13) 대판 1996. 7. 30, 95누13432; 대판 2005. 11. 24, 2005다39136 등.

14) Sinzheimer, 「Grundzüge des Arbeitsrechts」, 1927, 33쪽.

로는 그 수입에 의존할 계획이 없는 사람은 당연히 이 범위에 들어가지 않는다고 보아야 한다. 대부분의 학설과 판례가 근로 의사를 가진 실업자가 이 범위에 들어간다고 보는 것은 그러한 이유 때문이다.[15] "그에 의하여 생활할 수밖에 없는 경우도 포함"하는 것이라고 설명하기도 한다.[16]

2. 헌법 제33조 제1항의 근로자 개념과의 관계

(1) 헌법상 근로자 개념의 역할

헌법상 근로자 개념은 입법자들이 실정법을 제정함에 있어서 기준과 한계의 역할을 해야 한다.[17] 그렇다면 헌법상 근로자 개념은 실정법에 있어서 어떻게 구현되어야 하는 것일까? 적어도 헌법이 근로자로 보아야 한다고 제시한 계층에 속한 사람들을 실정법의 적용 범위에서 제외하는 일은 없어야 할 것이다. 헌법상 근로자 개념은 하위 실정법상 근로자 개념의 범위가 헌법이 제시한 기준보다 좁아지는 것을 허용하지 않는다고 보아야 한다. 반면 헌법상 근로자 개념을 실정법상 근로자 개념의 외연이 초과하는 경우에는 그것이 헌법 제33조 제1항의 취지에 어긋나지 않는다면 상대적으로 완화된 기준을 가지고 판단할 수 있을 것이다. 가령 노조및조정법을 개정해서 실업 상태에 있었던 기간이 1년 이내인 자를 근로자의 범위에 포함시키도록 개정하는 것을 위헌이라고 하기는 어려울 것이다. 하지만 지금 현재 임금에 의존해서 생활하는 것이 명백한 사람을 근로자 범위에서 제외한다거나, 사용자를 노조및조정법상 근로자에 포함시키는 법률 개정은 헌법 제33조 제1항의 취지에 명백히 반하는 개정이 될 것이다.

---

15) 김치선, 「노동법강의」, 297쪽; 김형배, 「새로 쓴 노동법」, 32쪽; 임종률, 「노동법」, 36쪽; 대판 2004. 2. 27, 2001두8568.

16) 김유성, 「노동법Ⅱ」, 55쪽.

17) 강선희, 「단체협약 효력의 정당성 기초와 내용」, 73쪽.

(2) 헌법상 근로자 개념의 구체적 적용

앞에서 헌법 제32조와 제33조를 통해 추론할 수 있는 근로자의 개념은 "종속노동에 종사하는 자이거나 종속노동에 종사하고자 하는 의사가 있는 자"라고 정리했다. 근로기준법은 헌법 제32조에 따라 근로자의 고용증진을 위해 제정된 법률이다. 사용자에게 근로자의 근로조건의 최저한을 보장하도록 강제하기 위한 것이다. 따라서 근로기준법은 필연적으로 현재 사업 또는 사업장에 소속되어 임금을 받으면서 생활하는 근로자를 대상으로 할 수밖에 없다. 그러므로 근로기준법 제2조 제1항 제1호가 근로자를 "직업의 종류와 관계없이 임금을 목적으로 사업이나 사업장에 근로를 제공하는 자"라고 정의하는 것은 헌법의 취지에 벗어나지 않는다고 본다. 노조및조정법은 헌법 제33조를 구현해서, 근로자들이 자주적으로 단결하여 사용자들과 집단적 자치를 이루어 근로조건을 향상시켜 나가도록 고양하고, 노사 간의 자율적인 교섭을 통해 갈등을 조정할 수 있는 수단을 제공하기 위해 제정된 법률이다. 따라서 노동조합을 조직하고 운영하는 주체라는 관점[18]에서 근로자를 바라보게 되고, 반드시 임금을 받고 있는 근로자는 아니라 할지라도 그러한 사회적 신분을 획득하고자 하는 의지가 있고 그것을 추구하는 사람에 이르기까지 근로자의 범위를 확대하고 있다.

마지막으로 한 가지 남는 쟁점은 그렇다면 헌법상 근로자 개념과 현행 노조및조정법상 근로자 개념이 차이가 있는가 하는 점이다. 다수의 학자들이 헌법상 근로자 개념과 노조및조정법상 근로자 개념을 동일시하고 있기 때문이다.[19] 만약 헌법상 근로자에는 포함되지만 노조및조정법상 근로자에는 포함되지 않는 계층이 존재한다면 헌법상 근로자 개념이 더

---

18) 김치선, 「노동법강의」, 297쪽.

19) 강성태, 「근로자의 개념」, 163쪽; 성낙인, 「헌법학」, 615쪽; 정종섭, 「헌법학원론」, 716쪽.

넓은 것이고, 그러한 계층이 없다면 양자는 동일하다고 볼 수 있을 것이다. 엄밀히 말하면 노조및조정법상 노동조합이 헌법 제33조 제1항이 예정하는 단결체의 전부는 아니다.[20] 즉 노조및조정법이 제시하는 요건을 갖추어 설립신고를 필하지는 않았지만 경제적 우위에 있는 사용자 또는 사용자와 유사한 자와 대등하게 교섭하기 위해서 자주적으로 단결체를 이룬 단체가 있을 수도 있기 때문이다. 그리고 그러한 단결체에 가입해서 장차 국가의 고용증진 시책의 혜택을 받으려고 하는 사람이 있다면 그 사람은 헌법 제33조의 근로자로 보아야 할 것이다. 헌법 제32조 제1항에서 말하는 "고용"이란 반드시 근로기준법상 근로계약을 말하는 것은 아니라고 보아야 한다. 대법원도 "법상의 노동조합이 아닌 근로자의 단결체는 무조건 단체교섭권이 없다는 의미는 아니다"라고 판시한 바 있다.[21] 최근 문제되고 있는 학습지 방문교사, 골프장 경기보조원, 간병인, 자신의 차를 지입하고 차량을 운행하는 차주 등 소위 특수형태근로종사자들은 근로기준법상 근로자에는 해당하지 않는 것이 분명하다. 만약 이들이 단결해서 단체를 결성했고 그 단체를 구성한 목적이 그들의 근로조건 향상에 있다면 그 단결체는 노조및조정법상 노동조합에 해당할 가능성이 있으며 적어도 헌법 제33조의 근로자에 포함될 가능성은 더 높다. 하지만 법원은 특수형태근로종사자들의 노조및조정법상 근로자성을 원칙적으로 부인하고 있다.[22] 다만 골프장 경기보조원의 경우에는 근로기준법상 근로자에 해당하지 않는 경우에도 노조및조정법상 근로자성을 인정한 사례가 있다.[23]

---

20) 강희원/ 김영문, 「근로자개념과 계약의 자유」, 80쪽.

21) 대판 1997. 2. 11, 96누2125.

22) 대판 1993. 5. 25, 90누1731; 대판 1996. 4. 26, 95다20348; 대판 2005. 11. 24, 2005다39136; 대판 2006. 5. 11, 2005다20910 등.

23) 대판 2014. 2. 13, 2011다78804.

제2절 단체교섭 당사자 확정 단위

Ⅰ. 당사자 확정 단위의 의의

1. 당사자 확정 단위의 개념

단체교섭 당사자 확정 단위란 단체교섭을 진행하기 위해서 실질적 자주성을 갖춘 근로자의 단결체가 정당한 단체교섭권이 있는 주체로서 자격을 인정받고 단체교섭을 진행할 수 있는 범위를 말한다. 다시 말하면 단체교섭의 주체로서 당사자가 당사자로서의 지위를 인정받을 수 있는 인적 범위의 문제이자 지역적 범위의 문제라고 할 수 있다. 단체교섭의 당사자가 대표할 수 있는 조직된 전체 조합원의 범위의 문제인 동시에 조합원들이 재직하는 사업 또는 사업장들을 의미하는 지역적 개념이 될 수도 있는 것이다. 단체교섭 당사자 확정 단위에 대해서는 우리 노조및조정법에 규정이 없다. 다만 노조및조정법 제29조의3이 복수노조 하에서 교섭창구 단일화 절차를 진행하는 단위로서 교섭단위 결정 및 분리에 관하여 특별규정을 두고 있을 뿐이다.

2. 조직대상 및 교섭단위 개념과의 구별

이와 같이 단체교섭 당사자 확정 단위의 문제는 조직대상의 문제일 수도 있고, 교섭단위의 문제일 수도 있다. 그러나 조직대상이나 교섭단위의 개념과 반드시 일치하지는 않는다.

단체교섭 당사자를 확정함에 있어서 노동조합의 대표자가 어느 정도 범위의 근로자를 대표할 수 있도록 할 것인가 하는 당사자 확정 범위의 문제는, 과거 노조및조정법 부칙 제5조에 사용되었던 조직대상의 개념보다 넓은 개념이다. 조직대상은 노동조합이 조합원으로 가입시킬 수 있는 대상 근로자의 범위를 일컫기 때문에 대부분의 경우에는 조직대상은 교섭단위와 일치한다. 노동조합은 자신의 조합원 모두를 위해서 단체교섭을 수행해야 하기 때문이다. 그러나 넓은 의미에서 보면 조직대상 개념은 단체교섭 당사자 확정 단위와 비교하여 같거나 넓은 개념이다. 우선 초기업단위 상급 노동조합이 대각선 교섭을 할 경우 단체교섭 당사자 확정 단위는 조직대상보다 좁아지게 된다. 특정 사업을 조직단위로 하여 조직된 노동조합이 있는 사업장에서 노조및조정법 제29조의3에 따라 교섭단위 분리 결정에 의해 교섭단위가 나누어지고, 나누어진 교섭단위별로 교섭창구 단일화 절차가 진행될 경우에도 노동조합의 조직단위가 교섭단위보다 넓어지는 현상이 발생한다.

또한 단체교섭 당사자 확정 단위 개념은 교섭단위 개념과 유사하다. 교섭단위(bargaining unit) 개념은 배타적인 단체교섭 권한을 갖는 교섭대표를 선출하고 그 교섭대표가 대표권을 행사할 수 있는 인적 범위를 정하기 위해 전형적인 미국의 배타적 교섭대표제도의 토양에서 형성된 개념이다.[24] 미국에서는 단체교섭 당사자 확정 단위란 곧 교섭단위를 말한다고 이해되고 있다. 그러나 노조및조정법 제29조의3이 "제29조의2에 따라 교섭대표 노동조합을 결정하여야 하는 단위"를 교섭단위라고 정의하여 하나의 사업 또는 사업장 단위 교섭에서 교섭창구 단일화 절차를 진행하는 범주로서 교섭단위 개념을 사용하면서 이미 교섭단위라는 용어는 통상 복수노조가 조직되어 있는 사업 또는 사업장에서 분리를 전제로 사용하는 개념으로 굳어지고 있다.[25] 그러나 일반적으로 단체교섭 당사자 확정 단위가 사업 또는 사업장 단위로 국한되는 것은 아니라는 점을 고려하면 지역적 개념으로서의 노조및조정법 제29조의3의 교섭단위 개념은 일반 개념으로서의 단체교섭 당사자 확정 단위보다 좁은 개념이다. 그러므로 여기에서는 더욱 일반적인 용어로서 단체교섭 당사자 확정 단위라는

---

24) 秋田成就, 「勞使關係法 I」, 187쪽.

25) 김형배, 「새로 쓴 노동법」, 1007쪽 이하; 임종률, 「노동법」, 125쪽; 이승욱, 「교섭단위분리제도에 관한 연구」, 97쪽 등.

용어를 사용하기로 한다. 다만 경우에 따라서는 교섭단위라는 용어도 같은 의미로 혼용되는 경우도 있다.

Ⅱ. 노조및조정법상 단체교섭 당사자 확정의 기본 단위

우리 노조및조정법은 단체교섭 당사자 확정 단위에 대해 특별한 규정을 두고 있지 않다. 원칙적으로는 노동조합의 자주적인 결정에 맡겨져 있다고 볼 수 있다. 단체교섭 당사자 확정 단위는 대개 노동조합 규약의 조직대상 규정과 단체협약 규정의 유기적 해석을 통해 밝혀낼 수 있다. 때로는 단체교섭 당사자 확정 단위를 정함에 있어서 사용자의 동의를 필요로 하는 경우도 있다. 실제로 단체교섭 당사자 확정 단위가 결정되는 모습은 매우 다양하다.

가장 기본적인 당사자 확정 단위는 사업 또는 사업장이다. 여기에서 사업이란 법인과 같이 경영상 일체를 이루는 기업체 그 자체를 의미하고, 사업장은 법인격으로서 독자성을 가지고 있을 필요는 없지만 독자적인 경영상 판단 하에서 재정, 인사, 노무 등이 독립되어 운영되는 단위로서 사업의 일부를 뜻한다.[26] 그리고 사업장의 개념으로서 "장소적 구획" 개념을 추가로 요구하는 견해도 있다.[27] 노동조합이 사업 또는 사업장 단위로 단체교섭을 요구할 때 사용자는 원칙적으로는 당사자 확정 단위를 이유로 단체교섭을 거부할 수는 없다. 그러나 산업별 교섭이나 지역 단위 일반 교섭에서는 단체교섭 당사자 확정 단위 결정에 사용자의 동의를 필요로 하는 경우가 발생한다. 원칙적으로는 산업별 노동조합 조합원이 재직 중인 전체 사업장이 단체교섭 당사자 확정 단위가 되지만, 사용자가 산업별 사용자단체에 가입하지 않고 있을 때에는 산업별 교섭 요구에 응

---

26) 김상호, '교섭단위 분리에 관한 법적 쟁점 고찰', 68쪽; 이승욱, 「교섭단위분리제도에 관한 연구」, 100쪽 등.

27) 김상호, '교섭단위 분리에 관한 법적 쟁점 고찰', 68쪽.

하지 않을 수 있으며, 이 경우 어쩔 수 없이 노동조합은 사업 또는 사업장별로 대각선 교섭을 할 수밖에 없다.[28] 비슷한 예로 특정 사업장 두 군데 이상이 하나의 단체교섭 당사자 확정 단위로 묶이는 경우도 있다. 과거 복수노조 설립이 금지되던 시기에 산업별 노동조합 지회가 금지되는 복수노조에 해당하는지가 문제되었던 사건[29]의 당사자인 금속산업노동조합 산하 산도·고경지회는 산도브레이크와 인근의 고경산업을 묶어 대구지부 산하의 지회로 설립된 조직이었다. 독자적인 규약과 조직을 가지고 있었던 산도·고경지회는 산도브레이크와 고경산업에 각각 단체교섭을 요구했다. 각각의 사용자가 동의하여 집단적 대각선교섭에 응할 경우 두 기업을 포괄하는 범위가 그 단체교섭에서 당사자 확정 단위가 될 수 있으며, 산도·고경지회가 그 단위 내에서 단체교섭권을 행사할 수 있게 된다. 사용자가 동의하지 않으면 각각의 기업이 당사자 확정 단위가 된다. 이 사례에서는 노동조합의 자율적인 당사자 확정 단위 결정 원칙을 알 수 있는 외에 조직대상과 단체교섭 당사자 확정 단위의 차이점도 분명히 드러나고 있다. 다만 복수노조 하에서 교섭창구 단일화 절차를 진행하고자 할 때에는 노조및조정법 제29조의2와 제29조의3의 해석상 당사자 확정 단위는 사업 또는 사업장 단위로 제한된다. 이 경우에는 교섭단위라는 용어를 그대로 사용하면 족하다.

Ⅲ. 복수노조 하에서의 교섭단위

1. 교섭창구 단일화 제도 적용 단위로서의 교섭단위

노조및조정법 제29조의3 제1항은 "제29조의2에 따라 교섭대표 노동

28) 2000. 6. 13, 노조 01254-481; 2008. 11. 27, 노사관계법제과-1233.

29) 산도·고경지회가 제기한 단체교섭 응낙가처분 사건은 대구지판 2005. 3. 31, 2004카합910이고 회사 측이 가처분신청인용결정에 불복하여 가처분이의의 소송을 제기하였으나 가처분결정이 인가되었던 사건이 대구지판 2005. 9. 28, 2005카합397이다.

조합을 결정하여야 하는 단위는 하나의 사업 또는 사업장으로 한다"고 하여 교섭창구 단일화 절차를 거쳐 교섭대표 노동조합을 결정하는 단위, 즉 복수노조가 병존하는 사업장에서 단체협약 체결 목적 단체교섭을 진행하기 위하여 당사자를 확정하는 범위인 교섭단위는 원칙적으로 사업 또는 사업장 단위임을 규정하고 있다. 교섭대표 노동조합은 원칙적으로 교섭단위별로 결정된다. 그러므로 현행법상 원칙적으로 하나의 사업장 내에 여러 개의 직종이 있을 경우에도 조합원의 직종별로 또는 노동조합 조직대상별로 따로 교섭대표 노동조합을 결정할 수는 없다.[30)]

2. 교섭단위 분리제도

원칙적인 교섭단위는 하나의 사업 또는 사업장이다. 그러나 하나의 사업 또는 사업장에 소속되어 있는 경우에도 조합원들이 수행하는 업무의 업종, 근로제공 형태, 근로조건 등에 차이가 있어서 하나의 단체교섭을 통해 사용자와 교섭하고 하나의 단체협약에 모든 사항을 규정하는 것이 적당하지 않은 경우에는 비록 하나의 사업 또는 사업장이라 하더라도 교섭단위를 나누어 교섭을 진행하는 것이 합리적인 경우가 있다. 노조및조정법 제29조의3 제2항은 하나의 사업 또는 사업장에서 현격한 근로조건의 차이, 고용형태, 교섭 관행 등을 고려하여 교섭단위를 분리할 필요가 있다고 인정되는 경우에 노동위원회가 노동관계 당사자의 양쪽 또는 어느 한 쪽의 신청을 받아 교섭단위 분리 결정을 할 수 있다고 한다.

(1) 교섭단위 분리 신청 요건

교섭단위 분리 신청 요건은 하나의 사업장에서 현격한 근로조건의 차이, 고용형태, 교섭 관행 등을 고려하여 교섭단위 분리가 필요하다고 인정되는 경우이다.[31)] 근로조건의 차이, 고용형태, 교섭 관행 등을 판단함

30) 임종률, 「노동법」, 125쪽.

31) 이승욱, 「교섭단위분리제도에 관한 연구」, 126쪽.

에 있어서는 주관적인 요소는 배제하고 객관적인 요소만을 고려한다고 한다.[32] 이 세 가지의 요소는 반드시 모두 존재하여야 하는 것은 아니며,[33] 세 가지 요소가 존재하는 경우에도 교섭단위를 분리할 필요성이 없다고 인정될 때에는 교섭단위를 분리하지 않을 수도 있다. 문제는 최종적인 교섭단위 분리 필요성을 누가 어떻게 일관성을 가지고 판단할 수 있는가에 있다. 전속적인 교섭단위 분리결정권을 갖는다고 주장하는 노동위원회도 지방노동위원회 사이의 편차로 인해 교섭단위 분리 결정에 있어서 일관성을 확보하고 있지 못한 것으로 보인다. 예를 들어 지역별로 다양한 사업장이 존재하는 특성을 가진 플랜트 산업에서 전국플랜트산업노동조합이 제기한 교섭단위 분리신청에 대하여 각 지방노동위원회와 중앙노동위원회가 분리를 허용한 반면,[34] 비슷하게 전국적으로 부두가 산재해 있는 항운노조들의 경우에는 초심 지방노동위원회는 교섭단위 분리를 인정했지만 중앙노동위원회가 초심 판정을 취소했다.[35] 또한 각기 서로 다른 지역에서 시설관리를 용역 받아 수행하는 것을 주된 사업으로 수행하는 (주)에스티엘 사건[36]과 (주)대흥 사건[37]은 유사한 구조를 가지고 있음에도 불구하고 교섭단위 분리 여부에 대한 판단이 서로 달라 일관성을 파악하기 어렵다. 이는 실제에 있어서는 세 가지 판단요소에 대한 객관적인 판단도 쉽지 않고, 교섭단위 분리 필요성 판단도 결국은 그때그때 달라질 수 있음을 보여주는 사례라고 생각된다.

---

32) 고용노동부, 「사업(사업장) 단위 복수노조 업무매뉴얼」, 36쪽; 중앙노동위원회, 「복수노조 업무 매뉴얼」, 152쪽.

33) 김상호, '교섭단위 분리에 관한 법적 쟁점 고찰', 83쪽.

34) 강원지노위 2014. 1. 15, 2013단위3~6; 강원지노위 2014. 3. 13, 2014단위 2~4; 부산지노위 2013. 6. 20, 2013단위24~34; 인천지노위 2013. 6. 26, 인천2013단위3~14; 중노위 2013. 8. 8, 중앙2013단위7~18 등.

35) 부산지노위 2013. 12. 19, 부산2013단위35 ; 중노위 2014. 2. 10, 중앙2014단위2.

36) 서울지노위 2012. 7. 24, 서울2012단위3.

37) 서울지노위 2012. 6. 20, 서울2012단위1.

한편 노동위원회에 대한 교섭단위 분리 신청 가능 기간은 노조및조정법 시행령 제14조의11 제1항에 따르면 사용자가 교섭요구사실 공고를 하기 이전의 기간이나 교섭대표 노동조합 결정 이후의 기간으로 매우 넓게 인정되고 있다.

(2) 교섭단위 분리 신청권자

교섭단위 분리 신청을 할 수 있는 권한이 있는 자는 "노동관계 당사자"이다. 이때 노동관계 당사자에 포함되는 노동조합을 반드시 교섭창구 단일화 절차에 참여한 노동조합이라고 해석할 이유는 없다.[38] 창구단일화 절차에 참여하지 않았던 노동조합이나 창구단일화 절차가 진행 중일 때에는 존재하지 않았던 신생 노동조합, 기존의 교섭대표 아닌 노동조합 등이 모두 교섭단위 분리 신청권한을 가진다고 보아야 한다. 다만 설립신고를 하지 않은 헌법상 조합에게도 교섭단위 분리신청권한이 있는가 하는 문제가 남을 수 있다. 이에 대하여 중앙노동위원회는 노조및조정법상 노동조합이어야 한다고 밝히고 있다.[39] 이는 고용노동부와 노동위원회가 교섭창구 단일화 절차에 참여할 수 있는 노동조합을 설립신고를 마친 노조및조정법상 노동조합에 한정하고 있는 한 당연히 이르게 되는 결과[40]이기는 하지만, 노조및조정법에 특별한 근거가 없음에도 불구하고 복수노조 병존 시 헌법상 조합의 단체협약 체결 목적 단체교섭 참여 권한을 제한하는 것은 이해하기 어렵다. 사용자에게도 교섭단위 분리신청권한이 인정된다.

---

38) 이 정, '자율교섭과 교섭단위분리에 관한 법적 쟁점', 270쪽. 중앙노동위원회, 「복수노조 업무 매뉴얼」, 147쪽도 교섭창구 단일화 절차 참여 여부를 문제 삼지 않는다.

39) 중앙노동위원회, 「복수노조 업무 매뉴얼」, 147쪽.

40) 고용노동부, 「사업(사업장) 단위 복수노조 업무매뉴얼」, 9쪽; 중앙노동위원회, 「복수노조 업무 매뉴얼」, 50쪽.

(3) 교섭단위 분리결정의 효력

노동위원회가 당사자의 신청에 따라 교섭단위 분리결정을 하면 노동조합은 각각의 교섭단위별로 교섭창구 단일화 절차를 진행하여야 한다. 교섭단위 분리결정 신청이 기각된 경우에는 원래의 교섭단위에서 해당 절차를 진행해야 한다. 지방노동위원회 결정이 위법·월권인 경우에는 교섭단위 분리 신청을 했던 당사자들은 중앙노동위원회에 이의제기를 할 수 있다. 노동위원회의 교섭단위 분리결정에 대한 불복 절차는 노조및조정법 제29조의3 제3항에 따라 노조및조정법 제69조의 중재재정에 대한 불복절차 규정이 준용된다. 따라서 노동위원회의 결정이 확정 판결에 의해 취소되기 이전까지는 노동위원회가 결정한 교섭단위별로 교섭창구 단일화 절차를 진행해야 한다.[41)]

(4) 교섭단위 분리결정권

노조및조정법 제29조의3 제1항은 교섭단위를 "하나의 사업 또는 사업장"으로 규정하고, 제2항에서 그에 대한 예외로서 노동위원회에 의한 교섭단위 분리를 결정하고 있다. 따라서 교섭단위 분리는 반드시 노동위원회의 결정을 통해서만 가능한 것인지가 논란이 되고 있다. 즉 임의분리 허용 가능성 문제이다. 여기에 대해서는 단체교섭 창구단일화 제도의 취지가 무너지고 교섭단위가 무한정 분리될 경우 지나치게 작은 단위로 나뉠 우려가 있으며, 개별 교섭절차가 보장되어 있다는 등의 이유로 당사자 사이의 합의를 통한 임의분리를 허용할 수 없다는 견해가 일반적이다.[42)] 그러나 노동관계 당사자가 임의로 교섭단위를 분리하여 교섭을 진행했을 경우 행정청이 이를 규제하거나 되돌릴 수 있는 권한 및 절차가 마련되지

41) 고용노동부, 「사업(사업장) 단위 복수노조 업무매뉴얼」, 36쪽.

42) 김상호, '교섭단위 분리에 관한 법적 쟁점 고찰', 76쪽 이하; 이승욱, 「교섭단위분리 제도에 관한 연구」, 107쪽 이하; 이 정, '자율교섭과 교섭단위분리에 관한 법적 쟁점', 272쪽 이하; 고용노동부, 「사업(사업장) 단위 복수노조 업무매뉴얼」, 34쪽; 중앙노동위원회, 「복수노조 업무매뉴얼」, 152쪽.

않았다는 점, 교섭단위 분리가 주로 사업장이 다를 경우 발생할 가능성이 높은데 단체교섭을 사업 단위로 할 것인지 또는 사업장 단위로 할 것인지는 전적으로 노동관계 당사자의 자율에 맡겨져 있다는 점 등에서 임의분리를 허용할 수 없다는 견해는 한계가 있다.[43] 그리고 임의분리를 허용할 수 없다는 견해를 취하는 경우에도 대부분 임의분리 후 체결된 단체협약의 효력을 무효라고 할 수는 없다고 보고 있는 것[44]도 교섭단위 임의분리 부정설의 한계라고 할 수 있다. 따라서 노동관계 당사자 사이의 합의에 의한 임의적인 교섭단위 분리의 효력을 굳이 부정할 이유는 없다고 생각된다. 실제에 있어서도 교섭단위 분리와 관련해서는 노동관계 당사자의 의사가 일치하는 경우는 거의 없으며, 교섭단위를 분리할 것인지를 두고 노사 간에 이견이 발생하여 대부분 노동위원회에 대한 교섭단위 분리 신청으로 이어지고 있다. 임의분리도 노동관계 당사자 사이의 합의를 필요로 하기 때문에 무분별한 교섭단위 임의분리로 인한 문제점이 나타날 가능성은 크지 않다. 또한 노조및조정법 제29조의3 제1항이 교섭단위를 정하는 기준을 "하나의 사업 또는 사업장"으로 지나치게 단순하게 규정하고 있어 교섭단위를 결정하는 실질적인 기준이 되기 어렵다는 점도 고려되어야 한다. 법률이 제시하는 교섭단위 설정 기준이 지나치게 단순하기 때문에 노사 간의 자율적 협의를 통해 구체적인 경우에 부합하도록 교섭단위를 자유롭게 형성할 수 있는 여지를 둘 필요성이 더 커진다. 이와 같은 점들을 고려하면 행정청의 통제가 미칠 가능성도 없는 상황에서 교섭단위 임의분리는 허용되지 않는다고 무리한 이론구성을 할 이유는 없다고 생각된다. 원칙적으로 단체교섭 당사자 확정 단위를 어떻게 정할 것인지 문제는 노동조합의 자율적 결정 사항이고 경우에 따라 사용자의

43) 한국경영자총협회, 「복수노조와 단체교섭-현장 노동법 실무 시리즈 II」, 49쪽 이하.

44) 김상호, '교섭단위 분리에 관한 법적 쟁점 고찰', 76쪽 각주 33); 이승욱, 「교섭단위 분리제도에 관한 연구」, 107쪽 이하; 이 정, '자율교섭과 교섭단위분리에 관한 법적 쟁점', 273쪽.

합의가 필요한 사항일 뿐 행정기관의 결정이나 판정을 받아야 하는 사항은 아니라고 보아야 하기 때문이다. 단체교섭 당사자 확정 단위 개념의 하위 개념인 교섭단위 개념을 그와 달리 볼 이유는 없을 것이다.

(5) 교섭단위 통합

현행 노조및조정법은 교섭단위 분리절차만 규정하고 있을 뿐 교섭단위 통합이나 분리 후 재통합에 대해서는 규정하고 있지 않다. 그러므로 노동관계 당사자들이 원래부터 분리되어 있던 교섭단위를 하나로 통합하려 하거나, 노동위원회 결정을 통해 분리된 교섭단위를 다시 통합할 필요가 있는 경우 당사자들의 합의만으로도 교섭단위 통합이 가능하다고 판단된다. 노동위원회의 교섭단위 분리 결정에 유효기간이 있는 것이 아니므로 일단 영구적인 분리 결정의 효력이 있다고 볼 수밖에 없는데, 그렇게 보면 단체교섭 상황이나 노사관계의 변화 대한 유연한 대응이 불가능해진다. 그러므로 입법자가 교섭단위 통합 규정을 별도로 두지 않은 것은 당사자들이 합의할 경우 언제든지 통합할 수 있도록 하기 위한 취지라고 이해해야 할 것이다. 교섭단위 통합 여부에 대하여 노동관계 당사자들 사이에 이견이 있을 경우에는 교섭단위 분리신청 절차에 준하여 노동위원회에 신청하면 노동위원회가 결정할 수 있도록 제도를 보완하는 것이 바람직하다.

제3절 단체교섭의 근로자 측 당사자

단체교섭의 당사자란 자기의 이름으로 단체교섭을 수행할 수 있는 자를 말한다. 단체교섭의 목적이 무엇인지에 따라, 만약 단체협약 체결을 목적으로 하는 단체교섭이라면 단체교섭의 당사자가 단체협약을 체결하는 권한을 가진 자 일 수도 있다. 그러나 앞에서 살펴본 바와 같이 단체교섭의 당사자가 항상 단체협약 체결 당사자여야 하는 것은 아니다. 근로자 측의 단체교섭 당사자로 가장 대표적인 것은 단위노동조합이 있다. 그 외에 노동조합의 상부단체, 단위노동조합의 하부 조직, 노동조합 아닌 근로자의 단결체 등이 검토될 수 있다.

Ⅰ. 단위노동조합

1. 단위노동조합의 단체교섭 당사자 적격과 교섭방법

단위노동조합은 근로자가 직접 개인 자격으로 노동조합에 가입하고 독자적인 단체로서의 규약과 기관을 가지고 활동하는 노동조합을 말한다.[45] 단위노동조합은 기업별 조직일 수도 있고 초기업별 조직, 예를 들어 산업별 조직이거나 지역별 조직일 수도 있다. 노동조합의 조직 유형은 근로자가 자율적으로 결정할 수 있으므로 전적으로 단결하고자 하는 근로자의 자유의사에 따라 결정된다.[46] 단위노동조합은 당연히 고유한 단체교섭권이 있으며, 대표자를 통해 자신의 단체교섭권을 행사하게 된다. 노조및조정법 제29조 제1항은 노동조합 대표자의 단체교섭권을 인정하고 있다. 만일 단위노동조합이 기업별 조직이면 기업 내에서 사용자와 교섭할 권한이 있고, 산업별 또는 지역별 단위노동조합이라면 사용자와 대각선교섭을 하거나 그 사용자가 소속한 사용자단체와 산업별 통일교섭을 할 수도 있을 것이다. 또한 여러 개의 단위노동조합이 그에 대응하는 복수의 사용자들과 동일한 일시·장소에 교섭을 진행하는 집단교섭을 할 수도 있다. 어떠한 방식의 교섭을 할 것인지는 노동관계 당사자가 자유롭게 협의하여 결정할 수 있다. 다만 특정한 교섭 방식을 상대방에게 일방적으로 강요할 수는 없다.[47]

---

45) 김형배, 「새로 쓴 노동법」, 892쪽.
46) 김형배, 「새로 쓴 노동법」, 999쪽.
47) 대판 2009. 12. 10, 2009도8239; 노조 68107-287, 2002. 4. 4.

기업단위 노동조합이 교섭을 요구할 때에는 문제될 것이 없지만, 산업별 또는 지역별 단위노동조합이 단체교섭을 요구할 때 특히 문제될 수 있는 것은 초기업단위 노동조합이 기업 내에 조합원이 있다는 사실을 해당 기업 사용자가 어떻게 확인할 수 있는가 하는 점이다. 해당 기업에 재직하거나 해고의 효력을 다투고 있는 조합원이 있다는 사실이 불명확하다면 사용자는 산업별 또는 지역별 단위노동조합의 교섭요구를 거부할 수 있다고 해야 한다. 하지만 조합원 전원을 특정하지는 않더라도 노동조합 측에서 해당 사업 또는 사업장 소속 근로자의 일부 또는 전부를 대표하고 있다는 것을 증명할 수 있다면 사용자는 단체교섭 요구에 응해야 하는 의무를 부담하게 된다.[48] 이때 산업별 또는 지역별 단위노동조합이 해당 사업 또는 사업장 소속 근로자 단 1명을 대표하고 있을 때에도 단체교섭을 요구할 수 있다고 볼 수 있을 것인가 하는 문제가 남는다. 이는 단체교섭의 주체로서 단결체라고 할 수 있는가 하는 문제이고 동시에 단체교섭의 단체성 쟁점이기도 하다. 이에 대한 특별한 규율이 없기 때문에 지회·분회의 조합원이 1명만 있어도 초기업단위 노동조합 본조가 사용자에게 대각선 교섭을 요구하는 경우가 있고, 이때 사용자가 정당한 이유 없이 그 교섭요구를 거부하면 단체교섭 거부의 부당노동행위가 된다고 볼 수밖에 없다. 이에 대하여 지회·분회의 경우에도 최소한 2명 이상의 조합원이 있을 때 교섭을 요구할 수 있도록 노조및조정법에 규정을 두어 그 요건을 분명히 할 필요가 있다는 주장이 있을 수 있다. 그러나 노동조합의 조직대상 결정은 노동조합의 자주적인 결정 사항이고 특히 산업별 또는 지역별 초기업단위 노동조합의 경우에 노동조합의 단체성 판단은 지회·분회 단위가 아니라 해당 초기업단위 노동조합을 기준으로 판단해야 한다는 점에서 특정 사업장에 소속 조합원이 1명밖에 없다는 이유로 해당 사업장 지회·분회의 단체성이 부정될 수는 없다고 생각된다.

---

48) 西谷 敏, 「労働組合法」, 287쪽 이하.

2. 단체교섭 당사자를 노동조합으로 한정하는 입법의 타당성

헌법 제33조 제1항은 분명 단체교섭권을 근로자의 권리로 보장하고 있다. 그러나 노조및조정법 제29조 제1항은 단체교섭권을 갖는 당사자로 "노동조합의 대표자"를 명시하고 있다. 앞에서 헌법상 근로자 개념을 전제로 할 때 노조및조정법 제2조 제1항의 근로자 개념은 헌법에 위배되는 것은 아니라고 분석했다. 그러나 근로자 개념이 문제가 아니라 헌법은 단체교섭권의 주체를 "근로자"라고 명시했는데, 하위 법률인 노조및조정법이 이를 "노동조합"으로 한정한 것이 타당한지가 문제가 된다.

노조및조정법이 단체교섭의 당사자를 노동조합으로 한정한 것이 타당한지를 살펴보기 위해서는 우선 단체교섭의 개념을 이해해야 한다. 단체교섭은 근로자들이 자주적인 조직과 체계를 갖춘 "단체"를 이루어 단체의 의사에 따라[49] 교섭하는 것을 의미한다. 이는 노동3권으로 함께 규정되어 있는 단결권이 개념상 단체교섭에 시간적으로 앞서서 행사되는 권리라는 점을 고려해도 분명해진다. 헌법상 노동3권의 하나인 단체교섭권은 헌법상 근로자들이 단체를 이루어 행사할 수 있는 권리이고, 헌법상 노동3권의 일부 핵심적인 부분을 구체화 한 노조및조정법이 단체교섭권을 행사하는 단결체로서 노동조합을 규정한 것은 헌법이 단체교섭권을 인정한 취지에 부합하는 것이라고 볼 수 있다.[50] 노조및조정법 제2조 제4호는 "노동조합"이라 함은 근로자가 주체가 되어 자주적으로 단결하여 근로조건의 유지·개선 기타 근로자의 경제적·사회적 지위의 향상을 도모함을 목적으로 조직하는 단체 또는 그 연합단체를 말한다고 규정한다. 물론 노조및조정법에 의한 노동조합이 아닌 경우에도 헌법상 단체교섭권의 주체로 명시되어 있는 근로자가 헌법상 단결권을 행사하여 단결체를 구성한 경우 그 단결체가 헌법상 단체교섭의 주체가 될 수 있는 가능성은

---

49) 김유성, 「노동법Ⅱ」, 129쪽은 이를 "통일적인 의사형성"이라고 표현한다.
50) 김유성, 「노동법Ⅱ」, 130쪽; 김형배, 「새로 쓴 노동법」, 994쪽.

열려 있다고 보아야 한다.[51] 특히 파업권의 주체가 노동조합으로 한정되어 이해되는 우리나라에서의 법해석 관행에 대해 지적하는 견해가 있는데, 이러한 지적은 헌법상 단체교섭권이 근로자의 권리로 명시되어 있음에도 불구하고 노동조합만이 행사할 수 있는 것으로 이해되고 있는 우리나라의 법해석 현실을 이해하는 데에 중요한 단서를 제공해준다.[52]

Ⅱ. 복수노조 시 교섭대표 노동조합과 교섭대표 아닌 노동조합

노조및조정법 제29조의2 제1항에 따르면, 하나의 사업 또는 사업장에 조직형태와 관계없이 단위노동조합이 2개 이상인 경우에는 노동조합은 교섭대표 노동조합을 정하여 사용자에게 교섭을 요구해야 한다. 따라서 단체협약을 체결하기 위해 단체교섭을 하려고 할 경우에 해당 교섭단위 내에 복수의 노동조합이 설립되어 있다면 교섭창구를 단일화하여 단체교섭을 진행해야 한다. 물론 교섭단위 내에 노동조합이 1개밖에 없다는 것이 객관적으로 확실한 상황이라면 창구단일화 절차를 거칠 필요가 없다고 볼 수도 있겠지만,[53] 현재와 같이 수면 위로 드러나지 않은 산업별 노동조합 지회나 지부가 존재할 가능성이 높은 상황에서는 교섭단위 내에 노동조합이 1개밖에 없는 것이 확실한지 확인할 수 있는 방법은 사용자가 교섭요구사실 공고를 하여 교섭참여노조 확정 절차를 개시해보는 것밖에 없을 것이다. 따라서 앞에서 살펴본 바와 같이 교섭창구 단일화 절차는 해당 교섭단위 내에 노동조합이 복수로 존재하는지 또는 단수로 존재하는지 여부에 관계 없이 일반적으로 준수되어야 하는 단체교섭 절차라고 보아야 한다. 그리고 교섭창구 단일화 절차를 통해 교섭대표 노동조

---

51) 강희원/ 김영문, 「근로자개념과 계약의 자유」, 80쪽 이하; 김유성, 「노동법Ⅱ」, 129쪽 이하. 전윤구, '파업권의 주체에 관한 비교법적 검토', 522쪽 이하.

52) 전윤구, '파업권의 주체에 관한 비교법적 검토', 522쪽 이하.

53) 서울고판 2014. 11. 27, 2014누44191.

합이 결정된다 하더라도 교섭대표 노동조합은 모든 단체교섭 권한을 독점하는 것이 아니다. 따라서 교섭대표 아닌 노동조합도 일정한 교섭에서는 단체교섭의 주체가 될 수 있는 경우가 있다.

1. 교섭대표 노동조합의 단체교섭권의 범위에 대한 기존 논의의 문제점

교섭창구 단일화 과정을 거쳐 교섭대표 노동조합으로 결정된 노동조합은 교섭대표권 유지기간 동안 사용자와 단체교섭을 할 수 있는 권리를 모두 독점하게 되는가? 반대로 말하면 교섭대표 노동조합이 대표권을 유지하는 기간 동안 교섭대표 노동조합이 아닌 노동조합은 단체교섭권을 전혀 행사할 수 없는가의 문제가 발생한다.

노동조합은 헌법상의 단결권을 구체화한 노조및조정법에 근거하여 설립된 근로자의 자주적인 단결체이다. 근로자의 자주적인 단결체는 헌법상의 단체교섭권과 단체행동권을 갖고 있다. 여기가 교섭창구 단일화 제도 시행 초기에 위헌론이 제기되고 합헌론과 충돌했던 지점이다. 물론 노동3권은 일체로서 하나의 권리로 보아야 하므로, 3개의 권리 중 어느 하나가 보장되지 않는다고 해서 노동3권이 모두 부정된 것은 아니며, 따라서 단체교섭권이 보장되지 않았다고 해서 곧바로 헌법 제33조 제1항에 위반되어 위헌이라고 단정할 수는 없다.[54] 그러나 기본권에 대한 제한이나 제약이 정당화될 수 있는 헌법 제37조 제2항의 요건을 갖추었는지에 대한 고려 없이 교섭대표 아닌 노동조합의 단체교섭권을 완전히 배제하는 것이 우리 노조및조정법 개정의 의미였다면 2010년 1월 1일의 그러한 입법권 행사를 합헌적인 것이라고 순순히 인정하기는 어렵다.

54) 전광석, 「한국헌법론」, 383쪽.

[보충논의]

단체교섭 창구단일화 절차의 위헌론과 합헌론

1. 합헌이라고 보는 견해

(1) 위헌성이 있지만 불가피하다는 견해

우선 위헌성의 의심이 짙지만 현실적 필요성을 고려할 때 창구단일화 절차를 제도화하는 것이 불가피하다고 보는 견해가 있다. 이 견해는 원칙적으로 "합헌론은 법논리상 궁색"하다고 인정하면서도 (2009년 당시의) 노조및조정법 부칙 제5조가 사업장 차원의 창구단일화를 예정하여 복수노조를 허용할 것을 예정하고 있는 점, 우리 판례가 노동조합 간 단체교섭상의 충돌이 예상되지 않으면(창구단일화의 필요성이 없으면) 현재도 사업장 차원의 복수노조가 존재할 수 있다고 판시하고 있어 창구단일화를 합헌적 제도로 볼 가능성이 많다는 점 등을 고려하면 창구단일화제도는 한국 노사관계의 특성상 위헌성과 "불편한 동거"를 해야 하는 딜레마에 처해 있다고 본다.[55] 다만 창구단일화를 제도화할 때에는 교섭대표 아닌 노동조합 및 조합원의 보호에 만전을 기함으로써 위헌의 소지를 줄여나가는 것이 필요하다고 한다.

다음으로는 교섭창구 단일화는 단체교섭'권'을 단일화할 것을 요구하는 것이 아니라 교섭'창구'를 단일화하도록 하는 제도이므로 위헌이라고 할 수 없다는 견해가 있다. 교섭창구 단일화 제도는 노동조합이 사실행위로서 교섭이나 협상을 한자리에서 하여야 한다는 데 지나지 않고 단체교섭권은 여전히 각 노동조합에게 유보되어 있기 때문에, 그 협상의 결과 합의가 성립하거나 결렬될 때에도 각 노동조합이 그 결과를 수용할 것인지 여부를 자유롭게 결정할 수 있다고 보아야 하고 그러한 한에서 위헌성이 치유된다는 견해이다.[56] 이 견해의 놀라운 점은 이와 같은 설명에서 더 나아가 비록 단체교섭'권'의 단일화로 본다 하더라도 단체교섭권의 단일화 방법에 따라서는 헌법상 단체교섭권의 보장취지를 반드시 형해화시키지는 않는

55) 이철수, '복수노조·노조 전임제의 법리와 입법론적 과제', 7쪽.
56) 이승욱, '복수노조와 교섭창구단일화', 12쪽 이하.

다고 부연하고 있다는 것이다. 위헌이지만 위헌성을 줄일 수 있지 않겠느냐는 주장으로 이 대목에 이르면 위헌성의 의심이 짙지만 현실적 필요성을 고려할 때 제도화가 불가피하다는 앞의 견해[57]와 구별이 어려워진다. 이 견해는 단체교섭권의 단일화가 정당화 되는 근거로서 단체교섭권을 단일화하면 교섭력이 분산되지 않도록 할 수 있고, 교섭대표 아닌 노동조합의 단체교섭권 제한 문제는 기본권 경합이라는 관점에서 입법정책적으로 정할 수 있는 사항이라고 추가적인 논거를 제시하고 있다.[58] 이 견해는 2009년 7월에 제시되었던 노사정위원회 공익위원안[59]을 전제로 소위 말하는 교섭대표 아닌 노동조합의 인준투표제도가 보장된다고 보는 관점에서 입장을 개진한 것이기 때문에 현행 노조및조정법 제29조의2 이하의 규정이 합헌 또는 위헌이라고 판단한 것은 아니라는 점에 유의하여야 한다.

또 다른 견해는 동일한 사용자에게 고용되어 동종의 업무를 수행하는 근로자들에게는 통일된 근로조건의 기준이 적용되는 것이 노조및조정법의 기본원칙이라고 할 수 있기 때문에 교섭창구를 단일화하여 근로조건을 통일하고 교섭비용을 줄이고 단체교섭을 효율화해야 할 뿐 아니라, 복수의 노동조합 사이의 마찰을 피하고 사용자와 노동조합들 간의 복잡한 관계를 조화시킬 필요가 있으므로 그러한 목적을 위해 창구단일화제도를 설정하는 것이 반드시 입법자의 입법재량의 범위를 넘어선 것으로 볼 수는 없다고 하여 필요성을 근거로 합헌성을 인정하고 있다.[60]

(2) 단체교섭권의 본질적 부분을 침해하지 않는다면 합헌이라는 견해

교섭대표 아닌 노동조합이라 할지라도 단체교섭의 당사자로서의 지위 자체가 부정되는 것이 아니라, 단체교섭의 구체적인 행사 창구를 교섭대표노조 또는 공동교섭대표단으로 단일화한 것이고, 교섭대표노조가 체결한 단체협약의 규범적 효력에 따라 동일한 내용의 근로조건을 실질적으로 규

57) 이철수, '복수노조·노조 전임제의 법리와 입법론적 과제', 7쪽.

58) 이승욱, '복수노조와 교섭창구단일화', 14쪽.

59) 경제사회발전노사정위원회, 「노사관계선진화위원회 활동보고」, 5쪽 이하.

60) 김상호, '복수노조·교섭창구 단일화 개정 내용의 평가', 46쪽 이하; 김형배, 「새로 쓴 노동법」, 1004쪽; 임종률, 「노동법」, 29쪽 등.

율 받고 있다는 점에서 교섭대표 아닌 노동조합의 단체교섭권의 본질적 침해가 있다고 할 수는 없다고 보는 견해가 있다.[61] 헌법재판소도 기본적으로 같은 입장이다. 헌법재판소는 교섭창구 단일화 제도는 교섭절차를 일원화하여 효율적이고 안정적인 교섭체계를 구축하고, 근로조건을 통일하고자 하는 데 그 목적이 있는바, 그 목적의 정당성은 인정되고 적절성도 인정되며, 교섭대표가 되지 못한 노동조합의 교섭권이 제한되기는 하지만 장차 교섭대표가 될 가능성이 열려 있고 창구단일화를 통해 체결된 단체협약의 적용도 똑같이 받게 되므로 적정한 근로조건의 구현이라는 단체교섭권의 실질적인 보장을 위해 불가피한 제한이라고 보았다.[62] 헌법재판소는 여기에 덧붙여 효율적이고 안정적인 교섭체계를 구축할 수 있게 되고 조합원들의 근로조건을 통일할 수 있게 됨으로써 얻게 되는 공익은 큰 반면, 이로 인해 발생하는 소수 노동조합의 단체교섭권이 제한됨으로써 침해되는 이익은 그렇게 크지 않다고 보았다.[63]

본질적 부분을 침해하지 않는다면 합헌이라고 보는 견해 중에 단체교섭 창구단일화는 그것 자체가 무조건 위헌이라고 판단되는 것은 아니며, 그렇다고 반대로 항상 합헌이 된다고 볼 수도 없다는 견해가 있다. 이 견해는 단체교섭권의 본질적인 부분을 침해함이 없는 한도 내에서, 교섭구도의 착종을 방지하고 근로조건의 통일적 형성이 저해되는 것을 막기 위한 목적하에서 단체교섭 창구단일화를 추구한다면 합헌이라고 하면서, 단체교섭권의 본질적인 부분을 침해하지 않기 위해서는 교섭창구 단일화 방안의 목적과 그에 따른 비례성이 준수되어야 하고 노사자치의 보충성으로서 교섭창구 단일화가 이루어져야 한다고 본다. 비례성이 준수되기 위해서는 통일적 근로조건 형성을 위해 교섭창구를 단일화해야 하는 필요성이 인정되어

61) 권 혁, '교섭창구단일화제도와 산별교섭', 6쪽; 하경효, '복수노조와 단체협약의 근로조건 통일기능', 363쪽 이하.

62) 헌재 2012. 4. 24, 2011헌마338.

63) 이에 대해 조용만 교수는 헌법상 노동3권의 보장은 노동조합이 전체근로자의 대표가 아니라 소속 조합원의 대표임을 전제로 한 것이기 때문에 헌재가 언급하고 있는 교섭창구 단일화에 따른 공익이 헌법적으로 정당화될 수 있는지 의문이라고 비판하고 있다(조용만, '헌법상 단체교섭권의 보장과 교섭창구 단일화제도', 476쪽).

야 하며, 노사자치에 대한 보충성이 인정되려면 비록 복수노조가 있더라도 사업장 단위에서의 교섭상 갈등의 여지가 없는 경우에는 교섭창구 단일화가 필요 없다고 볼 수도 있다고 한다.[64)]

2. 위헌이라고 보는 견해

단체교섭창구 단일화를 위헌이라고 보는 견해의 대표적인 논리는 배타적 교섭대표제도를 택하는 미국에서는 단체교섭권이 단지 법률상 권리에 지나지 않는데 비하여 우리 헌법상 단체교섭권은 헌법상 권리라는 점에 모아진다. 그리고 전적으로 조합원 수의 많고 적음에 따라 교섭권의 인정 여부를 정한다면 교섭대표 아닌 노동조합에게도 헌법상 보장되어 있는 단체교섭권이 일방적으로 부인되는 결과가 된다고 한다. 따라서 헌법상 단체교섭권을 보장하고 있는 우리나라에서 미국의 배타적 교섭대표제도 또는 과반수대표제를 도입하는 것은 위헌이라고 본다.[65)] 다만 이 견해에 따를 경우에도 교섭창구 단일화 여부 및 절차를 전적으로 노동조합의 자율에 맡긴다면 법정 교섭창구 단일화의 위헌성이 배제될 수 있다고 본다.

또 다른 견해는 조합원 과반수로 조직된 노동조합이 존재하는 사업 또는 사업장의 소수 노동조합은 사용자의 별도의 동의가 있거나 다른 노동조합과 자율적으로 공동교섭단을 결성할 수 있는 경우를 제외하고는 단체교섭에 전혀 참여할 수 없게 되어 단체교섭권의 본질적인 부분을 침해당한다고 본다. 또한 기업별 노조체제 하에서 노동조합 대표가 근로자 전체의 대표가 아닌 조합원의 대표일 뿐인 우리나라에서 헌법 제37조 제2항의 공공복리를 위한 기본권 제한을 근거로 교섭대표 아닌 노동조합의 단체교섭권을 제한하는 것도 정당화될 수 없다고 보고 있다.[66)] 그 외에 기업단위 교섭창구 단일화 과정에서 자율적 교섭대표 노동조합이 선정되지 않을 때 근로자들의 동의나 위임과정 없이 법률에 의해 곧 바로 과반수노조에게 단체교섭권이 위임됨으로써 교섭대표 아닌 노동조합의 단체교섭권의 침해는

---

64) 박종희, '복수노조 하에서의 단체교섭창구단일화', 203쪽 이하.
65) 윤성천, '사업(장) 단위에서의 복수노조와 단체교섭 문제', 515쪽 이하.
66) 유성재, '2010년 개정 노동법에 대한 입법론적 평가', 16쪽 이하.

물론이고 근로자의 근로조건에 관한 자기결정의 원칙에 반하는 점에 위헌성이 있다는 견해가 있다.[67]

3. 소 결

앞에 설명한 합헌론들은 현실적 필요성을 이유로 헌법과 성문법률 규정의 의미를 애써 외면하고 있다는 근본적인 문제에서 자유롭기 어렵다. 특히 교섭창구 단일화를 "기본권의 경합" 문제로 해결할 수 있다고 주장하는 것[68]은 동의하기 어렵다. 기본권의 경합이란 동일한 기본권 주체의 특정한 행위가 여러 기본권의 구성요건에 해당하는 현상을 말하기 때문이다.[69] 단체교섭권에 대한 제한이기는 하지만 본질적인 내용을 침해하지 않으면 가능하다는 입장도 교섭대표가 아닌 노동조합은 단체교섭권의 전부를 행사할 수 없다고 본다면 본질적인 내용을 침해하는 것으로 보아야 하지 않는지 의문이다. 단체교섭권의 본질적 내용은 "단체교섭을 하는 것"이기 때문이다. 교섭창구 단일화를 바라봄에 있어서 설계된 제도의 세부적 내용과 운용 실태를 고려하지 않고 단지 "현실적으로 필요하다"는 상황논리에 따라 합헌성을 단정 짓거나 위헌성을 외면하려는 태도는 정치논리일 수는 있겠으나 규범논리이기는 어렵다고 생각된다.

통일적 근로조건 형성을 목적으로 교섭대표 아닌 노동조합의 단체협약 체결을 위한 단체교섭권을 제한하는 것은 위헌으로 볼 가능성이 충분하다고 본다. 다만 교섭대표 아닌 노동조합의 단체교섭권 전체를 제한하는 것이 아니라 단지 단체협약 체결을 위한 단체교섭 권한만을 제한하는 것이므로 이를 단체교섭권 전체를 제한하는 것과 같은 차원에서 판단하기는 어렵다. 단체교섭권의 본질은 단체협약 체결권만이 아니라 "교섭하는 권리" 그 자체라고 보면 협약 체결 목적 단체교섭 이외의 단체교섭권의 영역에 포함되는 단체교섭권은 여전히 교섭대표 아닌 노동조합이 보유하고 있다고 볼 수 있기 때문이다. 교섭창구 단일화 제도를 합헌으로 판단한 위의 견해들은

---

67) 정명현, '교섭대표의 선정방식 및 법적 지위에 관한 고찰', 198쪽 이하.

68) 이승욱, '복수노조와 교섭창구단일화', 14쪽.

69) 성낙인, 「헌법학」, 267쪽; 정종섭, 「헌법학원론」, 389쪽; 허 영, 「헌법이론과 헌법」, 445쪽; 홍성방, 「헌법학」, 315쪽.

모두 단체협약 체결을 위한 단체교섭을 단체교섭권의 전부라고 이해하면서, 단체교섭권을 제한하는 규정에 대해 너무 쉽게 합헌이라고 보았다는 점에서 납득하기 어려운 부분이 있다. 그러나 단체교섭권에 대한 2원론적 이해를 수용하면 그와 같은 현행 교섭창구 단일화 제도의 위헌성은 한결 축소되는 것으로 볼 수 있다. 하지만 단체협약 체결은 여전히 단체교섭권의 가장 본질적인 목적이라는 점에서 위헌성의 의심을 완전히 떨쳐내기는 어렵다.

그 동안 학계에서 진행되어 온 교섭창구 단일화 제도의 합헌론과 위헌론의 각 논의들은 그 전제에서부터 동의하기 어려운 부분이 있다. 가장 큰 문제는 단체교섭권은 곧 단체협약 체결을 목적으로 하는 것이 전부라는 인식을 가지고, 단체협약 체결 목적이 아닌 단체교섭권의 개념은 처음부터 상정하지 않은 채, 교섭창구 단일화 절차 진행 후 교섭대표 노동조합이 교섭창구 단일화 절차에 참여한 노동조합 전부의 단체교섭권 100%를 독점한다는 것을 전제로 논의가 전개되어 온 것이다.

그러나 우리는 앞에서 단체교섭권은 2원적 개념으로 이해해야 하고 단체협약 체결 자체를 목적으로 하는 외에 그 체결된 사항을 해석·적용하거나 노사관계에 있어서 발생하는 각종 실체적 또는 절차적 문제들을 협의하고 조율하기 위하여 평화적으로 협의하고 절충해가는 것을 목적과 내용으로 하는 단체교섭의 영역을 인정해야 한다는 점을 확인했다.[70] 그렇다면 교섭대표 노동조합이 독점하는 단체교섭권의 범위가 노동조합이 행사할 수 있는 단체교섭권의 100%는 아니라는 사실을 쉽게 알 수 있다. 종래의 견해가 교섭대표 노동조합이 독점적으로 행사하는 단체교섭권이 교섭창구 단일화 절차에 참여한 노동조합들이 보유하는 단체교섭권의 100%라고 인식했던 것은 단체교섭권의 개념을 처음부터 너무 좁게 보고 있었기 때문이다. 따라서 단체교섭권에 대한 기존의 관념을 전제로 분석

70) 자세한 내용은 제2장 제4절 II. 참조.

해온 노조및조정법상 교섭창구 단일화 절차에 대한 합헌론과 위헌론의 이해들은 모두 잘못된 전제를 가지고 진행되어 온 것이라고 생각한다.

2. 교섭대표 노동조합과 아닌 노동조합 사이의 단체교섭권 분화

(1) 교섭대표 노동조합이 독점하는 단체교섭권의 범위

가. 단체교섭권의 배분

단체교섭권은 첫 번째, 근로조건 및 기타 근로자의 대우에 대한 사항과 노사관계에 있어서의 실체적 또는 절차적 각종 규율에 관한 사항을 설정하기 위한 단체교섭권 즉 단체협약 체결을 목적으로 행사할 수 있는 단체교섭권과, 두 번째, 그 설정된 사항을 해석·적용하거나 노사관계에 있어서 발생하는 각종 실체적 또는 절차적 문제들을 협의하고 조율하기 위하여 평화적으로 협의하고 절충해가기 위해 행사하는 단체교섭권으로 나누어 볼 수 있다. 결론부터 말하면, 교섭창구 단일화와 관련된 노조및조정법의 각 규정과 노조및조정법 시행령의 각 규정들을 토대로 판단할 때 교섭대표 노동조합이 대표권 유지기간 동안 독점적으로 보유할 수 있는 권한이 부여된 단체교섭권은 위의 첫 번째 부분에 해당하는 단체교섭권에 한정된다. 그리고 두 번째 부분에 해당하는 단체교섭권은 교섭대표 아닌 노동조합도 자신이나 자신의 조합원에 대한 사항이라면 단체교섭 당사자의 지위에서 직접 행사할 수 있다.

나. 교섭대표 노동조합의 단체교섭권 제한 근거

교섭대표 노동조합이 보유하는 단체교섭권이 단체협약 체결을 위한 단체교섭권에 국한된다는 것은 2010년 1월 1일 교섭창구 단일화 절차 시행을 위한 노조및조정법 개정안 개정이유에서 알 수 있다. 개정이유 부분을 보면 "사업 또는 사업장 단위에서 근로조건 통일을 위한 교섭창구 단일화 절차"[71]라고 하여 교섭창구 단일화 제도의 취지가 근로조건의 통일

71) 법률 제9930호, 2010. 1. 1, 일부개정법률안 개정이유.

을 위한 것임을 밝히고 있다. 근로조건의 통일을 위한 목적은 곧 조합원들의 근로조건을 정하는 단체협약의 통일을 말한다고 할 수 있다. 대다수의 학설도 하나의 사업장에 하나의 단체협약이 적용되도록 하여 노사관계의 불안정성을 방지하고 근로조건의 통일적 형성에 교섭창구 단일화 제도의 취지가 있다고 밝히고 있다.[72] 물론 이러한 견해들은 대부분 단체교섭권의 목적이 전적으로 단체협약 체결에 있다는 전제를 가지고 전개되었기 때문에 단체협약 체결 목적 아닌 단체교섭 개념은 전혀 고려하지 않고 있지만, 적어도 교섭창구 단일화의 목적이 단체협약을 단일화하는 데에 있다는 창구단일화의 본질적 목적은 명확히 파악할 수 있다.

[보충논의]

통일적 근로조건 형성 필요성에 대한 반론

교섭창구 단일화 자체의 불가피성 내지 필요성을 강조하는 입장은 복수의 노동조합에 대하여 복수의 교섭을 허용할 경우 하나의 사업장 내에서 근로조건의 통일적 형성이 저해될 수 있고, 교섭구조의 착종이 발생한다는 것을 강조한다.[73] 헌법재판소도 "교섭창구 단일화를 이루어 교섭에 임하게 되면 효율적이고 안정적인 교섭체계를 구축할 수 있게 됨은 물론, 교섭대표 노동조합이 획득한 협상의 결과를 동일하게 누릴 수 있어 소속 노동조합에 관계없이 조합원들의 근로조건을 통일할 수 있게 됨으로써 얻게 되는 공익은 큰 반면, 이로 인해 발생하는 소수 노동조합의 단체교섭권 제한은 … 기본권 침해의 최소성이 인정된다고 하여[74] 근로조건의 통일적 형성이 필요하다는 것을 전제하고 있다. 단체협약이 경합하거나 병존하는 경

72) 김영문, '복수노조와 협약자율', 9쪽; 김형배, 「새로 쓴 노동법」, 1004쪽; 박종희, '교섭창구 단일화 방안의 안정적 정착을 위한 해석방안', 532쪽; 이승욱, '교섭단위 분리제도의 내용과 쟁점 : 복수노조 시대 무엇이 쟁점인가', 7쪽 이하.

73) 박종희, '복수노조 하에서의 단체교섭창구단일화', 203쪽; 이승욱, '교섭단위 분리제도의 내용과 쟁점 : 복수노조 시대 무엇이 쟁점인가', 7쪽 등.

74) 헌재결 2012. 4. 24, 2011헌마338.

우에 하나의 단체협약이 적용되어야 한다는 원칙이 판례에 의해 받아들여지고 있었던 독일에서는 하나의 단체협약이 적용되어야 하는 이유로 법적 안정성과 법적 명확성, 근로조건의 차별적 보장이 실무적으로 어렵다는 것 등을 이유로 단일 단체협약이 적용되어야 한다고 보았었다.[75)]

그러나 하나의 사업 또는 사업장 내에 과연 통일적 근로조건 형성이 반드시 필요한 것인가에 대하여는 의문이 아닐 수 없다. 노동조합을 해당 산업 또는 사업장의 통일적 근로조건을 결정하는 기구로 볼 것인가 아니면 조직된 개별 근로자들의 근로조건 향상을 위한 이익단체로 볼 것인가 하는 것은 각 나라의 고유한 집단적 노사관계법 규정과 노사관계의 연혁 및 배경에 따라 달리 판단될 수 있을 것이다.[76)] 노동조합 등 근로자대표기구가 사업장 전체 근로자의 대표로 기능하면서 그 배타적 교섭대표가 체결한 단체협약이 사업장 내 모든 노동조합에 대하여 적용되는 미국이나, 산업별 노동조합체제가 정착된 가운데 일정 지역의 전체 동종 산업에 종사하는 근로자들의 근로조건의 통일적 형성을 목표로 단체협약이 체결되는 것이 일반화 된 독일의 경우나 사용자가 노동조합과 단체협약을 체결하면 그 사용자와 근로계약을 체결한 근로자에게 단체협약이 적용되도록 법률로 정하고 있는 프랑스의 경우[77)]라면 통일적 근로조건 형성이 강조될 수 있을 것이다. 다시 말하면 해당 산업 전체에 적용될 근로조건의 최저선을 결정한다는 의미에서 산업별교섭이 일반화된 나라에서는 근로조건의 통일적 형성 역할은 무엇보다 두드러지는 단체교섭과 단체협약의 특징이 될 수 있다.

독일에서는 하나의 사업장에 동일한 적용 대상을 갖는 두 개 이상의 단체협약이 병존하는 경우에도 하나의 단체협약만 적용되도록 하는 단일단체협약 적용 원칙(Grundsatz der Tarifeinheit)이 판례로 확립되어 오랫동안 유지되어 왔었다. 그러나 이 원칙은 2010년 독일 연방노동법원에 의해서 포기되고 하나의 사업장에 복수의 단체협약이 존재하는 경우 근로자는 자기가 소속된 노동조합이 체결한 단체협약의 적용을 받는 것이 인정되

75) 유성재, '단체협약의 경합·병존과 단일 단체협약의 원칙', 276쪽.
76) 유성재, '2010년 개정 노동법에 대한 입법론적 평가', 17쪽 이하.
77) 김상호, '프랑스의 단체협약 적용의 연구', 8쪽.

었다.[78] 단일단체협약 적용 원칙은 근로자의 단결권과 노동조합의 단체협약 체결권을 침해하는 것이라는 점을 지적해온 학계의 오랜 비판[79]이 독일 연방노동법원에 의해 받아들여진 것이다.[80] 하물며 기업별교섭과 기업별 노동조합 활동이 주류를 이루고 노동조합은 단지 해당 기업의 조합원만의 대표일 뿐이며, 조합원의 근로조건을 결정하는 권한만을 가지는 우리나라에서는 통일적 근로조건 형성의 명분은 더욱 약화된다. 결국 조합원과 비조합원의 근로조건 차이는 기업별노조 설립과 기업별교섭 구조가 일반적인 우리나라에서는 이미 수인되고 있는 것으로 보아야 한다. 예외적으로 노조및조정법 제35조에 따라 해당 사업 또는 사업장 근로자의 과반수가 하나의 단체협약의 적용을 받게 된 때에 전체 사업장에 해당 단체협약을 확대적용하는 예외가 인정되고 있을 뿐이다. 단체협약상 근로조건을 비조합원에게도 확대적용해주는 관행이 있는 사업장도 있지만 이는 사용자의 호의에 따른 결과일 뿐 단체협약은 조합원에게 적용되는 것이 원칙이라는 논거에 대한 반론이 되기는 어렵다. 그러므로 유독 어느 노동조합 소속인지 불문하고 조합원들에 대해서만은 통일적 근로조건을 형성해야 한다는 논리에 대해서는 의문을 갖지 않을 수 없다.[81] 노동조합의 교섭력의 차이에 따른 근로조건의 차이는 어쩌면 당연한 결과일 수도 있다. 더구나 복잡한 근로조건의 병존으로 인한 비용은 사용자가 부담하는 것일 뿐, 노동조합이나 근로자의 부담은 아니라는 점도 고려하여야 할 것이다. 같은 맥락에서 우리나라에서 자기 조합원의 이익 증대를 목표로 하는 노동조합활동

---

78) Junker, 'Grundfragen der Tarifeinheit in den Mitgliedstaaten der EU', 301쪽; 독일의 단일단체협약 적용 원칙의 내용과 문제점, 판례의 변화와 복수 단체협약의 인정 등에 대한 자세한 내용은 Rieble, 「Verfassungsfragen der Tarifeinheit」 참조.

79) Däubler(Hrsg.)/ Zwanziger, 「Kommentar zum Tarifvertragsgesetz」, §4 방주 940, 1345쪽 이하. Löwisch/ Rieble, 「Tarifvertragsgesetz」, §4 방주 132, 520쪽 이하.

80) 하경효, '복수노조와 단체협약의 근로조건 통일기능', 379쪽 이하.

81) 강선희, '노동기본권과 소수 노동조합의 협약능력 및 단체협약의 효력에 관한 연구', 94쪽은 근로조건의 획일적·통일적 형성의 과제는 단체협약이 아니라 취업규칙에 있다고 본다.

> 이 공공복리를 위한 활동으로 평가되기는 어려우며,[82] 근로조건의 통일적 형성이나 교섭의 혼란 방지가 공공복리에 기여하는 것도 아니므로 헌법 제37조 제2항의 "공공복리를 위하여 필요한 경우"를 근거로 노동조합의 헌법상 보장된 단체교섭권을 제한하는 것도 타당성을 인정하기 어렵다. 그러므로 교섭창구 단일화 제도의 취지가 복수의 단체교섭으로 인한 불편과 혼선을 감소시키고 교섭의 편의를 도모하기 위한 것이라면 모르되, 사업 또는 사업장 단위의 근로조건의 통일적 형성에 있다고 보는 것은 창구단일화 제도의 정당성을 뒷받침할 수 있는 근거가 될 수 없다. 근로조건의 통일화가 교섭창구 단일화 절차를 운영하는 결과 나타나는 부수적인 효과일 수는 있다.[83]

교섭창구 단일화의 대상이 되는 단체교섭권, 즉 교섭대표 노동조합이 독점하는 단체교섭권의 범위는 단체협약 체결과 관련된 단체교섭권에 국한된다는 근거는 굳이 법개정 취지를 보지 않아도 알 수 있다. 교섭창구 단일화 절차를 규정한 노조및조정법의 규정들은 어디에도 단체협약 체결 목적 단체교섭의 경우에만 창구단일화를 한다고 직접적으로 밝히지는 않았다. 하지만 법률 조문이 직접 명시하지 않았다 해도, 제도의 본질을 고려해보면 교섭창구 단일화 제도는 단체협약의 통일을 초래하는 제도라는 것을 추론할 수 있다. 노조및조정법 제29조의2 제1항은 하나의 사업 또는 사업장에서 조직형태에 관계없이 근로자가 설립하거나 가입한 노동조합이 2개 이상인 경우 노동조합은 교섭대표 노동조합을 정하여 교섭을 요구하여야 한다고 한다. 그러나 다른 노동조합이 요구하고자 하는 교섭사항이 자신의 노동조합과 전혀 무관한 것일 때에 전혀 관심 없는 다른 노동조합들도 교섭에 참여하도록 하여야 한다고 해석할 수는 없다. 노조및조정법 제29조의2 제1항은 당연히 해당 교섭단위 전체에 적용되는 통

---

82) 유성재, '2010년 개정 노동법에 대한 입법론적 평가', 18쪽.
83) 조상균, '교섭창구단일화제도의 쟁점과 문제점', 41쪽 이하.

일적인 근로조건 설정, 즉 통일적인 단체협약 체결을 의도하는 단체교섭을 전제했기 때문에 다른 노동조합도 그 교섭에 참여할 것이라고 본 것이다. 만약 사전 협의조항이 있음에도 불구하고 사용자가 소속 노동조합과 전혀 협의하지 않고 조합원에 대한 징계조치를 한 것을 이유로 이를 시정하기 위해 소속 노동조합이 단체교섭을 요구하는 경우, 사용자가 근로시간면제한도를 단체협약에 따라 교섭대표 노동조합에게만 부여하고 특정 노동조합에게 전혀 인정하지 않아서 이에 관하여 그 해당 노동조합이 직접 교섭을 요구하는 경우에도 창구단일화를 하도록 하는 것이라면 그러한 교섭에 다른 노동조합이 참여할 이유가 전혀 없다. 이때 창구단일화 절차가 정상적으로 진행될 가능성도 없을 것이다. 사용자가 근로시간면제한도를 단체협약에 근거하여 교섭대표 노동조합에게만 부여하고 교섭대표 아닌 노동조합에게는 전혀 부여하지 않았고 교섭대표 아닌 노동조합의 근로시간면제시간 부여 요구에 대하여 교섭대표 노동조합과 협의할 것을 종용하면서 직접 협의에 응하지 않은 사건에서 중앙노동위원회는 근로시간면제시간을 전혀 부여하지 않은 것은 공정대표의무 위반이라는 판정을 내린 사례가 있다.[84] 사용자에게 교섭대표 아닌 노동조합과 직접 교섭하라고 명할 것이다.

법률의 개별 조문들을 살펴봐도 이러한 사실을 동일하게 발견할 수 있다. 노조및조정법 제29조의3은 교섭단위 분리에 대해 규정하면서, 교섭단위 분리 기준으로 “현격한 근로조건의 차이”, “고용형태” 등을 들고 있다. 이것은 함께 창구단일화를 하도록 하는 것이 적당하지 않다는 취지에서 교섭단위를 분리할지 여부를 판단할 때 그 근거로서 근로조건과 고용형태 등을 고려하라는 것이다. 이 규정도 하나의 교섭단위를 묶는 기준으로 근로조건과 고용형태 등을 본 것이고 그 이유는 그 교섭단위 내에서 근로조건과 고용형태를 통일하도록 하기 위해서였을 것이다. 실제 교섭

84) 중노위 2014. 7. 2, 2014공정3; 중노위 2012. 12. 14, 2012공정10 등.

단위 분리 결정을 담당하는 중앙노동위원회 업무매뉴얼을 봐도 교섭단위 분리의 필요성 판단 시 근로조건의 통일적 형성을 고려하도록 하고 있다.[85] 거듭 밝히듯이 근로조건과 고용형태를 통일하는 것은 단체협약을 통일하는 것을 말한다.

공정대표의무 위반과 관련한 노조및조정법 제29조의4도 "교섭대표 노동조합과 사용자는 교섭창구 단일화 절차에 참여한 노동조합 또는 그 조합원 간에 합리적 이유 없이 차별을 하여서는 아니 된다"라고 규정하고 있다. 이 규정에서 노동조합을 차별하는 것은 단체협약의 채무적 부분을 통한 차별을, 조합원을 차별하는 것은 단체협약의 규범적 부분을 통한 차별을 주요 대상으로 규정한 것으로 이해할 수 있다. 결국 공정대표의무 위반 관련 조항은 단체협약의 내용으로 인해 초래되는 불공정을 대상으로 한 것으로 볼 수 있다.[86] 왜냐하면 교섭대표 노동조합이 담당하는 단체교섭이 단체협약 체결을 목적으로 하는 단체교섭이라고 이해한다면 협약체결 이외의 영역에서 교섭대표 노동조합이 법률상 부여된 권한을 사용하여 다른 노동조합이나 조합원을 차별할 여지가 거의 없어지기 때문이다. 이에 대해서는 교섭대표 노동조합은 단체교섭의 당사자로서 교섭과 단체협약의 체결에 대해서만 권한을 가진 것이 아니라 그 단체협약이 유지되는 기간 동안에도 계속해서 단체협약의 해석이나 적용에 관한 사항 또는 일상적인 조합활동에 관한 사항, 고충처리에 관한 사항, 그 밖에도 쟁의행위나 조정에 관한 사항과 필수유지업무협정 등에 관해서도 다른 노조와 그 조합원을 차별대우하지 않아야 하는 공정대표의무를 부담한다고 보아야 한다는 견해가 있다.[87] 교섭대표 노동조합이 단체협약 유효기간 동안 자신의 조합원 이외의 다른 노동조합 조합원에 대한 상여금

85) 중앙노동위원회, 「복수노조 업무 매뉴얼」, 153쪽.

86) 박종희, '교섭창구 단일화 방안의 안정적 정착을 위한 해석방안', 548쪽.

87) 고용노동부, 「노조및조정법 개정 설명자료」, 24쪽; 박지순, '공정대표의무의 의의와 내용', 15쪽.

지급을 제한하도록 사용자에게 요구하는 등 사실상의 불공정행위를 할 수는 있다. 하지만 공정대표의무에 대해 규정한 노조및조정법 제29조의4 제2항은 다양하게 발생할 수 있는 공정대표의무 위반 행위에 대해 시정을 요구할 수 있는 근거가 되는 조항일 뿐, 단체협약 유효기간 중 계속적인 노사관계 운용상의 문제나 조합원에 대한 단체협약 적용 문제 해결 권한을 교섭대표 노동조합만이 독점하도록 한다는 의미로 해석할 수 있는 근거가 되는 조항은 아니라고 본다. 그 외에 노조및조정법상 교섭창구 단일화 규정들을 운용하기 위한 노조및조정법 시행령을 봐도 단체협약 체결 목적만을 전제로 관련 조문들을 구성했음을 쉽게 알 수 있다. 노조및조정법 시행령 제14조의2만 보아도 단체교섭 요구 허용 시점을 현재의 단체협약 유효기간 만료 3개월 전으로 한정하고 있다. 그렇다면 단체협약 유효기간 중에 새로운 단체교섭 의제가 발생한 경우 노동조합은 때로는 1년을 넘어 2년 가까이 되는 기간 동안 기다렸다가 단체교섭을 하라는 것인데, 이러한 적용은 상당히 무리가 있다. 그리고 교섭대표 노동조합의 교섭대표권 유지기간을 규정한 시행령 제14조의10이 교섭대표권 유지기간을 단체협약의 유효기간인 2년을 기준으로 정하고 있다. 따라서 노조및조정법 시행령 규정도 단체협약 체결을 목적으로 하는 단체교섭만을 상정하고 제정되었다고 이해하는 것이 합리적이다.

(2) 교섭대표 아닌 노동조합의 단체교섭 당사자 지위

이상에서 설명한 바와 같이 교섭대표 노동조합의 단체교섭권이 단체협약 체결과 관련된 범위의 단체교섭권이라면, 그 이외의 사항들에 대한 교섭에서는 교섭대표 아닌 노동조합이 단체교섭의 당사자이자 담당자로서 나설 수 있는 권리가 인정된다고 보아야 한다. 단체협약 체결 목적 단체교섭 이외의 사항으로서 단체교섭의 대상이 될 수 있는 대상에는 체결된 단체협약의 해석과 적용과 관련해서 발생하는 이견과 갈등을 해결하기 위한 비정기적인 교섭, 단체협약에 근거 없이 사용자가 일방적으로 행한 조합원들에 대한 인사조치를 둘러싼 단체교섭, 필수유지업무협정 체결을 위한 교섭, 노동위원회와 법원의 부당노동행위 등 구제명령이 내려졌을 때 그 구제명령의 이행을 둘러싸고 노사 간의 협의가 필요할 때에 이루어지는 교섭, 사용자 또는 교섭대표 노동조합의 공정대표의무 위반이 있을 경우 공정대표의무 위반 시정신청을 하기 전에 이를 자율적으로 해결하기 위해 교섭대표 아닌 노동조합과 사용자 사이에 진행되는 교섭 등이 있다. 이러한 사항에 대해 교섭할 필요가 있을 경우 교섭대표 아닌 노동조합은 그 사항에 대한 단체교섭을 요구할 수 있는 당사자가 될 수 있다. 교섭대표인 노동조합도 위와 같은 사항들이 자신의 조합원이나 자신에게 발생한 경우에는 당사자이자 담당자로서의 지위를 인정받는다.

물론 단체협약 체결을 위한 단체교섭에서도 교섭대표 아닌 노동조합이 형식적으로는 당사자로서의 지위를 잃지는 않는다.[88] 다만 실질적인 단체교섭권 행사를 못하고 담당자로서도 나서기 어렵다는 것을 고려하면 단체협약 체결 목적 단체교섭에 있어서의 교섭대표 아닌 노동조합의 당사자 지위는 매우 불완전한 것이라고 할 수 있다.

3. 교섭대표 노동조합과 아닌 노동조합 사이의 단체교섭권 배분의 효과

이상과 같이 현행 법령상 교섭창구 단일화와 관련된 규정들을 분석해 보면 교섭창구 단일화 규정의 제도적 취지는 근로조건의 통일적 형성을 추구하고 근로조건의 통일적 형성을 위한 단체교섭 과정에서 발생하는 교섭구조의 혼란을 방지하면서 효율적인 교섭 진행과 단체협약 체결을 지향하는 것으로 정리할 수 있다. 단체교섭권에 대한 2원적 이해를 전제로 하는 관점을 유지하면서 이를 수용하면 교섭창구 단일화에도 불구하고 단일화 범주에 포함되지 않는 단체교섭의 영역이 남게 된다. 따라서 자연스럽게 교섭대표 노동조합이 아닌 노동조합은 여전히 자신의 교섭권

---

88) 이철수, '교섭창구단일화와 관련한 법률적 쟁점', 17쪽.

을 유지하면서 자기 조합원에 대한 단체협약의 해석·적용 문제, 집단적 노사관계의 운용에 관한 문제 등에 대해서 사용자와 독자적으로 단체교섭을 진행할 수 있다는 결론에 이르게 된다. 물론 같은 사항에 대해서 교섭대표 노동조합도 조합 자신이나 자신의 조합원에 대한 사항들에 대한 고유한 교섭권은 똑같이 보유하고 있고, 단체협약의 해석·적용과 관련된 문제에 있어서는 교섭대표 아닌 노동조합에 우선하여 단체교섭권을 갖는다고 본다.

교섭대표 노동조합과 교섭대표 아닌 노동조합 사이에 단체교섭권의 분화 현상 내지 분점 현상이 발생하게 되면, 현실에서는 다음과 같은 서로 상반되는 두 가지 차원의 문제 제기가 있을 수 있다. 첫 번째는 단체교섭 창구단일화에도 불구하고 단체교섭 경로가 여전히 복수로 남게 되어 교섭구조가 복잡해지고 사용자 측의 부담이 커진다는 주장이 있을 수 있고,[89] 두 번째로 단체교섭권의 분권화를 인정하면 노동조합이 단체교섭권을 각자 행사하도록 함으로써 노동조합의 분열 상태를 영속화하여 사업 또는 사업장 단위 노사관계 역학구도 속에서 노동조합의 교섭력을 오히려 위축시키게 된다는 비판도 가능하다. 두 번째의 비판을 부연하면 교섭창구를 단일화할 경우 근로자가 단결체의 힘을 통해 더욱 큰 교섭력을 확보하여 사용자와 대응한 입장에서 교섭할 수 있음[90]에도 불구하고 노동조합이 서로 단결하지 못하도록 만들고 이것이 사용자 측이 우위에 서도록 만드는 원인이 될 수 있다는 것이다.[91] 교섭대표 노동조합이 독점할 수 없는 개별 노동조합 고유의 교섭영역이 있다는 해석은, 단체협약 체결 목적 단체교섭은 교섭창구를 단일화해서 교섭을 진행하고 그 이외의 단

---

89) 경영계는 복수노조 하에서도 "1사 1교섭 1단체협약" 원칙을 준수하는 것이 바람직하다고 주장한다(경제단체협의회, 「단체협약 체결지침」, 914쪽).

90) 헌재결 2012. 4. 24, 2011헌마338.

91) 김종진 외 3인, 「복수노조 시행 전후 노사관계 비교 연구」, 141쪽 이하; 이승욱, '교섭단위 분리제도의 내용과 쟁점 : 복수노조 시대 무엇이 쟁점인가', 7쪽 등.

체교섭 영역만을 교섭대표 아닌 노동조합이 직접 교섭하도록 해야 한다는 것이다. 단체협약 유효기간 중에 교섭대표 아닌 노동조합이 직접 교섭권을 행사할 수 있는 단체협약의 해석·적용과 관련된 문제, 노동조합과 사용자 사이의 노사관계 운용에 관한 문제 등은 비정기적으로 문제가 발생해야 비로소 교섭을 할 필요가 생기는 것이고 쟁점이 단발적인 경우가 대부분이다. 그러므로 마치 교섭이 연중 상시화될 것 같은 전제를 가지고 우려를 하는 것은 지나친 생각이다. 사용자가 언제라도 노동조합과 교섭에 임할 수 있도록 준비하고 있어야 한다는 상황이 익숙하지 못함에서 오는 부담이 있을 수 있지만, 상시교섭체계가 정착이 되면 완화될 부담이다. 근로자의 근로조건 설정과 관련된 단체교섭은 여전히 교섭창구를 단일화 하여 교섭을 하게 되므로 단체협약 체결 과정에서 노동조합의 분열로 인한 교섭력 저하를 우려할 것도 아니라고 생각된다. 그리고 비록 그러한 문제가 발생할 소지가 있다 하더라도 단지 문제가 일어날 가능성만으로 현행 성문 법규정의 내용상 분명한 해석을 부정할 수는 없다. 더 이상 해당 규정의 규범력을 유지시킬 수 없다는 입법자의 판단이 내려지지 않는 한, 단지 문제가 예상된다는 일부의 예측만으로 성문 법률에 대한 잘못된 해석 관행을 바로잡지 않고 잘못된 채로 유지해야 한다는 섣부른 결론에 이르러서는 안 될 것이다.

사용자들은 대개 단일 노동조합이 있는 것이 기업 내 노사관계 안정에 도움이 된다고 생각하는 경향이 있다. 또한 기업 내에 비교적 원만한 대화가 가능한 협조적 노동조합이 있다면 그 노동조합과의 "편안한" 관계가 계속될 것이라는 낭만적인 예측을 하는 경우가 많다. 그리고 복수노조 설립 허용 초기인 2011년 직후 사측과 대립적이었던 기존 노동조합의 조직률이 급격히 하락하면서 회사 측에 우호적인 신규노조가 빠르게 조직률을 확대하는 것을 경험한 일부 사용자들은 몰락한 기존 노조가 완전히 와해되고 신규노조가 단일 노동조합으로 자리 잡는 것이 노사관계 안정에 장기적으로도 도움이 된다고 판단하는 듯하다. 게다가 현행 교섭창구 단일화 규정이 종전의 시각대로 해석이 된다면 교섭대표 아닌 노동조합들은 교섭대표 노동조합의 대표권 유지기간 동안 노동조합으로서의 역할을 전혀 할 수 없게 되어 조직원 이탈을 피할 수 없게 되고 결국 장기적으로는 교섭대표 노동조합 단일 체제로 통합될 수밖에 없는 구조적 지향성을 내포하고 있다. 그러나 노동조합의 본질상 통합된 노동조합 또는 신규 노동조합이 입지가 확고해질수록 노동조합은 조직 유지와 영향력 증대를 위해 종전의 유화적인 태도를 버릴 가능성이 오히려 높아진다. 복수노동조합의 병존이 법률상 허용된 현 시점에서는 잠재적인 경쟁조직의 등장을 견제하기 위해 기존 노동조합이 사측과 대립각을 분명히 할 가능성이 더욱 크다. 이러한 환경에서 제도적 뒷받침을 통해서라도 노동조합들이 병존할 수 있는 조직적 생태계를 조성해나가지 않으면 안 된다. 의도적이고 인위적인 노동조합 통합을 현상을 방치한다면, 장기적으로는 노사관계를 일순간에 악화시킬 수 있는 불안요소를 키워나가는 결과가 될 것이다. 검증되지 않은 학습된 불안이나 예상된 불안에 사로잡혀 종전의 해석과 고정관념에 붙들려 있지 말아야 하는 또 하나의 이유가 그것이다. 복수노조 간 단체교섭권의 분화는 노동조합들 사이의 선의의 경쟁을 유도하고 각 노동조합들이 더욱 조합원들과 밀착되는 효과를 가져올 것은 물론 장기적인 노사관계 안정에도 기여하게 될 것이다.

Ⅲ. 노동조합 상부단체와 하부 조직

1. 노동조합 상부단체의 단체교섭 당사자 지위

노조및조정법 제2조 제4호는 노동조합의 연합단체를 단위 노동조합과 동일시한다. 단위노동조합의 상부단체인 연합단체 내지 연합노조가 단체교섭의 당사자가 될 수 있는지와 관련해서, 산하의 단위노동조합들이 구체적인 교섭권을 위임해야 당사자가 될 수 있는지, 아니면 단위노동조합의 위임이 없더라도 당연히 단체교섭의 당사자가 된다고 보아야 하는지를 둘러싸고 견해가 대립하고 있다.

먼저 위임이 필요하다는 입장은 노동조합이 단체교섭의 당사자가 된다는 것은 구성원인 조합원들의 수권을 기초로 주어지는 것인데, 연합단체인 노동조합은 그 구성원이 단위노동조합이고 근로자가 아니기 때문에 당연히 근로자를 직접 대표할 수 있는 교섭권한을 가지고 있지 않다고 한다.[92] 근로자의 직접수권 없이 근로자를 대표하여 근로자들의 근로조건에 관한 교섭을 행한다는 것은 조직의 원리와 수권의 원칙상 정당하지 않다는 것이다. 그러므로 연합단체가 근로자들을 위한 교섭권한을 행사하려면 기업별 단위노동조합에 의한 교섭권한의 위임이 있어야 한다고 본다. 연합단체가 당연히 단체교섭의 당사자가 되는 것은 아니지만 소속 노동조합에 대하여 단체교섭에 관한 통제권이 있는 경우에는 단체교섭의 당사자가 될 수 있다는 견해도 있다.[93]

이에 대하여 현행법상 연합단체도 노동조합이고 노동조합은 근로조건의 유지·개선을 주된 목적으로 하는 단체교섭에 주력해야 한다는 점, 연합단체도 노동조합으로서 그 노동조합 또는 조합원을 위하여 교섭할 권한을 가진다는 점 등을 고려하면 연합단체는 그 노동조합의 독자의 문제나 소속 단위노동조합 공통의 사항에 관해서는 단위노동조합의 위임이 없더라도 당연히 단체교섭의 당사자가 된다는 견해가 있다.[94] 여기에서 노동조합의 독자적인 문제에는 연합단체와 사용자 측 사이의 교섭절차 등을, 소속 단위노동조합 공통의 사항에는 근로조건의 통일적 규율 등을 예로 든다.

---

92) 김형배, 「새로 쓴 노동법」, 999쪽 이하.

93) 김유성, 「노동법Ⅱ」, 130쪽 이하; 박홍규, 「노동단체법」, 233쪽 이하; 西谷 敏, 「勞働組合法」, 287쪽 이하.

94) 임종률, 「노동법」, 119쪽 이하.

현실에서는 연합단체인 노동조합이 소속 단위노동조합들의 위임을 받지 않고 직접 자기의 이름으로 교섭에 나서는 경우는 거의 없기 때문에 실익이 큰 논쟁은 아니라고 보인다. 그러나 노조및조정법 제2조 제4호가 연합단체를 노동조합으로 명시하고 있는 점, 단위노동조합이 연합단체에 가입하고 연맹비를 납부하는 등의 행위를 통해 연합단체에 대한 일종의 수권을 추론할 수 있다는 점, 연합단체가 소속 노동조합에 대하여 통제권이 있는지 여부를 별도로 확인할 수 있는 절차도 없고 상대방으로서는 연합단체를 상대로 교섭을 개시하기 이전에 이를 미리 파악하는 것이 사실상 불가능하다는 점, 연합단체가 단체교섭권을 행사했을 때 그 교섭 결과를 수용하지 않는 산하 노동조합이 있다면 그 문제는 연합노조와 산하 노동조합 사이에 해결해야 하는 문제라는 점 등을 고려하면 연합단체 산하 각 노동조합들에 공통된 사항에 관해서는 연합단체인 노동조합의 단체교섭 당사자로서의 지위는 위임 여부나 통제력 여부를 막론하고 긍정하는 것이 타당하다고 본다. 물론 특정 단위노동조합에 한정된 사항에 대해서는 그 단위노동조합으로부터 교섭권한을 위임받거나 규약에 근거 규정이 있는 때에 단체교섭권을 갖는다고 보아야 할 것이다.[95] 여러 단위노동조합에 공통된 사항에 대해서는 연합단체가 단체교섭권을 행사하고 있는 경우 해당 단위노동조합이 동일한 사항에 대한 단체교섭을 요구한다면 단체교섭권의 경합이 발생한다. 이때 사용자는 뒤의 단체교섭 요구를 거부할 수 있다고 본다. 이에 대하여 사용자는 노동조합 측에 교섭사항의 조정을 요구할 수 있고 그 조정이 이루어질 때까지 단체교섭을 거부할 수 있다고 보는 견해가 있다.[96] 반대의 경우로 이미 사용자가 단위노동조합과 교섭하고 있을 때에 연합단체가 교섭을 요구하면 거부할 수 있을 것이다.[97]

---

95) 임종률, 「노동법」, 120쪽.

96) 김유성, 「노동법II」, 131쪽.

97) 秋田成就, '上部団体の団体交渉権', 73쪽.

연합단체가 산하 각 노동조합들에 공통된 사항에 관해서 교섭을 하고 교섭한 사항에 대해 연합단체의 이름으로 단체협약을 체결했을 때 산하의 각 단위노동조합들이 이행책임을 부담하는가에 대하여 논란이 있을 수 있다. 이때 연합단체는 단체협약 체결 당사자로서 책임을 지고, 산하 단위노동조합들도 공동으로 이행 책임을 진다고 보아야 할 것이다.[98] 산하 단위노동조합의 연합단체 가입행위가 그 책임의 근거가 될 수 있을 것이다.

2. 노동조합 산하 지부나 분회의 단체교섭 당사자 지위

지부나 분회 등 단위노동조합의 산하 조직이 단위노동조합의 위임이나 승인 없이 독자적으로 단체교섭의 당사자가 될 수 있는지의 문제이다. 지부나 분회의 단체교섭권 문제는 두 가지 차원의 문제이다. 용어가 확정된 것은 아니지만 통상 지회나 분회는 상급 단위노동조합의 기업단위 조직을 말하고 지부는 상급 단위노동조합의 하부조직이지만 그 하부에 또 다시 기업별 조직을 가지고 있는 중간 조직을 일컫는 용어로 사용되기 때문이다. 이와 달리 민주노총 보건의료산업노동조합의 경우에는 산하의 개별 병원별 조직을 지부라고 부르고, 지역단위 조직을 본부라고 칭하기도 하는 등 실무상 용어가 통일되어 있지는 않다.

(1) 기업 단위 지회·분회

법원은 상급 단위노동조합의 기업별 조직인 지회나 분회는 자주적인 근로자의 단결체로서 자주성과 단체성을 가지고 있으면 독자적인 단체협약 체결권이 있다고 본다. 단결체로서의 자주성과 단체성을 가지고 있는지 여부는 독자적인 규약 및 집행기관을 가지고 독립된 조직체로서 활동

---

98) Brox/ Rüther/ Henssler, 「Arbeitsrecht」, 221쪽 방주 694는 독일 단체협약법(TVG) 제2조 제3항과 제4항을 근거로 상급단체의 산하단체도 상급단체가 체결한 단체협약의 당사자로서의 책임을 진다는 해석을 도출하고 있다.

하는지 여부로 파악한다.[99] 그리고 단결체로서의 자주성과 단체성이 인정되면, 설립신고를 마쳤는지 관계없이 그 조직이나 그 조합원에 고유한 사항에 대하여는 독자적으로 단체교섭을 진행하고 단체협약을 체결할 수 있는 능력을 가지고 있는 것으로 인정될 수 있다고 한다. 독자적으로 단체협약을 체결할 수 있는 권리는 상급 단위노동조합의 규약을 기준으로 판단한다.

본래 기업별 노동조합으로서 활동을 하고 성장해온 배경을 가진 우리나라의 노동조합들은 상급 단위노동조합 체계로 재편된 이후에도 독자적인 단체교섭권과 단체행동권을 행사하고자 하는 경향이 강하다. 현장에서는 실제로 상급 단위노동조합의 지회인 기업별 노동조합이 자신의 이름으로 사용자와 단체협약을 체결하는 경우가 다수 발견된다. 물론 상급 노동조합의 규약에 따른 교섭권 위임이 이루어진다고 하지만 요식행위에 그치는 경우가 많다. 이러한 상황은 노조및조정법상 단체교섭 당사자 지위를 갖는 산업별 단위노동조합의 단체교섭권과 단체협약 체결권을 형식에 불과한 것으로 만드는 결과가 되고 있다.[100] 그럼에도 불구하고 지회·분회가 독자적인 조직과 규약을 갖추고 독립된 조직체로서 활동하고 있는 경우에는 기업단위 지회·분회의 독자적인 단체교섭권을 부인할 수는 없다.[101] 기업단위 조직들이 자주적인 의사결정에 따라 자발적으로 상급 단위노동조합의 하부조직이 되었다 하더라도 마찬가지이다. 이때 기업단위 지회·분회는 단위노동조합으로서의 지위와 상급 단위노동조합의 하부조직의 지위를 동시에 가지게 된다고 보아야 한다. 따라서 상급 단위노동조합의 규약으로 지부의 단체교섭 권한을 부정하거나 제한하는 경우에도 노동조합으로서의 실질적 요건을 갖춘 지회·분회의 단체교섭

99) 대판 2001. 2. 23, 2000도4299; 대판 2007. 3. 29, 2005두11418; 대판 2008. 1. 18, 2007도1577; 대판(전) 2016. 2. 19, 2012다96120 등.

100) 임종률, 「노동법」, 120쪽.

101) 박종희, '단체교섭 당사자 확정의 법리', 177쪽; 西谷 敏, 「労働組合法」, 288쪽 이하.

권을 완전히 박탈할 수는 없다.[102] 이러한 경우에는 상급 단위노동조합의 단체교섭권과 기업단위 지회·분회의 단체교섭권이 경합하는 문제가 발생할 수 있다. 이때에는 특별한 사정이 없는 한 지회·분회 내부문제에 관한 사항은 지회·분회가 우선하여 단체교섭의 당사자가 될 수 있다고 해석해야 한다.[103] 기업 내부의 고유한 단체교섭 대상 사항에 대해서는 상급 단위노동조합이 직접 간여하기보다는 직접 당사자가 집단적 자치의 틀 안에서 자율적으로 해결하도록 하는 것이 합리적이기 때문이다. 법원도 산업별 노동조합의 지회·분회 등이 본조인 산업별 노동조합의 규약에 의해 독자적인 단체교섭권과 단체협약체결권을 갖지 못하더라도, 그 "지회 등이 법인 아닌 사단의 실질을 가지고 있어 기업별 노동조합과 유사한 근로자단체로서 독립성이 인정되는 경우에는 스스로 고유한 사항에 관하여 산업별 노동조합과 독립하여 의사를 결정할 수 있는 능력을 가지고 있다"고 판시하였다.[104] 판례가 굳이 "사단으로서의 실질"을 가지고 있어야 한다고 한 것은 노동조합으로서의 고유한 "단체성"을 가지고 있어야 한다는 의미를 규범적으로 구체화하기 위한 표현으로 이해된다. 대상 판결에서 직접 언급되지는 않았으나, 근로자단체로서 독립성이 인정되어 스스로 고유한 사항에 관하여 결정할 수 있는 능력이 있는 산업별 노동조합 지회·분회라면 직접 단체교섭을 행하는 것을 인정하게 될 것으로 보인다.

[관련판례]

산업별 노동조합 하부 지회의 탈퇴 결의의 유효성을 인정한 사례
대판(전) 2016. 2. 19, 2012다96120

산업별 노동조합의 지회 등이라 하더라도, 실질적으로 하나의 기업 소속 근로자를 조직대상으로 하여 구성되어 독자적인 규약과 집행기관을 가

102) 박종희, '단체교섭 당사자 확정의 법리', 177쪽.
103) 西谷 敏, 「勞働組合法」, 289쪽.
104) 대판(전) 2016. 2. 19, 2012다96120.

지고 독립한 단체로서 활동하면서 해당 조직이나 그 조합원에 고유한 사항에 관하여 독자적인 단체교섭 및 단체협약체결 능력이 있어 기업별 노동조합에 준하는 실질을 가지고 있는 경우에는, 산업별 연합단체에 속한 기업별 노동조합의 경우와 실질적인 차이가 없으므로, 이 사건 규정에서 정한 결의 요건을 갖춘 소속 조합원의 의사결정을 통하여 산업별 노동조합에 속한 지회 등의 지위에서 벗어나 독립한 기업별 노동조합으로 전환함으로써 그 조직형태를 변경할 수 있다고 보아야 한다.

또한 산업별 노동조합의 지회 등이 독자적으로 단체교섭을 진행하고 단체협약을 체결하지는 못하더라도, 법인 아닌 사단의 실질을 가지고 있어 기업별 노동조합과 유사한 근로자단체로서 독립성이 인정되는 경우에, 그 지회 등은 스스로 고유한 사항에 관하여 산업별 노동조합과 독립하여 의사를 결정할 수 있는 능력을 가지고 있다. 이러한 의사결정 능력을 갖춘 이상, 그 지회 등은 소속 근로자로 구성된 총회에 의한 자주적·민주적인 결의를 거쳐 그 지회 등의 목적 및 조직을 선택하고 변경할 수 있으며, 나아가 단결권의 행사 차원에서 정관이나 규약 개정 등을 통하여 단체의 목적에 근로조건의 유지·개선 기타 근로자의 경제적·사회적 지위의 향상을 추가함으로써 노동조합의 실체를 갖추고 활동할 수 있다. 그리고 그 지회 등이 기업별 노동조합과 유사한 독립한 근로자단체로서의 실체를 유지하면서 산업별 노동조합에 소속된 지회 등의 지위에서 이탈하여 기업별 노동조합으로 전환할 필요성이 있다는 측면에서는, 단체교섭 및 단체협약체결 능력을 갖추고 있어 기업별 노동조합에 준하는 실질을 가지고 있는 산업별 노동조합의 지회 등의 경우와 차이가 없다.

- 전국금속노동조합 산하 기업별 지회가 자체 총회를 거쳐 기업별노동조합으로 조직형태를 변경한 사례 -

(2) 지역 단위 지부

상급 차원의 단위노동조합과 기업별 조직인 지회 사이의 중간 조직에 해당하는 지부는 원칙적으로 독자의 단체교섭권을 갖는다고 인정하기 어렵다. 지부의 산하에 기업별 조직들이 소속되어 있기는 하지만 그 지부는 상급 단위노동조합 내부의 하나의 기구로서 또 다른 기구들이 배속되어 있는 구조일 뿐 독립된 근로자의 단결체들의 총합이라거나 그 스스로가 독립된 단체로서의 성격을 가지는 것이 아니기 때문이다. 따라서 노동조합 산하의 지역 단위 지부는 원칙적으로 독자적인 단체교섭 당사자의 지위를 가지는 것은 아니라고 보는 것이 타당하다. 다만 예외적으로 동일 지역 단위 사용자들과 지역 전체 차원의 이해에 관련된 사항에 대하여 본조인 상급 단위노동조합으로부터 교섭권한을 위임 받아서 단체교섭을 행할 수는 있을 것이다.

Ⅳ. 설립신고를 마치지 않은 근로자단체

고용노동부는 단체교섭을 요구할 수 있는 노동조합은 설립신고를 필한 노동조합에 한한다고 한다.[105] 설립신고 필증을 교부받지 못한 노동조합의 단체교섭 당사자 지위를 인정하지 않는 것이다. 고용노동부의 이러한 단정적인 해석의 타당성은 의문이다. 우리 헌법은 노동3권의 주체를 분명히 "근로자"라고 명시하고 있다. 따라서 원칙적으로 노동3권의 주체는 근로자 개인이라고 보아야 한다. 그것이 헌법의 문언에 충실한 해석이다. 노동3권은 개인인 근로자들이 단결하고, 단결체의 힘을 이용하여 교섭하고, 단체행동을 하도록 구성된 권리인 것이다. 다만 노동조합 등 단체 자체의 존재 및 활동을 보장하지 않는다면 개인인 근로자에 대한 권리보장도 충분하지 않게 되기 때문에 우리 헌법 제33조의 노동3권 규정에는 단결체 그 자체도 권리주체로 승인하는 것으로 해석하게 되는 것이다.[106] 헌법 제33조가 노동3권을 근로자의 권리로 보장하고 있는 의미를 고려하지 않고 마치 설립신고를 필한 노동조합만이 단체교섭의 주체가 되는 것처럼 간주하는 태도는 큰 문제가 있다.

105) 고용노동부, 「사업(사업장) 단위 복수노조 업무매뉴얼」, 9쪽.
106) 西谷 敏, 「勞働組合法」, 44쪽.

실정법상으로도 노동3권의 주체, 특히 단체교섭의 당사자로서 노동조합을 판단할 때에는 노조및조정법 제2조 제4호와 제7조의 상호관계 속에서 해석해야 한다.[107] 노조및조정법 제2조 제4호는 근로자가 주체가 되어 자주적으로 단결하여 근로조건의 유지·개선 기타 근로자의 경제적·사회적 지위의 향상을 도모함을 목적으로 조직하는 단체 또는 그 연합단체를 노동조합이라고 하며, 사용자 또는 항상 그의 이익을 대표하여 행동하는 자의 참가를 허용하는 경우, 경비의 주된 부분을 사용자로부터 원조받는 경우, 공제·수양 기타 복리사업만을 목적으로 하는 경우, 근로자가 아닌 자의 가입을 허용하는 경우, 주로 정치운동을 목적으로 하는 경우가 아니면 노동조합으로 인정받을 수 있다고 규정하고 있다. 다시 말하면 근로조건 유지·개선을 위해 결성된 근로자의 자주적인 단결체는 노동조합으로 보겠다는 표현이다.[108] 반대로 설립신고를 마쳤지만 자주성이 결여된 단체는 헌법상 결사의 자유의 보호를 받는 단체일 수는 있지만, 노동3권을 향유하는 진정한 의미의 노동조합이라고 볼 수는 없다. 과거 전국기관차협의회를 노동조합으로 볼 수 있는지 여부가 쟁점이 되었던 사건에서 대법원은 "노동조합으로서의 실질적 요건을 갖추지 못하였으므로 단체교섭권이나 쟁의행위의 정당한 주체로 될 수 있는 노동조합이라고 볼 수 없다는 것이지, 노동조합법상의 노동조합이 아닌 근로자의 단결체는 무조건 단체교섭권 등이 없다는 것은 아니므로…"[109]라고 하여 노동조합의 실질적 요건은 갖추었으나 형식적 요건을 갖추지 못한 근로자단체에 대하여 형식적 요건의 결여를 이유로 무조건 단체교섭권과 단체행동권을 부정할 수는 없다고 보았다.[110]

---

107) 김형배, 「새로 쓴 노동법」, 919쪽 이하.
108) 박종희, '단체교섭 당사자 확정의 법리', 164쪽.
109) 대판 1997. 2. 11, 96누2125.
110) 유성재, 「판례노동법」, 568쪽.

노조및조정법 제7조는 “이 법에 의하여 설립된 노동조합” 즉 설립신고를 마친 노동조합이 아니라면 노동위원회에 노동쟁의 조정 및 부당노동행위 구제를 신청할 수 없고,[111] 노동조합이라는 명칭을 사용할 수 없다고 규정한다. 실질적 자주성을 가진 노동조합이지만 설립신고필증을 교부받지 못한 헌법상 조합은 제7조에 규정된 불이익, 즉 노조및조정법에 의해 창설된 권리만을 보장받지 못하는 불이익을 받게 된다는 것이다. 따라서 제7조에 규정된 불이익 이외에 헌법으로부터 직접 유래하는 노동3권의 내용을 재확인하는 차원에서 규정된 노조및조정법의 노동조합에 대한 각종 보호와 지원은 모두 보장되어야 한다.[112] 구체적으로는 노동조합의 정당한 단체교섭과 쟁의행위에 대한 민·형사상 면책 규정, 노동조합 대표자 등의 단체교섭권 및 단체협약 체결권에 관한 규정, 사용자의 성실교섭의무 규정, 사용자의 부당노동행위 금지 규정 등이다. 그러므로 자주적인 근로자의 단결체이지만 설립신고를 필하지 못한 헌법상 조합은 단체교섭의 당사자로서의 지위와 권한을 갖는 것으로 보는 데에 문제가 없다. 헌법재판소도 설립신고를 필하지 못한 조합이 노동조합의 명칭을 사용할 경우 처벌하도록 한 조항들에 대한 헌법소원심판 사건에서 “법외의 노동조합으로 보는 한 그 단결체가 전혀 아무런 활동을 할 수 없는 것은 아니고 어느 정도의 단체교섭이나 협약체결능력을 보유한다 할 것”[113]이라고 하여 단체교섭 당사자성을 “어느 정도” 인정하고 있다.

이에 대하여 비록 단체교섭 당사자성을 직접 언급하지는 않지만 설립신고를 완료한 법내 노동조합이 체결한 단체협약이어야 규범적 효력을 인정받을 수 있다고 보아 헌법상 조합의 단체협약 체결능력을 부인하는

---

111) 중앙노동위원회, 「조정 및 필수유지 업무 매뉴얼」, 37쪽.

112) 김치선, 「노동법강의」, 311쪽 이하; 김형배, 「새로 쓴 노동법」, 919쪽 이하; 유성재, 「판례노동법」, 568쪽; 임종률, 「노동법」, 68쪽 이하.

113) 헌재결 2008. 7. 31. 2004헌바9.

견해가 있다.[114] 단체협약 체결능력을 부인하는 것은 단체협약 체결 목적 단체교섭의 당사자 적격을 부인하는 것과 다름이 없다. 이 견해는 노동조합 자유설립주의에 위배되고 신고의 효력을 과도하게 확대하는 것이라고 생각한다.[115] 노조및조정법 제29조 제1항은 헌법상 단체교섭권의 내용 내지 효과를 확인한 것에 불과하므로 헌법상의 조합도 단체교섭을 하고 규범적 효력이 인정되는 단체협약을 체결할 수 있다고 보아야 한다.[116] 사용자가 정당한 이유 없이 단체교섭을 거부할 경우 헌법상 조합은 비록 노동위원회에 부당노동행위 구제신청은 할 수 없지만, 헌법 제33조 제1항과 노조및조정법 제81조 제3호의 규정을 근거로 사법적 구제를 청구할 수 있을 것이다.[117] 다만 노조및조정법 제2조 제4호가 요구하는 민주성과 자주성을 갖춘 근로자의 단결체로서 실질적 의미의 노동조합이라고 인정될 수 있는 요건을 충족하지 못하고 있다면, 그 근로자의 단체는 헌법상 조합이라고 볼 수도 없으므로 기본적인 단체교섭 당사자로서의 지위와 단체교섭 등에 있어서의 민·형사 면책 등이 인정될 여지가 없다.

V. 노동조합 아닌 근로자의 단체

1. 미조직 근로자단체

소위 "쟁의단"이라고 언급되는 지속성 없는 일시적인 근로자들의 집단은 원칙적으로 단체교섭 당사자성이 인정되기 어렵다. 단체로서의 통일된 의사를 확인할 수 없는 군중을 단체라고 하기 어렵고 그 군중의 통일적인 의사가 확인되지 않는다면 사용자가 그 단체와 단체교섭을 할 수 있는 여지도 없기 때문이다.[118] 그렇다고 해서 모든 미조직 근로자단체의

---

114) 고호성, '단체협약의 기본법리 시론', 462쪽; 김유성, 「노동법Ⅱ」, 161쪽.

115) 김형배, 「새로 쓴 노동법」, 921쪽 이하; 박상필, 「한국노동법」, 404쪽.

116) 임종률, 「노동법」, 68쪽.

117) 김치선, 「노동법강의」, 312쪽; 임종률, 「노동법」, 69쪽.

118) 김형배, 「새로 쓴 노동법」, 1115쪽.

단체교섭 당사자 지위를 일괄적으로 부정할 것은 아니다. 노동조합까지의 조직은 아니지만 근로자의 단체가 대표를 뽑고 조직원들에 대한 통제력을 확보해 통일적 의사를 형성하는 등, 비록 헌법상 조합이라고 판단할 정도까지 조직되지는 않았지만 적어도 단체교섭을 할 수 있을 정도의 체계는 갖추고 있다면 그 근로자의 단체도 그 단체가 요구하는 쟁점에 한해서는 단체교섭의 당사자로서의 지위를 갖는다고 보는 것이 옳다고 생각한다.[119] 일본에서는 일본 勞働組合法 제7조 제2호가 단체교섭 거부 부당노동행위 구제신청을 할 수 있는 당사자를 "근로자의 대표"라고 규정하고 있는 것에 근거하여 미조직 근로자단체도 부당노동행위 구제신청을 할 수 있다는 견해가 있다.[120] 그러나 우리 노조및조정법 제81조 제3호는 제7조 제1항과 제2항에 의해 설립신고를 마치지 않은 노동조합에는 적용이 배제되어 있기 때문에 일본에서의 논의가 우리나라에 적용되기는 어려운 것으로 보인다. 한편 대법원은 노동조합 집행부가 해산한 상태에서 구성된 특별단체교섭추진위원회의 단체교섭권을 부인하여 미조직 근로자단체의 단체교섭권 당사자 지위를 일반적으로 부정하는 태도를 보이고 있다.[121]

2. 해고된 근로자들의 단체

노조및조정법 제2조 제4호 라목은 "해고된 자가 노동위원회에 부당노동행위의 구제신청을 한 경우에는 중앙노동위원회의 재심판정이 있을 때까지는 근로자가 아닌 자로 해석하여서는 아니 된다"라고 하여 해고된 자도 일정 기간 동안 노동조합에 가입하거나 새로운 조직을 결성할 수 있는 근로자로서의 지위를 가진다고 규정하고 있다. 그러므로 해고된 자

119) 김유성, 「노동법Ⅱ」, 130쪽; 김치선, 「노동법강의」, 156쪽 각주5); 박홍규, 「노동단체법」, 234쪽 이하; 임종률, 「노동법」, 121쪽; 林 弘子, 「勞働法」, 230쪽.

120) 西谷 敏, 「勞働組合法」, 291쪽; 下井隆史, 「勞使關係法」, 337쪽.

121) 대판 1991. 5. 24, 91도324.

로서 해고의 정당성을 다투는 자가 일부 포함되어 있는 경우에도 노동조합으로서의 지위를 인정받는 데에 아무런 문제가 없다. 그리고 주된 구성원이 근로자 지위를 가지고 있다면 일부 해고자나 실업자가 포함되어 있다고 해도 그 노동조합의 단체교섭 당사자 지위를 부정당하지는 않는다.[122] 그렇다면 해고된 근로자만으로 구성된 단체도 단체교섭 당사자로서의 지위를 가진다고 볼 수 있을까?

우선 중앙노동위원회 재심판정이 내려지기 전까지라면 해고된 근로자들이 중심이 되거나 해고된 근로자들로만 구성된 단결체도 민주성과 자주성을 갖추고 있다는 전제에서 노동조합으로서 단체교섭권을 행사할 수 있는 당사자로서의 지위가 인정되어야 한다고 본다.[123] 그리고 비록 해고의 효력을 다투고 있지는 않은 상태라 하더라도 해당 사업 또는 사업장에서 퇴직한 이후 또는 해고된 이후에도 사용자로부터 임금이나 퇴직금 등을 청산 받지 못한 근로자들이 있다면, 근로기준법 제36조에 근거하여 사용자에게 청구하는 외에, 단결체를 이루어 사용자에게 지급 방법과 일시, 액수 등에 대한 단체교섭을 요구할 수 있다고 본다.[124] 해고를 당하거나 퇴직했음에도 불구하고 사용자로부터 청산을 받지 못한 근로자 등은 비록 사용자와 근로계약관계는 해소된 상태이지만, 근로자 지위에서 발생했던 권리에 대한 집단적 관철 필요성이 있으므로 그들이 단결체를 구성하여 단체교섭을 요구하는 것이 타당하다고 생각한다. 다만 해고 이후 상당한 시일이 경과한 뒤라면 사용자는 해고된 근로자들의 사용자로서의 지위를 잃어버린다고 보아야 하므로 단체교섭 당사자 지위를 제한하는 것이 타당하다.[125] 이때의 단체교섭은 비록 노조및조정법에서 근거

---

122) 대판 2004. 2. 27, 2001두8568.

123) 박홍규, 「노동단체법」, 234쪽.

124) 菅野和夫, 「勞働法」, 761쪽 이하; 西谷 敏, 「勞働組合法」, 291쪽; 林 弘子, 「勞働法」, 230쪽.

125) 菅野和夫, 「勞働法」, 762쪽.

를 찾을 수는 없지만, 헌법 제33조 제1항에서 직접 유래하는 단체교섭권 행사라고 볼 수 있을 것이다.

제4절 단체교섭의 상대방으로서의 당사자

단체교섭의 상대방으로서의 당사자는 대부분 조합원들과 근로계약관계를 맺고 있는 사용자가 된다. 직접 근로계약관계가 없는, 업무에 대한 지시권과 감독권만을 갖는 자도 사용자가 될 수 있는지가 쟁점이 된다. 특별한 경우에는 사용자가 아닌 노동조합이 근로자들에 대하여 사용자와 유사한 지위를 갖게되는 경우도 있을 수 있다. 노동조합이 직업안정법 제33조에 따라 근로자공급사업을 영위하는 경우이다.

Ⅰ. 사용자

1. 단체교섭의 당사자 지위 인정 근거

헌법 제33조 제1항이 단체교섭권의 주체로서 "근로자"만을 규정하고 있기 때문에 사용자는 노동3권의 주체가 될 수는 없다.[126] 그러나 단체교섭권은 노동관계 당사자 사이의 집단적 자치를 보장하기 위한 것이기 때문에 근로자가 단체교섭을 행하는 상대방인 사용자에게도 집단적 자치의 구도에서 근로자 측과 동등한 주체로서 기능할 수 있는 여지를 인정해줄 필요가 있다.[127] 따라서 비록 헌법 제33조에 의한 단체교섭권의 주체는 아니지만 사용자도 노조및조정법 제29조 제1항, 제30조 제1항 등에 의해서 단체교섭의 당사자로 인정되고 있다. 노조및조정법 제2조 제2호는

---

126) 김유성, 「노동법Ⅱ」, 131쪽; 박홍규, 「노동단체법」, 235쪽; 秋田成就, 「勞使關係法Ⅰ」, 210쪽 이하.

127) 박종희, '노동3권의 보장의의와 내용', 120쪽 이하.

"사용자라 함은 사업주, 사업의 경영담당자 또는 그 사업의 근로자에 관한 사항에 대하여 사업주를 위하여 행동하는 자"라고 하여 근로기준법 제2조 제2호의 사용자 개념과 거의 일치하는 범주로 사용자를 정의한다. 그러나 노조및조정법상 사용자 개념과 단체교섭의 상대방으로서의 사용자 개념이 항상 일치하는 것은 아니다. 통상 단체교섭의 상대방으로서의 사용자는 협의의 사용자, 원칙적으로 사업경영 담당자 또는 사업주를 위하여 행위하는 자 등을 제외하고 사업주만을 의미한다고 본다.[128] 개인사업주가 운영하는 사업에서는 사업주 개인, 법인인 경우에는 그 법인 자체가 사업주, 즉 사용자가 된다.

2. 단체교섭의 당사자로서 사용자의 범위

(1) 근로계약관계가 있는 사용자

근로자는 사용자에게 근로를 제공하고 사용자는 대가로 임금을 지급하기로 하는 근로계약관계에 있어서의 사용자는 당연히 근로자들로 조직된 노동조합과 단체교섭을 하게 되는 상대방으로서 당사자가 된다. 근로계약관계가 있는 사용자란 근로기준법상 사용자 개념과 유사하다. 근로기준법 제2조 제2호는 "사용자란 사업주 또는 사업 경영 담당자, 그 밖에 근로자에 관한 사항에 대하여 사업주를 위하여 행위하는 자"라고 규정하고 있다. 근로계약관계에 기하여 노동조합 소속 조합원인 근로자의 근로조건에 대한 결정권이 있는 자라면 근로계약관계에 기한 사용자인 동시에 단체교섭의 당사자인 사용자가 되는 데에 아무런 문제가 없다.

(2) 근로계약관계 없는 사용자

일반적으로 근로기준법상 사용자 개념보다 단체교섭의 당사자가 되는

---

128) 류문호, '노동조합법상 사용자 개념의 이원성', 11쪽; 임종률, 「노동법」, 127쪽. 다만 이상의 견해들은 근로계약 당사자인 사용자라는 표현을 사용하고 있는데 정확한 표현은 아니라고 생각된다.

사용자 개념이 더 넓다고 보고 있다.[129] 그 의미는 단체교섭의 당사자로서의 사용자는 외부적인 계약형식에 관계없이 해당 근로자들과의 관계를 고려할 때 실질적으로 사용자 권한을 행사하는 자로서 근로조건의 전부 또는 일부에 대하여 구체적 영향력 내지 지배력을 미치는 자라고 해석해야 한다는 의미이다.[130] 원칙적으로 단체교섭의 당사자로서의 사용자 개념은 엄격하게 근로계약관계가 있는 사용자에 국한할 필요는 없다. 이에 대하여 단체교섭을 한다는 것은 곧 근로계약의 내용을 새롭게 형성하거나 그 내용을 변경하는 과정이라는 점에서 교섭의 당사자로서 사용자와 근로계약의 상대방으로서 사용자가 개념상 다르다고 보기는 어렵다는 견해가 있다.[131] 그러나 단체교섭이 근로계약 내용 형성이나 변경 목적에 국한되는 것이 아니고, 근로자파견관계, 사내하도급관계 등과 같이 직접적인 근로계약관계가 없으면서도 실질적으로는 근로조건에 영향을 미치는 근로제공관계가 존재한다는 점 등을 고려할 때 단체교섭의 상대방인 사용자가 근로계약관계 당사자와 다를 바 없다고 보는 견해에는 동의하기 어렵다. 최근 대법원이 "근로기준법상 근로자에 해당하는지는 계약의 형식보다 근로제공관계의 실질이 근로제공자가 사업 또는 사업장에 임금을 목적으로 종속적인 관계에서 근로를 제공하였는지 여부에 따라 판단하여야 한다"고 하여 형식적 계약관계보다 실질에 주목한 판결을 내리는 등 근로기준법상 사용자와 근로자 개념에도 변화의 조짐이 보이고 있다.[132] 사용자가 단체교섭의 당사자가 되기 위해서는 원칙적으로 근로계약관계가 필요하다고 보는 경우에도, 사내하도급관계에서 도급회사 사용

129) 김치선, 「노동법강의」, 297쪽; 김유성, 「노동법Ⅱ」, 55쪽 이하; 김형배, 「새로 쓴 노동법」, 1010쪽; 임종률, 「노동법」, 127쪽.

130) 김형배, 「새로 쓴 노동법」, 1010쪽.

131) 권 혁, 「단체교섭질서와 원하청관계」, 14쪽; 박지순/ 박제성/ 박은정, 「기업집단과 노동법」, 237쪽 이하.

132) 대판 2016. 10. 27, 2016다29890.

자와 수급회사 근로자 관계와는 달리 근로자파견관계에서는 사용사업주가 법률에 의하여 파견근로자에 대하여 일정한 근로조건에 대한 준수의무를 부담하기 때문에 파견근로자와 사용사업주 사이의 단체교섭은 가능하다고 보는 견해도 있다.[133] 대법원 판례도 노조및조정법상의 사용자는 "근로자와의 사이에 그를 지휘·감독하면서 그로부터 근로를 제공받고 그 대가로 임금을 지급하는 것을 목적으로 하는 명시적이거나 묵시적인 근로계약관계를 맺고 있는 자"[134]를 말한다고 하여 원칙적으로는 근로계약관계의 존부를 단체교섭 상대방으로서 당사자 지위가 있는 사용자인지 여부를 판단하는 기준으로 삼고 있다.[135]

[관련판례]

명시적이거나 묵시적 근로계약관계가 필요하다고 본 사례
대판 2008. 9. 11, 2006다40935

노조및조정법 제2조 제2항에 규정한 "사용자"라 함은 근로자와의 사이에 사용종속관계가 있는 자, 즉 근로자와의 사이에 그를 지휘·감독하면서 그로부터 근로를 제공받고 그 대가로서 임금을 지급하는 것을 목적으로 하는 명시적이거나 묵시적인 근로계약관계를 맺고 있는 자를 말한다 할 것인데, 국가의 행정관청이 사법상 근로계약을 체결한 경우 그 근로계약관계의 권리·의무는 행정주체인 국가에 귀속되므로, 국가는 그러한 근로계약관계에 있어서 같은 법 제2조 제2호에 정한 사업주로서 단체교섭의 당사자의 지위에 있는 사용자에 해당한다 할 것이다.

각 지방노동청장이 그 이름으로 직업상담원들과 사법상 근로계약을 체결하였다고 하더라도, 이는 각 지방노동청장이 행정주체인 국가 산하의 행정관청으로서 근로계약체결사무를 처리한 것에 지나지 아니하므로, 사법상

---

133) 하경효 외 5인, 「사내하도급과 노동법」, 259쪽; 林 弘子, 「勞働法」, 231쪽.

134) 대판 1986. 12. 23, 85누 856; 대판 1993. 11. 23, 92누13011; 대판 1995. 12. 22, 95누3565; 대판 2008. 9. 11, 2006다40935 등.

135) 김동욱, '교섭단위와 교섭당사자', 423쪽; 하경효, 「노동법사례연습」, 403쪽.

근로계약관계의 권리·의무는 행정주체인 국가에 귀속된다 할 것이고, 이에 따라 피고가 노조및조정법 제2조 제2호 소정의 사업주인 사용자로서 원고에 대응하는 단체교섭의 상대방 당사자의 지위에 있다고 보아야 할 것이다.

위와 같은 원칙적인 입장에 변화의 조짐이 보인다. "단체교섭의 당사자로서의 사용자라 함은 근로계약관계의 당사자로서의 사용자에 한정하지 않고 비록 근로계약관계의 당사자가 아니라고 하더라도 단체교섭의 대상이 되는 근로조건에 관한 사항의 전부 또는 일부에 관하여 그 근로자를 고용한 사업주로서의 권한과 책임을 일정 부분 담당하고 있다고 볼 정도로 실질적이고 구체적으로 지배·결정할 수 있는 지위에 있으면 단체교섭의 당사자로서의 사용자에 해당한다"고 하면서, 사내하도급 업체 소속 근로자들에 대하여 적어도 폐지처분, 휴게공간 개선, 노동조합 사무실 제공, 연장근로 조정, 업무범위 조정 등에 관해서는 도급업체 사용자가 사용자로서의 책임을 일정 부분 담당하고 있다고 볼 정도로 실질적이면서 구체적으로 지배·결정할 수 있는 지위에 있다고 인정하고 이를 근거로 단체교섭 당사자에 해당한다고 판단한 사례가 있다.[136] 그리고 비록 단체교섭 거부의 부당노동행위가 아닌 지배·개입 사건이지만 대법원에서도 직접 근로계약관계가 없는 자가 부당노동행위의 사용자가 될 수 있다는 판결이 나오고 있다.[137]

[관련판례]

근로계약관계가 없어도 노조및조정법상 사용자로 인정한 사례
대판 2010. 3. 25, 2007두8881

노조및조정법 법 제81조 내지 제86조는 헌법이 규정하는 근로3권을 구체적으로 확보하고 집단적 노사관계의 질서를 파괴하는 사용자의 행위를

136) 대전지판 2011. 10. 6, 2011카합782.
137) 대판 2010. 3. 25, 2007두8881; 대판 2014. 2. 13, 2011다78804 등.

> 예방·제거함으로써 근로자의 단결권·단체교섭권 및 단체행동권을 확보하여 노사관계의 질서를 신속하게 정상화하기 위하여 부당노동행위에 대한 구제제도에 관하여 규정하고 있다. 이에 의하면 부당노동행위의 예방·제거는 노동위원회의 구제명령을 통해서 이루어지는 것이므로, 구제명령을 이행할 수 있는 법률적 또는 사실적인 권한이나 능력을 가지는 지위에 있는 한 그 한도 내에서는 부당노동행위의 주체로서 구제명령의 대상자인 사용자에 해당한다고 볼 수 있을 것이다. 나아가 법 제81조 제4호는 '근로자가 노동조합을 조직 또는 운영하는 것을 지배하거나 이에 개입하는 행위' 등을 부당노동행위로 규정하고 있고, 이는 단결권을 침해하는 행위를 부당노동행위로서 배제·시정하여 정상적인 노사관계를 회복하는 것을 목적으로 하고 있으므로, 그 지배·개입 주체로서의 사용자인지 여부도 당해 구제신청의 내용, 그 사용자가 근로관계에 관여하고 있는 구체적 형태, 근로관계에 미치는 실질적인 영향력 내지 지배력의 유무 및 행사의 정도 등을 종합하여 결정하여야 할 것이다.
>
> 따라서 근로자의 기본적인 노동조건 등에 관하여 그 근로자를 고용한 사업주로서의 권한과 책임을 일정 부분 담당하고 있다고 볼 정도로 실질적이고 구체적으로 지배·결정할 수 있는 지위에 있는 자가, 노동조합을 조직 또는 운영하는 것을 지배하거나 이에 개입하는 등으로 법 제81조 제4호 소정의 행위를 하였다면, 그 시정을 명하는 구제명령을 이행하여야 할 사용자에 해당한다.
>
> **- 수급회사(사내 하청업체) 근로자들의 작업을 실질적으로 관리해온 도급회사가 수급회사 근로자들이 노동조합을 조직하자 수급회사를 폐업하도록 한 사건 -**

단체교섭의 당사자로서의 사용자는 계약 형식에 관계없이 해당 근로자들과의 관계를 고려할 때 실질적으로 사용자 권한을 행사하는 자로서 근로조건 형성의 당사자로 집단적 자치 질서의 형성 및 유지에 있어 실질적인 영향력 내지 지배력을 미치는 자라고 넓게 해석하여야 할 것이다.[138] 실질적 영향력 내지 지배력이 근로계약관계가 없는 사용자가 단

138) 김유성, 「노동법II」, 131쪽 이하; 박홍규, 「노동단체법」, 235쪽; 임종률, 「노동법」, 274쪽 이하.

체교섭의 상대방의 지위를 부여하는 근거가 될 수 있는 이유는 그러한 실질적 지배력이 직접 근로계약관계가 없는 근로자의 노동력을 실제로 사용하고 있다는 것을 징표하기 때문이다. 이 때 단체교섭의 당사자 지위가 인정된 근로계약관계 없는 사용자가 단체교섭에 응할 수 있는 대상은 위의 실질적 영향력 내지 지배력이 미치는 근로조건 기타 노동관계상의 제이익[139]으로서 해당 사용자에게 처분권한이 있는 사항에 국한된다.

노조및조정법은 근로기준법상 근로자 개념보다 넓은 범위의 근로자 개념 정의를 갖고 있다. 그리고 앞에서 노조및조정법은 헌법 제33조를 구현해서, 근로자들이 자주적으로 단결하여 사용자들과 집단적 자치를 이루어 나가도록 고양하고, 갈등을 조정할 수 있는 수단을 제공하기 위해 제정된 법률이므로 노동조합 조직과 운영의 주체라는 관점[140]에서 근로자를 바라보아야 하므로, 반드시 근로계약관계에 있는 근로자가 아니라도 그러한 사회적 신분을 획득하고자 하는 의지가 있고 그것을 추구하는 사람까지 근로자의 범위를 확대하여야 한다고 정리했다. 그렇다면 상대방인 사용자도 그에 상응하는 범위까지 확대되는 것으로 이해하는 것이 타당하다. 그러므로 단체교섭의 당사자로서의 사용자는 근로자 측의 단체교섭 요구에 대한 응낙 의무가 있는 자로서[141] 단체교섭의 대상 사항이 되는 근로조건 기타 노사관계에 있어서의 실체적 또는 절차적 각종 규율과 관련된 사항에 대하여 실질적 영향력 내지 지배력을 행사하고 있는 자는 모두 단체교섭의 상대방으로서의 사용자가 된다고 보아야 할 것이다. 이렇게 볼 경우 직접 근로계약을 맺지는 않은 근로자를 실질적으로 자기의 지휘 하에서 근로시키는 사용자, 합병계약을 체결하고 가까운 장래에 확실하게 근로계약상의 사용자로 될 것이 예정된 사용자, 자본·임

139) 김유성, 「노동법Ⅱ」, 131쪽 이하.
140) 김치선, 「노동법강의」, 297쪽.
141) 박홍규, 「노동단체법」, 235쪽.

원 구성·영업 내용·근로제공 방법 결정 등에 있어서 특정 사업 또는 사업장 근로자들에게 결정적인 영향력을 미치고 있는 다른 기업의 사용자[142] 등이 단체교섭의 상대방으로서의 사용자가 된다고 볼 수 있다.[143]

(3) 사용자단체

사용자단체도 단체교섭의 당사자가 될 수 있다. 노조및조정법 제2조 제3호에 따르면 사용자단체란 노동관계에 관하여 그 구성원인 사용자에 대하여 조정 또는 규제할 수 있는 권한을 가진 사용자의 단체를 말한다. 노동관계에 관하여 그 구성원인 사용자에 대하여 조정 또는 규제할 수 있는 권한을 가졌는지 여부는 정관이나 규약에서 개별 사용자를 위하여 통일적으로 단체교섭을 행할 수 있고, 단체협약을 체결할 수 있도록 명시적으로 규정하고 있으며, 그 구성원인 사용자들에 대하여 실질적인 통제력을 행사할 수 있는지를 가지고 판단한다.[144] 따라서 단순한 사용자나 기업들의 연합단체, 연합회 등은 사용자단체로 보지 않는다.

산업별 단위노동조합이 교섭을 요구한 경우, 산업별 연합단체가 소속 단위노동조합 공통의 문제에 관하여 교섭을 요구한 경우, 산업별 연합단체가 소속 단위노동조합의 위임에 근거하여 교섭을 요구한 경우 등에는 각급 사용자단체는 달리 정당한 이유가 없는 이상 교섭에 응하여야 한다.[145] 단, 사용자단체가 단체교섭에 응할 경우 교섭할 수 있는 사항은 사업 또는 사업장 단위 사용자와는 차이가 있다는 점에 주의하여야 한다. 예를 들어 개별 기업의 인사에 관한 사항, 필수유지업무협정 체결과 관련

---

142) 최근 기업집단의 지배적 기업 사용자와 기업집단에 소속된 각 기업 근로자들로 조직된 노동조합들 사이의 단체교섭 및 노사협의가 가능하다고 볼 것인지에 대한 논의가 있다. 우리나라에서는 주로 지주회사와 산하회사 사이에서 문제가 중심이 된다. 이에 대한 자세한 검토는 박지순/ 박제성/ 박은정, 「기업집단과 노동법」 참조.

143) 김유성, 「노동법Ⅱ」, 131쪽 이하.

144) 김유성, 「노동법Ⅱ」, 133쪽; 박홍규, 「노동단체법」, 236쪽; 대판 1992. 2. 25, 90누9049.

145) 임종률, 「노동법」, 128쪽 이하.

된 사항, 근로기준법상 근로자대표로서의 지위에서 교섭할 수 있는 사항 등에 대해서는 사용자단체의 교섭권이 매우 제한적이라고 보아야 한다. 사용자단체는 소속된 여러 사업 또는 사업장들의 공통의 의제에 대해 교섭할 수 있는 권한을 갖는 것이 일반적이기 때문이다.

(4) 공무원 또는 교원의 경우 단체교섭 상대방

공무원의 노동조합 설립 및 운영 등에 관한 법률[146] 제8조 제1항은 노동조합의 대표자가 단체교섭을 요구할 수 있는 사용자 측 상대방으로 국회사무총장·법원 행정처장·헌법재판소 사무처장·중앙선거관리위원회 사무총장·안전행정부 장관(행정부 대표)·특별시장·광역시장·특별자치시장·도지사·특별자치도지사·시장·군수·구청장(자치구의 구청장) 또는 특별시·광역시·특별자치시·도·특별자치도의 교육감 중 어느 하나에 해당하는 사람이 정부교섭대표가 되어 단체교섭을 하고 단체협약을 체결할 권한을 가진다고 본다. 그리고 제3항과 제4항은 정부교섭대표는 효율적인 교섭을 위하여 필요한 경우 다른 정부교섭대표와 공동으로 교섭하거나, 다른 정부교섭대표에게 교섭 및 단체협약 체결 권한을 위임할 수 있으며, 정부교섭대표가 아닌 관계 기관의 장으로 하여금 교섭에 참여하게 할 수 있고, 다른 기관의 장이 관리하거나 결정할 권한을 가진 사항에 대하여는 해당 기관의 장에게 교섭 및 단체협약 체결 권한을 위임할 수도 있다고 규정하고 있다. 공무원 노사관계에 있어서는 공무원의 직무수행관계의 특수성으로 인해 직접 계약관계를 맺은 사용자가 아닌 특별한 사용자의 범주를 설정하고 있는 것으로 이해된다. 공무원 노사관계에서 단체교섭에 응하여야 하는 의무를 가지는 정부교섭대표로 인정될 수 있는 징표는 공무원의 노동조합 설립 및 운영 등에 관한 법률 제8조 제2항에 따르면 "관리하거나 결정할 수 있는 권한"이다. 여기에서 관리하거나 결정할 수 있는 권한은 민간 영역에서의 "처분권한"과 대칭되는 것으로서

146) 법률 제12844호, 2014. 11. 19 시행.

그 구체적인 의미가 무엇인지 문제된다. 여기에 대해서는 당해 사항에 대하여 조사·연구하고, 기획·입안한다든지, 법령·조례·규칙 기타의 규정에 비추어 당해 행정기관의 임무의 범위 내에 있다고 해석되거나 또는 당해 사항에 대하여 법령 등의 규정에 의해 당해 행정기관이 어떤 결정을 하는 것이 인정되고 있는 경우를 말한다고 보는 견해[147]와 관리·결정 권한의 범위를 더욱 넓게 파악하여 정부조직법상의 소관사항뿐만 아니라 공무원의 노동조합 설립 및 운영 등에 관한 법률에 의하여 정부교섭대표로서 행정부 전체를 위하여 교섭하고 단체협약을 체결할 권한까지 포함하고 있다고 이해하는 견해[148]가 제시되고 있다. 정부교섭대표로서 행정부 전체를 위하여 교섭하고 단체협약을 체결할 권한은 공무원의 노동조합 설립 및 운영 등에 관한 법률 제8조 제4항에 의하여 위임받은 자가 행사할 수 있는 권리일 뿐 교섭 당사자로서 가지는 관리·결정 권한의 본래의 권한이라고 보기는 어렵다고 본다. 따라서 관리하거나 결정할 수 있는 권한의 의미를 후자의 견해와 같이 확대해서 이해할 필요는 없다고 본다.[149]

Ⅱ. 노동조합

직업안정법[150] 제33조는 고용노동부장관의 허가 없이는 근로자공급사업을 할 수 없도록 하면서, 제3항 제1호에서 노조및조정법에 따른 노동조합에게 국내 근로자공급사업을 허용하고 있다. 그리고 실제로 항만하역, 창고하역, 농수산물 유통 과정에서의 하역작업에 있어서는 항운노조 등이 하역작업을 자신들의 조합원을 사용하여 독점적으로 수행하고 있다. 2005. 12. 23. 제정된 항만인력공급체제의 개편을 위한 지원특별

147) 김재훈, '공무원노동조합의 단체교섭 및 단체협약에 관한 연구', 247쪽.
148) 이승욱, '공무원 단체교섭제도의 문제점과 개선방안', 88쪽.
149) 오세웅, 「공무원의 근무조건 결정 구조에 관한 연구」, 198쪽.
150) 법률 제12631호, 2014. 5. 20 시행.

법[151]이 각 항만에 적용되기 시작하면서 항만하역 사업주가 직접 하역근로자들을 채용하는 형태도 나타났지만, 아직도 여전히 하역업무는 closed-shop 형태로 노동조합이 조합원을 사용하여 수행하는 방법으로 이루어지고 있다. 지역과 소속 노동조합에 따라 다르지만 하역작업에 투입되는 조합원들은 일정한 작업 비용에서 조합비와 수수료를 제외한 액수를 합하여 월별로 노동조합으로부터 지급받고 있다. 그리고 조합원 신분을 잃게 되면 더 이상 하역작업을 할 수 없게 된다.[152] 이와 같은 상황에서 항운노조 등과 조합원 사이의 관계가 사용자와 근로자 관계가 아닌지가 종종 문제되어 왔다.

법원은 대부분의 사건에서 항운노조가 조합원들에 대한 근로계약관계나 산업재해보상보험법 관계에 있어서 실질적인 사용자라는 입장을 견지해오고 있다.[153] 그렇다면 조합이 조합원들에게 지급하는 노임의 액수나 작업 수행 방법, 작업 배정 방법 등에 대하여 개별 조합원들이 이견이 있을 때에는 자주적인 단결체를 조직하여 항운노조 등을 상대로 단체교섭을 요구할 수 있다고 보아야 한다.

따라서 항운노조 등의 경우처럼 노동조합이 실질적으로 자신의 조합원을 지휘·감독하여 작업에 투입하고 급여를 지급하는 경우에는 노동조합도 단체교섭의 상대방인 사용자로서의 당사자 지위를 가진다는 점을 인정할 필요가 있다. 한국항만물류협회 등을 상대로 단체교섭을 요구할 수 있는 노동조합이[154] 조합원들에 대하여는 단체교섭 상대방인 사용자

151) 법률 제11690호, 2013. 3. 23 시행.

152) 하역근로자들의 근로제공 실태와 항운노동조합의 운용 실태에 대한 자세한 내용은 김형배, 「항운노조 조합원과 사용자 사이의 법적 관계」, 101쪽 이하; 이승욱, '항만근로자의 근로조건결정', 37~64쪽 참조.

153) 대판 1997. 11. 14, 97누8908; 대판 1996. 3. 8, 94누15639; 대판 1998. 1. 20, 96다 56313 등.

154) 이정원, '항만하역근로자의 법적지위에 대한 고찰', 301쪽 이하 참조. 전국항운노동조합연맹은 한국항만물류협회를 상대방으로 하여 기본적인 근로조건에 대한 단체

로서 당사자 지위를 동시에 갖게되는 것이다. 사용자 근로자 관계의 상대성에서 비롯된 현상이다. 이 때 노동조합 내 조합원들의 단결체가 설립신고를 필했는지 여부는 문제가 되지 않는다고 본다.

[관련판례]

창고업자가 항운노조 조합원에 대한 사용자가 아니라고 본 사례
대판 1997. 9. 5, 97누3644

부산항운노조는 항만, 철도, 수산물의 하역업, 운송업, 보관업 및 이와 관련된 부대업 또는 기타 사업체에서 단순육체노동에 종사하는 근로자들을 조합원으로 하여 1980. 12. 1. 설립된 노동조합으로서 전국항운노동조합연맹 산하의 지역 노조이고, 당국으로부터 근로자 공급사업의 허가를 받아 창고업자들과의 사이에 창고업자들의 창고에 입·출고되는 수산물의 상하차, 선별작업을 독점적으로 수행하는 용역계약을 체결하고 이에 따라 부산항운노조 소속 조합원들을 창고업자에게 파견하여 그 작업을 수행해 오고 있는 사실, 조합원들에 대한 임용, 해임, 징계 등의 인사권은 부산항운노조가 전적으로 행사하고, 부산항운노조가 일방적으로 창고에 파견되는 조합원들의 인원수, 구성원을 결정하며, 파견된 조합원들은 부산항운노조에 의하여 임명된 같은 조합원인 작업반장의 지시에 따라 상하차, 선별작업 등을 수행하되, 경우에 따라서는 작업반장의 지시에 따라 작업물량이 많은 다른 작업장에 일시 파견되어 작업을 하기도 하고, 상하차 작업 과정에서의 화물파손 등에 따른 책임은 부산항운노조가 부담하는 사실, 작업노임은 각 작업장에 파견되어 서기직을 맡고 있는 조합원이 작업인원과 작업량을 매일 파악하여 부산수산센터 중매인협회와 부산항운노조 사이에 체결한 노임협약이 정한 요율에 따라 화주로부터 수령하여 적립하였다가 정해진 임금지급기일에 각 조합원들의 작업량에 따라 분배·지급하는 사실

교섭을 진행하여 협약을 체결하고, 지역 항운노조는 지역 항만물류협회를 상대방으로 연맹이 체결한 단체협약의 틀 안에서 노임협정 등을 통해 구체적인 근로조건을 결정한다. 개별항만의 연락소에서는 하역회사를 상대로 근로자공급사업을 행하고 있다.

> 등을 인정할 수 있으므로, 창고업자들이 부산항운노조 소속 조합원들에 대하여 작업수행 과정상 구체적·개별적인 지휘·감독을 하였다고 할 수 없어 부산항운노조와 단체협약을 체결할 의무가 있는 사용자의 지위에 있지 않다.

제5절 단체교섭의 담당자

Ⅰ. 단체교섭의 담당자로서의 당사자

단체교섭의 당사자인 노동조합 대표자와 사용자는 당연히 단체교섭의 담당자가 된다. 노조및조정법 제29조 제1항이 노동조합의 대표자는 그 노동조합 또는 조합원을 위하여 사용자나 사용자단체와 교섭하고 단체협약을 체결할 권한을 가진다고 규정한 것은 단체교섭의 당사자에 관한 규정인 동시에 담당자에 대한 규정이기도 하다. 여기에서 단체교섭의 "담당자"란 사실행위로서의 단체교섭을 사실상 직접 수행하는, 즉 현실적으로 교섭 자리에 출석해서 직접 상대방과 협의하고 절충하는 과정을 진행하는 권한을 가진 자를 말한다.[155] "노동조합의 대표자"란 명칭 불문하고 노동조합의 규약에 따라 선출된 노동조합의 임원 중에서 대외적으로 노동조합을 대표하는 자를 말한다.[156] 그리고 교섭창구 단일화를 통해 선출된 교섭대표 노동조합이 단위노동조합인 경우에는 그 노동조합의 대표자, 공동교섭대표단인 경우에는 공동교섭대표단 자체 또는 그 중에 지정된 대표가 노동조합의 대표자 지위를 갖게 된다.

단체교섭의 담당자인 사용자는 개인 사업주인 경우에는 사용자 본인, 법인 사업주인 경우에는 그 법인의 대표자가 단체교섭의 당사자이자 담

---

155) 김유성, 「노동법II」, 133쪽 이하; 김형배, 「새로 쓴 노동법」, 1012쪽; 박홍규, 「노동단체법」, 236쪽; 임종률, 「노동법」, 129쪽.

156) 김유성, 「노동법II」, 133쪽 이하.

당자가 된다. 회사정리개시결정이 있는 경우에는 채무자 회생 및 파산에 관한 법률[157] 제56조 제1항에 따라 회사 사업의 경영과 재산의 관리 및 처분을 하는 권한이 관리인에게 전속되므로 관리인이 근로계약상의 사용자 지위에 있게 되고, 따라서 그 관리인이 단체교섭의 당사자인 동시에 담당자가 된다.[158] 노동조합 측 단체교섭권자가 산별노동조합 등 초기업 단위노동조합인 경우에는 해당 산업이나 지역 사용자단체가 사용자 측 교섭 당사자이자 담당자가 된다.[159]

단체교섭 담당자의 권한에 대해서는 그 권한이 단체협약체결권을 포함하는지를 둘러싸고 오랜 논란이 있으나, 단체협약 체결을 목적으로 하는 단체교섭의 담당자는 노조및조정법 제29조 제1항의 해석상 단체협약 체결권을 갖는다고 보는 것이 옳다. 다만 단체협약체결권을 갖지 않고 순수하게 단체교섭권만을 조합원으로부터 수권받은 노동조합 대표자가 존재할 수도 있고, 처음부터 단체협약 체결을 목적으로 하지 않는 단체교섭의 경우에는 단체협약체결권 보유 여부가 문제가 되지 않는다는 점은 주의해야 한다.

Ⅱ. 단체교섭권한을 위임받은 자

1. 단체교섭권의 자유로운 위임 허용

(1) 단체교섭권 위임의 일반적 모습

노조및조정법 제29조 제3항은 “노동조합과 사용자 또는 사용자단체로부터 교섭 또는 단체협약의 체결에 관한 권한을 위임받은 자는 그 노동조합과 사용자 또는 사용자단체를 위하여 위임받은 범위 안에서 그 권한

157) 법률 제12783호, 2015. 1. 16 시행.

158) 김형배, 「새로 쓴 노동법」, 1015쪽; 대판 2001. 1. 19, 99다72422.

159) 김형배, 「새로 쓴 노동법」, 1015쪽.

을 행사할 수 있다"라고 하여 자유로운 단체교섭 권한의 위임을 인정하고 있다. 단 권한을 위임할 때에는 위임한 사실을 상대방에게 통보하여야 하고, 노조및조정법 시행령 제14조 제1항에 따라 교섭사항과 위임받은 권한의 범위를 정하여 위임하여야 한다. 단체교섭권의 위임은 위임이라는 명칭을 사용하지만 수임인이 위임인을 위하여 위임인의 이름으로 단체교섭을 행하거나 단체협약을 체결하는 형식을 취하고, 위임사실을 상대방에게 통보해야 한다는 점에서 민법 제114조 이하의 대리에 해당한다고 보아야 한다.[160] 독일 단체협약법(TVG) 제2조 제2항도 노동조합과 사용자단체의 연합체가 단체교섭권을 수권 받을 수 있도록 규정하면서 위임한 단체의 이름으로 협약을 체결할 수 있도록 명시하여 단체협약 체결권의 위임에 대리의 법리가 인정되는 것으로 보고 있다.[161] 단체교섭권의 위임관계를 민법상 대리관계로 이해하면, 단체교섭권을 수임한 자가 체결한 단체협약의 효과가 곧바로 위임인에게 귀속되는 것으로 보는 데에 문제가 없다. 단체교섭권을 위임하는 절차는 특별한 제한이 없으므로 노동조합 규약으로 정하면 족하다고 본다.[162]

(2) 교섭대표 노동조합의 단체교섭권 위임 문제

복수노조가 병존하는 사업 또는 사업장에서 교섭창구 단일화를 거쳐 교섭대표 노동조합이 된 노동조합이나 공동교섭단이 자신의 단체교섭권을 위임하기 위해서는 교섭에 참여한 모든 노동조합들의 명시적 승낙이 필요하다고 하여야 한다. 그 이유는 교섭대표 노동조합에 대해서는 민법상 대표의 법리가 적용되기 때문이다.[163] 하급심 판결례 중에 교섭창구

160) 김형배, 「새로 쓴 노동법」, 1012쪽 이하.

161) Brox/ Rüther/ Henssler, 「Arbeitsrecht」, 221쪽 방주 694는 단체협약체결권 위임의 경우에 대리인의 의사표시의 효력에 관한 독일 민법(BGB) 제164조가 적용된다고 설명한다.

162) 김유성, 「노동법Ⅱ」, 134쪽; 김형배, 「새로 쓴 노동법」, 898쪽.

163) 강선희, '노동기본권과 소수 노동조합의 협약능력 및 단체협약의 효력에 관한 연

단일화 절차 이전에 한 노동조합이 다른 노동조합에게 단체교섭에 관한 권한이나 교섭창구 단일화 절차에 참여할 권한을 위임하였다면 교섭창구 단일화 절차에 참여한 또 다른 노동조합으로 하여금 위와 같은 권한의 위암이 있었는지를 명백하게 알 수 있도록 하는 것이 반드시 필요하고, 그러한 절차를 취하지 못한 권한 위임은 그 효력을 인정할 수 없다고 본 사례가 있다.[164] 교섭대표 노동조합은 단체협약 체결을 목적으로 하는 단체교섭에 있어서는 교섭에 참여한 다른 노동조합들을 대표하여 단체교섭권을 행사할 수 있는 대표권을 보유한다. 그리고 대표권을 가진 자는 스스로 대표권을 행사하여야 하며 원칙적으로 복임권이 없다.[165] 다만 민법 제62조에 따르면 교섭창구 단일화에 참여한 노동조합들이 결의하여 금지하지 않은 특정한 행위만을 대리하게 할 수 있을 뿐이므로 교섭대표 노동조합이 자신의 교섭권한을 타인에게 포괄적으로 위임할 수는 없다.[166] 따라서 교섭창구 단일화에 참여한 모든 노동조합들의 결의가 없다면 교섭대표 노동조합이 단체교섭권을 제3자에게 위임할 수는 없다고 보아야 한다. 교섭대표 노동조합의 권한은 단체협약 체결과 자신의 이름으로 체결한 단체협약의 해석·적용에까지 미칠 수 있으므로 단체교섭을 할 수 있는 권한만을 위임하는 것은 포괄적 위임이라고는 볼 수 없기 때문이다. 만약 교섭대표 노동조합이 교섭창구 단일화에 참여한 다른 모든 노동조합의 결의 없이 단체교섭권을 위임했다면 위임인의 교섭행위의 효력은 교섭대표 아닌 노동조합들에게 미치지 않는다고 보아야 한다.[167]

교섭대표 노동조합의 단체교섭권이 적법하게 위임된 경우, 만약 교섭

구', 103쪽 이하; 김용진, 「복수노조 하에서의 교섭창구 단일화 제도」, 106쪽 이하.

164) 서울행판 2013. 3. 29, 2012구합29653.

165) 송덕수, 「신민법강의」, 397쪽.

166) 송덕수, 「신민법강의」, 397쪽; 이영준, 「한국민법론」, 817쪽.

167) 대판 1996. 9. 6, 94다18522 판결은 이사의 업무를 타인에게 포괄적으로 위임하는 것은 무효이므로 법인에 대하여는 타인의 행위의 효력이 미치지 않는다고 보았다.

창구 단일화 절차 진행 중에 교섭참여 노동조합들 사이에 교섭권의 위임에 관한 사항을 별도로 정해놓았다면 그 절차에 따르고 별다른 내용을 정한 바 없다면 민법상 복대리에 관한 규정을 적용하면 될 것이다. 따라서 수임인의 권한에 대해서는 복대리에 관한 민법 제123조가 적용될 수 있다. 교섭대표 노동조합이 단체교섭권을 위임한 경우에는 교섭창구 단일화에 참여한 개별 노동조합들에 대하여 민법 제121조 제1항에 따라 위임인의 선임·감독에 관하여 책임을 져야한다.

2. 위임 가능한 권한의 범위

위임되는 교섭권한은 단체교섭에 관한 권한만 위임될 수도 있고, 단체협약을 작성하고 서명하는 권한까지 위임될 수도 있다. 앞에서 노동조합대표자로서 단체교섭의 당사자라 할지라도 단체교섭권한만 있을 뿐 단체협약체결권은 없는 당사자가 있을 수도 있다는 사실을 확인한 바 있다. 따라서 단체교섭권의 위임에 의해 담당자가 선정될 경우에 그 담당자의 단체교섭권한은 수권된 범위에 한정되며, 그 수권의 범위는 당해 단체교섭의 당사자가 보유하는 단체교섭권의 범위를 넘어갈 수 없다.

또한 단체교섭 당사자가 교섭권한을 위임한 경우, 그 위임을 해지하는 등 별도의 의사표시를 하지 않더라도 본래 당사자인 위임자의 교섭권한은 소멸되거나 정지되는 것이 아니고 담당자가 된 수임자의 교섭권한과 중복하여 경합적으로 남아 있다고 본다.[168] 이는 대리권을 수여한 후에도 본인의 행위능력에는 전혀 제한이 발생하지 않는다는 민법의 일반 원칙이 단체교섭권 위임의 경우에도 적용되기 때문이다.[169] 위임인과 수임인이 동시에 교섭권한을 행사하는 경우에는 위임인인 단체교섭 당사자의 권한이 항상 우선하여야 한다.

---

168) 임종률, 「노동법」, 132쪽; 대판 1998. 11. 13, 98다20790.

169) 유성재, 「판례노동법」, 702쪽.

3. 단체교섭권을 위임받을 수 있는 자

원칙적으로 단체교섭권을 위임받을 수 있는 자의 범위에는 제한이 없다. 개인이 될 수도 있고 단체나 법인이 될 수도 있다.[170] 단체교섭권한은 단체교섭을 구체적으로 수행하는 사실적인 행위를 내용으로 하기 때문에 단체교섭권을 위임받을 수 있는 자는 자연인뿐이라는 견해가 있으나[171] 그와 같이 제한할 이유는 없다고 생각된다.[172] 만약 단체나 법인이 단체교섭권을 수임해서 담당자가 되었다면 단체 스스로 단체교섭에 참여하여 교섭을 진행할 수 없는 것은 사실이지만, 그 단체의 대표자나 업무 담당자가 교섭을 진행할 수 있기 때문이다. 단체나 법인에 단체교섭권을 위임하는 경우에는 특별한 사정이 없는 한 그 단체의 대표자에 대해 위임한 것이라고 보면 족할 것이다.[173] 노동조합으로부터 단체교섭권을 위임받는 것은 노동조합이나 연합단체인 상부단체 모두 가능하다.[174]

4. 단체교섭을 사용자 휘하의 직원에게 담당하도록 한 경우

사용자가 직접 단체교섭을 담당하여 수행하지 않고 노무관리 및 단체교섭 업무를 담당하는 것을 주무로 하는 휘하 부서의 관리자 또는 해당 부서 직원에게 그 단체교섭을 담당하여 진행하도록 하는 경우가 대부분이다. 사용자의 지시를 받아 해당 직원이 단체교섭에 임하는 행위는 직무상의 또는 직무를 이용한 행위로서 사용자의 지배 내지 지시권 내에 있는 행위로 볼 수 있다. 그러나 단체교섭을 원만하게 진행하기 위해서는 교섭 담당 직원에게 교섭 절차 및 결론과 관련한 상당한 결정 권한이 유보되어 있다고 보아야 한다. 단체교섭 과정에서 이루어지는 모든 발언과 주장,

170) 김유성, 「노동법Ⅱ」, 134쪽.
171) 菅野和夫, 「労働法」, 653쪽; 山口浩一郎, 「労働組合法」, 156쪽.
172) 西谷 敏, 「労働組合法」, 294쪽.
173) 임종률, 「노동법」, 133쪽.
174) 西谷 敏, 「労働組合法」, 294쪽.

양보와 타협 과정이 모두 사용자의 사자(使者)의 입장에서 행해진다고 보는 것은 현실적이지 못한 지나치게 의제적인 관점이기 때문이다. 단체교섭을 사용자 휘하의 담당 부서 직원이 담당하는 경우에도 단체교섭권의 위임관계에 있고 휘하 직원은 사용자의 수임인으로서 책임과 권한을 가지고 단체교섭이 임하게 된다고 보는 것이 타당하다. 그렇다면 사용자 휘하의 단체교섭 담당 직원의 단체교섭 행위는 직접 당사자인 사용자의 행위로 간주하면 충분하고 별도로 위임관계 등을 상정하여야 할 필요는 없다고 보는 견해는[175] 일정한 한계를 가진다고 판단된다.

사용자가 단체교섭이 고유의 담당 직무가 아닌 기업 내의 특정 근로자에게 단체교섭을 담당하여 수행하도록 지시한 경우에도 그 교섭 담당 근로자의 지위를 단체교섭권한을 위임받은 자로 보는 데에 특별한 문제는 없다. 특별한 경우로서 담당직원이 독자적인 결정권이나 판단 권한을 갖지 않은 채 사용자의 지침과 지시에만 따라 단체교섭 석상에서 지시받은 사항을 전달하는 역할만 하는 경우도 있을 수 있겠으나 그러한 경우는 매우 예외적인 것이라고 생각된다. 그러므로 본래의 직무는 아니지만 사용자의 지시로 단체교섭을 담당하게 된 휘하 직원의 경우도 해당 근로자가 수임인에 준하는 독자적 결정권한을 가지고 단체교섭을 진행하고 있는 것으로 보는 것이 타당하다.

제6절 단체교섭 당사자와 담당자의 의무

Ⅰ. 성실교섭의무

1. 성실교섭의무의 의의와 근거

단체교섭의 당사자는 성실교섭의무(duty to bargain in good faith)를 부

175) 강성태, '관리적 근로자의 부당노동행위 주체성', 252쪽.

담한다. 노조및조정법 제30조는 "교섭 등의 원칙"이라는 표제 아래 제1항에서 노동조합과 사용자 또는 사용자단체는 신의에 따라 성실히 교섭하고 단체협약을 체결하여야 하며, 그 권한을 남용하여서는 안 된다고 규정하고 있다. 성실교섭의무에는 노동조합과 사용자 또는 사용자단체는 정당한 이유 없이 교섭 또는 단체협약의 체결을 거부하거나 해태하여서는 안 된다는 제2항의 의무도 포함된다. 우리나라에서 성실교섭의무는 1997년 노조및조정법 제정 이전의 구 노동조합법에서는 사용자만의 의무로 규정되어 있었으나, 1997년에 노동조합과 사용자의 의무로 확대되었다. 성실교섭의무를 법률에 명문으로 규정하는 것은 미국 연방노동관계법(NLRA) 제8조 (d)에서 유래한다.[176] 노조및조정법 제30조의 성실교섭의무는 노동조합과 사용자 또는 사용자단체의 성실교섭의무를 규정하고 있다. 이 중 사용자 측에게 부과되는 성실교섭의무의 근거는 헌법 제33조 제1항의 단체교섭권 보장 질서에서 당연히 보장되어야 하는 내용이 반영된 확인적 규정이라고 할 수 있다.[177] 한편 일본 勞働組合法에는 우리 노조및조정법 제30조와 같은 규정이 없는데도 불구하고 성실교섭의무를 일반적으로 인정하고 있다. 인정 근거로는 헌법상 노동3권 규정에서 도출된다고 보는 견해[178]와 부당노동행위 규정에서 도출된다고 보는 견해[179]로 나뉘지만 성실교섭의무의 존재를 인정한다는 점에서는 차이가 없다.

2. 성실교섭의무를 부담하는 주체와 상대방

성실교섭의무를 부담하는 것이 사용자와 노동조합 대표자 모두인지

---

176) Harper/ Estreicher/ Flynn, 「Labor Law-Cases, Materials, and Problems」, 465쪽.

177) 장우찬, 「단체교섭에서의 성실교섭의무에 관한 연구」, 72쪽.

178) 菅野和夫, 「勞働法」, 659쪽 이하; 西谷 敏, 「勞働組合法」, 307쪽 이하 등.

179) 荒木尙志, 「勞働法」, 564쪽.

또는 사용자만인지에 대해서는 견해가 일치하지 않는다. 일본에서는 성실교섭의무는 사용자에게 부과된 의무일 뿐 노동조합에게 부과된 의무는 아닌 것으로 보는 견해[180]와 노동조합과 사용자 모두 단체교섭의 당사자로서 부담하는 의무라고 보는 견해[181]가 대립하고 있다. 그러나 이러한 견해의 대립은 성실교섭의무에 대한 명문의 실정법상 근거규정이 없는 일본에서 논의될 수 있는 쟁점이다. 노조및조정법 제30조에서 성실교섭의무의 부담자로 "노동조합과 사용자 또는 사용자단체"를 명시하고 있는 우리나라에서는 성실교섭의무를 부담하는 주체가 노동조합과 사용자 모두라는 데에 별다른 이견이 없다.[182]

노동조합 측의 성실교섭의무를 헌법 제33조 제1항에서 도출할 수 있을 것인지가 문제될 수 있다. 노동3권은 헌법 제33조 제1항에서 근로자의 권리로 규정되어 있기 때문이다. 노조및조정법 제81조 제3호의 단체교섭 거부 부당노동행위 금지 규정은 특히 사용자 측의 성실교섭의무를 뒷받침하는 규정일 뿐 이 조항을 노동조합의 성실교섭의무를 인정할 수 있는 근거로 보기는 어렵다.[183] 그러나 노동조합은 헌법 제33조 제1항의 단결권을 실현한 결과 실존하는 조직이며 헌법상 단체교섭권을 보유하는 당사자로서, 하위 법률에 성실교섭의무가 규정되어 있지 않아도 그 지위에 상응하여 조합원들을 위해 단체교섭권을 성실하게 행사할 책임이 있다고 보아야 한다. 즉 노동조합의 성실교섭의무는 헌법 제33조에 따라 단체교섭권을 보유한 당사자의 지위를 갖는 것에 상응하여 부담하게 되는 노동조합의 책임이인 것이다. 그렇다면 노동조합의 성실교섭의무를 규정

---

180) 菅野和夫, 「勞働法」, 659쪽.

181) 西谷 敏, 「勞働組合法」, 306쪽.

182) 김형배, 「새로 쓴 노동법」, 993쪽; 임종률, 「노동법」, 144쪽; 하경효, '단체교섭거부에 대한 구제방법과 내용', 533쪽 등.

183) 김유성, 「노동법II」, 146쪽; 김형배, 「새로 쓴 노동법」, 993쪽; 荒木尙志, 「勞働法」, 568쪽.

한 노조및조정법 제30조는 헌법 제33조 제1항에서 비롯되는 노동조합의 단체교섭 당사자의 지위에 상응하는 책임관계를 명시한 확인규정이라고 할 수 있을 것이다.[184] 한편 성실교섭의무는 "신의에 따라 성실하게 교섭할 의무"라고 하여 민법상 신의성실원칙을 암시하는 견해도 있다.[185] 민법상 일반원칙인 신의성실원칙은 단체교섭에 있어서 사용자와 노동조합 양 당사자가 성실하게 단체교섭에 임하여야 한다고 보는 근거가 될 수 있다. 신의성실원칙을 성실교섭의무의 또 하나의 근거로 본다면 의무 부담 주체를 사용자로 보거나 노동조합으로 보거나 구별 없이 모두 단체교섭에 임할 때에 신의에 따라 성실하게 교섭에 임하여야 하는 의무를 부담한다고 볼 수 있다. 그렇다면 노동조합이 부담하는 성실교섭의무의 근거는 헌법 제33조 제1항의 단체교섭권을 보유한 당사자의 지위에 상응하는 책임인 동시에 쌍무적 채권·채무관계 형성과정과 유사한 단체교섭의 당사자들에게 적용되는 신의성실원칙을 통해 인정되는 의무이며 그러한 의무가 노조및조정법 제30조에 명시된 것으로 파악할 수 있다.

성실교섭의무는 단체교섭 당사자인 노동조합과 사용자가 모두 부담하는 의무이다. 그런데 이때의 노동조합은 설립신고를 필한 노동조합에 한한다는 견해[186]가 있다. 성실교섭의무는 노조및조정법이 창설한 제도가 아니라 헌법 제33조 제1항에 근거를 두는 제도라는 점에서 사용자가 성실교섭의무를 부담하는 상대방을 법률상의 노동조합에 한정해야 할 이유는 없다고 생각된다. 단체교섭의 당사자 모두가 모두를 향해 부담하는 의무이므로, 복수노조가 병존하는 경우 사용자는 병존하는 복수노조 모두를 향해서 성실교섭의무를 부담하고,[187] 병존하는 복수노조들도 사용자

184) 장우찬, 「단체교섭에서의 성실교섭의무에 관한 연구」, 84쪽 이하도 비슷한 견해라고 생각된다.

185) 김형배, 「새로 쓴 노동법」, 993쪽.

186) 고호성, 「노동법상의 집단적 자치원리」, 196쪽.

187) 菅野和夫, 「勞働法」, 661쪽 이하.

를 향해 성실교섭의무를 부담한다. 물론 교섭창구가 단일화된 경우 단체협약 체결 목적 단체교섭이 진행되는 중에는 사용자의 성실교섭의무의 상대방은 교섭대표 노동조합으로 집중된다. 그러나 사용자가 교섭대표 노동조합에 대한 성실교섭의무를 위반하고 있는 경우에는 교섭대표 노동조합뿐만 아니라 교섭대표 노동조합은 아니지만 교섭창구 단일화 절차에 참여한 다른 노동조합들도 성실교섭의무 이행을 사용자에게 요구하거나 부당노동행위 구제신청을 할 수 있다고 보아야 한다. 그러한 관점에서 노조및조정법 제29조의5가 부당노동행위 구제신청을 할 수 있는 권한이 교섭대표 노동조합에게만 인정되도록 규정한 것은 잘못된 입법이라고 하지 않을 수 없다.

단체협약 체결 목적 아닌 단체교섭이 교섭대표 아닌 노동조합과 진행될 때에는 노동조합 측 당사자가 교섭대표 노동조합인지 여부를 불문하고 사용자는 교섭대상이 관련된 노동조합에 대하여 성실교섭의무를 부담한다. 이 때 사용자가 부담하는 성실교섭의무의 내용은 교섭대표 노동조합에 대한 성실교섭의무의 내용과 다름이 없다고 보아야 한다. 나아가 단체교섭권을 위임 받은 단체교섭의 담당자도 사용자 측이든 노동조합 측이든 막론하고 자신이 담당하게 된 단체교섭을 수행함에 있어 단체교섭권을 위임한 당사자가 부담하는 것과 같은 성실교섭의무를 부담한다.

3. 성실교섭의무의 내용과 범위

(1) 성실교섭의무의 내용

성실교섭의무의 가장 중요한 내용은 교섭 타결을 위해 진지하게 교섭에 임해야 하는 의무라는 사실이다. 이를 "합의 달성 가능성을 모색할 의무"라고 하기도 한다.[188] 성실교섭의무는 노동관계 당사자가 단지 교섭자리에 나와서 상대방과 대면하는 것을 의미하지 않고, 여기에서 더 나아

188) 西谷 敏, 「勞働組合法」, 307쪽.

가 적극적으로 협의·절충하면서 합의를 모색해야 할 의무인 것이다.[189] 양 당사자들은 상대방의 주장과 자기 주장 사이의 간격을 좁혀나가야 하고, 교섭대상의 범위와 내용에 대하여 해결점을 모색해야 한다.[190] 사용자가 처음부터 교섭에 임하지 않거나, 노동조합이 발송한 교섭 요청 공문에 서면으로 회답만 할 뿐 대화를 하지 않는 것, 교섭사항과 합리적인 관련이 없는 사항을 교섭의 전제조건으로 하는 행위,[191] 교섭 개시 일정을 차일피일 미루는 행위, 교섭 타결이 임박한 단계에서 새로운 제안을 내놓는 등의 방법으로 타결을 미루는 행위[192] 등이 성실교섭의무 위반이자 단체교섭 거부·해태행위가 될 수 있다. 사용자가 성실하게 단체교섭에 임하고 있는지 여부는 사용자가 노동조합 측의 제안에 대하여 대답하고 반대제안을 제시하는 행위, 교섭에 필요하다고 인정되는 자료를 제시하거나 설명하는 행위 등을 수행하는 모습을 통해 징표될 수 있다.[193]

노조및조정법 제30조가 성실교섭의무의 내용으로서 "성실히 교섭하고 단체협약을 체결하여야 하며"라고 규정한 뜻은 단체교섭이 반드시 단체협약 체결을 목적으로 하여야 한다거나 단체교섭을 하면 반드시 단체협약을 체결해야 한다는 것이 아니다.[194] 단체교섭의 대상이나 목적이 무엇이든지 당사자는 그 교섭에 성실히 임해야 하고, 만약 노사 간의 단체협약 체결 목적 단체교섭이 사실상 타결(합의)된 단계에 이르렀다면 사용자가 그 합의내용을 서면화하여 서명·날인하는 것을 정당한 이유 없이 거부·해태해서는 안 된다는 의미라고 보아야 한다. 여기에서 주의할

189) 임종률, 「노동법」, 144쪽.

190) 김형배, 「새로 쓴 노동법」, 993쪽.

191) 김유성, 「노동법Ⅱ」, 147쪽; 菅野和夫, 「勞働法」, 660쪽.

192) 西谷 敏, 「勞働組合法」, 308쪽.

193) 김유성, 「노동법Ⅱ」, 147쪽 이하; 손창희, '단체교섭, 교섭권과 협약 체결권한에 관한 고찰', 129쪽 이하; 임종률, 「노동법」, 144쪽; 菅野和夫, 「勞働法」, 659쪽 이하; 西谷 敏, 「勞働組合法」, 307쪽 이하; 村田毅之, 「日本の勞使關係法」, 55쪽 이하.

194) 임종률, 「노동법」, 145쪽; 하경효, '단체교섭거부에 대한 구제방법과 내용', 533쪽.

것은 이 조항이 노동조합이 특정한 내용의 단체협약 체결을 요구할 수 있는 청구권과 사용자가 이에 응하여 요구 받은 내용을 반영한 단체협약을 체결해야만 한다는 의무를 규정한 것은 아니라는 점이다.[195] 미국 연방노동관계법(NLRA) 제8조 (d)는 이러한 사실을 "… 그러나 그 의무는 어떤 제안에 합의할 것을 강요하거나 양보를 요구하지 않는다 …"라고 명시적으로 밝히고 있다.

노동조합과 사용자가 성실하게 교섭을 진행했지만 더 이상 교섭이 진전될 가능성이 없게 되어 교섭을 중단하거나 결렬을 선언한다 하더라도 성실교섭의무를 해태했다고 볼 수 없다.[196] 마찬가지로 노동위원회 조정신청 중 교섭 미진을 이유로 한 행정지도, 즉 조정신청 각하결정을 받았다 하더라도 그 사실이 곧 양 당사자 쌍방 또는 일방이 성실교섭의무를 위반했다는 것을 의미하지는 않는다. 그러나 교섭이 중단·결렬된 이후에도 진전된 단체교섭 요구안이 제시되는 등 새로운 타결 가능성이 생겼을 때에는 교섭 재개에 응할 의무가 발생한다.[197] 성실교섭의무는 단체교섭의 당사자 쌍방에 부과된 의무로서 어느 일방이 이 의무를 위반하는 경우 타방 당사자에게는 그것이 단체교섭을 거부하거나 해태할 수 있는 정당한 사유가 된다.[198] 따라서 노동조합이 성실교섭의무를 해태할 경우 사용자의 성실교섭의무는 그에 따라 경감되므로[199] 사용자는 노동조합 측이 단체교섭에 임하여 성실교섭의무를 이행하지 않을 경우 단체교섭을 거부할 수 있다.[200] 다만 쟁의행위 기간 중에도 단지 쟁의행위가 계속되

---

195) 박종희, '노동3권의 보장의의와 내용', 「고려법학」 제48호, 고려대 법학연구원, 2007, 127쪽 각주 34)도 같은 취지이다.

196) 하경효, '단체교섭거부에 대한 구제방법과 내용', 534쪽.

197) 대판 2006. 2. 24, 2005도8606.

198) 임종률, 「노동법」, 144쪽.

199) 西谷 敏, 「労働組合法」, 307쪽.

200) 대판 2000. 5. 12, 98도3299.

고 있다는 사정만으로 사용자의 성실교섭의무가 경감되거나 면제되지는 않으며, 새로운 교섭 조건이나 상황 변화가 발생하여 교섭을 재개하는 것이 유의미한 상황으로 전환된다면 사용자는 노동조합의 교섭요구에 성실하게 응하여야 하는 의무를 여전히 부담하게 된다고 보아야 할 것이다.[201] 대법원 판례도 쟁의기간 중이라는 사정이 곧바로 사용자가 단체교섭을 거부할 만한 정당한 이유가 될 수 없으며 노동조합 측으로부터 새로운 타협안이 제시되는 등 교섭재개가 의미 있을 것으로 기대할 만한 사정변경이 생긴 경우에는 다시 교섭에 응하여야 한다고 판단하였다.[202]

[관련판례]

쟁의행위 기간 중이라도 사용자는 교섭에 응해야 한다고 본 사례
대판 2000. 5. 12, 98도3299

쟁의행위는 단체교섭을 촉진하기 위한 수단으로서의 성질을 가지므로 쟁의기간 중이라는 사정이 사용자가 단체교섭을 거부할 만한 정당한 이유가 될 수 없고, 한편 당사자가 성의 있는 교섭을 계속하였음에도 단체교섭이 교착상태에 빠져 교섭의 진전이 더 이상 기대될 수 없는 상황이라면 사용자가 단체교섭을 거부하더라도 그 거부에 정당한 이유가 있다고 할 것이지만, 위와 같은 경우에도 노동조합 측으로부터 새로운 타협안이 제시되는 등 교섭재개가 의미 있을 것으로 기대할 만한 사정변경이 생긴 경우에는 사용자로서는 다시 단체교섭에 응하여야 하므로, 위와 같은 사정변경에도 불구하고 사용자가 단체교섭을 거부하는 경우에는 그 거부에 정당한 이유가 있다고 할 수 없다.

사용자인 피고인이 노동조합 측이 정한 단체교섭 일시의 변경을 구할 만한 합리적 이유가 있었다고 보이지 아니하고, 위 교섭일시 전에 노동조합 측에 교섭일시의 변경을 구하는 등 교섭일시에 관한 어떠한 의사도 표

201) 김형배, 「새로 쓴 노동법」, 1266쪽; 菅野和夫, 「勞働法」, 662쪽; 西谷 敏, 「勞働組合法」, 313쪽.

202) 대판 2006. 2. 24, 2005도8606.

명한 적이 없었던 경우, 피고인이 노동조합 측이 정한 일시에 단체교섭에 응하지 아니한 것에 정당한 이유가 없다.

(2) 성실교섭의무의 대상

한편 성실교섭의무는 대상 측면에서 의무적 교섭사항에 대해서만 인정되는 의무라는 견해가 있다.[203] 그러나 성실교섭의무는 단체교섭에 임할 의무를 사용자에게 부과하는 것일 뿐만 아니라 임의적 교섭사항에 대한 것이라도 일단 그에 대한 단체교섭을 개시한 이상 성실하게 교섭을 진행해야 한다는 것을 의미하고, 노조및조정법 제81조 제3호의 단체교섭 거부의 부당노동행위가 의무적 교섭사항과 연결될 수 있으므로, 성실교섭의무의 대상을 의무적 교섭사항으로 한정할 필요는 없다고 본다. 성실교섭의무의 대상은 노동관계 당사자가 단체교섭의 대상으로 하기로 합의한 모든 교섭사항에 대한 것이라고 보아야 할 것이다. 다만 의무적 교섭사항에 대한 성실교섭의무 위반과 임의적 교섭사항에 대한 성실교섭의무 위반은 위반행위에 대한 제재의 측면에서는 달리 평가되어야 한다.

4. 성실교섭의무 위반의 효과

사용자가 정당한 이유 없이 성실교섭의무에 위반하여 단체교섭에 성실하게 임하지 않을 경우 그것이 의무적 교섭사항이라면 노조및조정법 제81조 제3호에 규정된 행위 태양 중 주로 단체교섭 해태에 해당하여 부당노동행위가 될 가능성이 높다. 이때 사용자의 성실교섭의무 위반이 부당노동행위로 이어지는 것은 의무적 교섭사항에 대한 교섭의 경우라고 한정하여야 할 것이다. 임의적 교섭사항에 대하여도 일단 단체교섭의 대상으로 삼은 이상 사용자는 그 사항에 대하여도 성실교섭의무를 부담하지만, 그 사항에 대한 교섭을 해태하여도 이를 부당노동행위로 볼 수는

---

203) 고호성, 「노동법상의 집단적 자치원리」, 196쪽.

없다. 임의적 교섭사항이 단체교섭의 단계에 따라 의무적 교섭사항으로 성격이 변경된다고 볼 수 없으며, 임의적 교섭사항의 경우에 교섭 개시 전에 교섭을 거절하면 아무런 문제도 되지 않는 반면 그 사항에 대한 교섭을 개시한 이후에는 교섭을 해태하면 형벌 구성요건인 부당노동행위 규정이 곧바로 적용된다고 보는 것은 균형이 맞지 않기 때문이다. 사용자의 부당노동행위가 성립하면 노동조합이 노동위원회에 구제신청을 제기할 수 있고, 제90조에는 부당노동행위를 한 행위자에 대하여 징역 또는 벌금의 형벌을 규정하고 있다.

Ⅱ. 근로조건 일방적 결정 금지의무

1. 근로조건 일방적 결정 금지의무 인정 여부에 대한 해외의 논의

성실교섭의무의 내용으로서 사용자의 근로조건 일방적 결정 금지의무를 인정할 수 있을 것인지가 문제된다. 미국의 배타적 교섭대표제도 하에서는 배타적 교섭대표가 사업장 전체 근로자를 대표한다는 전제 아래, 사용자가 사업장의 근로조건을 교섭대표에게 통보하지 않고 변경하는 것을 성실교섭의무에 위반한 것으로 본다.[204] 미국 연방대법원은 1962년의 Katz 판결[205]에서 사용자가 배타적 교섭대표와 단체교섭을 하지 않고 의무적 교섭사항에 해당하는 내용들을 변경한 것이 연방노동관계법(NLRA) 제8조 (a), (5)의 단체교섭 거부의 부당노동행위에 해당한다는 것을 처음으로 인정했다.[206] 근로조건 일방적 결정 금지의무를 인정하게 되면 사용자가 근로조건을 변경할 필요가 발생한 경우 노동조합의 교섭 요구가 없더라도 사용자는 조합원과 개별적으로 교섭하거나 일방적으로 결정하

204) 菅野和夫, 「勞働法」, 662쪽 이하.

205) NLRB v. Katz 369 U.S. 736(1962).

206) Oberer/Hanslowe/Heinsz, 「Labor Law-Collective Bargaining in a Free Society」, 535쪽.

지 않고, 노동조합에 단체교섭을 요구하여 조합과 교섭을 해야 할 적극적인 의무를 부담한다는 것을 승인하게 되는 것이다.

일본에서는 사용자에게 근로조건 일방적 결정 금지의무를 인정할 것인지를 두고 찬반양론이 대립한다.[207] 근로조건 일방적 결정 금지의무를 인정할 필요가 없다고 보는 견해는 일본은 미국과 달리 노동조합이 교섭권을 획득하기 위해 엄격한 절차를 거칠 필요가 없고 노동조합이 교섭의무를 부담한다고 할 수도 없기 때문에 사용자가 근로조건을 변경하고자 할 때 단체교섭에 임하여야 하는 의무를 진다고 할 수 없다는 것을 근거로 한다.[208] 반면 긍정하는 견해는 사용자가 의무적 교섭사항에 해당하는 근로조건을 저하시키려고 하는 경우에 노동조합의 교섭요구를 거부해서는 안 되고, 나아가 노동조합에 단체교섭 요구를 하여야 할 의무를 진다고 보는 것이 당연하다고 한다.[209] 일본 헌법 제28조가 단결권과 단체교섭권을 보장하므로 사업 또는 사업장 내에 노동조합이 존재하는 한 근로조건의 결정·변경 시에는 반드시 노동조합과의 교섭·합의를 거쳐야 한다고 보기 때문이다. 따라서 사용자가 단체교섭을 거치지 않고 취업규칙을 일방적으로 변경하는 것은 원칙적으로 단체교섭 거부의 부당노동행위와 지배개입의 부당노동행위가 될 수 있다고 한다.[210] 하지만 근로조건 일방적 결정 금지의무를 부정하는 견해도 사용자는 신의칙상 노동조합에 교섭을 타진해야 할 경우가 많고, 만약 교섭 타진 없이 근로조건을 변경한 경우에는 부당노동행위구제절차를 통해 책임을 물을 수도 있으므로

207) 찬성 : 西谷 敏, 「勞働組合法」, 314쪽 이하 / 반대 : 菅野和夫, 「勞働法」, 662쪽 이하; 山口浩一郎, 「勞働組合法」, 143쪽.

208) 菅野和夫, 「勞働法」, 662쪽 이하.

209) 西谷 敏, 「勞働組合法」, 314쪽 이하.

210) 이에 대하여 일본에서는 비록 취업규칙 변경 행위는 부당노동행위가 되지만, 이때 변경된 취업규칙의 효력은 즉시 무효가 되는 것은 아니고, 노동조합의 의향을 무시한 불이익변경이라는 사실이 불이익 변경의 사회통념상 합리성 판단에 중요한 고려요소가 될 것이라고 보는 견해가 있다(西谷 敏, 「勞働組合法」, 315쪽).

사용자는 실제상 노동조합에 동의를 요청하여 교섭을 할 필요가 있다고 하므로[211] 결론에 있어 크게 달라질 것은 없다.

2. 국내에서의 논의와 인정 필요성

우리나라에서는 근로조건 일방적 결정 금지의무 인정 여부에 대한 논란이 본격화되지는 않고 있으나, 헌법상 단체교섭권이 보장되어 있는 것을 근거로 근로조건 일방적 결정 금지의무가 인정된다는 견해[212]와 근로조건을 변경할 때 반드시 단체교섭을 통해야 하는 것은 아니지만 사용자는 근로조건을 변경할 때에 신의칙상 노동조합에 교섭을 타진할 의무가 있고, 타진하지 않은 채 일방적으로 근로조건을 변경하면 성실교섭의무 위반이 된다는 견해가 각각 제시되고 있다.[213] 전자는 일본의 긍정설에 후자는 부정설에 근접한 견해라고 이해된다.

근로조건 일방적 결정 금지의무를 인정하는 견해에 따르면 우리나라에서 근로조건 일방적 결정 금지의무를 인정하면 취업규칙 작성, 변경 시 과반수로 조직된 노동조합이 있을 경우 그 노동조합의 의견을 듣거나 동의를 받도록 한 근로기준법 제94조의 규정을 근로조건 일방적 결정 금지의무의 일종으로 파악할 수 있고, 단체협약 유효기간 종료 후 새로운 협약이 체결되지 않았을 때의 근로관계문제에 적용한다면 사용자가 단체협약 유효기간 종료 후에 노동조합과 교섭 없이 취업규칙이나 근로계약 변경을 통해 근로조건을 일방적으로 변경하는 것은 성실교섭의무에 위반하는 것으로 위법이라고 할 수 있어, 굳이 이론적으로 매끄럽지 못한 여후효 이론으로 설명하지 않아도 되는 이점이 있다고 한다.[214]

---

211) 菅野和夫, 「勞働法」, 663쪽.

212) 고호성, 「노동법상의 집단적 자치원리」, 135쪽, 194쪽; 하경효, '단체교섭거부에 대한 구제방법과 내용', 533쪽.

213) 임종률, 「노동법」, 145쪽.

214) 고호성, 「노동법상의 집단적 자치원리」, 135쪽, 194쪽.

근로조건 일방적 결정 금지의무를 인정하면, 근로기준법 제94조가 취업규칙 불이익 변경 시 근로자의 과반수로 조직된 노동조합이 있는 경우에 그 노동조합을 동의의 주체로 인정하면서도 근로기준법상 일반적인 근로자대표의 경우와 조문 구성을 달리하고 있는 이유에 대한 해명이 가능해진다. 근로기준법의 입법자는 취업규칙 불이익변경 시 동의 주체를 근로기준법상 근로자대표가 아닌 노동조합으로 상정하고, 사업장 단위 일반적 구속력이 있는 단체협약을 체결할 능력이 있는 근로자 과반수로 조직된 노동조합에게는 직접 동의권을 부여하고, 노동조합이 없거나 있어도 과반수에 이르지 못하는 경우에는 근로자 과반수의 동의를 직접 받도록 한 것이라고 이해할 수 있다. 성실교섭의무를 규정한 노조및조정법 제30조에서 해석상 근로조건 일방적 결정 금지의무를 직접 도출해내기는 어렵지만 제30조가 성실교섭의무를 창설하는 규정이 아니고 헌법상 노동3권을 보장한 제33조에서 도출되는 의무를 확인한 것에 불과하다고 보는 한 근로조건 일방적 결정 금지의무는 헌법 제33조 제1항의 단결권 보장 질서에서 직접 유래된다고 볼 수 있다. 그렇다면 인정 근거에 대한 의문도 남지 않는다. 따라서 근로조건 일방적 결정 금지의무를 성실교섭의무와 함께 헌법 제33조 제1항에서 유래하는 사용자의 의무로 인정하지 못할 이유는 없다고 본다. 다만 근로기준법 제94조와의 관계, 노동조합과 별도의 근로자대표를 인정하고 있는 우리 노동법제 전체의 체계를 고려할 때 근로조건 일방적 결정 금지의무에 따라 사용자가 교섭을 하여야 하는 상대방은 과반수로 조직된 노동조합에 한정하는 것이 타당하다. 따라서 근로조건을 변경하고자 할 때 사용자는 근로기준법 제94조에 따라 근로자 과반수로 조직된 노동조합에 교섭을 요구하여야 하는 의무를 부담한다. 근로자 과반수로 조직된 노동조합이 없는 경우에는 근로자대표의 동의를 얻어야 할 것이다.

3. 근로조건 일방적 결정 금지의무 위반의 효과

사용자가 정당한 이유 없이 근로조건 일방적 결정 금지의무를 위반하여 과반수로 조직된 노동조합이 존재함에도 불구하고 노동조합에 교섭요구를 하지 않고 일방적으로 취업규칙상의 근로조건을 불이익하게 변경한 경우, 노조및조정법 제81조 제3호의 단체교섭 거부의 부당노동행위가 되는 것과 동시에 근로기준법 제94조 위반이 된다. 이 경우 형법 제40조의 상상적 경합에 해당되어 노조및조정법 제81조 제3호 위반으로 처벌될 것이다.

한편 근로조건 일방적 결정 금지의무의 근거를 신의칙에서 찾으면서 금지의무를 위반했을 때 성실교섭의무 위반이 된다고 보는 견해에 따르면 사용자가 노동조합에게 타진하지 않고 일방적으로 근로조건을 변경했을 경우 노조및조정법 제81조 제3호 위반의 부당노동행위가 되는 것으로 본다.[215] 결국 결론은 같아지는 셈이다. 이 외에 노동조합이 노동위원회에 부당노동행위 구제신청을 제기할 수 있다.

Ⅲ. 공정대표의무

1. 공정대표의무의 의의와 근거

(1) 노조및조정법상 공정대표의무 규정

노조및조정법 제29조의4는 "교섭대표 노동조합과 사용자는 교섭창구 단일화 절차에 참여한 노동조합 또는 그 조합원 간에 합리적 이유 없이 차별을 하여서는 아니 된다"라고 하여 교섭대표 노동조합과 사용자가 부담하는 의무로서 공정대표의무를 규정하고, 교섭대표 노동조합과 사용자가 이 의무에 위반하여 차별행위를 한 경우에 노동조합이 그 행위가 있은 날로부터 3개월 이내에 노동위원회에 시정을 요청할 수 있다고 규정하고

215) 임종률, 「노동법」, 145쪽.

있다. 이 규정은 우리 노조및조정법이 가지고 있는 유일한 공정대표의무 관련 규정으로서, 복수노조 하에서 교섭창구 단일화를 거쳐 선출되거나 구성된 교섭대표 노동조합의 공정대표의무를 규정하고 있는 특별 규정이다.

공정대표의무는 원래 배타적 교섭대표가 교섭단위 내 모든 근로자들에 대하여 배타적으로 교섭권을 가지는 미국에서 판례를 통해 형성된 법리이다.[216] 일부 차이에도 불구하고 우리 노조및조정법이 복수노조 하에서 교섭창구 단일화를 거쳐 선출된 교섭대표 노동조합의 공정대표의무를 규정한 것은 미국의 사례를 참고한 입법이라고 평가할 수 있다. 그러나 교섭대표 노동조합의 공정대표의무는 노조및조정법 제29조의4에 의해 비로소 창설된 의무가 아니라 헌법 제33조 제1항으로부터 도출되는 내용을 노조및조정법 제30조 제1항에서 확인한 것으로서, 단체교섭 당사자인 노동조합과 사용자가 갖는 성실교섭의무의 일환으로 교섭대표 노동조합에게 당연히 인정되는 의무라고 보아야 한다.[217] 다만 공정대표의무는 교섭대표 노동조합과 사용자가 교섭대표 아닌 노동조합과 그 조합원에 대한 관계에서 부담하는 의무라는 점에서 일반적인 성실교섭의무와는 다소 차이가 있다.

(2) 일반적 의무로서 공정대표의무 인정 가능성

이와 관련하여 문제가 되는 것은 공정대표의무를 복수노조 하에서 교섭대표 노동조합이 부담하는 특별한 의무로서가 아니라, 일반 노동조합이 자기 조합원에 대하여 원칙적으로 부담하는 의무로서 인정할 수 있는가 하는 문제이다. 노동조합이 부담하는 일반적인 의무로서 공정대표의무 인정 여부에 대하여, 노동조합이 체결한 단체협약 중 근로자의 대우에 관한 기준은 규범적 효력을 인정받게 되어 노동조합이 조합원의 근로조건을 결정하는 권한을 갖게 된다는 점, 노조및조정법 제9조가 인종, 종교,

---

216) 김미영, 「미국 집단적 노사관계법상 단체협약법리에 관한 연구」, 44쪽 이하.
217) 김형배, 「새로 쓴 노동법」, 994쪽.

성별, 연령, 신체적 조건, 고용형태, 정당 또는 신분에 의한 조합원의 차별대우를 금지하고, 제11조가 노동조합의 민주적 운영을 위하여 일정한 사항을 규약에 정하도록 하고, 단체협약에 관한 사항을 총회의 의결 사항으로 하는 등 노동조합의 민주적 운영을 요청하는 여러 규정을 두고 있다는 점 등을 근거로 노동조합 대표자에게 부과되는 일반적 의무로서의 공정대표의무를 인정할 필요가 있다고 보는 견해가 있다.[218] 그 외에 노조및조정법 제16조, 제22조 등도 근거가 된다고 한다. 일본에서도 조합 내부에서 조합원들 사이의 이해관계가 다양해지고 대립이 격화되고 있고, 경제 저성장 기조로 인해 단체협약 불이익 변경 사례가 증가하고 있다는 것 등을 근거로 자기 조합원들에 대한 노동조합의 공정대표의무를 인정해야 한다는 주장이 있다.[219] 이에 대하여 미국식의 배타적 교섭대표제도와 차이가 있는 우리나라와 같은 교섭제도 하에서는 노동조합이 공정대표의무를 부담한다는 것은 논리적으로 받아들이기 어렵다고 보는 견해가 있다.[220] 공정대표의무의 발상지라고 할 수 있는 미국에서는 교섭대표의 공정대표의무를 단체협약의 체결과 해석·적용을 위한 단체교섭 과정에서 배타적 교섭대표 지위로 참여하는 범위에 한정해서 인정되는 것으로 본다.[221] 그리고 배타적 교섭대표 지위가 아닌 자체적인 내부 의사결정 과정에서는 자신의 조합원에게 공정대표의무를 부담하는 것이 아니라 내부의 민주적 절차에 관한 연방노동관계법(NLRA) 규정이 적용된다고 한다.[222]

---

218) 김인재, '노동조합의 공정대표의무 시론', 399쪽 이하.

219) 根本到, '日本における公正代表義務論', 46쪽 이하.

220) 김미영, '한국과 미국의 단체교섭법제 비교', 224쪽 이하. 이 견해는 단체교섭법제를 교섭대표제와 노동조합제로 나누고 우리나라는 노동조합제에 해당하고 미국은 교섭대표제에 해당하는 것으로 분류하여 설명하고 있다. 이와 같은 분류를 따를 때에 공정대표의무 제도는 교섭대표제의 중요한 특징이라고 보게 된다.

221) Harper/ Estreicher/ Flynn, 「Labor Law-Cases, Materials, and Problems」, 1022쪽 이하.

222) 김미영, 「미국 집단적 노사관계법상 단체협약법리에 관한 연구」, 45쪽 이하.

배타적 교섭대표제 하에서 교섭대표가 자기 조합원이 아닌 다른 근로자를 차별하지 않도록 하기 위해 도입된 것이 공정대표의무제도라는 것에는 의문의 여지가 없다. 그리고 우리나라와 같이 단체협약은 조합원에게만 적용되는 체제를 가진 경우에 노동조합이 비조합원을 차별하지 못하도록 하는 것이 논리적으로 상정하기 어려운 것도 사실이다.[223] 하지만 우리나라와 같이 노동조합들의 내부 계파구도가 복잡하고 계파 간 대립이 매우 격렬한 상황에서는[224] 특정 계파 출신 대표부가 들어서면 다른 특정 계파들이 그들의 반대세력이 되어 활동하고,[225] 어느 계파가 대표가 되느냐에 따라 조직 내에서 일부 계파들이 불이익을 당하는 경우가 빈번하게 발생하고 있다. 이러한 배경을 고려할 때 노동조합 대표가 계파나 지지성향과 관계없이 모든 조합원을 공정하게 대표할 수 있도록 의무지우는 공정대표의무를 분명히 하는 것이 필요하다는 주장은 나름의 현실적인 타당성을 지닌다. 또한 노동조합 집행부가 선거를 통해 구성되고 조합원 수가 1천명이 넘어가는 대규모 노동조합이 상당수 존재한다는 것을 고려하면[226] 노동조합 대표자가 선거에서의 지지 여부나 계파와 관계없이 조합원들을 공평하게 대우하고 공정하게 대표하도록 의무를 부과하는 것은 조합 내부의 민주적 절차를 요구하는 노조및조정법의 각 규정들과 조화되어 유의미한 기능을 할 수도 있을 것으로 기대된다.

그러나 소위 일반 공정대표의무에 대하여 노조및조정법 등이 특별한 규정을 가지고 있지 않은 이유는, 입법자가 노동조합의 대표자가 자기 조합원들을 공평하게 대우하고 대표하여야 한다는 것이 특별한 의무가 아

---

223) 김미영, '한국과 미국의 단체교섭법제 비교', 225쪽.

224) 강신준, '정파문제의 역사적 경험과 민주노조 운동의 발전 전략', 157~187쪽 참조.

225) 허영구, '민주노총 민주주의의 위기', 81~102쪽 참조.

226) 2015년 현재 전국 5,794개 노동조합 중 조합원 수가 1천명이 넘는 곳은 243개로 4.2%에 불과하지만, 실제로는 노동조합에 가입한 전체 근로자의 73.2%가 조합원 수 1천명 이상 대규모 노동조합에 가입해있는 것으로 조사되었다(고용노동부, 「2015년 전국 노동조합 조직현황 보고서」, 14쪽 자료 분석).

니라 노동조합의 조직원리와 단체로서의 본질에서 유래되는 당연한 의무라고 생각했기 때문이었을 것이다. 따라서 별도의 규정을 두지 않아도, 별도의 강제 조치를 설정하지 않아도 당연히 인정되는 것이라고 보았기 때문일 것이다. 그리고 자기 조합원의 이익을 공정하게 대표하지 않는 노동조합 대표자에 대한 통제는 정기적인 대표자 선거 절차와 평상시에도 유지되는 조합 내부의 통제체계를 통해 이루어질 수 있기 때문에 별도로 노조및조정법이 의무 이행을 강제하는 규정을 둘 필요가 없다고 판단했을 것이라고 생각된다. 그러므로 일반적인 노동조합 대표자가 자기 조합원들을 공정하게 대표하여야 한다는 의무는 노조및조정법상 조문의 유무에도 불구하고 노동조합의 대표가 지는 단체의 대표로서의 지위에서 당연히 부담하게 되는 일반적인 의무 중 하나로서 당연히 존재하는 것이라고 볼 수 있다.

그러므로 공정대표의무라는 노조및조정법 제29조의4에 사용된 용어는 노동조합 대표자가 자신의 조합원들을 공정하게 대표하여야 한다는 의미와는 다른 특별한 적용영역을 가진 것으로서, 교섭창구 단일화 절차에 의해 교섭대표 노동조합이 결정된 이후의 단계에서의 교섭대표 노동조합과 사용자가 조직된 전체 조합원과 교섭대표 아닌 노동조합들에 대하여 부담하게 되는 특별한 의무를 지칭하는 용어로 특정하여 사용하면 족하고, 노동조합 대표자가 자신의 조합원들을 공정하게 대표하여야 한다는 의무를 지칭하는 용어로서 혼용할 필요는 없다고 생각된다.

아래에서는 공정대표의무라는 용어는 노조및조정법 제29조의4에서 규정하는 의무만을 지칭한다는 전제 하에 공정대표의무의 내용과 운용절차에 대해 검토한다.

2. 공정대표의무를 부담하는 주체와 상대방

노조및조정법 제29조의4는 공정대표의무를 부담하는 주체를 "교섭대표 노동조합과 사용자"로 규정한다. 미국에서 공정대표의무가 부과되는 주체가 배타적 교섭대표로 이해되는 것과 차이가 있다. 우리나라에서 공정대표의무는 교섭창구 단일화 제도와 관련하여 규정된 것이므로 교섭대표 노동조합이 부담하는 것이 원칙이지만, 사안에 따라서는 사용자도 교섭대표 아닌 노동조합과 그 조합원에 대한 차별적 처우의 주체가 될 수 있으므로 공정대표의무를 부담한다고 규정한 것으로 이해할 수 있다.[227)]

여기에서 교섭대표 노동조합이 공정대표의무를 부담하는 상대방은 교섭창구 단일화에 참여한 노동조합 또는 그 조합원이다. 따라서 교섭창구 단일화 과정에 참여하지 않은 노동조합과 그 조합원, 비조합원 등은 공정대표의무의 상대방은 아니다.[228)] 공정대표의무를 부담하는 상대방은 노동조합 또는 그 조합원이지만 노동위원회에 공정대표의무 위반 시정신청을 할 수 있는 것은 노동조합뿐이다. 따라서 개별 조합원이 공정대표의무 위반 시정신청을 하려면 소속 노동조합을 통해서 해야 한다.

3. 공정대표의무의 내용과 범위

노조및조정법 제29조의4 제1항은 공정대표의무 위반행위에 어떠한 것이 있는지에 대하여 규정하고 있지 않다. 교섭대표 노동조합이 행사할 수 있는 단체교섭권한은 단체협약 체결 권한과 해석·적용에 관한 사항이라고 보아야 하므로, 교섭대표 노동조합은 단체협약을 체결할 때에 모든 노동조합과 조합원을 동등하게 고려하여야 하고, 체결된 단체협약이 공정하게 적용되도록 하여야 한다. 특히 노동조합에 대한 차별도 금지되므로, 단체협약의 채무적 부분을 설정하거나 적용할 때에 교섭대표 아닌 노동조합을 합리적인 이유 없이 차별하지 않도록 하여야 한다. 만약 특정

---

227) 노상헌, '단체협약의 해석과 적용에서의 공정대표의무', 333쪽; 박지순, '공정대표의무의 의의와 내용', 14쪽.

228) 송강직, '교섭대표 노동조합의 공정대표의무', 260쪽.

노동조합이나 조합원을 차별적으로 처우할 때에 합리적인 이유가 있다고 판단된다면 공정대표의무 위반이라고 할 수 없다.

여기에서 단체협약 체결 과정과 단체협약 체결 이후 해석·적용에 관한 사항이 공정대표의무가 적용되는 영역인지에 대해 의문이 있을 수 있다. 노조및조정법 제29조의4는 "노동조합은 교섭대표 노동조합과 사용자가 제1항을 위반하여 차별한 경우에는 그 행위가 있은 날(단체협약의 내용의 일부 또는 전부가 제1항에 위반되는 경우에는 단체협약 체결일을 말한다)부터 3개월 이내에 대통령령으로 정하는 방법과 절차에 따라 노동위원회에 그 시정을 요청할 수 있다"고 규정하여 단체협약에 규정된 차별적 내용 외에도 공정대표의무 위반 사안이 있음을 예정하고 있다.[229] 따라서 비록 단체협약에 규정되어 있는 내용 자체는 아니지만 단체협약 체결 과정과 단체협약 체결 이후 해석·적용에 관한 사항도 공정대표의무가 적용되는 사항이라고 보아야 할 것이다.[230]

그러나 공정대표의무가 적용되는 영역과 공정대표의무 위반에 대한 시정신청이 가능한 사항 사이에는 차이가 있다. 가령 단체협약 체결을 위한 교섭 과정에서 교섭대표 노동조합이 교섭대표 아닌 노동조합이 요구하는 사항을 단체교섭 요구안에 전혀 반영해주지 않고 있을 경우에는 분명 교섭대표 노동조합이 공정대표의무를 다하고 있지 않다고 볼 여지도 있지만, 이러한 사유만으로 공정대표의무 시정신청을 할 수는 없다고 보는 것이 타당하다. 왜냐하면 단순히 단체교섭 요구사항에 반영해주지 않은 것만으로는 아직 차별이 현실화 되었다고 볼 수도 없고, 교섭대표 노동조합이 교섭 요구안에 특정 노동조합의 요구사항을 반영하지 않는 것은 여러 가지 전략적 판단에 따른 것일 수 있기 때문이다. 또한 노동위원회가 요구안에 특정 사항을 반영해주도록 교섭대표 노동조합에게 명령하

229) 박지순, '공정대표의무의 의의와 내용', 15쪽.

230) 노상헌, '단체협약의 해석과 적용에서의 공정대표의무', 334쪽.

는 것이 전체 교섭 과정에서 교섭대표 노동조합이 가지고 있을 전략과 방침을 고려했을 때 항상 타당한 결과를 가져온다고 볼 수도 없다. 교섭의제, 교섭과정 및 교섭결과에 대한 공정대표노동조합의 설명의무, 정보제공의무가 공정대표의무의 핵심적인 내용이라는 점은 분명하다.[231] 따라서 교섭 의제 선택에 있어서도 교섭대표 노동조합이 합리적 이유 없이 교섭대표 아닌 노동조합이 제안한 교섭요구안을 배제하면 특별한 사정이 없는 한 공정대표의무 위반으로 판단될 수 있을 것이다. 하지만 때로는 교섭전략이나 교섭창구 단일화에 참여한 전체 노동조합 사이의 균형 등을 고려하여 교섭대표 노동조합이 불가피하게 특정 노동조합의 요구안을 수용하지 못하는 경우도 발생할 수 있다. 그러므로 법원이 "교섭대표 노동조합이 교섭요구안 의제를 선택함에 있어 교섭요구 할 각 의제의 중요성 판단, 교섭력 집중과 목표달성을 위한 전략 선택 등에 관하여 교섭대표 노동조합에 광범위한 재량권이 인정된다고 보아야 한다"고 전제하면서, 교섭대표 노동조합이 확정요구안을 결정함에 있어 교섭대표 아닌 일부 노동조합의 요구안을 별다른 설명 없이 배제한 것을 불합리한 차별로서 공정대표의무를 위반한 것이라고 볼 수 없다고 한 판단은 충분히 수긍할 수 있는 결론이라고 생각된다.[232]

4. 공정대표의무 위반에 대한 시정 절차

노조및조정법 제29조의4는 공정대표의무 위반이 발생한 경우 노동조합이 그 행위가 있은 날로부터, 단체협약의 내용의 일부 또는 전부가 차별적인 내용을 담고 있는 경우에는 단체협약 체결일로부터 3개월 이내에 노동위원회에 그 시정을 요청할 수 있다고 규정하고 있다. 공정대표의무 위반에 대해서는 근로자 개인이 개인의 자격으로 노동위원회에 시정을

---

231) 노상헌, '교섭의제 결정에 관한 설명의무와 공정대표의무', 459쪽.
232) 서울행판 2013. 7. 11, 2012구합39292.

신청할 수는 없다. 노동위원회는 심판절차에 준하여 심문회의를 열고 공정대표의무 위반 여부를 판정하게 된다.

노동조합 사이의 차별은 노조및조정법 제81조에 명시된 부당노동행위 유형에 해당하지 않으므로, 조합 간 차별이 과연 부당노동행위인가에 대하여 논란이 있을 수 있다. 노조및조정법 제81조 각 호에 규정되지 않은 유형을 부당노동행위로 규율하는 것이 불가능하지는 않으나, 제29조의4에 공정대표의무에 대한 별도의 특별규정이 있으므로 공정대표의무 위반에 해당하는 행위 유형은 일단 공정대표의무 위반행위 금지 규정에 따라 의율하는 것이 타당하다. 여기에 대하여 형법상 상상적 경합으로 취급하여 중한 형을 규정한 부당노동행위 금지 규정 위반으로 처리되어야 한다는 견해도 있을 수 있지만, 조합 간 차별의 부당노동행위 유형은 노조및조정법 제81조에 명시되어 있지 않은 불문 구성요건으로서 형벌구성요건에 대한 성문법주의에 위배되며, 공정대표의무 위반에 대해서는 형벌이 규정되어 있지 않다는 점 등을 고려할 때 형법총칙상 상상적 경합으로 처리하는 것은 무리가 있다.

일본에서는 특정 노동조합에 제공한 근로조건과 편의제공을 합리적인 이유 없이 다른 일방의 노동조합에게 제공하지 않는 것을 지배개입의 부당노동행위로 취급하고 있으나[233] 일본 勞働組合法은 교섭창구 단일화를 규정하지 않고 개별교섭을 하고 있기 때문에 부당노동행위로 판단한 것으로 보아야 하며, 만약 우리와 같은 규정과 교섭체계를 가지고 있다면 우선 공정대표의무 위반 여부를 먼저 판단하는 것이 옳았을 것이다. 물론 우리나라에서도 사용자가 노동조합들에 대해 차별취급을 하는 것은 지배개입의 부당노동행위 성립 여부가 문제될 가능성은 있다.[234]

---

233) 菅野和夫, 「勞働法」, 787쪽; 西谷 敏, 「勞働組合法」, 202쪽 이하; 渡辺 章, 「勞働法講義(下)」, 320쪽 이하; 日産自動車事件,最二小判, 昭62(1987). 5. 8, 判時 1247호, 131쪽; 東洋ツート事件, 最一小判, 平9(1997). 4. 24, 勞判 737호 23쪽 등.

234) 하경효, '복수노조와 단체협약의 근로조건 통일기능', 384쪽.

당사자인 노동조합으로서는 공정대표의무 위반행위가 부당노동행위의 구성요건에도 해당한다고 판단되면 노동위원회에 양자의 구제신청을 동시에 제기하려고 하는 경우도 있을 것이다. 노동위원회에 부당노동행위 사건과 공정대표의무 위반 시정신청 사건이 각각 접수된 경우, 노동위원회는 이를 심리하여 각각 결정을 내리고 시정명령이나 구제명령을 내리기보다는 공정대표의무 위반 사건으로 병합하여 결정을 내리는 것이 타당할 것으로 생각된다. 공정대표의무 위반에 대한 노동위원회의 명령 또는 결정에 대한 불복절차 등에 관하여 노조및조정법 제85조 및 제86조를 준용하고 있는 것은 입법자가 사용자의 공정대표의무 위반 행위가 부당노동행위와 유사하다고 판단한 결과인 것으로 보인다.

제4장
단체교섭의 목적과 대상

제 4 장
단체교섭의 목적과 대상

노동조합은 결국 근로자 개개인에 기초하고 있는 것이기 때문에, 근로자 개개인의 고충을 어떻게 유효하게 처리해 줄 수 있는가 하는 점에 사실상 그 존립의 기초가 있다. - 고호성 -

제1절 단체교섭권 및 단체교섭의 목적

Ⅰ. 헌법 제33조의 단체교섭권 보장 목적

1. 근로조건의 향상을 위하여

(1) 헌법 제33조의 근로조건 향상 목적

헌법 제33조는 단체교섭권을 근로자에게 인정하는 이유가 "근로조건의 향상을 위하여"라고 한다. 헌법재판소는 노동3권을 보장하는 취지를 "근로자의 이익과 지위의 향상을 도모하는 사회복지국가건설의 과제를 달성하고자 함에 있다"라고 한 바 있다.[1)] 근로조건의 향상이라는 표현이 추상적인 표현은 아니지만 그 구체적인 내용, 즉 근로조건은 무엇을 말하고 향상은 어느 정도까지의 향상을 말하는지는 이 문장을 통해서는 알 수 없다. 우리 헌법에서 "근로조건"이라는 용어는 제33조와 제32조 양 조문에서만 쓰인다. 그 중 제32조 제3항은 "근로조건의 기준은 인간의 존엄성을 보장하도록 법률로 정한다"고 규정하여 근로조건 보장의 기준을 제시하고 있다. 그렇다면 우리나라 실정법들은 기본적으로 근로조건을 인간의 존엄성을 보장할 정도로 보장하고 있어야 한다. 이러한 전제에 동의한다면 헌법 제33조에서 말하는 근로조건의 향상은 기본적으로 인간

1) 헌재결 1993. 3. 11, 92헌바33.

의 존엄성을 보장할 정도로 보장된 그 수준이나 그보다 더 높은 수준에 이를 수 있도록 하기 위한 것이라고 이해할 수 있다. 인간의 존엄성이란 인간은 고유한 가치를 가진 수단이 아닌 목적으로 존재하며 자신의 문제를 스스로 결정하는 자율적인 존재라는 의미이다.[2] 인간의 존엄성이라는 용어는 헌법 제10조에서 우리 헌법의 지도원리이자 기본권으로서 명시되고 있는데, 그 개념이 고도로 윤리적이고 추상적이기 때문에 실제 문제해결에 유용한 판단기준을 제공해주지는 못하지만,[3] 헌법 제33조와 제32조에서 말하는 근로조건의 최저수준은 근로자가 스스로의 삶을 영위함에 있어 최소한 자신의 문제를 자기의 의지대로 스스로 결정할 수 있는 정도의 수준이어야 한다는 결론에는 이를 수 있다. 근로조건의 향상을 위하여 노동3권, 특히 단체교섭권이 행사되어야 한다는 점은 단체교섭권의 존재와 행사의 목적인 동시에 단체교섭권 행사의 대상을 정함에 있어 내재적 한계를 이룬다.[4] 또한 노조및조정법 등이 단체교섭권의 목적과 대상에 대하여 규정할 때에도 그 지침이자 한계가 된다.

정리하면 헌법 제33조가 단체교섭권을 근로자에게 보장하는 취지로 명시한 "근로조건의 향상"이란, 근로자가 스스로의 삶을 영위함에 있어 적어도 자신의 문제를 자기의 의지대로 스스로 결정할 수 있는 정도의 수준을 기준으로 최소한 그와 같거나 또는 높은 수준의 삶을 영위할 수 있도록 하기 위한 것이라고 이해하면 될 것이다. 향상의 의미와 관련하여 이를 굳이 문언의 의미에 한정하여 판단할 필요는 없다는 견해가 있다. "향상"의 의미는 근로조건을 집단적·자율적으로 형성한다는 상징적인 관점을 지칭할 뿐 반드시 향상하는 경우에만 집단적 자치의 기능을 인정하려는 것은 아니라는 것이다.[5] 그러므로 객관적인 경제환경에 맞추어 근

2) 정종섭, 「헌법학원론」, 406쪽 이하.
3) 전광석, 「한국헌법론」, 232쪽 이하.
4) 임종률, 「노동법」, 129쪽.
5) 박종희, '노동3권의 보장의의와 내용', 117쪽.

로조건을 유지하거나 경우에 따라서는 하향조정하는 경우에도 이에 해당하는 것으로 볼 수 있다고 한다.

이와 같이 정리한다 하더라도 "근로조건"이 무엇을 뜻하는가는 여전히 과제로 남는다. 근로조건의 사전적 의미는 "근로자가 사용자에게 노무를 제공하는 데 따르는 여러 가지 조건"[6]이라고 풀이된다. 노무를 제공하는 데 따르는 여러 가지 조건에는 기본적으로는 반대급부인 임금, 근로를 제공하는 시간, 장소와 환경, 휴식, 근로계약의 길이, 안전보건, 복리후생, 고용보장 등 제반 조건이 모두 포함된다고 볼 수 있다. 여기에, 헌법 제33조 제1항의 노동3권은 근로자의 인간다운 생활을 할 권리를 보장하기 위한 권리이므로 위와 같은 협의의 근로조건 외에 그에 영향을 미치는 인사·경영사항과 조세법·사회보장법상의 지위와 같이 근로자가 국민 일반 내지 사회구성원으로서 가지는 사회적 지위도 아울러 포함하는 내용의 것, 즉 근로자의 "생활보장"을 의미하는 것으로 보아야 한다는 견해가 있다.[7] 단체교섭권은 사용자 또는 사용자단체를 상대로 하는 것이므로 조세법이나 사회보장법상의 지위까지 근로조건의 내용에 포함된다는 것에는 의문이 있지만, 헌법상 단체교섭의 대상은 최대한 개방적인 개념이 되는 것이 바람직하다는 점을 지적한 것은 의미가 있다고 본다.

"근로조건의 향상을 위하여"라는 규정의 의미와 관련하여, 역사적으로 볼 때 노동3권은 국가 이전에 이미 존재하고 있었기 때문에 헌법은 그것을 추인한 것에 불과하므로 헌법 제33조가 말하는 "근로조건의 향상을 위해서"라는 조건은 되도록 넓게 해석하여 노동단체의 정치활동까지도 근로조건의 향상을 위한 것으로 볼 수 있다는 견해가 있다.[8] 그러나 "근로조건의 향상을 위해서" 기본권을 행사하는 경우에도 그 범위와 타

6) 「민중 에센스 국어사전」, 335쪽.
7) 김유성, 「노동법II」, 58쪽 이하.
8) 강희원, 「노동헌법론」, 427쪽 이하.

당성은 노동3권 각각의 성질에 따라 달리 판단하여야 할 것이다. 단결권과 단체행동권은 근로조건의 향상을 위해 사용자의 처분가능성의 범위를 일부 넘어서서 정치적인 주장에까지 이를 수 있는 경우도 발생할 수 있는 여지가 있지만, 명백히 상대방인 사용자와 협의하고 절충하는 과정을 말하는 단체교섭권 행사의 경우에는 사용자를 상대로 정치적인 쟁점을 주된 교섭의제로 제시하는 것은 개념상 가능하지도 않고 인정할 실익과 의미도 없다고 본다.

(2) 근로조건 향상을 위하여의 실정법적 의미

헌법 제33조가 명시한 "근로조건의 향상을 위하여"라는 내용은 노조및조정법 제2조 제4호에서 "근로조건의 유지·개선 기타 근로자의 경제적·사회적 지위의 향상을 도모함을 목적으로"라고 구체화하고 있으며, 근로조건의 개념은 제2조 제5호에서 "임금·근로시간·복지·해고 기타 대우 등 근로조건"이라고 하여 임금·근로시간·복지·해고 기타 대우 등이 근로조건에 해당하는 것으로 보고 있다.

이 규정 이외에 근로조건에 해당하는 것으로 어떤 것들이 있는지 참조할 수 있는 법률로는 헌법 제32조를 구체화하고 있는 근로기준법의 제93조 취업규칙의 필요적 기재사항 규정을 들 수 있다. 근로기준법 제93조는 취업규칙을 작성·신고할 때에 업무의 시작과 종료 시각, 휴게시간, 휴일, 휴가 및 교대 근로에 관한 사항, 임금의 결정·계산·지급 방법, 임금의 산정기간·지급시기 및 승급(昇給)에 관한 사항, 가족수당의 계산·지급 방법에 관한 사항, 퇴직에 관한 사항, 근로자퇴직급여 보장법 제4조에 따라 설정된 퇴직급여, 상여 및 최저임금에 관한 사항, 근로자의 식비, 작업 용품 등의 부담에 관한 사항, 근로자를 위한 교육시설에 관한 사항, 출산전후휴가·육아휴직 등 근로자의 모성 보호 및 일·가정 양립 지원에 관한 사항, 안전과 보건에 관한 사항, 근로자의 성별·연령 또는 신체적 조건 등의 특성에 따른 사업장 환경의 개선에 관한 사항, 업무상과 업무 외의 재해부조에 관한 사항, 표창과 제재에 관한 사항, 그 밖에 해당 사업 또는 사업장의 근로자 전체에 적용될 사항 등을 열거하고 있다. 근로기준법의 입법자는 적어도 위의 사항들을 근로조건에 해당하는 것으로 이해한 것으로 볼 수 있을 것이다.

2. 노사관계에 있어서의 실체적 또는 절차적 각종 규율에 관한 사항

헌법 제33조 제1항은 명문으로 집단적 노사관계에 있어서 노사 간의 문제에 대한 실체적 또는 절차적 각종 규율에 관한 사항이 단체교섭의 대상이 된다고 명시하고 있지는 않다. 그러나 근로자의 단결권 행사, 근로자의 사용자를 상대로 한 단체교섭권 행사, 근로자의 단체행동권 행사 등을 예정하고 있는 노동3권 규정에서 단체교섭권은 이윤분배만을 위한 것이 아니라 권능의 분배에 관한 문제에 적용되는 규율을 설정하는 과정이기도 하다.[9] 따라서 헌법 제33조 제1항의 단체교섭권은 근로조건의 향상을 위하여, 노조및조정법에서 발견할 수 있는 "근로조건의 결정에 관한 사항"뿐만 아니라 근로자의 단결체 자체에 관한 것, 근로자의 단결체와 사용자가 이루어 가는 노사관계에 있어서의 질서에 관한 것 등도 당연히 교섭의 대상으로서 예정하고 있다고 보아야 한다. 노조및조정법 제29조 제1항은 이를 "노동조합의 대표자는 그 노동조합 또는 조합원을 위하여"라고 표현하여 노동조합이 교섭을 할 때에 조합원을 위하여 할 수도 있고, 노동조합을 위하여 할 수도 있다는 점을 명시하고 있다.[10] "노동조합을 위하여" 교섭할 수 있다고 법률이 권한을 인정하고 있는 것은 소위 채무적 부분에 해당하는 사항도 의무적 교섭사항이 될 수 있다고 보아야 하는 중요한 근거가 된다.

---

9) 손창희, '단체교섭, 교섭권과 협약 체결권한에 관한 고찰', 137쪽.
10) 대판 2003. 12. 26, 2003두8906.

Ⅱ. 단체교섭의 목적

1. 단체협약 체결을 통한 근로조건 결정 및 집단적 노사관계 규율

단체교섭의 주된 목적은 단체협약 체결에 있다. 노동조합이 헌법상 보장된 단체교섭권을 행사하여 사용자 또는 사용자단체와 단체교섭에 임하는 가장 중요하며 본질적인 목적은 임금·근로시간·복지·해고 기타 대우 등 조합원의 근로조건에 관한 사항과 노동조합의 존립 및 활동을 위해 반드시 필요한 사항 등을 사용자와 합의하여 이를 단체협약으로 체결하기 위한 것이다.

단체협약 체결은 노동조합과 사용자가 합의한 사항을 명문화하는 가장 대표적인 수단이며, 일단 단체협약으로 성립된 사항들에 대해서는 사용자는 이행의무를 부담한다. 단체협약에 규정된 조합원의 근로조건에 관한 사항은 노조및조정법 제33조에 의해 취업규칙과 근로계약보다 우선하는 규범적 효력이 인정된다. 그리고 단체협약에 규정된 내용들 중 임금·복리후생비, 퇴직금에 관한 사항, 근로 및 휴게시간, 휴일, 휴가에 관한 사항, 징계 및 해고의 사유와 중요한 절차에 관한 사항, 안전보건 및 재해부조에 관한 사항, 시설·편의제공 및 근무시간 중 회의참석에 관한 사항, 쟁의행위에 관한 사항 등을 사용자가 위반할 경우에는 노조및조정법 제92조에 의해 형벌이 부과된다. 따라서 단체협약 체결은 노동조합과 사용자가 합의한 사항의 이행을 보장받을 수 있는 가장 확실한 수단이 되기도 한다.

2. 단체협약의 유지·적용 및 단체협약 이외의 사항에 대한 계속적 교섭

단체협약 체결 목적 이외의 것을 목적으로 하는 단체교섭이 인정될 수 있다. 단체교섭의 결과를 반드시 단체협약화 해야 한다고 볼 이유는 없다. 단체교섭 사항 중에는 단체협약으로 규정하는 것이 적당하지 않은 사항이 있을 수 있으며, 그러한 의미에서 단체교섭과 단체협약은 대상사항을 서로 달리한다고 보아야 한다.[11] 또한 단체교섭 개념의 2원성을 토대로 판단할 때, 단체교섭은 단체협약의 체결 이후의 문제에 대해서도 계속되어야 한다. 즉 단체협약이 적용 범위 내에서 효력을 유지하고 정확히 적용될 수 있도록 하기 위하여, 그리고 성립된 단체협약을 수정할 필요가 있을 때에 이를 개정하거나 보충하기 위하여, 사용자에 의한 단체협약 해석과 이행에 문제가 있을 때에 이를 바로잡기 위하여 지속적으로 단체교섭을 통해 문제를 해결해나가야 한다. 또한 단체협약에 미리 규정되지는 않았으나 조합원의 근로조건에 밀접한 영향을 미치는 사항이나 노동조합의 단결체로서의 활동에 필수적인 사항, 기타 근로기준법 등 노동 관련 법령에 의해 노동조합과 사용자의 합의 또는 협의가 필요한 것으로 규정된 사항 등에 대한 단체교섭도 단체협약의 유효기간 중에도 계속 이루어질 수 있다. 이러한 단체교섭의 계속성은 단체협약을 통한 집단적 자치의 규율이 형성되는 단계뿐만 아니라 이행되는 단계에 이르기까지 노동조합과 사용자가 자율적으로 문제해결을 도모할 수 있도록 함으로써, 노동관계 당사자의 교섭력과 문제해결능력을 향상시키고 집단적 자치의 이념을 더욱 충실하게 실현해 나가는 토대가 될 수 있을 것으로 기대된다.

제2절 단체교섭의 대상

Ⅰ. 노조및조정법상 단체교섭의 대상

1. 노조및조정법에 규정된 단체교섭 대상 사항

노조및조정법은 단체교섭의 대상에 어떠한 사항이 포함되는지에 대해 분명히 밝히지 않는다.[12] 다만 제29조 제1항이 “그 노동조합 또는 조합

11) 박홍규, 「노동단체법」, 229쪽; 西谷 敏, 「勞働組合法」, 283쪽.

12) 김유성, 「노동법Ⅱ」, 140쪽; 임종률, ‘단체교섭의 대상’, 403쪽.

원을 위하여"라고 하여 노동조합을 위한 사항과 조합원을 위한 사항이 단체교섭의 목적이 된다는 점을 선언하고 있을 뿐이다. 이 조항에 비추어 볼 때 우선 노동조합을 위한 사항과 조합원을 위한 사항은 단체교섭의 대상이 된다고 보아야 한다. 그러나 조합원을 위한 사항과 노동조합을 위한 사항이 무엇을 말하는지, 근로조건의 향상을 위한 사항에는 무엇이 있는지에 대해서는 해당 조문 자체에서 구체적 판단기준을 도출해내기는 어렵다. 따라서 일부 사항을 제외하고는 구체적으로 어떠한 사항이 단체교섭의 대상이 되는지는 전적으로 해석에 맡겨져 있다고 할 수 있다.

노조및조정법에는 단체교섭의 대상을 정한 것으로 볼 수 있는 단서를 포함하고 있는 규정들이 산재해 있다. 즉 제33조 제1항의 "단체협약에 정한 근로조건 기타 근로자의 대우에 관한 기준에 위반하는 취업규칙 또는 근로계약의 부분은 무효로 한다"는 규정, 제2조 제5호 노동쟁의 정의 규정의 "임금·근로시간·복지·해고 기타 대우 등 근로조건"이라는 문구, 제92조에 위반할 경우 형벌을 가하도록 정하고 있는 제2호 각 목의 단체협약 중의 임금·복리후생비, 퇴직금에 관한 사항, 근로 및 휴게시간, 휴일, 휴가에 관한 사항, 징계 및 해고의 사유와 중요한 절차에 관한 사항, 안전보건 및 재해부조에 관한 사항, 시설·편의제공 및 근무시간 중 회의참석에 관한 사항, 쟁의행위에 관한 사항 등이 그것이다. 그러나 근로조건에 대해 규정한 노조및조정법 제33조 제1항, 제2조 제5호, 제92조 제2호 각 목 등은 단체교섭의 대상이 되는 것 중 일부분을 명시한 것이라고 볼 수 있을 뿐, 단체교섭의 대상이 될 수 있는 사항 모두를 규정한 것이라고 보기는 어렵다. 협의의 교섭사항 중 노조및조정법 제2조 제5호는 노동위원회의 공적 조정서비스가 제공되는 대상 범위를 규정한 것이고, 제33조 제1항은 단체협약 중 규범적 효력이 보장되는 범위를 규정한 조항일 뿐이다. 노조및조정법 제92조 제2호 각 목은 단체협약에 규정한 내용들에 대한 사용자의 준수를 강제하기 위한 조항이다. 집단적 노사관계의 운영에 관한 사항이 의무적 교섭사항에 해당할 수 있는가에 대해서는 이론이 있다. 그러나 노조및조정법의 각 규정에서 발견할 수 있는 이상의 교섭대상들 이외에도 단체교섭 당사자가 노사 간의 집단적 자치를 발전적으로 규율할 수 있는 사항이면 모두 단체교섭의 대상이 된다고 보아야 한다.[13] 대법원도 "일반적으로 구성원인 근로자의 노동조건 기타 근로자의 대우 또는 당해 단체적 노사관계의 운영에 관한 사항으로 사용자가 처분할 수 있는 사항은 단체교섭의 대상인 단체교섭사항에 해당한다"[14]라고 하여 집단적 노사관계의 운영에 관한 사항을 의무적 교섭사항이라고 판단하고 있다. 이 판결에서 대법원은 단체적 노사관계의 운영에 관한 사항에는 노동조합의 활동, 노동조합에 대한 편의제공, 단체교섭의 절차와 쟁의행위에 관한 절차 등에 관한 사항 등이 있다고 보고 있다. 그러므로 노조및조정법 제92조 제2호 각 목에 해당하는 사항은 의무적 교섭사항에 포함된다고 판단할 수 있다.

[관련판례]

단체적 노사관계의 운영에 관한 사항을 단체교섭 대상으로 본 사례
대판 2003. 12. 26, 2003두8906

단체교섭의 대상이 되는 단체교섭사항에 해당하는지 여부는 헌법 제33조 제1항과 노동조합법 제29조에서 근로자에게 단체교섭권을 보장한 취지에 비추어 판단하여야 하므로 일반적으로 구성원인 근로자의 노동조건 기타 근로자의 대우 또는 당해 단체적 노사관계의 운영에 관한 사항으로 사용자가 처분할 수 있는 사항은 단체교섭의 대상인 단체교섭사항에 해당한다고 봄이 상당하다.

같은 취지에서 원심이, 전국새마을금고노동조합의 부천시지부가 원고에게 단체교섭을 요구한 사항들은 대부분 징계·해고 등 인사의 기준이나

13) 김형배, 「새로 쓴 노동법」, 1016쪽.
14) 대판 2003. 12. 26, 2003두8906.

> 절차, 근로조건, 노동조합의 활동, 노동조합에 대한 편의제공, 단체교섭의 절차와 쟁의행위에 관한 절차 등에 관한 사항인 사실을 인정하고, 그와 같은 사항들은 단체교섭의 대상인 단체교섭사항에 해당한다고 판단한 것은 옳고, 거기에 상고이유로 주장하는 바와 같은 채증법칙 위반의 위법이 없다.

2. 노조및조정법에 규정된 것 이외의 단체교섭 대상 사항

위에 설명된 단체교섭 대상 사항들 이외에 우리 노조및조정법상 인정될 수 있는 단체교섭의 대상에 어떠한 것들이 있는지는 해석에 의해 보충될 수밖에 없다. 이때 해석의 기초가 되는 조항들은 헌법 제33조 제1항과 노조및조정법 제29조 제1항, 제33조 제항, 제2조 제5호 등 관련 규정들이 될 것이다. 이들 각 관련 조문의 취지를 종합해보면 단체교섭의 대상은 다음과 같이 정리할 수 있다. 즉, 첫째 근로조건 및 기타 근로자의 대우에 관한 사항과 노사관계에 있어서의 실체적 또는 절차적 각종 규율에 관한 사항을 설정하기 위한 것이어야 하고, 둘째 설정된 사항을 해석·적용하기 위하여 사용자 또는 사용자단체와 협의하고 절충해가는 과정에 관한 사항이어야 한다는 것 등으로 정리할 수 있다. 그러므로 의무적 교섭사항에 해당되는가에 대해서는 별도의 기준에 따른 검토가 필요하지만, 노조및조정법 각 규정에 명시되어 있지 않더라도 위의 두 가지 범주에 포함되는 사항은 단체교섭의 대상이 된다고 보아야 한다. 여기에서 특히 문제가 되는 것은 두 번째에 해당하는 권리분쟁 사항이 단체교섭의 대상이 되는가 하는 문제이다.

3. 권리분쟁의 단체교섭 대상 인정 여부

(1) 권리분쟁과 이익분쟁의 개념

권리분쟁의 개념에 대해서는 크게 논란이 없다. 권리분쟁은 단체협약, 취업규칙, 법령 등 규범에 의해 확정된 권리의 해석·적용·운용과 관련된 분쟁이며 이익분쟁은 그러한 권리를 확정하여 규범화하기 위한 분쟁이라고 정리할 수 있다.[15] 다만 권리분쟁과 이익분쟁의 대상을 "근로조건의 기준"에 관한 분쟁으로 국한하는 견해가 있는데[16] 이는 타당하지 않다. 노동조합과 사용자가 교섭을 할 수 있는 대상을 부당하게 축소하여 노사관계에 관한 사항이나 노동조합에 관한 사항을 제외하는 결과를 가져오기 때문이다.[17]

권리분쟁은 권리규범에 의해 설정된 권리에 관한 모든 분쟁을 의미한다 하면서, 권리분쟁과 이익분쟁의 구별과 관련하여 권리분쟁과 이익분쟁의 가장 큰 차이점은 규범화된 권리에 관한 분쟁인지 아닌지에 있으며, 권리분쟁에서 권리는 확정된 것이어야 하고 권리규범 그 자체의 해석으로 확정될 수 있어야 분석하는 견해가 있다.[18] 권리분석의 개념을 입체적으로 체계화하는 데에 매우 큰 시사점을 주는 견해다.

(2) 권리분쟁사항의 노동쟁의 범위에서의 배제로 인한 문제점

앞에서 자세히 설명한 바와 같이 1997년 노조및조정법 제정 시 노동쟁의 정의규정이 변경된 결과 권리분쟁 사항이 노동쟁의의 범위에서 배제되었고, 노동쟁의의 범위는 이익분쟁 사항으로 한정되었다.[19] 그러나 이익분쟁으로 노동쟁의의 범위를 제한하려는 당시 입법자의 목적이 곧 권리분쟁 사항의 배제에만 있었다고 보기는 어렵다. 1987년 이후 노동계는 정치활동과 제도개선 투쟁 등을 강화해가면서 그러한 활동이 근로조건 개선과 직간접적으로 연관되어 있다는 것을 명분으로 삼았다. 그러나

---

15) 김성진, '권리분쟁과 쟁의행위대상', 64쪽; 김형배, 「새로 쓴 노동법」, 1123쪽; 임종률, 「노동법」, 139쪽; 菅野和夫, 「労働法」, 1001쪽 이하; 西谷 敏, 「労働法」, 123쪽 등.

16) 이승길·조성관, '노동위원회 조정제도의 활성화를 통한 분쟁해결방안에 관한 소고', 482쪽.

17) 이하의 내용은 이준희, '권리분쟁 사항과 단체교섭 사항에 대한 재검토'의 내용을 간단히 정리했다. 자세한 내용은 해당 논문 참조.

18) 김성진, '권리분쟁과 쟁의행위대상', 62쪽 이하.

19) 임종률, 「노동법」, 191쪽.

그러한 노동계의 무분별한 투쟁 영역 확대가 노사관계 혼란을 가중시킨다는 것이 당시 정부와 경영계의 인식이었다. 그리고 이를 제한할 수 있는 방법으로서 노동쟁의의 범위를 단체협약 체결을 위한 교섭 과정에서의 분쟁으로 국한하면 된다는 해결책이 제시되었다. 당시에도 "노동쟁의의 대상=단체교섭 대상=쟁의행위 가능 사항"이라는 도식화된 인식이 현장에 만연해 있었다. 노동쟁의 범위 조정 문제는 1996년 노사관계개혁위원회에서 제기되었고 논의되었으나 노동계의 반대로 종전대로 유지하는 쪽으로 의견이 모아졌다.[20] 그러나 노동쟁의의 범위를 이익분쟁 사항에 국한하면 노동조합의 정치적 주장, 법제도 개선 주장 등을 불법화할 수 있다는 단순하고 명료한 인식은 노동쟁의 정의 규정만 바꾸면 된다는 편의적인 사고에 몰두하게 만들었고 결국 정부는 1996년 12월 31일 관련 법률의 제정안을 국회에 제출하면서 제2조 정의규정을 변경했다.[21]

하지만 이러한 경솔한 법개정은 노조및조정법 전체 조문의 체계적 정합성을 무너뜨리는 결과를 가져왔다. 노조및조정법 제2조 제5호가 노동쟁의의 범위를 "근로조건의 결정에 관한 주장의 불일치"라고 변경했음에도 불구하고 노조및조정법 제29조 제1항은 "노동조합 또는 조합원을 위하여 … 교섭하고"라고 하여 이전의 노동조합법[22] 제33조 제1항의 규정 태도를 그대로 유지했으며, 노동쟁의조정법 제5조의2, 제6조 등의 규정 태도를 그대로 이어받아 노조및조정법 제47조를 규정하여 노동쟁의의 조정에 있어 "근로조건 기타 노동관계에 관한 사항을 정하거나 노동관계에 관한 주장의 불일치를 조정"하기 위한 자주적인 조정이 우선한다는 점을

20) 노사관계개혁위원회, 「노사관계 개혁백서」, 참조.

21) 1997년 노조및조정법의 원형인 1996년 12월 노조및조정법과 관련한 국회 환경노동위원회 공청회에서는 애초 노사관계개혁위원회에서 개정하지 않기로 의견이 모아졌음에도 불구하고 정부 제출법안에서 노동쟁의의 개념이 갑자기 변경된 것, 변경된 제출법안의 내용을 공개하지 않고 비밀에 부친 것 등에 대한 논란이 심각하게 제기되었다(국회, '제183회 국회 제2차 환경노동위원회 회의록', 1997. 2. 참조).

22) 법률 제3966호, 1987. 11. 28 시행.

규정했다. 노동쟁의의 정의규정만 손보았을 뿐 세세한 관련 규정들을 정비하지 못한 허술한 입법의 실상을 보여준다. 이러한 조문체계의 모순은 다수의 학설들이 노동쟁의의 범위와 단체교섭의 대상은 동일하지 않으며, 단체교섭의 대상 또는 쟁의행위의 대상은 헌법 제33조 제1항과 노조및조정법 제29조에서 근로자에게 단체교섭권을 보장한 취지에 비추어 판단해야 한다는 다소 애매한 해석[23]을 할 수밖에 없는 원인이 되었다. 이러한 해석에 대해서는 국가의 공적 조정 서비스의 대상이 되는 노동쟁의의 범위와 단체교섭 대상의 불일치를 인정하고 방치하는 것은 타당하지 않다는 비판이 있다.[24] 노동쟁의의 범위가 단체교섭의 대상과 불일치하는 상태가 유지되어서는 안 된다는 문제의식은 공감하나 현행법의 문리해석상 이분법적 사고가 불가피하다는 점에서 양자를 동일한 것으로 간주하기에는 한계가 있다고 본다.

1997년 노조및조정법을 제정한 입법권자의 의도는 단지 노동위원회의 조정대상을 이익분쟁에 국한하면 충분하다는 의도를 가지고 있었는지도 모른다. 하지만 권리분쟁이 노동위원회 조정대상에서 제외된다는 인식은, 권리분쟁에 대한 교섭이 결렬되어도 쟁의행위를 할 수 없다는 결론으로 이어지고, 사용자로 하여금 권리분쟁과 관련된 사항에 대한 단체교섭 요구에는 응할 필요가 없다는 판단에 이르도록 만들었다.[25] 중앙노동위원회도 권리분쟁은 조정의 대상에서 제외되는 것으로 보고 있다.[26] 이는 의무적 교섭사항, 임의적 교섭사항이라는 용어의 오남용과 함께 상승작용을 일으켜 단체교섭 대상의 범위를 대폭 축소시키는 결과로 이어졌다. 현재는 권리분쟁 사항은 임의적 교섭사항일 수는 있어도 의무적 교섭

---

23) 김홍영, '노동위원회의 노동쟁의조정 대상의 확대', 34쪽; 임종률, 「노동법」, 138쪽; 대판 2003. 12. 26, 2003두8906 등.

24) 김성진, '권리분쟁과 쟁의행위대상', 71쪽.

25) 이준희, 「단체교섭권에 관한 연구」, 97쪽.

26) 중노위 2001. 6. 8, 2001조정34.

사항은 아니라는 인식[27]이 굳게 자리 잡고 있다. 결국 사용자가 교섭요구를 거부할 수 없는 의무적 교섭사항에 해당하는지 여부는 헌법 제33조 제1항과 노조및조정법 각 조문의 체계적인 해석을 통해 규명되어야 함에도 불구하고[28] 그러한 검토 없이 노동쟁의의 개념에 포함되는지 여부만 가지고 의무적 교섭사항에서 배제되는 결과가 초래된 것이다.

단체교섭의 대상이 축소되고 쟁의행위의 대상이 협소해지며 적법한 쟁의행위로 인정받을 수 있는 여지가 점차 좁아지는 흐름은 우리 노동관계법 체계의 문제해결능력을 현저히 약화시키는 심각한 결과로 이어지고 있다. 현재 한국의 노사 당사자들의 교섭을 통한 문제해결능력은 도저히 자생이 불가능할 정도로 약화되어 겉으로는 정부의 개입을 비판하면서도 이면에서는 정부의 적극적인 개입을 요청하고 정부의 공권력이 개입하지 않으면 당면한 문제를 스스로 해결할 수 없을 정도로 기형적인 상황에 처해 있다. 분쟁이 한 번 발생하면 자율적인 합의에 도달하지 못하고 갈등이 극단으로 치닫는 양상이 빈번하게 발생하는 경우가 많다는 것이 이를 반증한다. 이는 노사관계 당사자인 사용자와 노동조합의 자주적 문제해결 능력을 증진하고 노사관계의 자생력을 제고해야 한다는 일반적인 원칙에 비추어보아도 옳지 않을 뿐 아니라, 노동관계에 관한 분쟁을 노동관계 당사자가 자주적으로 조정할 수 있도록 조력해야 한다는 노조및조정법 제49조에 규정에서 부여된 국가의 책무에도 부합하지 않는다.

(3) 문제해결을 위한 해석론

노동쟁의의 범위가 축소되면서 초래된 문제를 일부 인정하면서 이에 대한 해결 방안을 모색해야 한다는 논의가 없었던 것은 아니다. 그 동안 제시되었던 대표적인 견해를 정리해보면 크게 다음의 세 가지를 들 수 있다.

---

27) 임종률, 「노동법」, 139쪽.

28) 대판 2003. 12. 26, 2003두8906; 村田毅之, 「日本の勞使關係法」 51쪽.

우선, 조정대상을 특정 범위로 국한하려는 입법태도는 조정을 통한 분쟁의 해결에 있어 기능상 한계를 나타내게 된다고 지적하면서,[29] 노동쟁의의 정의 즉 노동위원회 조정의 대상을 "노동관계 당사자 간에 노동관계에 관한 주장의 불일치로 인하여 발생한 분쟁상태"로 규정하여 권리분쟁과 조합활동 관련 사항을 조정대상에 포함시키는 입법적 개선이 필요하다고 보는 견해를 들 수 있다.[30] 입법적 개선이 가장 바람직한 방법이라는 점에는 이론이 있을 수 없다. 하지만 이 견해는 여전히 현행법 하에서는 권리분쟁 사항을 의무적 교섭대상에 포함시켜 해석할 수 없다는 한계가 있다.

다음으로는, 우리의 노동위원회가 독일의 노동법원과 같이 사법적인 분쟁을 해결할 만한 능력이 되지 못하는 현실에서 막연히 권리분쟁을 노동분쟁에 포함시키는 것은 종전의 노조및조정법 개정 취지와 동떨어진다고 지적하면서,[31] 권리분쟁 사항에 대해서도 노동조합은 사용자에게 단체교섭을 요구할 수 있고, 쟁의행위를 포함한 모든 단체행동이 가능하며 이는 노조및조정법상의 단체교섭이나 쟁의행위가 아닌 헌법상 보장되는, 즉 헌법 제33조 제1항에서 직접 유래하는 단체교섭이나 단체행동권으로서 정당성이 인정된다고 하는 견해가 있다.[32] 이 견해는 현행법률을 그대로 둔 채 문제를 해결할 수 있는 방안을 제시했다는 점에서 고무적이다. 하지만 노조및조정법은 사회적 기본권인 헌법 제33조를 구체화하는 법률이라는 점, 단체교섭 거부를 금지하는 노조및조정법 제81조 제3호는 형벌규정으로서 죄형법정주의가 엄격히 적용되는 조항이므로 동 조항에

---

29) 김홍영, '노동위원회의 노동쟁의조정 대상의 확대', 48쪽.

30) 김홍영, '노동위원회의 노동쟁의조정 대상의 확대', 49쪽; 이승욱, '노동쟁의조정 대상의 재검토', 384쪽.

31) 김성진, '권리분쟁과 쟁의행위대상', 72쪽.

32) 김성진, '권리분쟁과 쟁의행위대상', 73쪽 이하; 송강직, '노동분쟁해소기능의 실효성 제고 방안', 48쪽.

서 금지되는 단체교섭 거부행위 이외의 교섭 거부행위는 원칙적으로 사용자에게 허용되는 행위로 해석되어야 하며 그렇다면 헌법 제33조에 의해 허용된다는 것을 근거로 노조및조정법이 인정하지 않는 단체교섭 요구 및 쟁의행위가 무한정 허용된다고 보기는 어렵다는 점 등을 생각할 때 헌법상 허용되는 단체교섭과 단체행동의 범위와 한계에 대한 추가적인 해명이 필요하다고 생각된다.

마지막으로, 단체협약상의 공정방송 의무 규정 준수를 요구하는 쟁의행위의 정당성에 대해 다툰 최근 서울고등법원 판결이 있다.[33] 법원은 이 판결에서 “기존에 합의된 단체협약을 사용자가 지키지 않는 경우 그 준수를 요구하기 위한 행위는, 단순히 기존의 단체협약의 해석, 적용에 관한 사항을 주장하는 것이 아니라 단체협약의 이행을 실효적으로 확보할 수 있는 방안을 강구하기 위한 것으로서 어디까지나 근로조건의 결정에 관한 사항을 목적으로 한 쟁의행위에 해당한다고 할 것이다”라고 하여 단체협약의 준수를 요구하는 것은 해석, 적용에 관한 사항이 아니라 근로조건 결정에 관한 사항에 해당하는 이익분쟁이라고 본다. 그 이유에 대해서는 “만약 그와 같이 보지 않고 기존 단체협약의 준수를 요구하는 쟁의행위를 근로조건의 ‘결정’에 관한 것이 아닌 소위 권리분쟁으로서 목적의 정당성을 인정할 수 없다고 보는 경우에는, 사용자가 기존의 단체협약을 이행하지 아니하여 저해된 근로조건을 원상으로 회복하기 위한 쟁의행위는 노동조합법상 금지되는 결과가 되는데, 이는 ‘근로조건의 향상을 위하여’ 단체행동권을 인정한 헌법 제33조 제1항을 부당하게 제한하는 해석일 뿐 아니라, 노동조합이 단체협약의 유효기간 중 그 개폐를 요구하는 쟁의행위를 할 수 없는 이른바 평화의무를 지는 것과 비교하더라도 균형이 맞지 않기 때문”이라고 한다.[34] 사용자의 단체협약 준수를 요

33) 서울고판 2015. 4. 29, 2014나11910(상고심 : 대판 2015다33397).

34) 김소영, ‘쟁의행위의 정당성 판단과 권리분쟁’, 267쪽; 이상윤, ‘권리분쟁과 이익분

구하는 노동조합의 주장은 정당한 교섭대상이 되고 쟁의행위의 대상도 된다고 보려는 선의는 인정되지만, 기성의 단체협약 준수 요구를 이익분쟁이라고 단정하는 논리는 수긍하기 어렵다.[35] 이미 결정되어 있는 규범의 이행과 관련된 문제를 "결정"의 문제라고 해석하는 것은 문리적 해석의 한계를 넘어서는 것이기 때문이다.

[관련판례]

단체협약 이행 요구를 이익분쟁으로 본 사례

서울고판 2015. 4. 29, 2014나11910

방송의 공정성이라는 것은 상대적인 개념으로서 주관적 가치에 따라 그 판단을 달리할 수도 있는 것이므로, 단순히 추상적으로 방송의 공정성이 의심된다는 사정에 기초하여 또는 공정한 방송의 실현이 필요하다는 이유만으로 쟁의행위에 나아가는 것은 사용자가 처분할 수 없는 사항에 대한 것으로서 그 목적의 정당성을 인정할 수 없다. 그러나 방송의 제작, 편성, 보도 등 구체적인 업무수행 과정에 있어서 방송의 공정성을 실현하기 위하여 마련된 제도적 장치가 제대로 기능을 하지 못해 실제적으로 근로환경 내지 근로조건 등에 영향을 미치게 되었다면, 이에 대한 시정을 요구하고 쟁의행위에 나아가는 것은 노동조합법에서 규정하고 있는 근로조건에 관한 분쟁에 해당한다 할 것이다.

기존에 합의된 단체협약을 사용자가 지키지 않는 경우 그 준수를 요구하기 위한 행위는, 단순히 기존의 단체협약의 해석, 적용에 관한 사항을 주장하는 것이 아니라 단체협약의 이행을 실효적으로 확보할 수 있는 방안을 강구하기 위한 것으로서 어디까지나 근로조건의 결정에 관한 사항을 목적으로 한 쟁의행위에 해당한다고 할 것이다. 만약 그와 같이 보지 않고 기존 단체협약의 준수를 요구하는 쟁의행위를 근로조건의 '결정'에 관한 것이

쟁', 37쪽 등도 대상 판결과 결론을 같이 한다.

35) 김동욱, '권리분쟁 사항이 쟁의행위의 목적이 될 수 있나?', 83쪽; 김성진, '권리분쟁과 쟁의행위대상', 63쪽; 방준식, '노동쟁의의 대상범위에 대한 소고', 45쪽 등.

아닌 소위 권리분쟁으로서 목적의 정당성을 인정할 수 없다고 보는 경우에는, 사용자가 기존의 단체협약을 이행하지 아니하여 저해된 근로조건을 원상으로 회복하기 위한 쟁의행위는 노동조합법상 금지되는 결과가 되는데, 이는 '근로조건의 향상을 위하여' 단체행동권을 인정한 헌법 제33조 제1항을 부당하게 제한하는 해석일 뿐 아니라, 노동조합이 단체협약의 유효기간 중 그 개폐를 요구하는 쟁의행위를 할 수 없는 이른바 평화의무를 지는 것(대법원 1992. 9. 1. 선고 92누7733 판결 참조)과 비교하더라도 균형이 맞지 않기 때문이다.

이러한 전제에서 앞서 본 사실에 변론 전체의 취지를 종합하여 인정할 수 있는 다음과 같은 사정들에 비추어보면, 피고는 방송법 등의 관계법령 및 단체협약에 의하여 인정된 공정방송의 의무를 위반하였을 뿐만 아니라 그 구성원인 근로자의 구체적인 근로환경 또는 근로조건을 악화시켰다 할 것이므로, 원고들을 비롯한 피고의 근로자들은 그 시정을 구하기 위한 쟁의행위에 나아갈 수 있다.

- 단체협약상 공정방송 의무 규정을 준수할 것을 요구하는 쟁의행위의 정당성을 다툰 사건 -

노동쟁의의 범위가 축소된 것은 단지 노동위원회의 공적 조정 서비스 제공 대상이 축소된 것으로 제한적으로 이해해야 한다. 단체교섭의 개념과 관련하여 자세히 설명한 바와 같이 단체교섭의 대상은 헌법 제33조 제1항의 규정과 노조및조정법상 단체교섭과 관련된 제반 조항들의 해석론에 유보되어 있다고 보아야 한다.[36] 단체교섭의 대상을 헌법 제33조 제1항과 노조및조정법의 제반 조항들에 대한 해석을 통해 확정한다면, "근로조건의 결정"에 관한 사항 이외에도 권리분쟁에 관한 사항과 집단적 노사관계의 질서와 규율을 형성하기 위한 사항들도 당연히 단체교섭의 대상에 포함시킬 수 있다는 결론에 이르게 된다.

---

36) 김유성, 「노동법II」, 143쪽.

(4) 권리분쟁 사항을 의무적 교섭사항이라고 인정하는 효과

의무적 교섭사항에 해당하는 부분에 대해 사용자가 단체교섭을 거부하는 경우에는 원칙적으로 쟁의행위가 가능해야 한다. 그러나 뒤에서 자세히 설명하겠지만, 현행법상 모든 의무적 교섭사항에 대한 사용자의 교섭 거부나 해태에 대하여 쟁의행위가 가능한 것은 아니다. 근로조건 결정에 관한 사항 및 이와 밀접하게 연관된 사항 이외의 의무적 교섭사항에 대한 사용자의 교섭 거부나 해태가 있을 경우에는 노조및조정법 제81조 제3호의 부당노동행위에 해당하여 관련된 구제수단이 적용될 수 있다. 또한 집단적 노사관계의 질서와 규율을 형성해 가는 것을 목적으로 하는 교섭이라면 그것이 단체협약에 기재하기 위한 협약 체결 목적 교섭이든, 협약 체결을 목적으로 하지 않는 교섭이든 그 교섭을 정당한 이유 없이 거부하는 사용자의 행위는 부당노동행위에 해당할 수 있다. 노조및조정법 제81조 제3호의 해석상 단체협약 체결 목적 이외의 단체교섭 요구에 대한 거부도 부당노동행위에 해당한다고 보아야 하기 때문이다. 다만 노동위원회는 권리분쟁을 조정의 대상에서 제외하고 있으므로[37] 권리분쟁 사항에 대한 사용자 측의 단체교섭 거부를 부당노동행위에 해당하지 않는다고 볼 가능성이 높다. 이 경우 사법적 구제수단들이 고려될 수 있을 것이다.

권리분쟁 사항에 대한 단체교섭 요구가 거부되거나 결렬된 경우 쟁의행위가 가능한지 여부도 검토되어야 한다. 현행 노조및조정법상 쟁의행위는 근로조건의 결정에 관한 주장의 불일치로 인해 발생한 "노동쟁의" 상태를 해소하기 위한 수단의 하나로 허용되는 것이다. 따라서 현행 노조및조정법을 형식적으로 해석하면 쟁의행위 대상은 조합원의 근로조건 결정에 관한 사항이 될 수밖에 없고, 쟁의행위가 가능한 교섭대상에서 권리

---

37) 중노위 2001. 6. 8, 2001조정34.

분쟁 사항은 배제될 수밖에 없다. 의무적 교섭사항에 해당함에도 불구하고 사용자가 교섭을 거부해도 노동조합이 쟁의행위를 할 수 없는 모순된 상황이 발생하는 것이다.

궁극적으로 의무적 교섭대상은 쟁의행위 대상으로 연결되어야 한다. 의무적 교섭사항에 해당하는 대상을 둘러싼 교섭요구에 사용자가 응하지 않거나 교섭을 해태할 때에 노동조합이 쟁의행위를 통해 사용자를 압박할 수 있어야 하기 때문이다. 그러나 현재 우리 노조및조정법은 제2조 제5호의 "노동쟁의"의 정의를 부당하게 축소하여 의무적 교섭대상과 쟁의행위 대상의 괴리를 초래했다. 역으로 쟁의행위를 할 수 있는 대상인지 여부가 의무적 교섭대상인지를 판단하는 근거가 되는 것처럼 오해를 불러일으켰고, 그러한 인식이 광범위하게 확산되어 있다. 의무적 교섭사항의 범위가 헌법 제33조 제1항과 노조및조정법 각 규정의 유기적 해석을 통해 도출된다는 점[38]을 고려했을 때 이와 같은 노동쟁의 개념의 축소는 헌법이 단체교섭권을 독자적인 기본적 권리로 보장한 취지에 위배되는 것이라고 보지 않을 수 없다.[39] 즉 해소되어야 하는 위헌적인 법상황이다.

하지만, 합헌적인 해석을 할 수 있는 여지는 남아 있다. 조정전치에 관한 규정의 취지는 분쟁을 사전에 조정하여 쟁의행위 발생을 회피하는 기회를 주려는 데에 있는 것이지 쟁의행위 자체를 금지하려는 데에 있는 것은 아니므로, 노동위원회 조정절차를 거치지 않고 쟁의행위를 감행하여 사회·경제적 안정이나 사용자의 사업운영에 예기치 않는 혼란이나 손해를 끼치는 등 부당한 결과를 초래할 우려가 있다고 인정되는 경우가 아니라면 조정절차를 거치지 않은 것이 항상 위법하지는 않다[40]고 해석

38) 대판 2003. 12. 26, 2003두8906.

39) 이준희, 「단체교섭권에 관한 연구」, 121쪽.

40) 대판 2000. 10. 13, 99도4812; 대판 2001. 11. 27, 99도4779 등.

할 수 있다. 따라서 노동조합이 권리분쟁에 관한 사항에 대하여 사용자에게 단체교섭을 요구했으나 거부한 경우 노동조합은 노동위원회에 조정을 신청할 수 있고, 노동위원회가 조정신청에 대하여 행정지도 결정을 내릴 경우[41]에는 10일 또는 15일의 조정기간이 도과하면 적법하게 쟁의행위를 할 수 있다고 해석해야 한다.[42] 통상 사용자가 노동조합의 조정신청 사실을 인지하고 있을 가능성이 높고 예기치 않은 혼란이나 손해를 끼칠 가능성도 적기 때문이다. 다만 조정신청조차 하지 않거나 조정기간 만료 이전에 쟁의행위를 개시하는 것은 노조및조정법 제45조, 제55조, 제91조 등의 규정에 비추어 볼 때 정당한 쟁의행위라고 인정하기 어렵다.[43]

(5) 소 결

이상과 같은 논리적 과정을 거쳐 권리분쟁 사항은 단체교섭의 의무적 교섭사항에 해당할 수 있으며, 비록 노동위원회의 공적 조정 서비스를 받을 수는 없다는 문제가 있으나, 조정신청을 거쳐 행정지도 결정을 받은 경우에는 적법하게 쟁의행위를 할 수 있다고 해석함으로써 위헌적인 현재의 법상황을 어느 정도 피해갈 수는 있다. 다만 가장 궁극적인 해결 방안은 조속히 노조및조정법 제2조 제5호를 개정하여 “근로조건의 결정에 관한 주장의 불일치”라는 부분을 “노동관계에 관한 주장의 불일치”라고 변경하는 것이다.[44]

---

41) 중앙노동위원회, 「조정 및 필수유지업무 매뉴얼」, 83쪽 이하는 근로조건의 결정에 관한 사항이 아닌 권리분쟁 사항 등은 조정대상이 아니므로 행정지도 결정 대상이 되지만, 조정신청 한 사항 중 주된 내용이 근로조건의 결정에 관한 사항이고 일부 조정대상이 아닌 사항이 포함되어 있는 경우 조정대상을 중심으로 조정절차를 진행하고 그렇지 않은 경우에는 기타 해결방법을 알려주도록 하고 있다.

42) 대판 2001. 6. 26, 2000도2871; 대판 2003. 12. 26, 2001도1863.

43) 김형배, 「새로 쓴 노동법」, 1129쪽.

44) 결론에 있어 같은 견해 : 김홍영, ‘노동위원회의 노동쟁의조정 대상의 확대’, 49쪽; 이승욱, ‘노동쟁의조정 대상의 재검토’, 384쪽.

4. 단체교섭 대상의 내재적 한계

단체교섭의 본질에 비추어 볼 때 단체교섭의 대상이 될 수 있는지를 한계 짓는 요소로서 교섭대상이 근로조건 유지·향상과 관련이 있는지, 사용자의 처분권한이 있는지 여부, 교섭대상의 집단성이 있는지 여부 등이 검토되어야 한다.

(1) 교섭대상의 근로조건 유지·개선 관련성

어떠한 사항이 단체교섭의 대상이 되는지 여부를 판단하는 데에 가장 중요한 점은 그것이 조합원의 근로조건 유지·개선, 기타 근로자의 경제적·사회적 지위의 향상을 도모하는 데에 관련이 있는가 하는 점이다. 단체교섭의 대상이 되기 위해서는 근로조건의 유지·향상과 관련이 있는 사항이어야 한다는 것은 헌법 제33조 제1항과 노조및조정법 제1조, 제2조 제4호 등의 규정의 해석에 의해 당연히 요구되는 것이다. 따라서 조합원들 사이에서 아무리 중요하게 인식되는 문제라 하더라도 그 사항이 조합원의 근로조건 유지·개선, 기타 근로자의 경제적·사회적 지위의 향상과 관련이 없다면 단체교섭의 대상이 될 수 없다. 반면 단체교섭이나 쟁의행위의 절차와 방법, 노동쟁의의 해결 절차에 관한 사항 등은 근로조건 결정을 위한 단체교섭 과정에서 노동조합이 사용자를 상대로 대등한 교섭력을 발휘할 수 있도록 절차적으로 뒷받침하는 필수적인 수단이다. 그러므로 이와 관련된 사항은 단체교섭의 의무적 교섭사항이 된다고 보아야 한다.[45]

(2) 사용자의 처분권한 있는 사항

단체교섭의 대상이 되기 위해서는 사용자에게 처분권한이 있어야 한다고 보는 데에 대부분의 견해가 일치한다.[46] 사용자가 법적인 처분권한

45) 최홍엽, '중재재정의 대상', 279쪽 이하; 대판 2003. 12. 26, 2003두8906.

46) 김치선, 「노동법강의」, 339쪽; 손창희, '단체교섭, 교섭권과 협약 체결권한에 관한 고찰', 142쪽 각주 46); 박홍규, 「노동단체법」, 242쪽; 임종률, 「노동법」, 134쪽 이하; 하경효, '단체교섭 대상, 어디까지 가능한가', 15쪽 이하; 대판 2003. 12. 26,

을 가지고 있는 사항뿐만 아니라 사용자가 사실상 처분권한을 가진 경우, 나아가 노동조합이 요구한 사항에 대해 상호 노력의 대상이 될 수 있으면 교섭대상이 된다고 한다.[47] 상호 노력의 대상이 된다는 것은 사용자가 장차 처분권한을 확보하여 그 사항을 이행할 수 있는 경우에 그러한 합의 사항을 말한다고 이해된다. 이 경우 노동조합도 사용자가 처분권한을 확보하는 데에 필요한 기간 동안 이행을 요구하지 않는 것에 합의하거나 사용자의 처분권한 확보에 조력한다고 합의하는 등 노동조합 나름의 역할을 하여야 할 것이다. 예를 들어 노동조합의 요구사항이 사용자 측에 처분권한이 있고, 의무적 교섭사항에 해당하는 것이지만 주주총회의 결정을 받아야 하는 사항인 경우 사용자는 그 사항에 대한 교섭을 주주총회 결의 절차의 존재를 이유로 거부할 수 없다고 해야 한다. 사용자가 해당 사항에 대하여 노동조합과 합의한 경우에는 사용자는 이후의 주주총회 절차에서 그에 대한 승인 결정이 나올 수 있도록 노력해야 할 의무를 부담하고 노동조합은 그 과정에 적극 협조해야 한다. 이 경우 합의된 사항의 효력 발생 시점은 주주총회 승인 결의 이후가 되어야 할 것이나 소급적으로 승인된 경우에는 소급효도 인정될 수 있다. 한편 특정 국가와의 FTA 체결 반대, 법률 개정 등 순수한 정치적 요구사항이나 다른 기업의 운영에 관한 사항 등은 사용자의 처분권한이 전혀 없으므로 단체교섭의 대상이 될 수 없다.

(3) 교섭대상의 집단성

단체교섭의 대상이 되기 위해서는 소위 집단성이 필요한지에 대하여 견해가 대립하고 있다. 우선 단체교섭의 대상은 집단성이 있어야 한다는 견해는 단체교섭은 노동조합이 그 구성원인 조합원들의 근로조건 그 밖의 대우에 관한 기준을 유지 및 개선하는 것을 목적으로 하는 것이므로

2003두8906; 西谷 敏, 「勞働組合法」, 297쪽; 村田毅之, 「日本の勞使關係法」, 51쪽.

47) 김유성, 「노동법II」, 140쪽 이하.

단체교섭의 대상이 되기 위해서는 집단성이 있어야 한다고 본다.[48] 그 이유는 단체협약은 근로계약과 같이 근로자 개인과 사용자 간의 개별적 권리·의무를 규율하는 것이 아니라 조합원들의 근로조건 그 밖의 이익에 관한 기준을 집단적으로 규율하는 것이기 때문이라고 한다. 이에 대하여 단체교섭 그 자체가 집단성을 가지면 족하므로 대상 사항까지 반드시 집단성을 가져야 하는 것은 아니라는 반론이 제기되고 있다.[49] 그러나 단체교섭은 원칙적으로 일반적 기준을 정립하기 위한, 즉 단체협약을 체결하기 위한 단체교섭이 핵심이 되고, 비록 조합원에 대한 사항인 경우에도 집단적 차원에서 문제제기하고 해결해야 할 필요성이 없는 지극히 개인적인 사항은 이를 단체교섭의 대상으로 인정하는 것이 적당하지 않다는 점에서 집단성은 단체교섭 대상성을 판단하는 요건으로서 고려되지 않을 수 없다. 집단성이 반드시 필요하지는 않다는 관점을 유지하면서도 근로자 개인에 해당하는 사항인 경우에도 무조건 단체교섭의 대상이 된다고 보지 않고 "그것이 노동조합의 활동과 관련되거나 다른 조합원의 대우 등과 관련될 때는 교섭사항이 될 수 있다"[50]고 설명하는 견해가 있는 것을 보면 집단성 인정 여부에 대한 찬반 양론의 차이는 사실상 크지 않다고 볼 수 있다.

"집단성"의 문제를 단순히 해당자 수의 다수를 뜻하는 것으로 보아서는 안 된다. 여기에서의 집단성이란 해당 사항에 대한 교섭으로 인해 영향을 받는 조합원의 수를 지칭하는 것이 아니라 교섭대상이 집단적 자치질서 내에서 차지하는 기능과 영향력을 중심으로 판단할 때의 범위를 뜻한다고 보아야 할 것이다. 다시 말하면 집단성은 교섭사항에 영향을 미치는 영향범위를 말하는 추상적 개념이므로 어느 특정인의 문제라 하더라

---

48) 김형배, 「새로 쓴 노동법」, 1019쪽; 하경효, '단체교섭 대상, 어디까지 가능한가', 15쪽.
49) 김유성, 「노동법II」, 141쪽; 박홍규, 「노동단체법」, 245쪽; 임종률, 「노동법」, 137쪽.
50) 김유성, 「노동법II」, 141쪽.

도 그것이 전체 조합원들의 이해와 밀접하게 관련된 사항인 때에는 단체교섭의 대상이 될 수 있다고 판단되어야 한다.[51]

어떠한 사항이 교섭대상으로서 집단성을 가지는가를 판단할 수 있는 기준은 다음과 같은 두 가지가 제시될 수 있다. 첫째, 조합원 전체의 근로조건 변경과 관련된 사항 또는 조합 자체의 활동과 존속, 유지에 관련된 사항인 경우 당연히 집단성이 인정된다. 다음 회계연도의 조합원 임금 인상률 결정 문제, 근로시간면제 한도 결정 등의 사항이 여기에 해당한다. 둘째, 특정 조합원 개인에 관한 사항이지만 그 사항이 어떻게 결정되는가에 따라 조합원 전체의 근로조건 또는 조합 자체의 활동과 존속, 유지에 영향을 미칠 수 있는 사항도 집단성이 인정될 수 있다.[52] 예를 들면 특정 조합원이 부당해고를 당한 경우 해당 조합원의 복직에 대한 문제, 특정 조합원에 대한 배치전환이나 인사조치에 대한 문제 등에 관한 교섭도 그 절차의 선례가 이후 다른 조합원들의 근로조건에 중대한 영향을 미칠 수 있으므로 노동조합이 단체교섭을 요구하면 사용자는 그에 응해야 한다고 본다.[53] 또한 조합원 또는 조합원이 아닌 어떤 근로자가 성희롱을 당한 것을 계기로 노동조합이 향후 동일한 사안이 발생할 것을 대비하여 처리 절차 마련을 위해 교섭을 요구하는 경우, 성희롱 피해자가 조합원인 때에 그 피해 근로자 구제 방안 마련 등을 위해 단체교섭을 요구하는 경우, 직장 내에서 조합원에 대한 집단 괴롭힘(mobbing)이 발생하였으나 적절한 처리 절차가 마련되어 있지 않아서 사용자가 피해 조합원에 대한 보호조치에 착수하도록 하기 위해 단체교섭을 요구하는 경우[54] 등이 두 번째에

51) 김형배, 「새로 쓴 노동법」, 1019쪽.

52) 김유성, 「노동법II」, 141쪽.

53) 박홍규, 「노동단체법」, 245쪽; 菅野和夫, 「勞働法」, 658쪽; 西谷 敏, 「勞働組合法」, 297쪽. 다만 이와 같은 사례를 거론하는 문헌은 대부분 교섭대상의 집단성이 필요하지 않다고 보는 견해를 취하고 있다.

54) 이준희, 「직장 내 집단 괴롭힘에 대한 연구」, 54쪽 이하 참조.

해당하는 사례가 될 수 있을 것이다. 집단 괴롭힘 피해 근로자에 대한 보호조치를 요구하는 단체교섭은 조합원의 근로조건에 밀접한 영향이 있으므로 의무적 교섭사항이 되는 동시에, 구제절차 개시를 사용자가 수락하는 것으로 마무리될 수도 있으므로 반드시 단체협약 체결을 목적으로 하는 것은 아니어도 무방하다.

다만 특정 근로자의 인사고과에 대한 불만, 사내 대출제도를 이용한 대출신청이 요건 불비로 거절된 것에 대한 불만, 근로자 사이의 단순한 불화를 이유로 한 부서 이동 요구와 같은 사항들은 해당 근로자 개인에 국한된 사항이므로 노동조합의 존립·활동에 직접적인 영향을 비치는 등 특별한 사정이 없는 한 집단성이 인정될 수 없고, 단체교섭의 대상으로 볼 수는 없다. 이러한 문제는 근참법 제26조 이하에 따른 고충처리 신청을 통해 해결하도록 하는 것이 합리적이라고 본다.

Ⅱ. 단체교섭의 2원적 이해에 따른 교섭대상 분류

앞에서 단체교섭의 대상은 첫째 근로조건 및 기타 근로자의 대우에 관한 사항과 노사관계에 있어서의 실체적 또는 절차적 각종 규율에 관한 사항을 단체협약으로 설정하기 위한 교섭, 둘째 설정된 사항을 해석·적용하기 위하여 사용자 또는 사용자단체와 평화적으로 협의하고 절충해가는 과정에 관한 사항 등이 있다고 정리했다. 이를 단체협약을 체결하는 목적과 결부하여 구체적으로 세분화해 보면 첫째 부분은 근로조건의 결정에 대한 부분과 노사관계에 있어서의 실체적 또는 절차적 각종 규율에 관한 사항을 설정하는 부분으로서 합의사항을 단체협약으로 작성하고 서명날인하기 위한 교섭, 즉 단체협약 체결 목적 단체교섭의 대상, 둘째 설정된 사항들을 해석·적용하는 과정에서 노동조합이 사용자 또는 사용자단체와 협의하고 절충해가는 과정에서 이루어지는 교섭의 대상에 관한 사항으로 나누어 볼 수 있다. 둘째에 해당하는 부분은 단체협약에 규정되지는 않았지만 노사관계의 진행 과정에서 발생하는 다양한 문제들을 해결하고 통제하기 위한 단체교섭 사항을 말한다. 이러한 사항에 해당하는 것으로는 장기간의 노동조합 사무실 사용대차에 관한 사항, 노동조합의 재정 확충을 위한 사업으로서 사내 음료 자판기나 구내식당 운영에 관한 권한을 설정하기 위해 사용자와 노동조합이 체결하는 계약 등을 예로 들 수 있다. 이러한 사항들은 단체협약에 규정하는 경우도 있지만 2년 이내의 유효기간만 허용되는 단체협약에 규정하기에는 반드시 적합한 내용은 아니다. 첫 번째의 단체협약 체결 목적 사항에 해당하는 것이 다시 근로조건의 결정에 대한 부분과 노사관계에 있어서의 실체적 또는 절차적 각종 규율에 관한 사항을 설정하는 부분 등 두 가지의 하위 범주로 나누어 질 수 있으므로, 결국 교섭대상을 세 가지로 분류한 것이라고 볼 수도 있다. 아래에서는 특별한 언급이 없는 한, 단체교섭의 세부적인 대상들을 단체협약 체결 목적 단체교섭의 대상과 단체협약 체결 목적 아닌 단체교섭의 대상으로 분류하는 체계를 유지하도록 하겠다. 이러한 분류는 우리 노조및조정법 제81조 제3호가 노동조합의 대표자 또는 노동조합으로부터 위임을 받은 자와의 "단체협약체결 기타의 단체교섭"을 정당한 이유 없이 거부하거나 해태하는 행위를 할 수 없다고 규정한 것의 문리해석과도 부합한다. 노조및조정법 제81조 제3호의 "기타의 단체교섭"은 단체협약 체결 목적 단체교섭 이외의 협약화를 지향하지 않는 단체교섭을 의미한다고 해석되기 때문이다.[55]

Ⅲ. 의무적 교섭사항과 임의적 교섭사항의 문제

1. 미국의 의무적 교섭사항과 임의적 교섭사항 논의

앞에서 자세히 살펴본 바와 같이[56] 소위 교섭대상 3분론이라고 일컫

55) 西谷 敏, 「勞働組合法」, 283쪽.

56) 자세한 내용은 제2장 제2절 Ⅲ. 1. (3) 참조.

는 의무적 교섭사항, 임의적 교섭사항, 위법적 교섭사항으로 단체교섭 대상을 나누는 분류 방법은 미국에서 유래한 분류법이다. 미국 연방노동관계법 제8조 (d)에서 제시하는 "임금, 근로시간, 기타의 근로조건"에 관한 것을 의무적 교섭사항이라고 말하고,[57] 이러한 사항에 대해서는 단체교섭 의무가 발생한다. 이 분류법은 주로 쟁의행위 법리와 관련하여 구성되었다고 한다.[58] 의무적 교섭사항에 대한 교섭이 결렬되면 쟁의행위가 인정되지만 임의적 교섭사항이나 위법적 교섭사항에 대한 교섭이 결렬되면 쟁의행위를 할 수 없다는 것이다. 다만 임의적 교섭사항도 사용자가 교섭을 승인하면 교섭을 하고 단체협약을 체결하는 것이 허용된다. 부당노동행위제도와 관련해서도 의무적 교섭사항에 대한 단체교섭 거부는 부당노동행위가 성립되지만 임의적 교섭사항이나 위법적 교섭사항에 대한 단체교섭거부는 부당노동행위가 성립하지 않는다.[59]

2. 우리나라에서의 의무적 교섭사항과 임의적 교섭사항

(1) 교섭대상 3분론에 대한 견해의 대립

우리나라에서도 의무적 교섭사항과 임의적 교섭사항을 나누어 단체교섭의 대상을 설명하는 견해가 있다.[60] 이에 대하여 우리나라에서는 의무적 교섭사항과 임의적 교섭사항, 위법적 교섭사항을 나누는 분류가 적합하지 않다는 견해가 있다. 후자의 견해에 따르면 미국의 교섭대상 3분론은 의무적 교섭사항과 임의적 교섭사항의 분명한 구별기준을 제시하지 못하며 개별 사안에 따라 구체적으로 파악하는 경향이 있어 무엇이 사용자에게 교섭의무가 있는 사항인지 명확하게 알 수 없는 문제가 있다고

---

57) Douglas L. Leslie, 「Labor Law」, 194쪽 이하.

58) 김유성, 「노동법II」, 142쪽 이하; 김형배, 「새로 쓴 노동법」, 1017쪽.

59) 하경효, '단체교섭 대상, 어디까지 가능한가', 16쪽.

60) 고호성, 「노동법상의 집단적 자치원리」, 197쪽; 박홍규, 「노동단체법」, 243쪽; 임종률, 「노동법」, 134쪽 이하; 대판 1996. 2. 23, 94누9177.

지적하면서, 교섭사항은 노동조합의 단체교섭권 행사의 대상이라는 측면에서 이해되어야 하고, 노동조합이나 사용자가 단체교섭에 응해야 할 의무의 관점에서 파악할 문제는 아니라고 한다.[61] 결국 단체교섭의 대상인지 아닌지만 판명하여 사용자에게 단체교섭을 요구할 수 있는 사항인지를 판단할 수 있으면 족하다는 것이다.

판단의 결과에 따라 사용자가 단체교섭에 응할 의무가 있는지의 여부, 단체교섭 이후의 쟁의행위의 정당성이 있는지 여부, 노동위원회에 대한 부당노동행위 구제신청 가능성이 있는지 여부 등에 대한 판단도 달라진다는 점을 고려하면 의무적 교섭사항과 임의적 교섭사항을 나누어 교섭대상을 판단하는 이론은 여전히 상당히 중요한 의미를 갖는 분석방법이라고 생각된다. 이 분석방법론의 본산인 미국에서도 의무적 교섭사항과 임의적 교섭사항을 구분하는 기준이 명확하지 않고 매 사안마다 구체적인 사정을 고려해서 판단하고 있으며, 사실상 의무적 교섭사항인지 여부의 판단은 시장에서의 노동조합의 영향력에 의해 좌우된다고까지 설명하는 견해도 있는 것[62]을 보면 의무적 교섭사항과 임의적 교섭사항을 나누는 기준이 불완전한 것은 사실이라고 인정된다.

그러나 우리 노조및조정법상 단체교섭 대상 규정이 모든 단체교섭 대상을 분명히 규정하고 있지 않으며, 현실에서도 단체교섭 대상과 쟁의행위 대상이 혼돈을 일으키고 있는 상황임을 고려하면 여전히 교섭이 가능한 수많은 사항들 중에 사용자 또는 사용자단체가 단체교섭 요구를 정당한 이유 없이는 거부하지 못하도록 의무화할 수 있는 사항은 무엇인지 판별할 수 있는 기준을 정립할 필요가 있다. 이러한 필요로 인해 아직은 의무적 교섭사항과 임의적 교섭사항을 나누는 분석법이 나름의 유용성을 인정받을 수 있다고 본다.

---

61) 김유성, 「노동법II」, 143쪽 이하; 김형배, 「새로 쓴 노동법」, 1017쪽.

62) Douglas L. Leslie, 「Labor Law」, 202쪽.

(2) 의무적 교섭사항과 임의적 교섭사항에 대한 판단 기준

단체교섭권의 개념은 헌법 제33조 제1항의 노동3권 규정으로부터 도출되어야 하며, 단체교섭권은 단체협약을 체결할 수 있는 권리 외에 교섭 그 자체로서의 단체교섭을 할 수 있는 권리도 보장되어야 한다는 점을 앞에서 설명한 바 있다. 그러므로 의무적 교섭사항인지 여부는 헌법 제33조 제1항과 노조및조정법 각 조문의 체계적인 해석을 통해 규명되어야 한다.[63] 헌법과 법률로부터 노동조합의 대표가 요구할 때 사용자가 교섭을 거부할 수 없다고 승인된 단체교섭의 대상이라고 인정되면 그 사항을 의무적 교섭사항으로 볼 수 있을 것이다. 그렇다면 여기에서 단체교섭에는 첫째 근로조건의 결정에 대한 부분과 노사관계에 있어서의 실체적 또는 절차적 각종 규율에 관한 사항을 설정하는 부분, 둘째 설정된 사항들을 해석·적용하는 과정에서 사용자 또는 사용자단체와 협의하고 절충해가는 과정에 관한 사항 등이 있다고 앞에서 정리했던 것을 다시 한 번 상기할 필요가 있다. 위의 첫째 중에서도 앞부분에 해당하는 근로조건의 결정에 대한 사항은 단체협약 중 소위 규범적 부분에 해당하므로 노조및조정법 제2조 제5호에 따를 때에도 의무적 교섭사항임이 부인될 수 없다. 그리고 첫째 중 후단에 해당하는 노사관계에 있어서의 실체적 또는 절차적 각종 규율에 관한 사항은 단결체로서 노동조합이 존속하면서 사용자와 집단적 노사관계의 질서와 규율을 형성해가는 내용이다. 이 사항들 역시 헌법상 단체교섭권의 본질을 이루는 부분이므로 이에 대한 단체교섭 요구를 사용자가 정당한 이유 없이는 거부할 수 없다고 해야 한다.[64] 단체교섭을 거쳐 단체협약으로 설정된 사항들을 해석·적용하는 과정에 관한 사항에 대한 단체교섭 요구도 사용자가 수용해야 하는 것이 원칙이다. 그리고 헌법과 법률로부터 직접 명시적으로 근거가 도출되지는 않지만

---

63) 대판 2003. 12. 26, 2003두8906; 村田毅之, 「日本の勞使關係法」, 51쪽.
64) 西谷 敏, 「勞働組合法」, 296쪽 이하.

노동조합과 사용자가 서로 교섭할 것에 동의하면 단체교섭을 진행해도 무방하다고 인정한 사항은 임의적 교섭사항으로 이해할 수 있을 것이다. 강행법규에 위반하거나 사용자의 처분권한이 없는 사항은 위법적 교섭사항 또는 교섭 금지사항으로 볼 수 있다.[65]

이상과 같은 기준으로 보면, 의무적 교섭사항에 해당하는 것으로 볼 수 있는 것은, 첫째 조합원의 근로조건 결정과 관련된 사항으로서 근로조건 기타 대우에 관한 단체협약 체결, 조합원의 인사에 관한 사항 등이 있을 수 있고, 둘째 집단적 노사관계의 운용과 집단적 자치의 유지를 위해 필요한 사항으로서 조합활동 및 단결권 보장에 관한 사항, 단체협약의 해석·적용 등 권리분쟁에 관한 사항, 근로조건에 직접 영향을 미치는 경영상 판단에 관한 사항 등이 의무적 교섭사항으로 검토될 수 있을 것이다. 세 번째로 경영상 이유에 의한 해고에서의 협의권한, 필수유지업무 협정 체결을 위한 교섭 등이 단체협약 체결을 목적으로 하지는 않지만 의무적 교섭사항으로 인정될 수 있는 대표적인 사항이 될 것이다.

(3) 의무적 교섭사항으로 인정될 때의 효과

의무적 교섭사항에 해당하는 부분에 대해 사용자가 단체교섭을 거부하는 경우에는 원칙적으로 쟁의행위가 가능해야 한다. 하지만 현행법상 모든 의무적 교섭사항에 대한 사용자의 교섭 거부나 해태에 대하여 쟁의행위가 가능한 것은 아니다. 근로조건 결정에 관한 사항 및 이와 밀접하게 연관된 사항 이외의 의무적 교섭사항에 대한 사용자의 교섭 거부나 해태가 있을 경우에는 노조및조정법 제81조 제3호의 부당노동행위에 해당하여 관련된 구제수단이 적용될 수 있을 뿐이다. 직접 조합원의 근로조건 형성과 관련된 사항에 대한 교섭요구가 정당한 이유 없이 거부되었을 때 노동위원회에 대한 부당노동행위 구제신청을 비롯한 각종 구제수단이 적용될 수 있다는 것에는 이론이 없다. 또한 집단적 노사관계의 질서와

65) 하경효, '단체교섭 대상, 어디까지 가능한가', 15쪽.

규율을 형성해 가는 것을 목적으로 하는 교섭이라면 그것이 단체협약에 기재하기 위한 협약 체결 목적 교섭이든, 협약 체결을 목적으로 하지 않는 교섭이든 그 교섭을 정당한 이유 없이 거부하는 사용자의 행위는 부당노동행위에 해당할 수 있다는 것을 인정해야 한다. 노조및조정법 제81조 제3호는 "노동조합의 대표자 또는 노동조합으로부터 위임을 받은 자와의 단체협약 체결 기타의 단체교섭을 정당한 이유 없이 거부하거나 해태하는 행위"를 부당노동행위로서 금지하고 있으므로 단체협약 체결 목적 이외의 기타의 단체교섭 요구에 대한 거부도 부당노동행위에 해당한다는 사실을 분명히 하고 있기 때문이다. 다만 노동위원회에 대한 구제신청 요건을 충족하지 못하므로 그 이외의 사법적 구제수단들이 고려될 수 있을 것이다.

3. 쟁의행위 대상과 의무적 교섭사항의 관계

(1) 기존인식의 문제점

의무적 교섭사항은 쟁의행위로서 주장을 관철할 수 있는 교섭사항을 의미한다는 인식이 일반적으로 받아들여지고 있다.[66] 고용노동부 지침도 의무적 교섭사항은 사용자가 근로자 측의 단체교섭 요청에 응할 의무가 있는 사항으로, 정당한 이유 없는 교섭 거부·해태 시 부당노동행위가 되며, 그 대상 사항에 대하여 단체교섭이 결렬되는 경우 노동쟁의 조정신청 및 쟁의행위의 대상이 되는 사항으로 단체협약의 규범적 부분에 해당하는 사항이라고 하면서, 단체협약의 채무적 부분에 관한 사항은 임의적 교섭사항이라고 하고 있다.[67] 그러나 1997년 노조및조정법 제정으로 노동

---

66) 박지순, '노동법에서의 학설, 그 현상과 문제점', 185쪽; 대판 1994. 3. 25, 93다30242; 대판 2001. 4. 24, 99도4893; 대판 2002. 2. 26, 99도5380; 대판 2003. 7. 22, 2002도7225.

67) 고용노동부, 「집단적 노사관계 업무매뉴얼」, 158쪽 이하; 2002. 1. 12, 노조 68107-33.

쟁의 개념이 축소된 이후에는 해석상 쟁의행위의 대상이 되는 사항도 함께 축소되었기 때문에, 고용노동부 지침과 같이 이해하게 되면 의무적 교섭사항의 범위가 지나치게 협소해져서 단체협약 체결 목적 단체교섭의 대상 사항 중에서도 그것이 채무적 부분에 대한 사항은 의무적 교섭사항이 아니라고 보게 되고, 권리분쟁에 관한 사항도 의무적 교섭사항에서 배제되는 문제가 생긴다. 이것은 교섭사항 3분론이 시작된 미국에서의 논의와 비교해보아도 지나치게 협소한 인식이다.

이러한 문제점이 발생하게 된 가장 근본적인 원인은 1997년도에 노조및조정법이 제정되면서 노동쟁의의 개념에서 권리분쟁을 배제하고 권리분쟁에 관한 노사 간의 이견이 노동위원회의 조정을 받을 수 있는 가능성을 차단해버린 것에 있다. 노동쟁의 정의 규정의 변화 이후 이익분쟁에 국한된 사항, 그 중에서도 단체협약의 규범적 효력이 인정된다고 일반적으로 받아들여지는 근로조건 결정에 관한 사항만이 노동위원회에 대한 조정신청이 가능한 대상으로 이해하는 인식이 굳어졌고, 그 조정을 거친 사항에 대해서만 쟁의행위가 가능한 규범 상황이 조성됐기 때문이다. 물론 노동관계 당사자 양측이 합의하여 조정을 신청하면 비록 권리분쟁에 관한 사항인 때에도 노동위원회가 조정을 시도하는 사례가 있다. 그러나 이는 매우 예외적인 경우이며, 노동위원회에 대한 조정신청 사건 중 실질적 각하 결정인 행정지도 결정이 내려지는 사례들을 분석해보면 권리분쟁이거나 이익분쟁에 해당하지 않는다는 것이 행정지도의 사유가 되는 경우가 다수이다. 사용자들이 노동조합이 쟁의행위를 할 수 없는 사항에 대해서는 교섭요구를 받아들일 필요가 없다는 생각을 하게 되는 것은 필연적이다. 이와 같이 쟁의대상 축소가 의무적 교섭사항 축소로 이어지는 상황을 바로잡기 위해서는, 쟁의행위의 정당성 요건으로서 쟁의행위 대상이 단체교섭대상이어야 한다는 명제는 유지하되, 현행법상 의무적 교섭사항에 대한 단체교섭 결렬만이 쟁의행위 대상이 된다는 인식은 포기

하여야 한다. 즉 의무적 교섭사항과 쟁의행위 대상 간의 규범적인 관련을 차단할 필요가 있다.[68]

(2) 쟁의행위의 대상과 의무적 교섭사항의 단절

이상의 검토를 통해 현행 노조및조정법 체계 하에서 단체교섭의 의무적 교섭사항과 쟁의행위 대상 사이에 차이가 발생하고 있다는 것을 확인할 수 있었다. 현행 노조및조정법상 쟁의행위는 근로조건의 결정에 관한 주장의 불일치로 인해 발생한 노동쟁의 상태를 해소하기 위한 수단의 하나로 허용되는 것이다. 따라서 쟁의행위 대상은 현행 노조및조정법 체계 하에서는 조합원의 근로조건 결정에 관한 사항이 될 수밖에 없다. 그러나 "근로조건의 결정"에 관한 사항 이외에도 권리분쟁에 관한 사항과 집단적 노사관계의 질서와 규율을 형성하기 위한 사항들도 의무적 교섭대상이 될 수 있다. 대법원도 집단적 노사관계의 운영에 관한 사항으로 사용자가 처분할 수 있는 사항도 의무적 교섭대상에 포함된다고 밝히고 있다.[69] 집단적 노사관계의 운영에 관한 사항도 의무적 교섭사항에 포함된다는 이와 같은 판례의 태도는 1997년 노조및조정법 제정 이후 노동쟁의 개념이 축소되었음에도 불구하고 법률 규정의 내용변경과 관계없이 일관되게 유지되고 있는 것이라는 사실에 주목해야 한다. 현행법상 쟁의행위의 대상이 되는 교섭대상은 전체 의무적 교섭대상의 일부분에 지나지 않는다고 보는 것이 쟁의행위 대상과 의무적 교섭대상의 관계에 관한 체계적인 인식이라고 할 수 있다. 의무적 교섭사항의 개념에 대하여 조합원의 근로조건 또는 당해 집단적 노사관계의 운용에 관한 사항으로서 사용자가 처분할 수 있는 사항이라고 설명하는 견해[70]들도 위의 대법원 판례와

68) 김홍영, '노동위원회의 노동쟁의조정 대상의 확대', 34쪽도 이와 같은 규범적 단절 필요성을 인정하고 있다.

69) 대판 2003. 12. 26, 2003두8906.

70) 임종률, '단체교섭의 대상', 405쪽; 菅野和夫, 「勞働法」, 655쪽 이하; 西谷 敏, 「勞働組合法」, 296쪽 이하.

기본적으로 같은 취지라고 생각된다.

(3) 노동쟁의 개념의 확대 필요성

의무적 교섭대상은 쟁의행위 대상으로 연결되어야 한다. 의무적 교섭사항에 해당하는 대상을 둘러싼 교섭요구에 사용자가 응하지 않거나 교섭을 해태할 때에 노동조합이 쟁의행위로써 압박할 수 있어야 하기 때문이다.[71] 그러나 현재 우리 노조및조정법은 제2조 제5호의 "노동쟁의"의 정의를 부당하게 축소하여 의무적 교섭대상과 쟁의행위 대상의 괴리를 초래했다. 의무적 교섭사항의 범위가 헌법 제33조 제1항과 노조및조정법 각 규정의 유기적 해석을 통해 도출된다는 점[72]을 고려했을 때 이와 같은 노동쟁의 개념의 축소는 헌법이 단체교섭권을 독자적인 기본적 권리로 보장한 취지에 위배되는 것이라고 생각된다. 따라서 조속히 노조및조정법 제2조 제5호를 개정하여 "근로조건의 결정에 관한 주장의 불일치"라는 부분을 "노동관계에 관한 주장의 불일치"라고 변경하여야 한다. 이러한 개정을 통해서 의무적 교섭사항과 쟁의행위 대상의 괴리를 해소할 수 있다고 생각한다. 참여정부 시기 제시된 소위 "노사관계 로드맵"도 같은 취지에서 노동쟁의 개념 확대를 제안한 바 있다.[73]

제3절 단체교섭 대상의 구체적 분류와 검토

Ⅰ. 단체교섭 대상의 분류 기준

앞에서 제안한 단체교섭 개념의 2원적 분류에 따라 단체협약 체결을 목적으로 하는 단체교섭과 단체협약 체결 목적이 아닌 단체교섭을 구분

---

71) 김유성, 「노동법Ⅱ」, 142쪽 이하.

72) 대판 2003. 12. 26, 2003두8906.

73) 노사관계제도선진화연구위원회, 「노사관계 법·제도 선진화 방안」, 83쪽 이하.

한 뒤에, 각각에 포섭될 수 있는 단체교섭 대상을 의무적 교섭사항에 해당하는 것과 임의적 교섭사항에 해당하는 것으로 다시 나누어 설명하기로 한다. 물론 여기에 예시된 사항들 이외에도 다양한 단체교섭의 대상과 내용이 있을 수 있지만 설명의 편의상 대표적인 유형이라고 생각되는 사항들을 선택하여 예시하였다.

Ⅱ. 단체협약 체결 목적 단체교섭의 대상

단체교섭의 대상 중 단체협약 체결을 목적으로 하는 단체교섭의 대상은 조합원의 근로조건의 결정에 관한 사항과 노사관계에 있어서의 실체적 또는 절차적 규율 설정에 관한 사항을 말한다. 노동조합의 본질과 우리 노조및조정법 각 규정의 취지를 고려할 때 노동조합이 수행하는 단체교섭은 해당 단체교섭 당사자 확정 단위 내의 모든 근로자가 아닌 조합원의 근로조건의 유지·개선을 위한 것이라고 보는 것이 타당하다. 조합원의 근로조건의 결정에 관한 사항은 주로 단체협약의 규범적 부분에 해당하는 대상이고, 노사관계에 있어서의 실체적 또는 절차적 규율 설정에 관한 사항은 주로 단체협약의 채무적 부분에 해당하는 대상이라고 보지만 반드시 일치하는 것은 아니다. 단체협약 체결 목적 단체교섭의 대상에 해당되는 사항들을 의무적 교섭사항에 해당하는 것과 임의적 교섭사항에 해당하는 것으로 나누어 설명하기로 한다.

1. 의무적 교섭사항에 해당하는 교섭대상

(1) 근로조건 기타 대우에 관한 사항

근로조건과 기타 조합원의 대우에 관한 사항을 결정하여 단체협약에 규정하기 위해 교섭하는 사항이다. 근로조건이란 무엇인지는 앞에서 노조및조정법 제2조 제5호, 근로기준법 제93조 등을 통해서 파악할 수 있다고 설명한 바 있다. 근로조건에 해당하는 것을 개략적으로 기술하면 임금·근로시간·복지·해고 기타 대우 등에 관한 사항, 근로제공 장소와 환경, 근로계약의 길이, 안전보건, 복리후생, 고용보장 등에 관한 사항 등이다. 이와 같은 사항들은 단체교섭의 의무적 교섭사항이 된다. 하지만 근로조건에 해당한다고 볼 수 있는 것들 중에서 일상적인 경미한 사항으로서 그 성질상 사용자의 노무지휘에 맡겨져 있는 것까지 단체교섭의 대상이 되는 근로조건에 해당한다고 볼 수는 없다.[74] 예를 들면, 비용절감을 위해 사용자가 사무용품 사용량 감축을 지시하거나 작업장 실내 조명 밝기를 제한하는 경우, 일시적인 출장근무 명령 등을 생각할 수 있다. 이와 같은 사항들은 사전에 그와 관련된 사항들이 단체협약 등에 규정되어 있지 않는 한 사용자의 일방적인 지시권 행사를 통해 변경될 수 있다고 본다.

근로조건에 해당하는 사항이 단체협약으로 체결되면 규범적 부분이 된다고 보는 것이 일반적인 인식이다. 그러나 근로조건의 결정에 관한 모든 사항이 반드시 종래에 일컫던 규범적 부분이라고 하기는 어렵다.

앞에서 우리 노동관계법이 근로조건으로 예정하는 것이 어떠한 것이 있는지 확인하는 과정에서 취업규칙의 필요적 기재사항을 검토한 바 있다. 근로기준법 제93조는 업무의 시작과 종료 시각, 휴게시간, 휴일, 휴가 및 교대 근로에 관한 사항, 임금의 결정·계산·지급 방법, 임금의 산정기간·지급시기 및 승급에 관한 사항, 가족수당의 계산·지급 방법에 관한 사항, 퇴직에 관한 사항, 근로자퇴직급여 보장법 제4조에 따라 설정된 퇴직급여, 상여 및 최저임금에 관한 사항, 근로자의 식비, 작업용품 등의 부담에 관한 사항, 근로자를 위한 교육시설에 관한 사항, 출산전후휴가·육아휴직 등 근로자의 모성 보호 및 일·가정 양립 지원에 관한 사항, 안전과 보건에 관한 사항, 근로자의 성별·연령 또는 신체적 조건 등의 특성에 따른 사업장 환경의 개선에 관한 사항, 업무상과 업무 외의 재해부조에

---

74) 임종률, '단체교섭의 대상', 405쪽; 菅野和夫, 「労働法」, 656쪽 이하.

관한 사항, 표창과 제재에 관한 사항, 그 밖에 해당 사업 또는 사업장의 근로자 전체에 적용될 사항 등을 취업규칙의 필요적 기재사항으로 나열하고 있다. 그리고 근로기준법 제94조는 취업규칙을 이전보다 불이익하게 변경하려면 과반수로 조직된 노동조합이 있는 경우 그 노동조합, 과반수로 조직된 노동조합이 없는 경우에는 근로자 과반수의 동의를 얻도록 규정하고 있다. 그렇다면 제93조에 열거한 사항은 단체교섭에 있어서는 의무적 교섭사항이 되고[75] 동시에 제94조에 의해 사용자의 '근로조건 일방적 결정 금지의무'가 적용되는 영역[76]이라고 볼 수 있다. 그런데 의무적 교섭사항이 되는 근로기준법 제93조에 규정된 사항 중 제2호 승급에 관한 사항, 제4호 퇴직에 관한 사항, 제11호 표창과 제재에 관한 사항 등이 포함되어 있다는 것은 특별히 주목할 필요가 있다. 근로자의 인사에 관한 사항이 근로조건에 해당한다고 규정한 것으로 볼 수 있기 때문이다.[77] 종래의 일반적인 인식에 따르면 근로자의 인사에 관한 사항은 단체협약의 규범적 부분이 아니라고 보았다. 물론 이러한 인식은 단체협약의 규범적 부분의 개념과 지칭하는 영역에 대한 오해에서 비롯되는 부분도 있다.

최근 근로자의 인격권과 관계된 사항도 근로조건으로서 노동조합이 교섭할 수 있다는 견해가 제시되고 있다.[78] 이와 관련하여 언론사 사용자와 그 종사자에게는 방송의 공정성을 실현하기 위한 제도적 장치 마련과 그 준수가 근로조건에 관한 사항으로서 단체교섭의 의무적 교섭사항이 된다는 판결[79]이 내려진 것은 시사하는 바가 크다.

---

75) 박홍규, 「노동단체법」, 243쪽; 西谷 敏, 「労働組合法」, 297쪽.
76) 근로조건 일방적 결정 금지의무의 자세한 내용은 제4장 제5절 II. 참조.
77) 고호성, 「노동법상의 집단적 자치원리」, 199쪽.
78) 전윤구, '노동법의 과제로서의 근로자 인격권 보호 (1)', 130쪽 이하.
79) 서울남부지판 2014. 1. 17, 2012가합16200; 서울남부지판 2014. 1. 23, 2012가합3891 등.

(2) 인사에 관한 사항

여기에서 말하는 인사에 관한 사항이란 근로자의 배치, 배치전환, 포상, 징계, 정년, 해고 등 근로자의 사업 내에서의 지위나 직무에 관계되는 조치에 해당하는 사항을 말한다. 예를 들면 조합원에 대한 징계나 승진 조치 시 노동조합의 동의를 얻도록 하거나, 노동조합과 공동으로 심사위원회를 구성하여 협의하도록 단체협약에 명시하는 것 등이 있다. 이러한 사항이 의무적 교섭사항이 되는지가 문제된다.

우선 인사에 관한 사항은 사용자의 경영권 내지 경영사항에 속하기 때문에 사용자의 전결권에 속하므로 넓은 의미로 볼 때에는 근로조건에 관한 사항이기는 하지만 단체교섭의 대상은 아니라고 보는 견해가 있다.[80] 사용자의 입장을 대변하는 우리나라의 다수의 경제단체들도 인사에 관한 사항은 단체교섭의 대상이 아니라고 주장하고 있다.[81] 그러나 인사에 관한 사항은 근로자의 근로조건에 결정적인 영향을 미치는 요인이 될 뿐 아니라 때로는 근로조건을 직접 결정하는 원인이 되기도 하므로, 근로조건과 따로 떼어서 생각하기 어렵다. 그러므로 인사에 관한 사항도 원칙적으로는 의무적 교섭사항이 된다고 보는 것이 옳다.[82] 대법원 판례도 이와 유사한 태도를 가지고 있다. 판례는 단체협약의 내용 중 조합원에 대한 해고의 사유나 절차에 관한 부분은 규범적 부분에 해당한다고 판시하고 있다.[83] 특히 사용자가 조합원에 대한 차량별 고정승무 발령, 배차시간, 배차 순서 등을 결정할 때 노동조합과 사전합의하도록 규정한 단체협약에 대한 행정관청의 취소명령이 적법한 것인지 다툰 사건에서 대법원

80) 박상필, 「한국노동법」, 436쪽.

81) 경제단체협의회, 「단체협약 체결지침」, 861쪽.

82) 김유성, 「노동법II」, 144쪽; 손창희, '단체교섭, 교섭권과 협약 체결권한에 관한 고찰', 140쪽; 임종률, '단체교섭의 대상', 415쪽.

83) 대판 1994. 8. 26, 93누8993; 대판 2000. 6. 9, 98다13747; 대판 2007. 12. 27, 2007다51758; 대판 2009. 2. 12, 2008다70336 등.

은 "한편으로는 사용자의 경영권에 속하는 사항이지만, 또 한편으로는 근로자들의 근로조건과도 밀접한 관련이 있는 부분으로서 사용자의 경영권을 근본적으로 제약하는 것도 아니라고 보이므로 단체협약의 대상이 될 수 있고"라고 하여 근로조건과의 밀접성을 경영권 판단보다 우선하는 결정을 내린 사례도 있다.[84] 이러한 대법원의 태도는 해고의 사유나 절차에 관한 부분이 근로조건에 해당한다는 것을 인정한 것이고 결국 의무적 교섭사항이라고 보았다고 이해할 수 있을 것이라고 판단된다.[85] 또 다른 판결들을 살펴보면 인사에 관한 사항에 대한 단체교섭과 단체협약 체결 자체는 가능하다고 보고 있으며, 단체협약에 노동조합 간부나 조합원에 대한 인사 시에 "합의" 또는 "협의"하도록 규정되어 있다면 사용자는 단체협약의 규정을 준수하여야 하므로 이에 위반한 인사처분은 무효라고 판단하였다.[86] 이에 대하여는 인사에 관한 사항도 단체교섭의 대상이 된다고 볼 수 있으나 해고 실시 자체는 사용자의 재량에 속하는 사항이므로 해고 시 노동조합의 합의를 받도록 하는 동의사항을 단체협약에 포함시키는 것은 사용자가 임의로 수용하면 가능하지만 단체교섭의 대상이 될 수는 없다는 반론이 있다.[87] 경영상 이유에 의한 해고는 근로자 개인에 대한 인사조치로서의 해고와는 달리 사용자의 고도의 경영상 판단에 관련된 경우가 많으므로 "근로조건과 밀접한 경영 사항" 부분에서 검토한다.

(3) 노사관계의 절차적 규율에 관한 사항

단체교섭 대상 중 단체교섭이나 쟁의행위의 절차와 방법, 노동쟁의의 해결 절차에 관한 사항 등은 근로조건 결정을 위한 교섭 과정에서 노동조합이 사용자를 상대로 대등한 교섭력을 발휘할 수 있도록 절차적으로 뒷

84) 대판 1994. 8. 26, 93누8993.

85) 최홍엽, '고용안정협약의 법적 성격과 경영사항', 321쪽.

86) 대판 1993. 7. 13, 92다50263; 대판 2007. 9. 6, 2005두8788; 대판 2012. 6. 28, 2010다38007.

87) 김형배, 「새로 쓴 노동법」, 1023쪽.

받침하는 필수적인 수단이다. 그러므로 이와 관련된 사항은 단체교섭의 의무적 교섭사항으로 보아야 한다.[88] 노조및조정법 제92조 제2호 바목은 단체협약의 내용 중 쟁의행위에 관한 사항에 위반할 경우 사용자를 처벌하는 규정을 두고 있다. 이러한 사항이 단체협약으로 체결되면 종래의 관점에 따를 때 채무적 부분을 구성하게 된다고 보겠지만, 노조및조정법은 특별히 쟁의행위에 관한 사항을 단체협약에 규정한 경우에 사용자가 그 사항을 준수할 의무를 강하게 인정하고 있다. 노조및조정법 제92조 제2호 바목의 "쟁의행위에 관한 사항"이란 쟁의행위의 절차와 방법, 기타 분쟁의 해결 절차에 관한 사항 등을 의미한다. 노조및조정법이 쟁의행위에 관한 사항에 대하여 사용자의 준수의무를 특별히 규정한 것은 이러한 사항이 조합원의 근로조건 결정 과정에서 노동조합이 교섭력을 확보할 수 있도록 뒷받침하는 매우 중요한 사항이기 때문이다. 따라서 이 부분에 대한 교섭이 결렬된 것도 근로조건의 결정을 위한 필수적인 전제가 되는 사항에 대한 주장의 불일치이므로, 넓은 의미로 이해할 때 "근로조건의 결정에 관한 주장의 불일치"로 볼 수 있고, 이러한 사항을 단체협약에 규정하기 위한 교섭이 결렬될 경우에는 노동조합의 쟁의행위가 가능하다고 보아야 한다. 그러므로 이러한 사항에 대한 주장의 불일치로 인한 분쟁상태가 발생했을 때 노동위원회가 조정신청을 받아주지 않는 것은 매우 심각한 문제가 있다. 조정제도의 대상을 근로조건의 결정 이외의 영역에 대해서까지 확대할 수 있도록 반드시 제도적으로 개선되어야 할 것이다.[89]

(4) 근로조건과 밀접한 경영 사항

가. 경영권과 단체교섭권의 관계에 대한 일반론

사업의 합병·분할·양도, 휴업·폐업, 사업의 축소·확대, 경영상 이유에 의한 해고 실시, 생산계획, 새로운 생산기술의 도입, 작업 장소 변경,

---

88) 최홍엽, '중재재정의 대상', 279쪽 이하; 대판 2003. 12. 26, 2003두8906.

89) 박은정, '노동분쟁해결제도 개선방향의 모색', 86쪽.

업무의 하도급화나 외주화 여부 등 경영에 관한 사항이 단체교섭의 대상이 되는지 여부에 대해서는 상당히 첨예한 견해의 대립이 있다.

먼저 경영권과 노동3권의 조화 속에서 이를 판단하려는 견해가 있다. 이 견해는 경영권은 헌법 제119조 제1항의 경제질서, 제23조 제1항의 재산권 및 제15조의 직업선택의 자유에 의하여 헌법상 실체의 권리로서 보장되어 있다고 전제하면서 이를 바탕으로 기업주는 경영상 의사결정의 자유를 가진다고 본다. 경영권을 헌법상 권리로 보므로 경영권의 본질적 내용을 이루는 사항은 단체교섭의 대상이 될 수 없다고 한다.[90] 다만 이 견해도 경영권의 행사와 노동3권의 보장과의 관계에서 비례성·형평성에 반하는 경영상 조치는 단체교섭의 대상이 된다고 보면서 단체교섭의 대상이 되는지 여부는 구체적 사항별로 판단해야 한다고 설명한다.[91] 이 견해는 교대제 도입이나 작업 장소 변경, 운수업체의 배차시간 및 순서 변경[92] 등은 단체교섭의 대상이 될 수 있지만, 기업 조직의 변경, 기업재산의 취득·관리·처분에 관한 사항 등 영업목적을 실현하기 위한 핵심적 사항은 단체교섭의 대상이 될 수 없다고 한다.[93]

이에 대하여 경영권이라는 용어가 소유권 내지 영업권의 일환으로 관행적으로 사용되어 온 것은 부정할 수 없지만 사실적 개념에 불과할 뿐 실정법상의 권리는 아니라고 보는 전제에서, 사용자가 처분할 권한을 가지는 사항으로서 근로조건 및 이와 밀접한 관련을 가지는 사항은 단체교섭의 대상이 된다고 보는 견해가 있다.[94] 이 견해에 따를 경우 경영사항

90) 김형배, 「새로 쓴 노동법」, 1021쪽; 대판 2002. 1. 11, 2001도1687; 대판 2002. 2. 26, 99도5380; 대판 2003. 7. 22, 2002도7225; 헌재결 1998. 10. 29, 97헌바345 등.

91) 이와 같은 설명은 의무적 교섭사항과 임의적 교섭사항의 구별을 부정하는 전제에서 제시된 것이므로(김형배, 「새로 쓴 노동법」, 1017쪽 이하) 단체교섭의 대상이 된다는 표현은 의무적 교섭사항에 해당한다는 의미로 이해하면 큰 문제는 없을 것이다.

92) 대판 1994. 8. 23, 93누21514.

93) 김형배, 「새로 쓴 노동법」, 175쪽 이하.

94) 김유성, 「노동법Ⅱ」, 145쪽; 김치선, 「노동법강의」, 340쪽; 임종률, 「노동법」, 141

이라도 그것이 고용의 계속을 포함하여 근로조건과 밀접한 관련을 가지는 것이라면 단체교섭의 대상이 되지만 근로조건과 무관한 경우에는 임의적 교섭사항이 될 뿐이라고 판단하게 된다. 즉 교섭사항의 범위는 문제된 사항이 근로조건 등과 어느 정도 관련되는가 하는 관점에서 판단하여야 한다는 것이다.[95] 따라서 생산하는 제품의 종류, 제조공정 등을 변경할 때에 노동조합과 협의하거나 합의하도록 하는 사항은 충분히 단체협약 체결 목적 단체교섭의 대상이 될 수 있다고 본다.[96]

나. 근로조건과 밀접한 경영 사항에 대한 판단

위에서 설명한 두 견해의 결정적인 차이는 경영권이라는 헌법상 기본권을 긍정할 수 있는가에 있다. 원칙적으로 경영권은 헌법상 기본권으로 인정할 수 있다고 본다. 기업 경영의 창의와 자유를 보장하지 않으면 시장경제질서의 근간을 이루는 개인들의 창업과 경영활동이 완전히 위축되고 이는 헌법 제119조 제1항이 천명하는 개인과 기업의 경제상의 자유와 창의를 존중함을 기본으로 하는 경제질서에도 위배되기 때문이다. 다만 경영권을 기본권으로 인정한다 하더라도 재산권과 직업의 자유에서 간접적으로 파생되는 기본권이므로 이를 헌법 제33조 제1항에 직접 명시된 기본권과 같은 위상에 놓고 판단할 수는 없다고 생각한다. 따라서 노동3권과 경영권이 충돌하는 상황이 발생할 때에는 노동3권을 더 중시하는 입장에서 판단하여야 하고, 그렇다면 경영권에 관한 사항이라도 근로조건과 밀접하게 관련된 사항에 대해서는 헌법 제33조 제1항의 단체교섭의 대상으로서 의무적 교섭사항이 된다고 보는 것이 옳다고 본다. 의무적 교섭사항으로서 교섭대상이 된다 하더라도 그것이 노동조합의 요구를 그대로 수용하여야 한다는 의미가 아니라는 점은 여기에서도 분명히 하여야

쪽; 菅野和夫, 「勞働法」, 658쪽.

95) 김유성, 「노동법Ⅱ」, 145쪽.

96) 임종률, 「노동법」, 141쪽.

한다. 기업이 유지되고 사용자의 경영인으로서의 본질적 권한이 인정되는 한도에서 노동조합의 요구가 있을 경우 교섭 요구에 응하여 서로 절충하고 타협하면서 합리적인 대안이 도출되도록 하여야 할 것이다.[97]

이러한 전제를 가지고 구체적인 경우를 살펴보면, 교대제 도입, 작업장소 변경 등 근로조건에 밀접한 영향을 미치는 사항이 의무적 교섭사항이 된다고 보는 데에 문제가 없다. 근로조건에 밀접한 영향을 미치는 사항인지에 대해서는 사용자의 특정한 경영상 조치가 해당 근로자의 임금, 근로시간, 작업환경이나 장소, 근로제공의 계속성 등 근로조건에 직접적인 변경을 초래하여 그와 같은 경영상 조치가 있기 이전보다 근로조건이 저하 또는 악화되었다고 볼 수 있는가를 기준으로 판단할 수 있을 것이다. 사용자의 경영상 판단 중 근로조건에 밀접한 영향을 미치는 것으로서 의무적 교섭사항에 해당한다고 보아야 하는 사항에는 교대제 도입 및 변경, 작업장소 변경 등 이외에도 경영상 이유에 의한 해고 시 대상 근로자 선정 범위와 처우, 배치전환, 직접 채용한 근로자가 수행하던 특정 업무의 외주화 내지 도급화[98] 문제 등이 있다.

다. 경영상 이유에 의한 해고 실시에 관한 사항

경영상 이유에 의한 해고에 대해서 사용자와 노동조합이 단체협약에 규정하는 방식에는 크게 경영상 이유에 의한 해고 실시 자체를 금지하는 고용보장 조항을 두는 방식과 경영상 이유에 의한 해고를 실시할지 여부를 결정할 때에 노동조합의 동의 또는 협의를 얻도록 규정하는 방식 등 두 가지가 있다.[99] 문제는 노동조합이 이러한 사항을 단체협약에 규정하기 위해 단체교섭을 요구할 때에 사용자가 그 요구에 응하여야 하는가에 있다.

---

97) 이병태, 「최신 노동법」, 226쪽.

98) 박홍규, 「노동단체법」, 246쪽; 西谷 敏, 「勞働組合法」, 299쪽 이하.

99) 최홍엽, '고용안정협약의 법적 성격과 경영사항', 290쪽.

이에 대하여 대법원은 경영상 이유에 의한 해고를 실시할지 여부를 결정하는 것은 사용자의 경영상 판단의 영역이므로 임의적 교섭사항이라고 보고 있다.[100] 특히 노동조합의 요구사항이 경영상 이유에 의한 해고 자체를 해서는 안 된다는 것이라면 이러한 요구는 경영권을 본질적으로 제한하는 것이므로 단체교섭의 대상이 될 수 없다고 보았다.[101] 그러나 최근 판례를 보면 경영상 이유에 의한 해고를 실시하지 않겠다는 사항을 단체협약에 포함시킬지 여부를 정하는 사항은 종전과 같이 임의적 교섭사항이라고 보았지만, 그 사항이 단체협약에 포함된 이후에는 규범적 부분에 해당하고 사용자에게 준수의무가 있다는 취지의 판결을 내린 사례가 있다.[102]

[관련판례]

단체협약 이행 요구를 이익분쟁으로 본 사례

대판 2014. 3. 27, 2011두20406

정리해고나 사업조직의 통폐합 등 기업의 구조조정의 실시 여부는 경영주체에 의한 고도의 경영상 결단에 속하는 사항으로서 이는 원칙적으로 단체교섭의 대상이 될 수 없으나(대판 2002. 2. 26, 99도5380 등 참조), 사용자의 경영권에 속하는 사항이라 하더라도 그에 관하여 노사는 임의로 단체교섭을 진행하여 단체협약을 체결할 수 있고, 그 내용이 강행법규나 사회질서에 위배되지 아니하는 이상 단체협약으로서의 효력이 인정된다. 따라서 사용자가 노동조합과의 협상에 따라 정리해고를 제한하기로 하는 내용의 단체협약을 체결하였다면 특별한 사정이 없는 한 그 단체협약이 강행법규나 사회질서에 위배된다고 볼 수 없고, 나아가 이는 근로조건 기타

100) 대판 2002. 2. 26, 99도5380; 대판 2003. 2. 11, 2000도4169; 대판 2003. 2. 28, 2002도5881; 대판 2003. 3. 14, 2002도5883; 대판 2003. 3. 28, 2002도6060; 대판 2003. 7. 22, 2002도7225; 대판 2014. 3. 27, 2011두20406 등.

101) 대판 2001. 4. 24, 99도4893.

102) 대판 2014. 3. 27, 2011두20406.

> 근로자에 대한 대우에 관하여 정한 것으로서 그에 반하여 이루어지는 정리해고는 원칙적으로 정당한 해고라고 볼 수 없다. 다만 이처럼 정리해고의 실시를 제한하는 단체협약을 두고 있더라도, 그 단체협약을 체결할 당시의 사정이 현저하게 변경되어 사용자에게 그와 같은 단체협약의 이행을 강요한다면 객관적으로 명백하게 부당한 결과에 이르는 경우에는 사용자가 단체협약에 의한 제한에서 벗어나 정리해고를 할 수 있을 것이다.

대법원의 이와 같은 판결은 종전의 태도와 모순된 결론을 담고 있을 뿐 아니라 스스로의 논리도 모순을 안고 있다. 왜냐하면 원래 임의적 교섭사항에 해당되는 교섭대상이 단체협약에 규정된 이후에는 의무적 교섭사항인 규범적 부분이 된다고 볼 수는 없기 때문이다. 전원합의체 판결도 아닌 해당 판결만으로 경영상 이유에 의한 해고와 관련한 대법원의 태도가 변경됐다고 단정하기는 어렵다. 그러나 이 판결은 그 동안 사용자의 전적인 경영상 판단의 대상에 해당한다고 보았던 경영상 이유에 의한 해고 실시 금지 조항을 규범적 부분이라고 판단한 최초의 판결이라는 점에서 매우 중요한 의미를 갖는다.[103] 경영상 이유에 의한 해고는 근로자들의 근로조건에 가장 극단적인 변경을 초래하게 된다는 점에서 이를 규범적 부분이라고 본 것은 기본적으로 타당하다. 그리고 대법원 판결의 이러한 변화가, 단체협약의 규범적 부분은 의무적 교섭사항에 해당하고 교섭이 결렬되었을 때 쟁의행위가 가능하다는 기존의 도식적 판단기준에 의할 때, 장차 경영상 이유에 의한 해고 금지 조항이 의무적 교섭사항이고 이 사항에 대한 교섭 거부나 결렬이 쟁의행위로 이어질 수 있다는 방향으로 대법원 판례의 경향이 바뀌는 일종의 변곡점이 될 가능성도 배제할 수 없다. 경영상 이유에 의한 해고 금지 조항에 대해 이러한 판단이 가능하다면, 동의 또는 협의 조항의 경우도 규범적 부분으로 보는 것이 논리적이다.

103) 최홍엽, '고용안정협약의 법적 성격과 경영사항', 293쪽.

위의 판결은 임의적 교섭사항이 단체협약에 포함된 뒤에는 의무적 교섭사항으로 변경된다고 본 중대한 논리적 모순을 갖고 있기 때문에 그 평가에 있어서 매우 신중하게 접근할 필요가 있다. 그러나 해당 판결이 단체협약 체결 당시의 사정이 현저하게 변경된 경우 사용자의 이행의무를 감면할 수 있다는 판단을 한 것은 경영상 이유에 의한 해고 실시 자체를 의무적 교섭사항으로 규정한다 하더라도 그로 인해 경영권을 과도하게 제한하게 된다는 문제점을 해소할 수 있는 보완장치를 마련한 것으로 볼 수 있다는 점에서 의미가 있고, 장차 대법원 판결의 흐름 변화를 기대할 수 있는 매우 중요한 단서가 된다. 이는 조합원에 대한 인사발령이나 해고 시 노동조합의 동의를 받거나 협의하도록 규정한 조항과 관련하여 동의권 또는 협의권의 남용이론으로 사용자의 독자적인 결정의 유효성을 긍정할 수 있는 근거를 마련한 판례의 태도[104]와 연관되어 이해할 수도 있을 것이다.

의무적 교섭사항과 규범적 부분에 대해 이와 같은 혼돈이 발생한 이유는 의무적 교섭사항과 규범적 부분에 대한 종래의 일반적 이해가 많은 문제점을 가지고 있다는 것을 반증한다. 법원은 쟁의행위까지 고려하지는 않은 것으로 보이지만 종래의 관점을 기초로 위의 판결의 논리적 흐름을 이어가 보면 경영상 이유에 의한 해고 금지규정은 규범적 부분이므로 이 사항에 대하여 쟁의행위가 가능하다는 결론으로까지도 이어질 수 있다.

근로기준법 제24조의 경영상 이유에 의한 해고가 근로기준법 제23조의 일반 해고와 구별되는 가장 핵심적인 성격은 해고의 대량성에 있는 것이 아니라 해고의 원인이 사용자의 경영상 판단에 있다는 점이다. 근로자의 귀책사유 등에 따라 해고의 정당성이 규정되는 것이 아니라 긴박한 경영상의 필요가 있는가 하는 것이 정당성 판단의 기초가 된다. 따라서 경영상 이유에 의한 해고가 필요한가 여부는 경영자인 사용자가 스스로의 책임으로 판단하도록 하는 것이 근로기준법 제24조의 취지 및 경영상

---

104) 대판 2007. 9. 6, 2005두8788; 대판 2012. 6. 28, 2010다38007 등.

이유에 의한 해고제도의 본질과 부합한다. 그러므로 위 대법원 판결이 내포하고 있는 가능성에도 불구하고 경영상 이유에 의한 해고 실시 필요성이 있다는 결정을 내리는 것은 사용자의 경영상 판단에 맡겨야 하는 사항이라고 보는 것이 타당하다. 따라서 경영상 이유에 의한 해고 실시 금지 조항을 설치할 것을 목적으로 하는 교섭사항은 임의적 교섭사항이고 해당 사항이 단체협약에 규정된다 하더라도 그 사항은 사용자가 의무 없이 호의로 동의한 사항이므로 규범적으로 사용자를 구속할 수 없다고 보아야 한다. 단체협약에 경영상 이유에 의한 해고 실시 금지 조항이 포함되어 있다 하더라도 해당 사항이 근로자의 근로조건에 영향을 미칠 수 있는 사항이라는 점은 틀림없으나 규범적 부분이 된다고 보아서는 안 된다. 교섭사항의 법적 성격이 고려되는 국면마다 성질이 달라진다고 볼 수는 없기 때문이다. 다만 경영상 필요성이 있다고 사용자가 결정을 내린 이후 대상 근로자의 범위, 대상에 포함된 근로자에 대한 처우와 보상 문제 등을 결정하는 사항은 단체교섭의 의무적 교섭사항에 해당한다고 보아야 한다.[105] 그러한 사항에 해당하는 내용과 절차를 미리 단체협약에 포함시켜 규정할 것을 노동조합이 요구한다면 사용자는 해당 교섭에 성실하게 임하여야 할 의무를 부담하며, 단체협약으로 체결된다면 그 규정은 규범적 부분에 해당하게 된다. 근로자에 대한 해고의 원인이 사용자의 전적인 판단에 좌우되므로 그 내용과 방법, 절차에 대한 근로자들의 단결체를 통한 통제가 반드시 필요하기 때문이다. 영업양도나 사업 인수·합병 등도 경영상 이유에 의한 해고의 경우와 마찬가지로 그 실시 자체는 사용자의 경영상 판단에 따르도록 하는 것이 타당하다. 이에 대하여 경영상 이유에 의한 해고 실시 여부 자체도 노사합의의 대상이 될 수 있다고 보는 견해도 있다.[106]

105) 박수근, '경영상 해고와 고용안정협약', 141쪽.
106) 西谷 敏, 「勞働組合法」, 299쪽 이하.

(5) 노동조합 활동 보장에 관한 사항

근로시간면제한도 설정 및 근로시간면제 대상자 선정,[107] 유니언 샵, 조합비 일괄공제제도, 조합활동의 절차나 방법, 편의제공 등 노동조합 활동 보장에 관한 사항도 비록 현행법상 쟁의행위의 대상은 되지 않지만 이러한 사항들을 단체협약에 포함시키기 위해 노동조합이 단체교섭을 요구하면 노동조합은 이에 응하여야 한다.[108] 대법원도 노동조합의 활동, 노동조합에 대한 편의제공과 관련된 사항은 의무적 교섭사항이라고 보고 있다.[109] 이 부분은 노동조합의 단결체로서의 조직 관리와 유지를 위해 매우 중요한 부분으로서 헌법상 단결권 보장을 위해 필요한 사항이기 때문이다. 단체협약으로 체결되면 소위 채무적 부분에 해당한다고 보는 것이 일반적이다. 단체협약의 채무적 부분에 해당하는 사항이라 하더라도 의무적 교섭사항으로 보아야 하는 사항이 있다는 것을 알 수 있다.

공무원 노사관계에 있어서도, 공무원의 노동조합 설립 및 운영 등에 관한 법률 제8조 제1항은 "노동조합에 관한 사항 또는 조합원의 보수·복지, 그 밖의 근무조건"에 관하여 교섭하고 단체협약을 체결할 수 있다고 규정하여 노동조합에 관한 사항이 단체교섭 대상이 된다는 점을 분명히 하고 있다. 여기에서 노동조합에 관한 사항이란 조합활동에 관련된 사항으로서 노동조합 전임자에 관한 사항, 조합원의 보수·복지에 관한 사항 등을 말한다고 한다.[110] 교원의 노동조합 설립 및 운영 등에 관한 법률 제6조도 "노동조합 또는 조합원의 임금, 근무 조건, 후생복지 등 경제적·

---

107) 대법원은 과거 노조전임자에 관한 사항이 임의적 교섭사항이라고 판시한 바 있지만(대판 1996. 2. 23, 94누9177), 1997년 노조및조정법 제정 이전에는 노조전임자에 관한 사항도 의무적 교섭사항이라고 보는 견해가 우세했다고 한다(최홍엽, '중재의 대상이 되는 노동쟁의의 범위', 253쪽).

108) 김유성, 「노동법II」, 145쪽; 임종률, '단체교섭의 대상', 405쪽; 菅野和夫, 「勞働法」, 658쪽 이하.

109) 대판 2003. 12. 26, 2003두8906.

110) 오세웅, 「공무원의 근무조건 결정 구조에 관한 연구」, 203쪽.

사회적 지위 향상에 관하여"라고 하여 단체교섭의 대상이 되는 사항을 유사하게 규정하고 있어 노동조합에 관한 사항이 단체교섭의 대상이 된다는 점을 분명히 하고 있다.

(6) 단체협약에 규정이 없는 단결권 보장 사항

집단적 노사관계 운용에 필요한 사항으로서 노동조합이 단결체를 유지하고 단결활동을 원활하게 수행하기 위해 반드시 필요한 사항이지만 그 사항이 단체협약에 규정되어 있지 않은 사항이 있다면, 노동조합이 그에 관한 사항을 협의하고 협약서로 체결하기 위해 사용자에게 교섭을 요구하면 사용자는 노동조합의 교섭 요구에 응해야 할 것이다. 이러한 교섭 요구를 사용자가 거부할 수 있다고 한다면 노동조합은 노동조합으로서 존립하는 데에 있어서 심각한 위협을 받게 될 수 있기 때문이다. 교섭대표 노동조합과 사용자가 체결한 단체협약에 교섭대표 아닌 노동조합에 할당되는 근로시간면제한도에 대한 규정이 없는 경우, 조합비 일괄공제 규정이 없는 경우, 조합원 총회나 대의원대회 개최 시간 보장에 관한 규정이 없는 경우 등을 예로 들 수 있다. 이러한 사항에 대한 교섭 요구를 사용자가 거부할 수 있다고 하거나, 사용자와 협의 없이 노동조합들 사이의 합의만으로 결정하여 행할 수 있다고 보면 노동조합의 단결체로서의 활동이 심각하게 제약되거나 노사관계에 대한 사용자의 합리적인 견제 가능성이 차단될 수 있기 때문이다. 물론 여기에서 단체교섭 요구에 사용자가 응해야 한다는 것은 노동조합의 요구를 그대로 수용하라는 의미가 아니라는 점은 당연한 사실이다. 이러한 사항에 대한 노동조합의 단체교섭 요구는 단체협약에 규정이 없으므로 평화의무 위반으로 볼 수도 없다. 이러한 사항에 대한 단체교섭의 결과 체결된 합의서는 단체협약의 보충협약으로서 단체협약의 효력을 가지게 될 것이다.

2. 임의적 교섭사항에 해당하는 교섭대상

(1) 순수한 경영상 판단에 관한 사항

신제품 개발, 생산량 증감, 주 거래처 변경, 영업망 확대 등 순수 경영과 관련된 사항은 원칙적으로 사용자가 독자적으로 판단하고 결정할 수 있는 고유한 영역에 해당하는 사항이다. 순수한 경영과 관련된 사항은 헌법 제119조 제1항의 경제질서, 제23조 제1항의 재산권 및 제15조의 직업선택의 자유 등에 의하여 사업체를 경영하는 경영자에게 보장되어야 하는 기본권으로서 경영권의 본질적 부분에 해당하는 사항이기 때문이다.[111] 이와 같은 규범적 근거 외에도 신제품 개발 결정, 생산량 결정 등은 고도의 전문성과 경험을 갖춘 경영자가 판단하는 것이 가장 효율적이고 합리적이기도 하다는 점도 고려되어야 한다. 따라서 이와 같은 사항에 대해 노동조합이 교섭을 요구했으나 사용자가 거부한 경우에도 단체교섭 거부의 부당노동행위에 해당하지 않는다. 그러나 노동조합이 그와 같은 사항에 대한 결정을 할 때 노동조합과 사전에 협의 또는 합의할 것을 요구했고 사용자가 그 교섭 요구에 응하였다면 단체교섭을 진행하고 합의된 사항을 단체협약으로 체결해도 무방하다.

(2) 근로자대표의 권한에 관한 사항

근로기준법은 일정한 요건 하에서 과반수로 조직된 노동조합이 근로자 전체의 대표로서 근로조건 결정 과정에서 사용자와 합의할 수 있는 절차를 마련하고 있다. 근로기준법 제51조 제2항의 3개월 단위 탄력적 근로시간제도 도입, 제52조의 선택적 근로시간제도 도입, 제57조의 보상휴가제 실시, 제58조의 간주근로시간제 도입, 제59조의 연장근로 제한 특례신청 동의, 제62조의 유급휴가의 대체 등이 그것이다. 또한 근로기준법 제94조가 취업규칙 작성·변경 시 협의나 동의 주체로 과반수로 조직

111) 김형배, 「새로 쓴 노동법」, 174쪽 이하.

된 노동조합을 규정하고 있는 이유는 근로자의 과반수로 조직된 노동조합은 근로자 전체를 대표할 수 있는 지위가 있다고 인정했기 때문일 것이다. 따라서 사용자가 위의 사항들에 대한 동의를 과반수로 조직된 노동조합에게 요구했을 때 노동조합이 이를 단체협약으로 체결할 것을 요구한다면 단체교섭의 대상이 될 수 있다. 이러한 사항들은 대상 근로자의 근로조건을 직접 변경 또는 결정하는 것이기 때문이다.[112] 근참법에 따라 개최되는 노사협의회의 협의 또는 의결사항에 해당하는 사항들도 그것이 조합원의 근로조건과 밀접한 연관이 있는 사항이라면 단체교섭의 대상이 될 수 있다. 물론 단체교섭의 결과 단체협약이 체결되어도 그 협약 규정은 원칙적으로 조합원에 대하여 효력을 갖게 된다.

이러한 사항들은 단체교섭의 대상은 되지만, 실상은 사용자가 주도적인 판단과 필요에 따라 먼저 동의 등을 노동조합 측에 요구하는 경우가 대부분이고, 근로자의 과반수로 조직된 노동조합이 사용자의 요구에 동의하지 않고 거부하면 시행이나 도입이 무산될 뿐이다. 그러므로 노동조합이 이 사항들을 단체교섭의 대상으로 하고 단체협약에 규정할 것을 요구했음에도 사용자가 교섭을 거부한 경우나 또는 해당 단체교섭이 결렬된 경우에도 쟁의행위의 대상은 되지 않는다고 보는 것이 옳다. 다만 근로기준법 제94조에 규정된 절차를 거치지 않고 사용자가 일방적으로 근로조건을 변경한 경우 그 사항이 비록 단체협약에 규정되어 있지 않은 사항이라 하더라도 이는 근로조건 일방적 변경 금지의무 위반이 되므로 쟁의행위의 대상이 될 수 있다.

3. 단체협약 체결목적 교섭사항 중 쟁의행위의 대상이 되는 사항

현행법상 노조및조정법 제2조 제5호의 노동쟁의에 해당하는 사항, 즉 "근로조건의 결정에 관한 주장"에 대한 노사 간의 의견의 불일치가 있을

112) 박종희, '노동3권의 보장의의와 내용', 130쪽도 같은 취지이다.

때에만 노동조합은 조정을 거쳐 쟁의행위를 할 수 있다. 노동위원회는 이 규정을 이유로 근로조건 기타 대우에 관한 사항만 의무적 교섭사항이고 노동위원회의 조정 대상이 된다고 한다.[113] 그리고 인사에 관한 사항은 사용자의 권한이라는 이유로, 노사관계의 절차적 규율에 관한 사항은 조합활동과 관련된 사항이라는 이유로 각각 노동위원회의 조정 대상이 아니라고 한다. 그러나 조합원의 인사에 관한 사항, 단체교섭이나 쟁의행위의 절차와 방법, 노동쟁의의 해결 절차에 관한 사항 등은 원칙적으로 쟁의행위의 대상이 되는 교섭사항이라고 보는 것이 옳다.

우선 인사에 관한 사항을 단체협약에 명시하고자 하는 것이 쟁의행위의 대상이 될 수 있는지에 대해서는 의문이 있을 수 있다. 노조및조정법 제2조 제5호가 노동쟁의를 "근로조건의 결정에 관한 주장의 불일치"로 못 박고 있기 때문이다. 그러나 인사에 관한 사항이 근로조건에 관한 사항이라고 이해하는 한 인사조치의 내용과 절차에 대한 사항을 단체협약에 규정하는 문제가 "근로조건의 결정에 관한" 것이라고 보지 못할 이유가 없다. 따라서 징계, 포상, 배치전환, 정년 등 인사에 관한 사항을 단체협약에 명시하는 것뿐만 아니라 그에 대하여 결정할 때 노동조합의 동의권이나 협의권을 보장하는 내용을 단체협약에 명시하는 것이 단체교섭의 대상으로 논의된 경우에 그에 대한 양 당사자 사이의 주장의 불일치는 그 자체로 노조및조정법 제2조 제5호의 노동쟁의라고 볼 수 있고, 노동위원회는 노동관계 당사자의 신청이 있으면 이에 대해 조정을 개시해야 할 것이다. 노동위원회의 조정을 거친 이후에는 당연히 노동조합은 민주적이고 자주적인 결의에 따라 쟁의행위를 할 수 있도록 보장되어야 한다.

다음으로 집단적 노사관계에 관한 사항 중 단체교섭이나 쟁의행위의 절차와 방법, 노동쟁의의 해결 절차에 관한 사항 등에 대한 노동조합과

---

113) 중앙노동위원회, 「조정 및 필수유지 업무 매뉴얼」, 84쪽.

사용자 사이의 의견의 불일치로 인한 분쟁상태도 노동위원회의 조정 대상이 되는 노동쟁의에 포함된다고 보아야 한다. 왜냐하면 우리 노조및조정법은 앞에서 설명한 바와 같이 1997년 제정 시에 노동쟁의의 개념을 대폭 축소하였다. 그러나 노동쟁의 개념의 축소로 인한 부작용을 줄이고 헌법 제33조 제1항에 의해 보장되는 단체행동권을 최대한 보장하기 위해서는 "결정"의 의미를 넓은 의미로 이해할 필요가 있다. 따라서 노조및조정법 제2조 제5호에서 "근로조건의 결정에 관한 주장"이란 직접 근로조건을 설정하는 내용뿐만 아니라 노동조합과 사용자 사이에 근로조건이 공평하고 합리적으로 결정될 수 있도록 하는 데에 상당한 영향을 주는 각종 사항을 정하는 것까지 포함하는 것으로 보아야 한다. 그렇다면 순수하게 조합활동 그 자체에만 영향을 주는 것으로 보이는 근로시간면제 인정, 조합사무실 제공 등은 임의적 교섭사항으로서 쟁의행위의 대상이 될 수 없지만, 근로조건 결정 과정에서 노동조합과 사용자가 교섭하는 데에 직접 영향을 미치는 단체교섭이나 쟁의행위의 절차와 방법, 노동쟁의의 해결 절차 등의 사항을 단체협약에 규정하는 것을 목적으로 하는 단체교섭은 넓은 의미에서 "근로조건의 결정에 관한 주장"에 포함되는 것으로 보아야 할 것이다.

Ⅲ. 기타의 단체교섭의 대상

단체협약으로 설정된 사항들을 해석·적용하는 과정에 관한 사항과 단체협약으로 설정된 사항은 아니지만 노사가 집단적 자치의 틀 안에서 해결하는 것이 바람직한 사항들이 이에 포함된다. 여기에 해당하는 사항들은 현행법 하에서는 원칙적으로 쟁의행위의 대상이 되지 않는 교섭사항들이다. 단체협약 체결 목적 아닌 단체교섭의 대상, 즉 "기타의 단체교섭"의 대상도 의무적 교섭사항에 해당하는 교섭대상과 임의적 교섭사항에 해당하는 교섭대상으로 나누어 설명하기로 한다.

1. 의무적 교섭사항에 해당하는 교섭대상

(1) 단체협약 해석·적용 및 권리분쟁에 관한 사항

가. 권리분쟁에 관한 사항

단체교섭은 앞으로 정하여질 권리나 의무에 대하여 교섭하여 단체협약을 체결하기 위한 것이므로 단체협약의 해석이나 적용에 관한 사항, 즉 권리분쟁 사항은 단체교섭의 대상이 아니라는 견해가 있다.[114] 권리분쟁 사항은 조합원을 위한 것이든 노동조합을 위한 것이든 원칙적으로 단체교섭의 대상이 되지 않으며 임의적 교섭사항이 될 수 있을 뿐이라고 하는 견해[115]도 마찬가지 입장이다. 이에 대하여 노조및조정법 제29조 제1항이 "그 노동조합 또는 조합원을 위하여" 교섭할 수 있다고 규정하고 있는 것을 근거로 노동쟁의의 대상과는 달리 권리분쟁도 단체교섭의 대상이 된다고 보아야 한다는 반론[116]도 제기되었다.

만약 특정 조합원이 단체협약에 규정된 소정의 수당을 지급받을 수 있는 근로자에 해당하는데도 불구하고 사용자는 그 조합원은 수당 지급 대상 근로자가 아니라고 판단하여 해당 수당을 지급하지 않는 경우, 특정 조합원에 대한 사용자의 단체협약상 징계규정 적용 타당성이 문제된 경우 등은 단체협약의 해석·적용과 관련된 사항이고, 동시에 개별 조합원의 고충(grievance)과 관련된 문제라고 할 수 있다.[117] 이러한 사항은 근참법 제26조 이하에 규정된 고충처리절차에 따라 해결하거나 사법적 구제수단에 의지하면 족할 뿐 단체교섭의 대상이 아니라고 볼 수도 있다. 그러나 단체협약 체결 주체인 노동조합이 조합원에 대한 단체협약 적용 문제에 개입하여 해결할 수 없도록 차단한다면 헌법이 근로자들에게 단

114) 김형배, 「새로 쓴 노동법」, 1020쪽.
115) 임종률, 「노동법」, 139쪽.
116) 박홍규, 「노동단체법」, 248쪽; 이병태, 「최신 노동법」, 230쪽 이하.
117) 임종률, '단체교섭의 대상', 419쪽.

결권을 보장하고 단체교섭권을 보장한 취지는 그만큼 제한·축소되는 결과를 초래한다. 그리고 비록 다른 해결수단이 있다고 해도 그러한 해결수단의 존재가 노동조합이 단체교섭의 의제로 그 사항을 상정할 수 있는 가능성을 배제한다고 보아서는 안 된다.[118] 따라서 근참법 제26조 이하에 규정된 고충처리위원회를 통해 문제 해결을 시도하거나 법원에 소송을 제기하거나 또는 노동조합을 통한 단체교섭을 시도하거나 모두 당사자의 선택 문제라고 보아야 할 것이다.

2009년 한국노총이 실시한 실태조사 결과를 보면 노동조합 간부의 92.4%가 고충처리활동에 종사하고 있다고 답하고 있다.[119] 또한 2010년 근로시간면제제도 시행을 앞두고 고용노동부 근로시간면제심의위원회 산하 실태조사단에서 조사한 자료를 보면 노동조합이 연간 유급노조활동시간 중 고충처리를 위해 활동하는 시간이 328.11시간에 이른다는 조사결과를 볼 수 있다.[120] 이는 단체교섭을 위해 사용한다고 답한 연간 466.57시간과 큰 차이가 없는 것으로 노동조합 간부들이 유급노조활동시간 중 상당한 시간을 고충처리활동에 사용하고 있다는 점을 나타내주는 조사결과이다.

우리나라에서 고충(grievance)은 근로자의 개인적인 슬픔이나 곤궁함 등을 나타내는 표현으로 널리 사용된다. 하지만 고충의 범위를 여기에 국한할 필요는 없다고 본다. 앞에서 설명한 사용자가 특정 조합원에게 단체협약상 소정의 수당을 지급하지 않는 상황도 그 근로자의 입장에서는 고충이 될 수 있기 때문이다. 같은 이유로 특정 조합원 개인에 관한 사항도 단체교섭의 대상이 된다고 보아야 한다.[121] 특정 조합원 개인에 관한 사

118) 이병태, 「최신 노동법」, 296쪽.

119) 한국노총 중앙연구원, '전임자 및 노조의 활동과 역할에 관한 실태조사보고서', 4쪽.

120) 노동조합활동실태조사단, '노동조합 활동 실태 조사·연구결과', 4쪽. 연간 328.11시간은 노동조합의 연간 총 유급노조활동 시간 전체의 7.59%에 이른다.

121) 임종률, '단체교섭의 대상', 418쪽.

항이 단체교섭의 대상이 될 수 없다고 보는 견해는 교섭대상은 집단성이 있어야 한다는 것[122]을 중요한 이유로 드는데, 해당 조합원에 대한 사용자의 단체협약 불이행이 조합원이나 노동조합에 의해서 인용될 경우 단체협약의 적용이 예정되어 있는 조합원 전체에 대한 단체협약 불이행으로 이어질 수 있다는 점을 고려하면 조합원 개인에 대한 단체협약 불이행은 집단성이 충분히 인정될 수 있다고 생각된다. 근로자 개인에 대한 단체협약 불이행 문제에 대해서 노동조합이 사용자에게 해결을 요구할 수 있는 것은 해당 조합원이 노동조합에 대하여 고충 해결에 대한 대리권을 묵시적으로 부여한 것에서 찾아야 한다는 반론이 있을 수 있다. 그러나 해당 조합원이 노동조합에 구제를 요청한 경우뿐만 아니라 사용자의 특정 조합원에 대한 단체협약 불이행을 노동조합이 스스로 인지한 경우에도 사용자의 이행을 촉구하기 위한 조치를 취할 수 있다고 보아야 할 필요가 있으므로 묵시적인 대리권 수여를 의제하기보다는 노동조합이 갖는 본연의 단체교섭권의 대상으로 인정하는 것이 더욱 효과적이라고 생각된다.

조합원에 대하여 사용자가 단체협약의 소위 규범적 부분에 해당하는 사항을 제대로 이행하지 않는 경우에 사용자에게 단체협약의 규범적 부분에 대한 이행을 촉구하고 효과적인 이행을 위한 구체적인 방안을 논의하기 위한 목적으로 노동조합이 사용자에게 교섭을 요구할 경우 이를 정당한 단체교섭이라고 이해하여야 한다. 하급심 판결 중에 사용자의 단체협약 불이행에 대하여 노동조합이 시정을 요구하였음에도 불구하고 사용자가 응하지 않아서 단체행동에 나아간 것이 정당하다고 판단한 사례가 있는데, 이것은 노동조합의 단체협약 이행 요구와 시정요구를 단체교섭 요구로 이해한 결과라고 볼 수 있을 것이다.[123]

---

122) 김형배, 「새로 쓴 노동법」, 1019쪽.
123) 서울남부지판 2014. 1. 23, 2012가합3891.

[관련판례]

사용자의 단체협약 불이행과 시정요구 거부에 대한 쟁의행위의 정당성을 인정한 사례

서울남부지판 2014. 1. 23, 2012가합3891

방송의 공정성을 실현하기 위한 제도적 장치의 마련과 그 준수는 방송사업자인 원고가 노조및조정법 제30조에 따라 단체교섭의 의무를 지는 사항, 이른바 의무적 교섭사항이라고 할 것이고, 기존의 취업규칙이나 단체협약에서 방송의 위와 같은 절차적 공정성을 보장하기 위한 규정들을 두고 있음에도 불구하고, 사용자가 이러한 절차를 무시하고 인사권이나 경영권을 남용하여 방송의 제작, 편집 및 송출 과정을 통제하려 한다면, 이는 단체협약을 위반하여 근로조건을 저해하는 행위일 뿐 아니라 방송법 등 관련 제규정에서 정한 공정방송의 의무를 위반하고 헌법에서 보장하는 객관적 법질서로서의 방송의 자유를 침해하는 행위에 해당하는 것이며, 이러한 경우 방송사업에 종사하는 근로자가 그 위법상태의 시정을 요구하는 것은 자신의 근로조건에 관한 것으로서 단체행동의 목적이 될 수 있다.

쟁의행위에서 추구되는 목적이 여러 가지이고 그 중 일부가 정당하지 못한 경우에는 주된 목적 내지 진정한 목적의 당부에 의하여 그 쟁의목적의 당부를 판단하여야 할 것이고, 부당한 요구사항을 제외하였다면 쟁의행위를 하지 않았을 것이라고 인정되는 경우에는 그 쟁의행위 전체가 정당성을 갖지 못한다고 보아야 한다. 따라서 외견상 경영권에 속하는 대표이사의 퇴진 요구를 목적으로 하는 것처럼 보이는 쟁의행위라도, 그것이 오로지 대표이사의 교체를 직접적인 목적으로 하는 것이 아니라 근로조건의 유지·개선을 도모하기 위하여 필요한 수단으로서 주장된 것이라면, 대표이사의 퇴진 그 자체는 쟁의행위의 주된 목적 내지 진정한 목적으로 볼 수 없고, 따라서 그러한 쟁의행위가 반드시 목적의 정당성을 결여한 것으로서 위법하다고 단정할 수는 없다.

그리고 이때 단체교섭의 효과를 높이고 공적 조정 서비스 제공의 폭을 넓히기 위해 장차 권리분쟁을 노조및조정법상 노동쟁의로 인정하는 방안을 진지하게 검토할 필요가 있다. 더구나 근참법에 규정된 고충처리절차가 제대로 작동하지 않는 우리나라 현실에서는 단체교섭으로 이 문제를 해결할 필요성이 더욱 커진다. 일본에서는 근로자의 고충처리 문제가 단체교섭의 의무적 교섭사항에 해당한다고 본다.[124] 노동위원회가 공적 조정을 해주지 않는다 하더라도 사적 조정이나 중재절차를 이용하면 되므로 문제가 없다는 반론이 있을 수 있지만, 노동조합이 사적 조정 및 중재를 통해 노동위원회의 조정 및 중재절차를 대신할 수 있는 것도 노조및조정법 제52조와 제2조 제5호에 의해 근로조건의 결정에 관한 사항으로 국한되어 있기 때문에 그러한 반론은 의미가 없다. 권리분쟁 사항은 법원에 소송을 제기하여 해결하는 것이 적당하다는 지적도 있을 수 있다. 하지만 권리분쟁이라 하더라도 당사자가 법원에 소를 제기하기 전에 사전에 조정을 통하여 해결할 수 있도록 하는 것이 소송비용 등을 고려할 때 합리적이며, 소송상에서도 화해를 통한 해결을 용인하고 있다는 점, EU 국가 중에서 권리분쟁과 이익분쟁을 동일한 노사분쟁조정기구에서 조정하도록 하는 나라가 많다는 점에 비추어 보면 권리분쟁도 법원이 아닌 별도의 분쟁해결 절차를 통해 해결하도록 촉진하는 것이 바람직 할 것이다.[125]

나. 단체협약의 해석·이행 방법에 관한 사항

노조및조정법 제34조 제1항은 단체협약의 해석 또는 이행방법에 관하여 관계 당사자 간에 의견의 불일치가 있는 때에는 당사자 쌍방 또는 단체협약에 정하는 바에 의하여 어느 일방이 노동위원회에 그 해석 또는 이행방법에 관한 견해의 제시를 요청할 수 있다고 규정하고 있다. 노조및

124) 菅野和夫, 「勞働法」, 658쪽은 일본에 자주적인 고충처리절차가 확립되어 있지 않은 경우가 많아 단체교섭의 의무적 교섭사항으로 보아야 한다고 하며, 西谷 敏, 「勞働組合法」, 297쪽 이하는 기업 내에 고충처리기관이 설치되어 있는 경우에도 노동조합이 단체교섭으로 해결하기를 원하는 경우에는 의무적 교섭사항이 된다고 설명한다.

125) 하경효, '한국의 노동쟁의조정제도의 문제점과 개선방안', 68쪽.

조정법 제34조 제1항의 해석상 노동위원회에 단체협약의 해석 또는 이행방법에 대한 견해 제시를 요청하기 위해서는 당사자 쌍방이 합의하거나, 단체협약에 규정이 있을 때에 그 규정에 근거하여 당사자 중 일방이 신청하여야 한다. 따라서 노동관계 당사자 쌍방의 합의가 이루어지지 않거나 단체협약에 근거가 없다면 노동조합이 사용자의 단체협약 해석과 이행에 관하여 이의가 있어도 이에 대하여 노동위원회에 해석 또는 견해 제시의 요청을 할 수 있는 방법이 없다. 따라서 단체협약의 해석 또는 이행방법에 관한 노동관계 당사자 사이의 이견이 있을 때에 이 문제를 단체교섭의 의무적 교섭사항으로 인정하지 않는다면 사용자의 일방적 단체협약 해석 또는 적용에 대하여 노동조합이 전혀 대응할 수 없도록 만드는 결과가 된다. 또한 노동위원회에 견해의 제시를 요청하기 이전에 당사자 사이에 과연 의견의 불일치가 있는지, 의견의 불일치가 발생하는 정확한 지점과 이유 등에 대해서 확인하고 그와 같은 의견의 불일치를 자율적으로 해소하기 위해 당사자 쌍방이 협의하고 절충하는 노력을 앞서 이행하도록 하는 것이 바람직하다. 그러므로 단체협약의 해석 또는 이행방법에 관한 이견도 단체교섭의 대상이 된다고 보아야 한다. 하급심 판결 중에도 조합원 교육시간과 관련한 단체협약 조항의 해석에 있어서 시간 배분 문제에 대하여 이견이 있을 때 이 문제는 "단체교섭에 준하여 회사와 교섭대표 노동조합이 논의하여 정하여야 할 것"이라고 판시한 사례가 있다.[126] 다만 단체교섭을 진행한 결과 노동위원회에 해석 또는 이행방법에 관한 견해 제시를 요청하기로 합의 한 경우 또는 단체협약에 노동위원회에 대한 견해 제시 신청을 노동조합이 독자적으로 할 수 있도록 되어있음을 이유로 사용자가 교섭에 응하지 않는 경우 등은 사용자가 단체교섭을 거부한 것으로 평가되어서는 안 될 것이다. 단체협약의 해석 또는 이행방법에 관하여 노동조합과 사용자가 교섭하고 합의한 경우에 그 합의는 단체협약의

126) 서울행정법원 2014. 4. 4, 2013구합4590.

보충협약으로 인정될 수 있으므로 단체협약 체결로 이어질 가능성도 열려 있다.

단체협약의 해석·적용 문제는 개별 근로자의 근로조건에 관한 사항뿐만 아니라 단체협약 중 집단적 노사관계의 규율과 관련된 부분, 소위 채무적 부분에 대해서도 발생할 수 있다. 단체협약의 채무적 부분에 대한 해석 및 이행방법에 대한 의견의 불일치는 그 사항이 순수하게 조합활동 그 자체에만 영향을 주는 것으로 보이는 근로시간면제 인정, 조합사무실 제공 등 임의적 교섭사항에 해당되는 내용이라면 의무적 교섭사항이라고 볼 수 없으나, 근로조건 결정 과정에서 노동조합과 사용자가 교섭하는 데에 직접 영향을 미치는 단체교섭이나 쟁의행위의 절차와 방법, 노동쟁의의 해결 절차 등의 사항은 의무적 교섭사항에 해당한다고 보아야 한다. 그러나 단체협약에 규정된 내용은 당사자에게 준수할 의무가 발생한다는 점에서 그 사항이 원래 임의적 교섭사항에 해당했는지 의무적 교섭사항에 해당하는 부분이었는지를 구별 하는 것은 단체협약을 이행하는 단계에서는 큰 의미를 갖지 않는다. 그러므로 단체협약에 규정된 채무적 부분의 해석·적용과 관련된 사항에 대해서도 당사자 간에 이견이 발생한 경우 근로조건에 관한 부분에 대한 위의 설명과 다르게 판단될 이유는 없다고 생각된다.

(2) 조합원의 인사에 관한 사항

단체협약에 사용자의 조합원에 대한 인사조치 시 사전 동의 조항이나 사전 합의 조항 등 노동조합의 사전 통제에 관한 규정이 없는 경우, 그리고 징계절차나 징계 사유를 비롯한 인사조치의 절차나 사유에 대한 규정이 없는 경우가 있을 수 있다. 이때에 사용자가 특정 조합원에 대한 인사조치를 단행했는데, 그 인사조치의 결과가 노동조합 운영 및 노동조합과 사용자 사이의 관계에 중대한 영향을 미칠 수 있는 사안이라면 노동조합은 그 인사조치의 타당성에 대하여 사용자에게 교섭을 요구할 수 있다고 보아야 한다. 사용자가 인사조치를 결정할 때에 명시한 시점에 해당 조합원에 대하여 인사조치의 효력이 발생하기는 하지만, 노동조합과의 교섭 결과에 따라서는 사용자가 그 조치를 소급하여 철회하여야 하는 경우가 발생할 수 있다.

근로자가 단결권을 행사하여 노동조합에 가입하거나 노동조합을 조직하는 이유는 사용자와의 일대일 관계에서의 경제적 사회적 세력의 취약성을 만회하고 근로조건을 향상시키기 위한 것이다. 그러나 단체협약에 관련 규정이 없다는 이유로 사용자가 노동조합과 협의 없이 조합원에 대하여 일방적인 인사조치를 할 수 있도록 허용한다면, 단체협약에 관련 사항을 규정했는지 규정하지 않았는지의 우연한 사정만으로 조합원의 지위에 대해 결정적인 사항들에 대한 노동조합의 개입 가능성이 좌우되는 불합리한 결과가 초래된다. 이는 조합원 개인의 차원을 넘어 노동조합 전체에 영향을 미칠 수 있다. 가령 노동조합 임원에 대한 갑작스런 승진조치로 인해 조합 가입자격이 상실된 경우, 평소 조합활동이나 총회에서의 발언이 원인이 되었지만 형식적으로는 다른 사항을 이유로 단행되는 인사조치 등 부당노동행위 구제제도를 통해 문제를 해결하기에는 다소 석연치 않는 사안들이 발생했을 때를 예로 들 수 있을 것이다. 부당노동행위 구제신청으로 해결할 수 있으므로 단체교섭의 대상이 되지 않는다고 하는 생각은 옳지 않다. 행정기관의 심판을 통한 구제를 받기 이전에 노사가 집단적 자치의 틀 안에서 그 문제를 해결할 수 있다면, 행정기관의 개입은 유보하는 것이 옳기 때문이다.

(3) 단체협약에 규정이 없는 경영상 결정에 관한 사항

사용자가 업무의 외주화·도급화를 추진하거나 타 회사와의 인수·합병을 추진하는 등 조합원의 근로조건에 밀접한 영향을 미치는 경영상 조치들을 취하려고 할 경우, 단체협약에 그러한 조치를 취하기 전에 미리 노동조합과 협의해야 한다고 규정되어 있지 않다 하더라도 노동조합은 조합원들의 근로조건 유지를 위해 사용자와 해당 사항에 대하여 교섭할 수 있다고 하여야 한다. 이 교섭은 직접 단체협약을 체결하거나 변경하기 위한 것은 아니지만 당사자 사이에 합의 도출이 필요한 교섭이라는 점에는 변함이 없다. 예를 들면 따라서 회사형태의 전환이나 타 기업과의 합작과 같이 근로조건이나 근로자의 지위에 직접적으로 관련되거나 중대한 영향을 미치는 경우, 운수업체에서의 차량 배차문제와 같이 근로자의 근로조건과 밀접한 경우, 경영진 퇴진 요구가 근로조건의 개선에 주된 목적이 있는 경우 등이 이에 해당할 수 있다. 이에 대한 노동조합의 교섭 요구에 대해서는 사용자가 교섭을 거부할 수 없다고 하여야 한다. 이러한 사항에 대하여 당사자 사이에 합의가 성립되고 그 합의가 단체협약으로서의 요건을 갖추고 있는 경우에 단체협약이 체결될 수 있는 가능성은 열려 있다. 다만 합의서 작성 없이 노동조합과의 교섭 결과를 직접 외주화 추진 과정에서 사용자가 반영하는 경우도 있을 수 있으므로 여기에 해당하는 단체교섭을 모두 단체협약 체결 목적 단체교섭이라고 볼 것은 아니라고 생각한다. 경영상 이유에 의한 해고의 경우와 마찬가지로 특정 사용자가 직접 근로계약관계를 맺은 근로자를 통해 수행하던 업무를 외주화·도급화할 것인지 여부를 결정하는 것도 고도의 경영상 의사결정이 필요한 사항이므로, 외주화나 도급화 실시 자체는 사용자의 전적인 판단이 가능한 영역으로 보장하여야 한다는 주장이 있을 수 있다. 그러나 해당 업무가 사업 경영에 필요하고 장래를 향해서도 지속적으로 수행되어야 하는 업무라는 점에는 변함이 없으나 비용상의 문제 등을 이유로 수행 주체만을 변경하는 외주화 또는 도급화와 긴박한 경영상의 이유로 인해 정리 대상 업무를 수행하는 근로자를 감축하는 것을 동일하게 평가할 수는 없다. 따라서 특정 업무의 외주화 또는 도급화 등의 결정을 함에 있어서도 노동조합을 통한 통제 가능성을 인정할 필요가 있다. 물론 업무의 외주화 또는 도급화를 위한 전단계의 조치로서 경영상 이유에 의한 해고가 이루어지는 경우도 있지만 이러한 경우는 외주화 또는 도급화의 경우로 취급해야 할 것이다. 같은 이유로 영업양도나 사업의 인수·합병 등의 문제는 경영상 이유에 의한 해고의 경우와 같이 사용자의 경영권이 보장되는 영역으로 볼 수 있다고 판단된다. 다만 업무의 외주화·도급화, 영업양도 등의 결정에서는 근로기준법 제24조의 경영상 이유에 의한 해고 규정과 같이 최소한 노동조합 또는 근로자대표와 협의를 거치도록 법정화할 필요가 있다고 생각된다.

화학무기 생산 반대, 공해배출 공정 반대, 언론사의 경우 공정 보도 의무와 같이 사용자가 지시하는 업무에 대하여 노동조합이 사회적 양심에 기한 주장을 하는 경우는 단체교섭의 대상으로 보기 어렵다는 견해가 있다.[127] 사업수행 방침과 관련된 것은 근로조건이라고 보기 어렵다는 점에서 수긍할 수 있는 견해이다. 다만 최근에 방송의 공정성을 실현하기 위한 제도적 장치의 마련과 그 준수는 방송사업자인 원고가 노조및조정법 제30조에 따라 단체교섭의 의무를 지는 사항, 이른바 의무적 교섭사항이라고 본 하급심 판결례가 있었다는 점은 주목할 만한 부분이다.[128]

(4) 필수유지업무협정 체결에 관한 사항

필수유지업무협정은 단체협약이 아니지만 필수유지업무협정을 체결하는 것은 쟁의행위의 절차와 방법에 관한 매우 중요한 사항을 결정하는 것에 해당하므로 필수유지업무협정 체결을 위한 교섭은 단체교섭이라고 보아야 한다. 필수유지업무협정 체결을 통해서 쟁의행위에 참가할 수 있는 근로자의 범위와 수가 제한되고 그것이 쟁의행위의 결과를 좌우할 수 있다는 점에서, 또한 필수유지업무 유지 요원으로 지명된 근로자의 계속근로를 강제한다는 점에서 넓게 보아 필수유지업무 협정 체결을 위한 교섭을 근로조건과 관련된 것이라고 볼 수 없는 것은 아니다. 그러나 필수

127) 임종률, 「노동법」, 141쪽.

128) 서울남부지판 2014. 1. 23, 2012가합3891.

유지업무협정을 단체협약으로 볼 수는 없으므로 필수유지업무협정 체결을 위한 교섭이 결렬된 것을 단체협약 체결을 위한 단체교섭이 결렬된 것과 동위의 문제로 인식할 수는 없다. 필수유지업무협정 체결을 위한 교섭 과정에서 발생하는 노동관계 당사자 사이의 이견을 권리분쟁이 아니라 이익분쟁이라고 이론 구성을 할 수 있는 가능성이 전혀 없는 것은 아니다. 하지만, 필수유지업무협정을 단체협약으로 볼 수 없다는 점에서 마찬가지로 그러한 분쟁을 단체협약 체결을 위한 교섭 과정에서 발생하는 이익분쟁과 동일한 차원의 문제로 이해하는 것은 타당하지 않다.

[보충논의]

필수유지업무협정의 법적 성격에 대한 종래의 논의

필수유지업무협정의 법적 성격에 대한 논의는 필수유지업무협정의 체계적 지위를 어디에 둘 수 있을 것인가 하는 것으로서, 단체협약과 동일시할 수 있을 것인가 하는 문제가 매우 심각하게 전개되었었다. 그 이유는 필수유지업무협정의 법적 성격을 단체협약으로 보아야 필수유지업무협정 체결을 위한 교섭을 노동조합이 요구할 때 사용자가 그 요구에 구속되도록 할 수 있다고 믿었기 때문이다. 즉 이러한 종래의 관점은 단체교섭은 단체협약 체결을 목적으로 하는 단체교섭밖에 없다는 인식에서 유래한다. 그러나 단체협약 체결을 목적으로 하는 것 이외에 근로조건 향상을 위한 다른 단체교섭이 있을 수 있다는 것을 승인한다면 필수유지업무협정의 법적 성격을 단체협약이라고 무리하게 주장할 필요는 더 이상 없어지게 된다. 다만 필수유지업무협정 체결을 위한 교섭이 근로조건향상을 위한 교섭이라고 볼 수 있는가에 대한 검토만 남게 된다. 이하에서는 본격적인 논의에 앞서 필수유지업무협정의 법적 성격에 대한 종래의 논의를 간단히 정리해 보고 이에 대한 견해를 밝히고자 한다.

먼저 필수유지업무협정은 체결 주체와 체결 방식에 있어서 단체협약과 동일하다고 보는 견해가 있다.[129] 필수유지업무를 단체협약으로 보는 이 견해를 취하는 입장에서는, 체결 후 15일 이내의 신고의무, 행정관청의 시정명령 2년의 유효기간, 강행적 효력, 일반적 구속력 등 단체협약에 관하여 적용되는 노조및조정법상 규정[130]들이 필수유지업무협정에 대하여 모두 적용되어야 한다고 한다.[131]

이에 대하여 필수유지업무협정은 단체협약과 구별되는 별도 형식의 노사협정이라고 보는 견해가 있다.[132] 노조및조정법 제42조의3은 필수유지업무협정에 관하여 별도의 규정을 두고 있으며, 작성 방식과 효력 요건 등에 대하여 단체협약에 관한 규정을 준용하고 있지도 않다는 것, 필수유지업무협정은 필수유지업무 해당 사업 또는 사업장 노동관계 당사자의 '의무'로서 체결이 강제되는 반면 단체협약을 체결할 것인지 아닌지는 당사자의 자유의 영역이라는 것, 단체협약은 사업의 성질에 불문하고 적용되나 필수유지업무협정은 필수공익사업 중 필수유지업무 해당 사업 또는 사업장에만 적용된다는 것,[133] 필수유지업무협정 체결을 위한 협상 결렬 시에는 쟁의행위가 아니라 노동위원회 결정 절차라는 별도의 절차가 규정되어 있다는 점[134] 등을 근거로 한다.

위와 같은 설명에 대하여, 필수유지업무협정의 법적 성격이 단체협약과 동일하다고 주장하는 견해에서는, 필수유지업무협정의 체결이 강제되는 것은 "프랑스의 이른바 '오브리 법'이 주 35시간 근로제를 도입하면서 사

129) 문무기, '필수유지업무의 범위와 관련 법조항의 법리 해석', 101쪽; 박제성, '필수공익사업의 쟁의행위에 대한 새로운 규율 : 필수유지업무와 대체근로', 152쪽.

130) 노조및조정법 제31조에서 제36조.

131) 박제성, '필수공익사업의 쟁의행위에 대한 새로운 규율 : 필수유지업무와 대체근로', 152쪽 이하.

132) 김홍영, '파업시 유지되는 필수유지업무의 범위와 관련된 조항의 법리적 해석 토론문', 49쪽; 고용노동부, 「필수유지업무제도 운영안내」, 49쪽; 이준희, '필수유지업무제도에 대한 법리 검토', 95쪽 이하.

133) 이준희, '필수유지업무제도에 대한 법리 검토', 95쪽.

134) 김홍영, '파업시 유지되는 필수유지업무의 범위와 관련된 조항의 법리적 해석 토론문', 49쪽.

용자의 사회보장분담금을 경감해 주는 요건으로 단체협약을 체결할 것을 요구한" 사례가 있으므로, 체결 강제가 단체협약으로서의 성격을 부인하는 결정적인 근거가 될 수 없고,[135] "단체협약의 기능이 다양화되는 현대 노동법의 한 경향 속에서 파악"하면 "필수유지업무협정의 체결 의무와 단체협약 체결의 자유가 반드시 양립 불가능한 것은 아니"며, 노동위원회 결정 절차도 당사자의 자율적인 협정 체결을 방해하지 않기 때문에 단체협약으로서의 성격을 부정할 수 없다고 반론이 제기되기도 했다.

그러나 필수유지업무협정과 단체협약의 동일성을 강조하는 견해의 위와 같은 설명은 여전히 현행 노조및조정법상 단체협약의 체결이 강제될 수는 없다는 근본적인 문제에 대한 명쾌한 답이 되지는 못한다고 보인다. 필수유지업무협정을 단체협약과 동일하게 보는 견해가 가지는 문제점은 형벌규정의 불균형에서도 찾을 수 있다. 필수유지업무 해당 사업장에서 발생한 쟁의행위가 노조및조정법 제42조의2 제2항 위반으로 제89조 제1호의 적용을 받을 경우에는 3년 이하의 징역 또는 3천만 원 이하의 벌금에 처해지지만, 노조및조정법 제92조 제1호 바목의 단체협약 중 "쟁의행위에 관한 사항" 위반이라고 볼 경우에는 1천만 원 이하의 벌금에 처하게 되어 양 벌칙규정 간의 경합이 발생한다. 이 문제에 대하여 일반법·특별법 관계가 적용되어 특별규정인 제89조가 우선 적용된다는 해법을 제시하기도 하나[136] 역시 만족할 만한 해석이라고 하기 어렵다.

필수유지업무협정에 대해 규정한 각 조항의 문리해석에 부합하고, 집단적 노사관계에서의 관련 문제들을 해결함에 있어서 비교적 일관된 해법을 제시할 수 있는 견해는 필수유지업무협정과 단체협약을 별개의 것으로 이해하는 견해라고 생각된다. 필수유지업무협정과 단체협약이 별개의 것으로 보면 노동위원회의 필수유지업무결정의 효력에 대하여 노조및조정법 제70조 제1항이 "단체협약과 동일한 효력을 가진다"고 규정한 것을 설명하기 어려워진다는 지적이 있을 수 있다. 그러나 노조및조정법 제70조 제1

135) 박제성, '필수공익사업의 쟁의행위에 대한 새로운 규율 : 필수유지업무와 대체근로', 153쪽.

136) 문무기, '필수유지업무의 범위와 관련 법조항의 법리 해석', 35쪽.

항이 필수유지업무결정에 대하여 단체협약과 동일한 효력이라고 규정한 것은 필수유지업무협정의 효력에 관한 규정일 뿐 필수유지업무협정의 법적 성격에 관한 규정은 아니기 때문에 위 규정이 필수유지업무협정이 단체협약의 성격을 가진다고 보아야 할 필연적인 이유가 된다고는 할 수는 없을 것이다.

필수유지업무협정은 필수유지업무의 수행을 위하여 노조및조정법이 요건과 효과를 규정하여 특별히 창설한 단체협약과는 다른 노사 간의 자율적 "협정"이라고 보는 것이 타당하다고 생각된다. 물론, 필수유지업무협정을 체결할 때에 이를 형식상 단체협약에 포함시켜 체결할 수 있는지 여부는 원칙적으로 해당 사업장의 노동관계 당사자가 사업장의 상황을 고려하여 개별적으로 자유롭게 결정할 수 있는 것이다. 단체협약으로 할 경우 단체교섭과정에서 필수유지업무에 대한 협의가 이루어지고, 형식상 단체협약 내에 협정이 포함되어 기재될 것이다. 다만 단체협약 체결을 위한 단체교섭 과정에서 필수유지업무 유지수준, 업무 내용 등이 동시에 논의되고 단체협약의 한 항목으로서 협정이 포함되어 체결된 경우에도 필수유지업무협정은 단체협약과는 독립된 별개의 협정이라고 보아야 할 것이다.

그러므로 필수유지업무협정 체결을 위한 교섭이 결렬된 경우에도 현행법상 노동조합이 쟁의행위를 할 수 있다고 인정하기는 어렵다. 필수유지업무협정을 단체협약으로 볼 수 없다는 것 이외에도 필수유지업무제도와 필수유지업무협정의 체결 목적에 주목하여 판단하면 필수유지업무협정 체결을 위한 교섭의 결렬을 이유로 한 쟁의행위는 허용되지 않는다고 보는 것이 옳다. 노조및조정법 제42조의4의 입법취지는 필수유지업무협정 체결을 위한 교섭이 결렬되었을 때 쟁의행위를 허용하지 않고 정상적인 조업을 계속하면서 노동위원회의 판단을 받도록 하는 것이라고 보아야 하기 때문이다. 필수유지업무협정 체결을 위한 교섭이 결렬될 경우 바로 노동조합이 쟁의행위에 돌입하는 것을 허용한다면 필수유지업무가 정상적으로 유지될 수 없어 제도의 설정이 무의미해지고 만다. 따라서 필수유지업무협정의 체결 결렬은 노동위원회에 필수유지업무결정을 신청할 수 있는 권한을 발생시킬 뿐 곧바로 쟁의행위를 할 수 있는 것은 아니라고 보아야 한다. 고용노동부도 논거는 다르지만 필수유지업무협정 체결 과정에서 교섭의 결렬을 이유로 노동조합이 쟁의행위를 한다면, 이를 정당한 쟁의행위로 볼 수 없다는 입장이다.137)

필수유지업무협정의 법적 성격을 단체협약과 동일하다고 판단하는 태도를 유지하면서도 "필수유지업무협정의 결렬만을 이유로 쟁의행위에 돌입하는 것은 다소 무리가 있을 것으로 보인다"138)고 하여 필수유지업무협정 체결 결렬을 이유로 한 쟁의행위 가능성에 대하여는 소극적인 입장을 취하는 견해가 있다. 그러나 단체협약 체결을 위한 단체교섭이 결렬되었음에도 불구하고 그것을 이유로 한 쟁의행위가 허용되지 않는다고 판단하는 논리적 근거가 추가적으로 제시되어야 할 것으로 보인다.

필수유지업무협정 체결을 위한 교섭이 단체교섭이라고 본다 하여도 이 교섭에 단체교섭 창구단일화 규정이 적용되지는 않는다. 필수유지업무제도의 원활한 운영을 위해서는 교섭대표인 노동조합과 교섭대표 아닌 노동조합이 공동교섭단을 구성하거나 집단교섭의 형태로 사용자와 교섭을 진행하는 것이 바람직하다. 왜냐하면 하나의 필수유지업무 대상 업무를 수행하는 그룹 안에 교섭대표 노동조합의 조합원이 있을 수 있고, 교섭대표 아닌 노동조합의 조합원이 있을 수도 있기 때문이다. 노조및조정법 제29조의5는 필수유지업무협정 체결과 노동위원회에 대한 유지·운영수준의 결정 신청에 대한 제42조의3, 제42조의4의 "노동관계 당사자"에 대해서는 교섭대표 노동조합으로 간주하는 규정을 두지 않고, 필수유지업무 근무 근로자의 지명과 통보에 대해서만 교섭대표 노동조합이 그 역할을 하도록 제42조의6에 정하고 있다. 이러한 규정 태도는 필수유지업

137) 고용노동부, 「필수유지업무제도 운영안내」, 69쪽.

138) 문무기, '필수유지업무의 범위와 관련 법조항의 법리 해석', 106쪽.

무협정 체결과 노동조합에 대한 유지·운영수준 결정 신청은 교섭대표노조 아닌 노동조합도 이를 할 수 있고, 다만 쟁의행위와 관련된 절차만 교섭대표 노동조합이 할 수 있도록 하여 필수유지업무 관련 절차에서 교섭대표 노동조합의 권한과 역할을 최소한으로 제한한 것으로 이해할 수 있을 것이다. 필수유지업무협정 체결을 위한 교섭이 단체협약 체결을 위한 교섭이 아니라는 점도 교섭대표 노동조합이 필수유지업무협정 체결권을 독점할 수 없다고 보는 근거가 될 수 있다. 물론 노동관계 당사자, 그 중에서도 노동조합들이 자율적으로 합의하여 교섭대표 노동조합을 선출하여 필수유지업무협정을 체결하거나 기존에 결정되어 있는 교섭대표 노동조합이 체결하도록 하는 것은 자유롭게 허용된다.

2. 임의적 교섭사항에 해당하는 교섭대상

(1) 공정대표의무 위반과 관련된 사항

사용자와 교섭대표 노동조합이 노조및조정법 제29조의4에 위반하여 교섭대표 아닌 노동조합이나 그 조합원을 차별하는 경우에는 노동위원회에 차별을 당한 노동조합이 시정신청을 할 수 있다. 차별행위에는 노동조합 교육시간의 불합리한 차등 부여, 근로시간면제한도의 불합리한 차등 부여, 소속 노동조합에 따른 인사규정 차등 제정 등이 이에 있을 수 있다. 그러나 노동위원회에 공정대표의무 위반 시정신청을 하기 이전에 교섭대표 아닌 노동조합은 이와 관련된 문제의 자율적인 해결을 위해 사용자에게 교섭을 요구할 수 있다고 보아야 한다. 교섭대표 아닌 노동조합이 공정대표의무 위반임을 주장할 때 차별행위가 발생한 사실관계와 단체협약의 내용 등을 확인하고 교섭대표인 노동조합과 사용자에게 시정을 요구하는 단계가 노동위원회에 대한 시정신청에 앞서 보장되도록 하는 것이 바람직하다. 그리고 노동위원회의 결정에 따라 분쟁이 결론지어지는 것보다 단체교섭을 통해 노동위원회에 대한 시정신청 이전에 분쟁이 해결되도록 하는 것이 도출된 결론의 구체적 타당성이나 사회적 비용 측면에서 더욱 합리적이라고 할 수 있다. 따라서 교섭대표 아닌 노동조합이 사용자에게 공정대표의무 위반 사항의 확인을 요구하고 그것을 시정하기 위해 노동조합과 사용자가 교섭하는 것은 단체교섭이라고 보아야 한다. 공정대표의무 위반 시정을 위한 단체교섭은 교섭대표 아닌 노동조합이 요구하는 경우가 대부분이겠지만 교섭대표 노동조합이 사용자를 상대로 요구하는 것을 제한할 이유는 없다.

이때의 교섭요구에 사용자가 응하지 않을 경우에는 곧바로 공정대표의무 위반 시정신청을 제기할 수 있으므로, 사용자가 공정대표의무 위반 시정을 위한 노동조합의 단체교섭 요구에 응하지 않은 것에 대하여 곧바로 부당노동행위의 책임을 지우는 것은 타당하지 않다. 이는 공정대표의무 위반의 주체가 사용자 이외에 교섭대표 노동조합도 될 수 있다는 점을 고려할 때 더욱 분명해진다. 공정대표의무에 위반한 교섭대표 노동조합에 대해서는 노동위원회에 대한 시정신청만 가능한데 비하여 사용자에 대해서는 노동위원회에 대한 시정신청 이외에 부당노동행위 구제신청도 가능하다고 한다면 이는 균형을 상실한 판단이다. 따라서 공정대표의무 위반을 이유로 한 노동조합의 사용자에 대한 단체교섭 요구는 임의적 교섭사항에 대한 교섭요구라고 보는 것이 타당하다고 본다. 물론 사용자의 공정대표의무 위반 행위 그 자체가 별도로 노조및조정법 제81조 각 호의 부당노동행위 유형에 포섭되는 경우에는 부당노동행위의 성립을 부인할 수는 없다. 한편 공정대표의무 위반 문제에 대한 단체교섭 요구는 노조및조정법 제29조의4 제2항에 따른 3개월 제척기간의 제한을 받지 않는다고 해야 한다.

(2) 노동위원회와 법원의 구제명령 이행에 관한 사항

노동위원회나 법원에 의해서 조합활동 또는 조합원임을 이유로 한 근로자에 대한 부당해고, 노동조합에 대한 부당노동행위 등에 대한 구제 결정이 내려지거나 확정되면 사용자는 해당 구제절차를 이행하기 위한 구체적인 조치를 하게 된다. 이 과정에서 구제명령이나 판결의 내용이 명확하지 않고 다의적이어서 구제 결정의 이행 방법이 하나로 확정되기 어려운 경우에는 구제 결정을 이행하는 과정과 그 이후에 발생하는 노사 간의 갈등을 방지하기 위하여 그 이행 방법에 관한 사항을 노동조합과 사용자가 서로 교섭하고 절충해서 구제 명령 또는 결정의 이행방법을 설정할 수 있다고 보아야 한다. 노동조합에 대한 불이익 취급 행위를 바로잡거나 부당한 지배개입의 결과를 제거하고 바로잡기 위한 교섭, 장기간 부당해고 상태에 놓여 있다가 복직된 근로자에게 부당해고 기간 동안 지급하지 않은 임금을 지급할 때에 그 산정 방법과 액수에 이견이 있는 경우 그 이견을 조정하고 합리적인 액수를 정하기 위한 교섭, 복직시킬 업무나 부서를 결정하기 위한 교섭 등이 이러한 범주에 해당하는 단체교섭의 대상이 될 것이다. 물론 이와 같은 사항이 단체교섭이 아니라 당사자인 조합원의 명시적 또는 묵시적 위임에 따라 노동조합이 해당 목적행위를 대리하는 방법으로 진행되는 경우도 있을 수 있다.

이 사항들은 근로조건의 결정에 관한 사항은 아니므로 현행법상 쟁의행위는 불가능하지만, 노동위원회 또는 법원의 결정을 통해 사용자의 부당해고나 부당노동행위가 입증된 상황에서 이를 합법적인 상황으로 되돌리기 위한 조치를 취함에 있어서 권리 침해 당사자의 의사를 반영하여 가장 타당한 조치를 취할 수 있도록 하는 것이 종국적으로는 분쟁해결 비용을 낮추고 분쟁을 단기간에 해결하는 가장 바람직한 방법이 될 것이다. 그러나 사용자가 교섭요구에 응하지 않고 일방적인 구제조치를 취했을 경우 그것이 법원이나 노동위원회의 구제 결정이 예정한 범주에 속하는 조치라면 노사 간에 다소 이견이 있더라도 그 조치 자체를 불법이라고 할 수 없다. 그리고 일방적 구제조치를 취했다는 이유만으로 사용자를 부당노동행위 금지규정 위반에 따른 책임을 지도록 하는 것도 타당하지 않다. 따라서 노동위원회와 법원의 구제명령 이행에 관한 사항은 임의적 교섭사항에 해당한다고 보는 것이 타당할 것이다.

(3) 비조합원에 관한 사항

우리나라에서는 비조합원에 관한 사항에 대해서는 노동조합이 사용자에게 교섭을 요구할 권한이 인정될 수 없다. 노동조합은 조합원을 대표할 뿐, 사용자와 근로계약관계가 있는 종업원 전체의 대표라고 할 수 없기 때문이다. 다만 근로기준법 등에 의해 과반수로 조직된 노동조합이 특별한 동의권한을 부여받은 사항에 대해서는 예외가 될 것이다. 또한 사용자가 임의로 노동조합에게 협의를 요청할 경우에도 노동조합이 그 협의에 응하여 교섭을 할 수도 있을 것이다. 그러나 그러한 사항 이외의 것에 대해서는 노동조합의 대표자가 비조합원에 관한 사항을 교섭대상으로 해서 사용자에게 교섭을 요구할 수는 없다고 보는 것이 원칙적으로 타당하다. 그러나 비조합원의 근로조건이 조합원의 근로조건 및 노동조합의 지위에 직접 또는 중요한 영향을 주는 경우에는 그러한 사항은 단체교섭의 의무적 교섭사항이 된다고 볼 수 있다. 조합원이 아닌 어떤 근로자에 대한 성희롱이 발생한 것을 계기로 노동조합이 향후 동일한 사안이 발생할 것을 대비하여 처리 절차 마련을 위해 교섭을 요구하는 경우도 마찬가지로 판단할 수 있을 것이다. 이와 관련하여 일본에서는 노동조합이 비조합원에 관한 사항을 교섭을 요구해도 언제나 의무적 교섭사항이 된다고 보는 견해,[139] 비조합원의 고유의 이익에 관한 사항 등은 원칙적으로 노동조합 대표자의 대표권 행사 범위에 속하지 않지만, 근로자 전체에 적용 가능한 일반적인 기준·제도에 대해서는 비조합원에 관한 사항도 의무적 교섭사항에 포함될 수 있다 견해 등이 제시되고 있다.[140] 그러나 비조합원의 근로조건 변경이 조합원의 근로조건 변경에 직접적인 영향을 미치는 경우

---

139) 西谷 敏, 「労働組合法」, 301쪽.

140) 水町勇一郎, '団体交渉は組合員の労働契約のためにあるのか?', 91쪽 이하.

에만 의무적 교섭사항이 된다고 보는 것이 타당하며 비조합원에 관한 사항 그 자체로는 임의적 교섭사항이라고 보는 것이 옳다고 본다.[141] 비조합원에 관한 사항이 의무적 교섭사항이 되는 추가적인 사례로는 노동조합 가입대상이 아닌 기간제 근로자를 채용함으로써 조합원의 직종이 변경되는 경우, 퇴직자를 노동조합 가입 대상이 아닌 기간제 근로자로 충원함으로써 조합원이 감소하는 경우 등을 예로 들 수 있다.[142]

Ⅳ. 교섭대상이 될 수 없는 사항

1. 강행법규에 위반되는 사항에 대한 교섭

강행법규에 위반되는 사항이나 사용자의 처분 권한이 없는 사항은 원칙적으로 단체교섭의 대상으로 할 수 없다. 강행법규란 선량한 풍속 기타 사회질서에 관계되는 법률 규정을 말한다.[143] 소수노동조합의 조합원을 차별해줄 것을 요구하는 교섭, 여성이나 장애인을 채용하지 않을 것을 요구하는 교섭, 주식가격 변동에 결정적 영향을 줄 수 있는 경영사항을 조합원들에게 비밀리에 제공해줄 것을 요구하는 교섭, 회사의 불법 폐기물 반출 행위에 노동조합이 협조해달라는 사용자의 요구사항을 다루는 교섭 등이 있을 것이다. 이와 같은 불법적인 사항에 대해 당사자가 교섭을 진행하고 협의하는 것을 제재할 수 있는 규정은 없다.[144] 그러나 강행법규에 위반되는 사항에 대해 합의하고 단체협약을 체결해도 효력이 없으므로,[145] 합의를 이행하는 것은 허용되지 않는다. 그리고 그러한 행위에 대한 제재가 예정되어 있으므로, 형법상 예비죄가 성립할 수 있는지를 막론

---

141) 菅野和夫, 「勞働法」, 656쪽.
142) 임종률, 「노동법」, 136쪽.
143) 민법 제103조, 제105조 등 참조.
144) 박홍규, 「노동단체법」, 244쪽.
145) 하경효, '단체교섭 대상, 어디까지 가능한가', 15쪽.

하고, 구체적인 행위의 전단계인 위법한 사항에 대한 교섭 요구, 교섭과 합의까지도 모두 허용되지 않는다고 보아야 한다.[146]

또한 공무원의 노동조합 설립 및 운영 등에 관한 법률 제8조 제1항 단서는 공무원 노동조합이 단체교섭을 요구할 때에 법령 등에 따라 국가나 지방자치단체가 그 권한으로 행하는 정책결정에 관한 사항, 임용권의 행사 등 그 기관의 관리·운영에 관한 사항으로서 근무조건과 직접 관련되지 아니하는 사항은 교섭의 대상이 될 수 없다고 규정하고 있다.

2. 사용자에게 처분권한이 없는 사항에 대한 교섭

사용자에게 처분권한이 없는 사항에 대해 노동조합이 단체교섭을 요구하는 경우, 그러한 교섭 요구에 사용자가 응하고 합의를 한다 하더라도 사용자에게 그 합의사항을 이행할 권한과 가능성이 없으므로 아무런 의미가 없다. 그러나 장차 사용자가 그 권한을 확보할 가능성이 있고, 사용자가 그 권한을 확보해서 이행하기로 하는 합의를 하였다면 그러한 합의는 유효하다고 하여야 할 것이다.

여기에서 문제가 되는 것은 정치적인 사항에 대한 단체교섭이다. 원칙적으로 정부나 사법부, 국회의 활동과 관련된 정치적인 사항에 대한 단체교섭은 사용자에게 전혀 결정권한이 없기 때문에 정당한 단체교섭 대상이라고 보기 어렵다. 단체행동권과 관련해서는 정치적 쟁점에 대한 쟁의행위 가능성에 대해서는 허용되지 않는다는 견해,[147] 순수한 정치목적 쟁의행위는 허용되지 않지만 그 목적이 근로조건의 향상이라면 허용된다는 견해[148] 등이 제시되고 있지만, 단체교섭권과 관련해서는 직접 정치

146) Harper/ Estreicher/ Flynn, 「Labor Law-Cases, Materials, and Problems」, 516쪽.

147) 김형배, 「새로 쓴 노동법」, 1121쪽; 대판 1990. 5. 15, 90도537; 대판 1991. 1. 29, 90도2852 등.

148) 김유성, 「노동법II」, 230쪽 이하; 박홍규, 「노동단체법」, 384쪽 이하; 임종률, 「노동법」, 235쪽 이하.

적 사항을 교섭대상으로 하는 문제에 대한 논쟁은 찾아보기 어렵다. 생각해보면 단체행동과 관련해서는 정치적인 주장이라도 그것이 근로조건 개선을 위한 목적이 분명하다면 사용자에게 처분권한이 있는지 여부를 정당성 판단 기준으로서 엄격하게 적용하지 않아야 할 상황이 있을 수도 있다고 보인다. 그러나 쟁의행위와 달리 단체교섭의 경우에는 교섭 자리에 마주 앉은 상대방이 그 문제에 대해 교섭하고 결정할 권한이 있는지 여부가 매우 본질적인 전제가 된다. 그러므로 정치적인 쟁점을 둘러싼 노동조합과 일반 사용자 사이의 단체교섭은 무의미하고, 만약 정치적 쟁점에 대한 단체교섭을 노동조합이 요구한다면 상대방인 사용자는 그러한 단체교섭 요구를 거부할 수 있다고 보는 것이 타당하다.

제4절 복수노조 시 단체교섭권 보유 주체에 따른 분류

복수노조가 병존하는 상황에서 교섭대표 노동조합이 결정되면 교섭대표 노동조합과 교섭대표 아닌 노동조합 사이에는 단체교섭권의 분화 내지 분점 현상이 나타난다. 그러므로 개별적인 교섭대상들이 구체적으로 교섭대표 노동조합에게 귀속되는지 아니면 교섭대표 아닌 노동조합도 단체교섭권을 행사할 수 있는 대상인지를 나누어서 살펴볼 필요가 있다. 우선 앞에서 살펴본 개별적 단체교섭 대상 사항들을 중심으로 검토한다.

Ⅰ. 분류 기준

교섭대표 노동조합이 독점하는 단체교섭의 대상과 교섭대표 아닌 노동조합이 여전히 보유하는 단체교섭의 대상을 나누는 가장 중요한 기준은 단체협약 체결을 목적으로 하는지 여부이다. 우리 헌법 제33조 제1항의 규정 취지와 노조및조정법의 체계적 해석상, 단체교섭권은 독자적인 의의가 인정되는 기본권으로서 단체협약 체결을 위한 수단적 권리로 인식되어서는 안 되므로 단체협약 체결 목적 단체교섭 이외에 단체협약 체결을 지향하지는 않지만 사용자와 협의 절충해야 할 사항이 있을 때에 노동조합에게 인정되는 단체교섭권이 있으며, 교섭대표 노동조합이 행사하도록 규정된 단체교섭권은 단체협약 체결 목적 단체교섭이라고 보아야 하기 때문이다.

따라서 단체협약 체결을 위한 교섭대상은 교섭대표 노동조합이 독점적으로 행사할 수 있는 반면, 그 이외의 교섭사항에 대해서는 교섭대표 아닌 노동조합도 단체교섭권을 독자적으로 행사할 수 있다. 각각 노동조합이 행사하는 단체교섭의 대상 사항 중 임의적 교섭사항에 해당하는 것과 의무적 교섭사항에 해당하는 것의 목록은 앞의 설명을 참조하기 바란다.

Ⅱ. 교섭대표 노동조합이 독점하는 단체교섭의 대상

앞에서 설명한 단체교섭 대상 사항들 중 단체협약 체결을 목적으로 하는 단체교섭 대상은 교섭대표 노동조합이 독점적으로 행사할 수 있는 단체교섭권의 영역에 포함된다. 즉 근로조건 기타 대우에 관한 문제를 결정하여 단체협약에 규정하기 위한 사항, 조합원 인사조치 시 사용자가 노동조합과 합의 또는 협의하도록 의무조항을 단체협약에 규정하는 문제, 쟁의행위와 단체행동의 절차 등을 정한 노사관계의 절차적 규율에 관한 사항과 노동조합활동 보장에 관한 사항, 경영에 관한 사항 중에 경영상 이유에 의한 해고 등 고용조정 절차와 요건 등을 단체협약에 정하기 위한 사항 등이 여기에 해당한다고 볼 수 있다. 다만 근로기준법, 산업안전보건법 등에 과반수 노동조합이 근로자대표로서 동의나 협의권한을 행사하도록 규정되어 있는 사항에 대해서는 의문의 여지가 있는데, 통상 교섭대표 아닌 노동조합이 근로기준법 등에 의한 근로자대표의 지위를 갖게 될 가능성은 거의 없다는 점에서 교섭대표 노동조합이 독점할 수 있는 권한으로 설명하는 것이 특별한 문제는 없다고 판단된다. 물론 교섭대표 노동조합이 대표하는 조합원 수가 전체 근로자의 과반수에 이르지 못하는 경우에는 그와 같이 해석할 수 없을 것이다.

이러한 사항에 대하여 사용자가 교섭대표 아닌 노동조합의 교섭 요구에 응하면서 교섭대표 노동조합의 교섭 요구에는 응하지 않을 경우 노조및조정법 제81조 제3호에 규정된 단체교섭 거부의 부당노동행위에 해당한다고 보아야 한다. 왜냐하면 이것은 노조및조정법상 정당하게 부여된 교섭대표 노동조합의 단체교섭권을 침해하는 것으로 보아야 하고, 교섭대표 아닌 노동조합과 사용자가 임의로 교섭창구 단일화 절차의 결과를 부정하는 것을 용인해서는 안 되기 때문이다.

Ⅲ. 교섭대표 아닌 노동조합이 보유한 단체교섭의 대상

앞에서 설명한 단체교섭 대상 사항들 중 단체협약의 해석·적용에 관한 사항으로서 자기 노동조합이나 조합원에 관한 사항, 사용자가 단체협약에 근거하지 않고 행하는 조합원의 인사에 관한 사항, 근로자의 근로조건에 중대한 영향을 미치는 경영상 판단이나 조치로서 단체협약에 규정되지 않은 사항, 단결권 보장에 관한 사항으로서 노동조합의 유지·존속에 관련된 사항 중 단체협약에 규정되지 않은 사항,[149] 필수유지업무협정 체결 목적 교섭,[150] 조합원에 대하여 직장 내에서 동료 간 집단 괴롭

---

149) 단체협약의 채무적 부분은 일반 계약법리가 미치는 영역이므로 소수조합이 독자적인 교섭권과 협약 체결권을 가지며, 이에 대한 소수 노동조합의 교섭 요구에 사용자가 거부하는 경우 부당노동행위가 성립될 수 있다고 보는 견해가 있다(조상균, 「복수노조하에서의 소수조합의 법적 지위」, 99면).

150) 노조및조정법 제29조의5는 필수유지업무협정 체결과 노동위원회에 대한 유지·운영 수준의 결정 신청에 대한 제42조의3, 제42조의4의 "노동관계 당사자"에 대해서는 교섭대표 노동조합으로 간주하는 규정을 두지 않고, 필수유지업무 근무 근로자

힘이나 성희롱이 발생한 경우 피해자 구제와 재발 방지 대책 마련을 위한 교섭 등이 있을 수 있다. 이 사항들은 교섭대표 아닌 노동조합이 교섭을 요구할 경우 사용자에게 교섭에 임할 의무가 발생하는 의무적 교섭사항이다. 그 외에 순수한 경영상 문제에 관한 사항, 공정대표의무 위반에 관한 사항으로서 노동위원회에 대한 시정신청 전에 노동관계 당사자가 위반사항을 해소하기 위해 진행하는 교섭, 노동위원회나 법원의 부당노동행위 또는 부당해고 구제명령이나 판결의 이행 방법을 둘러싼 교섭, 비조합원의 처우에 대한 사항 등도 사용자가 노동조합의 교섭 요구에 임의로 응한 경우에는 교섭이 가능하다고 본다. 자기 노동조합 조합원에 관해서 교섭대표 아닌 노동조합이 행할 수 있는 단체교섭 사항은 동시에 교섭대표 노동조합이 자기 조합원을 위해서 교섭대표 노동조합 지위가 아닌 개별 노동조합의 지위에서 사용자와 교섭할 수 있는 사항이라고 할 수 있다. 단체교섭 창구단일화 이후에도 교섭대표 노동조합에게 독점적인 단체교섭권이 인정되는 사항이 아닌 사항, 즉 단체협약 체결목적이 아닌 사항에 대한 개별 노동조합의 교섭요구가 있을 때에는 사용자는 교섭대표 노동조합과 교섭하고 있음을 이유로 단체교섭을 거부할 수 없다. 이러한 점에서 노조및조정법 제29조의5가 노조및조정법 제81조 제3호의 "노동조합"을 "교섭대표 노동조합"으로 한정하여 부당노동행위 규정의 보호대상을 교섭대표 노동조합으로 한정하고 있는 것은 심각한 입법상의 오류이다. 단체협약 체결 목적 아닌 단체교섭이 교섭대표 아닌 노동조합과 사용자 사이에서 진행될 때, 노동조합 측 당사자가 교섭대표 노동조합인지 여부를 불문하고 사용자는 교섭 상대방인 노동조합에 대해 성실교섭

의 지명과 통보에 대해서만 교섭대표 노동조합이 그 역할을 하도록 제42조의6에 정하고 있다. 이러한 규정 태도는 필수유지업무협정 체결과 노동조합에 대한 유지·운영 수준 결정 신청은 교섭대표 노조 아닌 노동조합도 이를 할 수 있고, 다만 쟁의행위와 관련된 절차만 교섭대표 노동조합이 할 수 있도록 하여 필수유지업무 관련 절차에서 교섭대표 노동조합의 권한과 역할을 최소한으로 제한한 것으로 이해할 수 있을 것이다.

의무를 부담하기 때문이다.

다만 교섭대표 노동조합이 당사자가 되어 체결한 단체협약의 해석·적용과 관련된 사항은 단체협약 체결 주체인 교섭대표 노동조합에게 우선적인 교섭권한이 있다고 해야 한다.

Ⅳ. 단체교섭권이 병존하는 사항

체결된 단체협약의 해석과 적용에 관한 사항은 단체협약 체결권자인 교섭대표 노동조합이 정당하게 교섭창구 단일화에 참여한 노동조합 전체와 그 조합원들을 위하여 단체교섭을 할 수 있는 권한을 가진다. 교섭창구 단일화 절차에 참여한 노동조합들을 대표하여 해당 단체협약을 구성하고 사용자와 합의한 대표권자이기 때문에 그 해석과 적용에 있어서도 원칙적으로 우선하여 교섭권을 가진다고 보는 것이 타당하기 때문이다. 교섭대표 아닌 노동조합은 자신과 자신의 조합원에 대한 단체협약의 해석과 적용과 관련된 사항에 대해서는 교섭대표 노동조합이 적법하게 교섭대표권을 행사하고 있는 한 원칙적으로 그와 중복되는 단체교섭권 행사가 인정될 수 없다고 보아야 하지만, 교섭대표 노동조합이 그 부분에 관하여 전혀 단체교섭권을 행사하지 않고 있거나, 자신의 노동조합만을 위하여 교섭대표로서의 단체교섭권을 행사하고 있다면, 노조및조정법 제29조의4에 규정된 공정대표의무 위반에 따른 시정신청을 할 수 있는 것 이외에 자신과 자신의 조합원에 대한 단체협약의 해석과 적용과 관련된 사항에 대해서는 해당 노동조합이 교섭대표 노동조합인지 여부를 막론하고 단체교섭권을 행사할 수 있다고 보는 것이 타당하다. ILO 결사의 자유위원회에서도 국내법에 따라 교섭대표 노동조합(most representative union)이 있는 경우에도 소수 노동조합(minority unions)이 조합원들을 위해 이의를 제기하고 개별 고충에 대해 조합원들을 대표하는 권리를 저해하는 효과를 가져서는 안 된다고 판정했다.[151] 다만 동일한 사항에 대하여 교섭대표 노동조합과 교섭대표 아닌 노동조합이 동시에 교섭을 요구할 경우, 대표의 법리에 따라 사용자가 우선 단체협약 체결 당사자인 교섭대표 노동조합과의 단체교섭에 임한다면 단체교섭 거부의 부당노동행위문제는 발생하지 않는다고 보아야 할 것이다.

이에 대한 대표적인 사례는 단체협약에 근거하여 조합원을 징계하는 문제가 될 것이다. 단체협약상 징계위원회 구성 조항에 근거하여 사용자가 징계위원회를 구성할 때에 참여 노동조합이 교섭대표 노동조합이 되어야 하는지 또는 징계를 당하는 조합원이 소속된 노동조합이 되어야 하는지, 징계위원회를 거치지 않고 징계가 행해졌을 때에 이 문제에 대한 교섭을 교섭대표 아닌 노동조합이 제기할 수 있는지 하는 문제 등이다. 우선 단체협약에 따른 징계위원회 등 구성에 대한 문제는 단체협약의 적용 및 이행과 관련된 문제이므로 앞에서 설명한대로 교섭대표 노동조합이 우선 단체교섭권을 행사할 수 있다고 보아야 한다. 그리고 교섭대표 노동조합이 징계위원회 구성 및 논의에 소극적인 경우 보충적으로 징계대상자가 속한 교섭대표 아닌 노동조합이 대표권을 보유한다. 징계위원회를 거치지 않고 징계가 행해진 경우도 똑같이 볼 수 있을 것이다. 징계대상자가 소속된 교섭대표 아닌 노동조합이 우선 관여하도록 하는 것이 피징계자의 방어권 보장에 충실할 수 있는 방법이기도 하다.[152] 만일 교섭대표 아닌 노동조합이 징계위원회를 거치지 않고 징계처분이 내려진 자기 조합원에 대한 징계가 부당함을 주장하면서 단체교섭을 요구해서 사용자가 이에 응하여 단체교섭을 개시한 이후에 교섭대표 노동조합이 동일한 문제에 대하여 사용자에게 단체협약의 해석과 적용에 문제가 있음을 주장하면서 단체교섭을 요구하면 사용자는 어떻게 하여야 할까? 이

151) The Committee on Freedom of Association of ILO, 167쪽, para 829.
152) 김동욱, '복수노조 사업장의 징계 관여 노동조합 결정', 79쪽 이하.

때 기왕에 진행된 교섭을 무위로 돌리고 새로이 절차를 진행하라는 것은 사용자에게 지나치게 가혹하고, 분쟁상태를 다중화, 장기화 하는 문제가 있다는 점을 고려하면 이미 진행 중인 교섭을 이유로 교섭대표 노동조합이 제기한 단체교섭 요구를 거부할 수 있다고 보는 것이 옳을 것이다. 다만 교섭대표 노동조합의 단체교섭권을 보장한다는 측면에서 교섭대표 아닌 노동조합과의 교섭에 착수하기 전에 사용자가 교섭대표 아닌 노동조합이 해당 문제에 대하여 교섭을 요구했다는 사실을 교섭대표 노동조합에 사전에 통보하고 이에 대하여 교섭대표 노동조합이 자신이 이 문제에 대하여 교섭하겠다고 주장한 경우라면 교섭대표 노동조합이 우선하여 교섭할 권한이 있다고 보아야 할 것이다. 이 문제에 대해서 당사자인 교섭대표 아닌 노동조합의 교섭권은 보충적이라고 보아야 하기 때문이다.

제5장
단체교섭의 종류와 방식, 절차

제 5 장
단체교섭의 종류와 방식, 절차

> 집단적 자치라는 의미는 단지 단체협약을 통한 자치뿐만 아니라 앞으로 노사관계 변화에 따라 개발될 수 있는 다른 유형의 집단적 자치형태도 포섭될 수 있는 개방적 의미로 이해하여야 할 것이다. - 박종희 -

제1절 단체교섭의 종류와 방식

Ⅰ. 단체교섭의 종류

단체교섭의 종류란 단체교섭이 존재하는 형태를 몇 갈래로 나누어 내용과 특징별로 묶어놓은 것으로서 단체교섭을 체계적으로 인식하기 위한 방법론적 사고의 결과이다. 단체교섭의 종류는 교섭의 단계에 따라, 교섭의 목적에 따라 각각 다르게 파악될 수 있다.

1. 교섭 단계에 따른 분류

(1) 예비교섭(실무협의)

예비교섭은 본래의 단체교섭을 원활하게 진행하기 위해, 본격적인 단체교섭 개시 이전에 단체교섭 의제와 개시 일시, 단체교섭 장소와 교섭위원의 규모, 배석자의 범위 등 단체교섭 세부 진행 방식에 대해 미리 합의하기 위해 진행하는 단체교섭을 말한다.[1)] 실무협의라고도 한다. 이를 실무교섭이라고 부르는 경우도 있는데 본교섭을 진행다가 일시 중단하고 세부적이고 실무적인 사항에 대해 우선 합의하기 위해 실무자 차원의 단

---

1) 西谷 敏, 「勞働組合法」, 302쪽.

체교섭을 진행하는 것을 가리키는 실무교섭과는 구별해야 한다. 예비교섭의 경우에도 예비교섭에서 합의된 사항을 분명히 하기 위해 합의서를 작성하는 것이 일반적이다. 이때 합의서는 단체협약으로서의 성격을 갖는다. 다만 합의서가 작성되지 않고 회의록만을 작성하여 보관하기로 한 경우에 그 회의록은 단체교섭에 참여한 노동관계 당사자 쌍방의 서명 또는 날인이 없기 때문에 참고자료는 될 수 있을지 몰라도 단체협약으로 인정하기는 어렵다. 만약 회의록에 노동관계 당사자 쌍방의 서명 또는 날인이 있다면 단체협약의 효력을 인정할 수 있다. 예비교섭은 단체교섭을 진행하기 위해 필수적인 절차는 아니지만 원활하고 효율적인 단체교섭의 진행을 가능하도록 한다는 점에서 매우 중요한 의미를 갖는다. 예비교섭에서 합의된 내용에 중대하게 위반하여 노동조합이 단체교섭을 요구할 경우 사용자는 정당하게 이를 거부할 수 있다.[2] 실무적으로 단체교섭의 차수를 계산할 때 예비교섭 개최 횟수를 산입하지 않는 것이 보통이지만 산입하는 경우도 있다. 이는 관행과 합의의 내용에 따라 달라진다.

노동조합 측이 예비교섭을 요구하는 경우에 사용자가 이를 거부하면 노조및조정법 제81조 제3호 위반으로 단체교섭 거부의 부당노동행위에 해당할 수 있다. 예비교섭 거부로 인해 본교섭의 진행까지 거부되는 결과가 되기 때문이다. 그러나 노동조합 측이 예비교섭을 요구하는데 사용자가 곧바로 본교섭을 개시할 것을 주장하거나, 노동조합 측이 본교섭 개시를 요구하는데 사용자가 예비교섭을 주장하는 것을 부당노동행위라고 보아서는 안 된다. 단체교섭의 효율적인 진행을 위해 사전에 예비교섭을 진행하는 것이 합리적일 수 있기 때문이다. 따라서 사용자가 본교섭에 앞서 예비교섭을 진행할 것을 요구하면 노동조합 측은 특별한 사정이 없는 한 이를 수용해야 한다.[3]

---

2) 김형배, 「새로 쓴 노동법」, 1027쪽.

3) 西谷 敏, 「勞働組合法」, 303쪽.

절차적으로 예비교섭이 개시되기 전에 노조및조정법 제29조 이하의 단체교섭 창구단일화 절차가 선행하게 된다. 교섭대표 노동조합이 결정되거나 개별교섭이 결정된 이후에 비로소 해당 교섭단위 내에서 예비교섭이 시작될 수 있다. 따라서 노동조합 측이 예비교섭을 요구할 때 사용자가 단체교섭 창구단일화 절차 선행을 주장하면서 예비교섭을 거부하는 것은 단체교섭 거부의 부당노동행위에 해당하지 않는다. 노동조합 측의 예비교섭 요구를 단체교섭 요구로 간주하고 사용자가 노조및조정법 시행령 제14조의3 제1항에 따라 교섭요구사실을 공고하면 그 공고는 적법한 공고라고 보아야 한다. 이 경우 적법한 공고가 있고 정상적으로 단체교섭 창구단일화 절차 중 교섭참여노조 확정 절차가 개시된 것으로 보아야 한다.

본격적인 단체교섭에 앞서 예비교섭을 진행하도록 법률로 강제하고 있는 경우도 있다. 공무원 단체교섭과 교원 단체교섭이 그 예이다. 공무원의 노동조합 설립 및 운영 등에 관한 법률 시행령[4] 제9조는 "노동관계 당사자는 교섭위원의 선임이 통보되면 지체 없이 교섭 내용, 교섭 일시, 교섭 장소, 그 밖에 교섭에 필요한 사항을 협의하고 교섭을 시작하여야 한다"고 규정한다. 교원의 노동조합 설립 및 운영 등에 관한 법률 시행령[5] 제3조도 "교섭 통보가 있는 경우 노동관계 당사자는 그 소속원 중에서 지명한 사람으로 하여금 교섭 시작 예정일 전까지 교섭 내용, 교섭 위원 수, 교섭 일시 및 장소, 그 밖에 교섭에 필요한 사항에 관하여 협의를 하도록 한다"고 규정하고 있다. 그렇다면 공무원이나 교원으로 구성된 노동조합이 단체교섭을 진행하는데 예비교섭을 거치지 않고 곧바로 본교섭을 요구하면 정부대표나 교육감 등 사용자 측 당사자는 본교섭을 거부할 수 있을까? 예비교섭을 거치지 않은 공무원과 교원 부문의 단체교섭은 불법적인 단체교섭 요구가 되는 것으로 보아야 하는가? 예비교섭을 강제

4) 대통령령 제25000호, 2013. 12. 16 시행.
5) 대통령령 제24447호, 2013. 3. 23 시행.

하는 규정들이 모두 법률이 아니라 시행령에 규정되어 있는데 모법에는 그러한 규정이 없다는 점, 단체교섭에 임하는 당사자들이 예비교섭이 불필요하다고 판단하는 경우 그 판단을 존중하는 것이 합리적이라는 점 등을 고려하면 공무원의 노동조합 설립 및 운영 등에 관한 법률 시행령 제9조, 교원의 노동조합 설립 및 운영 등에 관한 법률 시행령 제3조 규정에도 불구하고 예비교섭 전치 규정은 임의규정이라고 해석하는 것이 타당하다고 본다.

(2) 본교섭

본교섭은 단체교섭 권한을 가진 노동관계 당사자가 직접 또는 위임을 통해 노동조합 측이 제시한 교섭의제 또는 예비교섭에서 확정된 교섭의제와 관련하여 자신들의 의견을 개진하고 조율하면서 진행하는 단체교섭을 말한다. 본교섭은 예비교섭이나 실무협의, 실무교섭 등과 구별하기 위한 상대적인 개념으로 사용된다. 따라서 예비교섭의 상대적인 개념인 경우에는 예비교섭 후에 본격적으로 진행되는 단체교섭 의제를 다루는 교섭을 말하고, 실무교섭의 상대 개념인 경우에는 주요 의제를 다루는 본교섭위원 차원의 단체교섭을 말한다. 후자의 실무교섭도 예비교섭과 대비해서는 본교섭이 될 수 있다. 통상 단체교섭이라고 하면 본교섭을 뜻하는 경우가 많다. 이 책에서도 특별한 부가설명이 없으면 단체교섭은 본교섭을 지칭하는 것이다.

(3) 실무교섭

실무교섭은 단체교섭을 진행하다가 지엽적이고 실무적인 사항에 대한 노사 간의 이견을 선결문제로서 해결해야 할 필요가 있을 때, 본교섭의 진행을 일시적으로 중단하고 실무자 차원의 검토와 합의를 진행하는 것을 말한다. 실무교섭을 통해 합의가 도출되면 이 합의사항을 전제로 본교섭인 단체교섭이 다시 진행된다. 실무교섭은 분과위원회 형태로 진행되기도 한다. 단체교섭의 차수를 계산할 때 실무교섭 개최 횟수를 산입하는 경우도 있고 산입하지 않는 경우도 있다. 관행과 당사자의 합의 내용에 따라 달라진다. 실무교섭만의 독자적인 차수를 별도로 부여하는 경우도 있다.

실무교섭은 단체교섭 담당자의 합의에 따라 개최될 수 있고, 실무교섭에서 논의하기로 한 의제에 대한 논의가 마무리되지 않은 상황에서 양 당사자의 합의에 따라 실무교섭을 중단하고 본교섭을 재개할 수도 있다. 다만 실무교섭에서 합의하기로 정한 사항이 합의되지 않고 있을 때 단체교섭에 참여한 노동관계 당사자 일방은 상대방의 본교섭 재개요구를 거부할 수 있으며, 사용자가 거부하는 경우에도 단체교섭 재개를 거부할 수 있는 상당한 이유가 있는 것으로 판단할 수 있다.

2. 교섭 목적에 따른 분류

단체교섭의 목적을 단체협약을 중심으로 분류하면, 앞에서 자세히 설명한 바와 같이 단체협약을 체결할 것을 목적으로 하는 단체교섭과 단체협약 체결을 목적으로 하지 않는 기타의 단체교섭으로 나눌 수 있다.

(1) 단체협약 체결 목적 단체교섭

가. 단체교섭

앞에서 우리는 단체교섭이라고 하면 근로자의 단결체가 근로조건 및 기타 근로자의 대우에 대한 사항과 노사관계에 있어서의 실체적 또는 절차적 각종 규율에 관한 사항을 설정하거나 해석·적용하기 위하여 사용자 또는 사용자단체와 협의하고 절충해가는 과정 및 체계를 말한다고 정의한 바 있다. 여기에서 말하는 단체교섭은 그 중에서도 특히 조합원의 근로조건과 노동조합의 대우에 관한 사항은 물론 임금을 포함하는 단체협약에 기재되어야 하는 사항에 대한 교섭을 말한다. 임금교섭과 단체교섭을 별도로 진행하는 경우에는 단체교섭에서는 임금과 관련된 사항은 본격적으로 다루지 않는다. 그러나 임금교섭에 대한 상대적 개념으로서는 단체교섭은 임금교섭을 포함하는 광의의 개념이라고 할 수 있다.

나. 임금교섭

임금교섭이라고 하면 단체협약에 포함될 내용 중 특히 임금인상률, 임금 구성항목, 임금 계산 방법, 임금체계 개편 등에 관하여 규정하고 있는 소위 임금협약을 체결하거나 개정하기 위한 교섭을 말한다. 우리 집단적 노사관계법 개정의 연혁을 보면 단체협약의 유효기간이 여러 차례 변경되어 왔다. 1953년 제정 노동조합법[6] 제3조는 단체협약의 유효기간을 1년으로 정하고 있었다. 그러한 상태가 20년 이상 지속되어오다가, 단체협약과 임금협약의 유효기간을 구별하여 규정하기 시작했는데 그 시작은 1980년 개정 노동조합법이었다.[7] 1980년 개정 노동조합법 제35조는 단체협약의 유효기간은 3년을, 임금협약의 유효기간은 1년을 초과할 수 없도록 규정했다. 이 내용은 1987년 개정 시에[8] 단체협약은 2년, 임금협약은 1년으로 최장 유효기간이 변경되었다. 그리고 1997년 노조및조정법 제정 시에 임금협약을 포함한 단체협약의 유효기간이 2년으로 통일되었다. 하지만 16년 가까운 기간 동안 우리나라에서는 임금에 관한 단체협약의 최장 유효기간을 1년으로 한정하는 규정이 시행되어 왔다. 그 영향으로 지금도 단체협약은 매 2년마다 체결하고, 그 중 임금에 관한 협약만은 매 1년마다 체결하는 관행을 유지하는 사업 또는 사업장이 다수 있다. 단체교섭과 구별하여 임금교섭이라는 용어가 사용되는 배경에는 유효기간이 단체협약과는 다른 임금협약을 별도로 체결하는 관행이 자리 잡고 있다. 이때의 임금교섭이란 단체협약과 유효기간이 상이한 임금과 관련된 사항을 담은 단체협약을 체결하기 위한 교섭만을 말하는 상대적인 개념이다. 단체교섭에 대한 집중력을 높이고 노동관계 당사자가 신중하게 단체교섭에 임할 수 있도록 하기 위해, 잦은 교섭으로 인해

---

6) 법률 제280호, 1953. 3. 8 시행.

7) 법률 제3350호, 1980. 12. 31 시행.

8) 법률 제3966호, 1987. 11. 28 시행.

노동관계 양 당사자가 경제적·심리적·조직적으로 소모적인 상황에 처하는 것을 막기 위해서 단체교섭과 임금교섭의 개시 주기는 통일하는 것이 바람직하다.

(2) 기타의 단체교섭

단체교섭권과 단체교섭의 개념을 정의하는 과정에서 우리는 단체교섭 개념의 2원성을 인정할 필요가 있다는 데에 동의했다. 단체교섭 사항 중에는 단체협약화 하는 것이 적당하지 않은 사항이 있을 수 있고, 단체교섭은 단체협약 유효기간 중에도 단체협약 체결 이후의 문제에 관하여 계속되어야 하기 때문이다. 단체협약의 적용, 의미 보충, 이행 등과 관련된 문제, 단체협약에 규정되지는 않았지만 근로자들의 근로조건 형성 및 변경에 중요한 영향을 미치는 문제 등이 있을 때에 노사 간의 단체교섭은 지속적으로 이루어지고 이를 통해 문제가 해결되어야 한다. 이러한 목적으로 계속적으로 이루어지는 단체교섭을 노조및조정법 제81조 제3호는 '기타의 단체교섭'이라고 표현하고 있다. 기타의 단체교섭은 단체협약 체결 목적 아닌 단체교섭이라고 할 수도 있다.

Ⅱ. 단체교섭의 방식

단체교섭의 방식이란 단체교섭의 주체가 선택하여 실행하는 단체교섭의 기술적·형태적 측면에서의 방법이나 형식을 말한다. 앞에서 설명한 모든 종류의 단체교섭은 다음에 설명하는 각각의 방식들에 따라 행해질 수도 있다. 단체교섭의 방식은 노동조합과 사용자 사이의 합의에 따라 결정되어야 한다. 따라서 노동관계 당사자 중 어느 일방이 자신이 원하는 특정한 교섭 방식대로 교섭할 것을 주장하면서 이를 받아들이라고 상대방에게 요구한다 하더라도 상대방이 그 교섭 방식을 수용해야 하는 의무는 없다. 예를 들어 어떤 산업별 노동조합이 해당 산업의 사용자들에게 집단교섭에 응할 것을 요구한다 하더라도 사용자들은 집단교섭을 거부하고 개별교섭을 주장할 수 있고, 그러한 사용자의 주장이 합리적인 근거 없이 단체교섭을 거부하려는 것이라고 볼 수 없는 한 부당노동행위가 되지는 않는다.[9] 다만 향후 특정한 방식의 단체교섭을 진행할 것을 단체협약에 미리 규정하거나 합의한 경우에는 그 단체협약이나 합의가 유효한 한 노동관계 당사자는 그 합의를 준수하여 합의된 단체교섭의 방식에 따라 교섭을 진행해야 한다.[10] 단체교섭의 방식을 분류하는 방법에는 여러 가지가 있을 수 있지만 교섭의 주체, 담당자, 단체교섭 전술 등에 따라 다음과 같이 분류할 수 있다.

1. 교섭 주체에 따른 분류

(1) 기업별교섭(개별교섭)

기업별교섭이란 특정 사업 또는 사업장 내의 노동조합과 그 상대방인 사용자 사이에서 이루어지는 단체교섭을 말한다.[11] 기업별 지회·분회 등 초기업 단위노동조합의 기업별 산하조직이 단위노동조합의 위임을 받아서 독자적으로 상대방인 개별 사업 또는 사업장의 사용자와 행하는 단체교섭도 기업별교섭에 해당한다.[12] 이러한 교섭방식을 개별교섭이라고 지칭하기도 한다. 하지만 개별교섭이라는 용어를 사용하면 노조및조정법상 단체교섭 창구단일화 절차에서 자율적 교섭대표 노동조합 결정기간 동안에 노동조합 측과 사용자가 행할 수 있는 "개별교섭 동의"에서의 "개별교섭"과 혼동을 일으킬 우려가 있다. 따라서 교섭방식의 분류를 설명함에 있어서는 기업별교섭이라는 용어를 사용하는 것이 더 타당하다고 생각한다.

---

9) 2000. 6. 13, 노조01254-481; 2008. 11. 27, 노사관계법제과-1233.

10) 2008. 3. 7, 노동조합과-58.

11) 김형배, 「새로 쓴 노동법」, 992쪽; 노동법실무연구회, 「노동조합 및 노동관계조정법 주해 I」, 565쪽; 임종률, 「노동법」, 116쪽.

12) 임종률, 「노동법」, 116쪽.

개별 사업 또는 사업장 단위 단체교섭이므로 단체교섭을 진행하는 과정에서 원칙적으로 노조및조정법 제29조 이하의 단체교섭 창구단일화 절차를 따라야 한다. 물론 해당 사업 또는 사업장의 노동관계 당사자가 임의로 창구단일화 절차를 거치지 않고 단체교섭을 진행한다고 해서 해당 단체교섭이 무효가 되는 것은 아니다. 기업별교섭은 개별기업이 가지는 특수성을 반영하여 구체적이고 세밀한 사항에 대한 교섭을 진행할 수 있고[13] 교섭 의제를 매우 자세하고 풍부하게 할 수 있다는 장점이 있다. 반면 개별 사업 또는 사업장의 특수한 상황에 집중하게 되기 때문에 산업이나 지역 전체의 문제를 도외시하거나 자기 기업의 이익만을 추구하게 될 수 있다는 단점도 있다.

(2) 대각선교섭

대각선교섭이란 산업별 또는 지역별 노동조합 등 초기업 단위노동조합과 개별 사업 또는 사업장의 사용자 사이에서 행해지는 단체교섭을 말한다.[14] 대각선교섭은 초기업 단위노동조합에 대응하는 사용자단체가 없거나 유명무실하여 소속 사용자들에 대한 통제권을 상실한 경우 또는 개별 사업 또는 사업장에 특수한 사정이 있어서 노사가 모두 양해할 경우에 채택될 수 있다.[15] 단체교섭을 하려는 목적이 단체협약을 체결하기 위한 것인지 또는 단체협약 체결 목적 이외의 사항에 관한 것인지와 무관하게 대각선교섭 방식이 이용될 수 있다. 즉 단체교섭 대상 사항이 단체교섭의 해석·적용에 관한 것이거나 조합원의 인사에 관한 사항이라 하더라도 대각선교섭 방식으로 단체교섭이 진행될 수 있다. 초기업 단위노동조합이 특정 사업 또는 사업장에 대각선교섭을 요구한 경우에도 노조및조정법 제29조의2 이하의 규정에 따라 교섭창구 단일화 절차를 거쳐야 한다. 교

---

13) 임종률, 「노동법」, 116쪽.

14) 김형배, 「새로 쓴 노동법」, 992쪽; 노동법실무연구회, 「노동조합 및 노동관계조정법 주해 I」, 564쪽; 임종률, 「노동법」, 116쪽.

15) 김형배, 「새로 쓴 노동법」, 992쪽.

섭이 사업 또는 사업장 단위로 이루어지기 때문이다.

하나의 초기업 단위노동조합이 사용자단체로 조직되지 않은 다수의 사업 또는 사업장의 사용자들과 일시에 교섭하는 방식은 대각선교섭의 성격과 집단교섭의 성격이 혼재되어 있는 교섭방식이다. 이러한 방식의 단체교섭 방식을 "집단적 대각선교섭"이라고 부르는 견해도 있다.[16] 집단적 대각선교섭이 정상적으로 진행되려면 해당 초기업 단위노동조합이 집단적 대각선교섭에 응한 각각의 사업 또는 사업장에서 교섭대표 노동조합의 지위를 확보하고 있어야 한다.

노조및조정법 제2조 제4호에 따라 초기업 단위노동조합 외에 연합단체인 노동조합도 단체교섭의 주체가 될 수 있으므로 산업별 연합단체도 대각선교섭의 방식으로 소속 단위노동조합의 위임을 받아 그 단위노동조합의 상대방인 사용자와 교섭할 수 있다.[17] 대각선교섭은 노동조합이 영향력이 있는 주요 사업 또는 사업장의 사용자를 선택하거나 또는 교섭력이 취약하여 노동조합 측의 주장을 비교적 쉽게 관철할 수 있다고 판단되는 사업 또는 사업장의 사용자를 선택하여 모범협약을 체결하고 이를 동일 산업 또는 지역 내의 다른 사용자들이 수용하도록 하는 소위 패턴교섭의 수단으로 활용되기도 한다.[18]

(3) **공동교섭**

공동교섭이란 기업별 단위노동조합으로부터 위임을 받은 연합단체인 노동조합과 해당 기업별 단위노동조합이 또는 산업별 노동조합 등 초기업 단위노동조합과 해당 초기업 단위노동조합 산하의 지회·분회가 공동으로 개별 사용자와 교섭하는 단체교섭 방식을 말한다.[19] 단체협약 체결

16) 임종률, 「노동법」, 117쪽.
17) 김형배, 「새로 쓴 노동법」, 992쪽; 임종률, 「노동법」, 117쪽.
18) 임종률, 「노동법」, 116쪽.
19) 김형배, 「새로 쓴 노동법」, 992쪽; 노동법실무연구회, 「노동조합 및 노동관계조정법

목적 교섭뿐만 아니라 단체협약의 해석·적용에 관한 사항, 조합원의 인사에 관한 사항 등 단체협약 체결 목적 아닌 단체교섭도 공동교섭의 형태로 진행될 수 있다. 기업별교섭을 하면서 산업별 노동조합 소속 교섭위원이 참석하거나 연합단체 소속 교섭위원이 참석하는 것도 공동교섭의 한 유형으로 볼 수 있다.[20] 공동교섭의 경우에도 기업별 단위노동조합 또는 초기업 단위노동조합의 지회·분회 등이 연합단체인 노동조합 또는 초기업 단위노동조합과 함께 사용자에게 단체교섭을 요구하면 노조및조정법 제29조의2 이하의 규정에 따라 단체교섭 창구단일화 절차가 개시된다.

(4) 집단교섭

집단교섭이란 동일한 지역에 있거나 동일한 업종에 속하는 등 서로 밀접한 공동의 이해관계를 가지는 여러 기업별 단위노동조합이 그 노동조합들에 대응하는 사용자들과 단체교섭을 진행하는 방식을 말한다.[21] 기업별 단위노동조합이 연합단체 등 상급단체에 소속되어 있지 않거나 상급단체가 조직되어 있지 않은 경우에 행해지는 교섭 방식이다.[22] 집단교섭은 동일한 지역 또는 업종에 공통된 사항에 대한 단체협약을 체결하기 위해 진행되는 경우가 많다. 개별 기업의 특수한 사항에 대한 단체교섭은 대각선교섭이나 개별교섭, 공동교섭 등의 방식으로 진행하는 것이 합리적이다. 집단교섭 방식에서는 단체교섭의 당사자가 기업별 단위노동조합이기 때문에 해당 노동조합이 노조및조정법 제29조 이하의 창구단일화 규정에 따라 소속 사업 또는 사업장에서 교섭대표 노동조합의 지위를 확보하고 있어야 한다. 만약 어느 특정 사업장에 집단교섭에 참여한 노동조합 이외에 참여하지 않은 다른 노동조합이 존재하고 있고 양 노동조합이

주해Ⅰ」, 564쪽; 임종률, 「노동법」, 117쪽.

20) 임종률, 「노동법」, 117쪽.

21) 김형배, 「새로 쓴 노동법」, 992쪽; 노동법실무연구회, 「노동조합 및 노동관계조정법 주해Ⅰ」, 564쪽; 임종률, 「노동법」, 117쪽.

22) 하갑래, 「집단적 노동관계법」, 234쪽.

교섭창구 단일화를 하지 않기로 개별교섭 합의를 했다면, 공동의 이해관계에 대한 통일적 교섭이라는 집단교섭의 목적을 달성하기 어렵게 된다. 이러한 상황에서는 사용자가 집단교섭 방식을 거부할 가능성이 높다.

집단교섭 방식의 단체교섭을 거쳐 단체협약을 체결하는 경우 단체교섭에 참여한 기업별 단위노동조합의 대표자들과 사용자들이 연명으로 하나의 협약서를 작성하여 서명 또는 날인할 수도 있고, 연명으로 합의서나 협정서를 작성한 이후에 단체교섭에 참여한 각각의 단위노동조합과 상대방인 사용자가 별도로 각각 기업별 단체협약을 체결할 수도 있다. 어떤 수준에서 단체협약이 체결되느냐에 따라 이후 단체협약 유효기간 동안 단체협약 이행과 관련된 교섭이 집단교섭 방식으로 이루어질 것인지 또는 기업별교섭 방식으로 이루어질 것인지가 결정된다. 기업별교섭과 구별되는 산업별 또는 지역별 교섭의 하나라고 볼 수 있다.[23]

(5) **통일교섭**

산업별 또는 지역별 노동조합 등 초기업 단위노동조합과 그에 대응하는 산업별 또는 지역별 사용자단체가 당사자가 되어 단체교섭을 진행하는 방식을 말한다.[24] 노동조합이 산업별 또는 지역별로 조직되어 있고 산하의 조직들에 대한 통제력을 확실히 확보하고 있으면서 동시에 사용자들이 사용자단체를 통하여 단체교섭에 임하도록 압박할 수 있는 충분한 세력을 형성하고 있을 때 가능한 교섭방식이다. 그러나 초기업 단위노동조합이 존재한다 하더라도 사용자단체가 소속 사용자들에 대한 통제력을 상실했거나 대다수 사용자가 탈퇴하여 사용자단체의 존재가 유명무실하게 된 경우에는 집단적 대각선교섭 방식의 단체교섭은 가능하지만 통일교섭 방식은 채택하기 어렵다. 하나의 연합단체인 노동조합이 여러 기

23) 김형배, 「새로 쓴 노동법」, 992쪽; 임종률, 「노동법」, 117쪽.

24) 김형배, 「새로 쓴 노동법」, 992쪽; 노동법실무연구회, 「노동조합 및 노동관계조정법 주해 I」, 563쪽; 임종률, 「노동법」, 116쪽.

업별 단위노동조합의 위임을 받아 대응하는 사용자단체와 교섭하는 방식도 통일교섭의 일종이라고 할 수 있다.[25] 그리고 통일교섭의 경우 단체협약의 체결과 체결된 단체협약의 해석과 이행에 관한 교섭이 중심이 될 수밖에 없다. 단체협약 체결을 목적으로 하지 않는 경영상 결정에 관한 사항이나 개별 조합원의 고충의 처리에 관한 교섭 등은 통일교섭 방식으로 수행되기에는 무리가 있다. 이러한 경우에는 대각선교섭이나 개별교섭, 공동교섭 방식이 더 적합하다.

통일교섭 방식이 법률로 강제되는 경우도 있다. 우리나라 교원의 단체교섭이 여기에 해당한다. 교원의 노동조합 설립 및 운영 등에 관한 법률[26] 제6조 제1항은 "노동조합의 대표자는 그 노동조합 또는 조합원의 임금, 근무 조건, 후생복지 등 경제적·사회적 지위 향상에 관하여 교육부장관, 시·도 교육감 또는 사립학교 설립·경영자와 교섭하고 단체협약을 체결할 권한을 가진다. 이 경우 사립학교는 사립학교 설립·경영자가 전국 또는 시·도 단위로 연합하여 교섭에 응하여야 한다"라고 규정하고 있다. 교원 노동조합 설립은 이 법 제4조 제1항에 따라 "특별시·광역시·도·특별자치도 단위 또는 전국 단위로만 노동조합을 설립"할 수 있기 때문에 결국 통일교섭 방식을 택하도록 강제되어 있다고 볼 수 있다.

통일교섭은 노동조합이 교섭력을 강하게 행사할 수 있고,[27] 해당 산업 또는 지역 전체에 공통된 문제에 관하여 통일적인 교섭과 해결이 가능하다는 장점이 있다. 반면 해당 산업 또는 지역에 공통된 사항에 대한 교섭만 가능하기 때문에 개별기업이 가지는 특수성을 반영한 교섭을 하기 어려워 보충교섭으로서 기업별교섭이 뒤따를 수밖에 없다는 단점이 있다. 산업별 또는 지역별 차원의 통일교섭만으로 단체교섭이 완결되지 못

25) 임종률, 「노동법」, 117쪽.
26) 법률 제13936호, 2016. 8. 4 시행.
27) 하갑래, 「집단적 노동관계법」, 233쪽.

하고 이후에 산하의 기업별 단위노동조합 또는 기업별 지회·분회가 각각의 상대방인 사용자와 개별 사업 또는 사업장 단위의 세부적인 사항에 대하여 별도로 교섭하여야 하는 경우가 많다. 실제로 우리나라 민주노총 산하 전국금속노동조합이나 한국노총 산하 전국금융산업노동조합 등이 통일교섭을 진행하고 있지만, 핵심 요구사항과 공통적인 임금인상률 등에 대해서만 교섭을 진행하고 지회·분회 차원의 구체적인 임금인상률이나 기타 근로조건 등에 대해서는 지회·분회 차원의 교섭에서 다루도록 하고 있다. 통일교섭에는 원칙적으로 교섭창구 단일화 절차가 적용되지 않지만, 사업 또는 사업장 단위 보충교섭이 진행되기 위해서는 해당 사업 또는 사업장 내에서 교섭창구 단일화 절차를 거쳐야 한다. 만약 산업별 차원의 통일교섭이 마무리됐는데 보충교섭 진행을 위한 사업 또는 사업장별 교섭에서 해당 산업별 노동조합 지회·분회가 교섭대표 노동조합이 되지 못했다면 이론적으로는 통일교섭을 통해 체결된 통일협약에 위반하는 내용의 사업 또는 사업장별 단체협약이 교섭대표 노동조합과의 사이에 체결될 가능성도 배제하기 어렵다. 이는 해당 지회·분회가 소속 사업 또는 사업장 내에서 교섭대표 노동조합이 되지 못했기 때문에 초래되는 불가피한 결과이다.

2. 교섭 담당자에 따른 분류

(1) 직접교섭

직접교섭은 단체교섭권을 보유한 당사자가 직접 단체교섭에 임하는 것을 말한다. 산업별 또는 지역별 노동조합 등 초기업 단위노동조합과 그에 상응하는 산업별 또는 지역별 사용자단체가 직접 교섭하는 것, 기업별 단위노동조합과 그 상대방인 사업 또는 사업장의 개별 사용자가 직접 교섭하는 것 등을 직접교섭이라 할 수 있다.

여기에서 쟁점은 산업별 또는 지역별 노동조합에 소속된 개별 사업 또는 사업장 지회·분회가 해당 사업 또는 사업장의 사용자와 교섭할 경우 이를 직접교섭이라고 볼 수 있는가 하는 문제이다. 이와 같은 경우 원칙적으로는 본조인 산업별 또는 지역별 노동조합의 규약에 따라 판단하여야 한다. 실질적인 통제력이 있는 산업별 또는 지역별 노동조합의 규약에 단체교섭권은 본조 위원장에게 속하며 소속 지회·분회에 위임할 수 있다고 규정되어 있는 경우라면 특정 사업 또는 사업장 지회·분회가 해당 사업 또는 사업장의 사용자와 행하는 단체교섭은 직접교섭이라고 보기 어렵다. 단체교섭권을 보유한 산업별 또는 지역별 노동조합 위원장의 위임받아 행하는 단체교섭이기 때문에 간접교섭이라고 보는 것이 원칙적으로 옳다. 그러나 해당 지회·분회가 실질적인 독자성을 가지고 있는 반면에 상급의 산업별 또는 지역별 노동조합의 통제력은 상당히 약화되어 있는 상황이라면 그와 같은 원칙을 고집하는 것은 불합리하다. 초기업 단위노동조합 산하의 지회·분회가 기업별 단위노동조합에 준하는 조직과 규약을 갖추고 있고 단체교섭을 상급의 초기업 단위노동조합의 간여 없이 직접 진행해온 관행과 능력이 있다고 인정될 수 있다면 해당 지회·분회가 상대방인 개별 사용자와 행하는 단체교섭은 직접교섭이라고 보아야 할 것이다. 결국 특정 지회·분회가 상대방인 개별 사용자와 행하는 단체교섭이 직접교섭인지 또는 간접교섭인지 여부는 해당 지회·분회의 단체로서의 독자성과 단체교섭 능력 보유 여부에 좌우된다.

대법원도 산업별 또는 지역별 노동조합 등 초기업 단위노동조합의 지회·분회라 하더라도 독자적인 규약 및 집행기관을 가지고 독립한 단체로 활동하면서 본조의 규약에 따라 그 조직이나 조합원에 고유한 사항에 관하여 기업별 단위노동조합에 준하는 독자적인 단체교섭 및 단체협약체결 능력을 가지고 있는 경우가 있다는 것을 긍정한다.[28] 그리고 최근에 단

28) 대판 2002. 7. 26, 2001두5361; 대판 2009. 2. 26, 2006두7324; 대판 2011. 5. 26, 2011다1842, 1859, 1866, 1873 등.

체교섭권과 단체협약 체결권이 산업별 또는 지역별 단위노동조합에 있다는 규약에도 불구하고 그 지회·분회가 민법상 법인 아닌 사단의 실질을 가지고 있어 독립성이 인정된다면 스스로 고유한 사항에 관하여 상급의 초기업 단위노동조합으로부터 독립하여 의사를 결정할 수 있는 능력을 가지고 있다고 하여[29] 장차 지회·분회의 독자적인 단체교섭권 행사 가능성을 열어놓은 대법원 전원합의체 판결이 내려지기도 했다.

[관련판례]

산업별 단위노조 산하의 지회·분회의 독자성을 인정한 사례
대판(전) 2016. 2. 19, 2012다96120.

노동조합의 설립 및 조직형태의 변경에 관한 노동조합법의 관련 규정들과 재산상 권리·의무나 단체협약의 효력 등의 법률관계를 유지하기 위한 조직형태의 변경 제도의 취지와 아울러 개별적 내지 집단적 단결권의 보장 필요성, 산업별 노동조합의 지회 등의 독립한 단체성 및 독자적인 노동조합으로서의 실질에 관한 사정 등을 종합하여 보면, 이 사건 규정(노동조합법 제16조 제1항 제8호 및 제2항)은 노동조합법에 의하여 설립된 노동조합을 그 대상으로 삼고 있어 노동조합의 단순한 내부적인 조직이나 기구에 대하여는 적용되지 아니하지만, 산업별 노동조합의 지회 등이라 하더라도, 실질적으로 하나의 기업 소속 근로자를 조직대상으로 하여 구성되어 독자적인 규약과 집행기관을 가지고 독립한 단체로서 활동하면서 해당 조직이나 그 조합원에 고유한 사항에 관하여 독자적인 단체교섭 및 단체협약체결 능력이 있어 기업별 노동조합에 준하는 실질을 가지고 있는 경우에는, 산업별 연합단체에 속한 기업별 노동조합의 경우와 실질적인 차이가 없으므로, 이 사건 규정에서 정한 결의 요건을 갖춘 소속 조합원의 의사 결정을 통하여 산업별 노동조합에 속한 지회 등의 지위에서 벗어나 독립한 기업별 노동조합으로 전환함으로써 그 조직형태를 변경할 수 있다고 보아야 한다.

29) 대판(전) 2016. 2. 19, 2012다96120.

> 또한 산업별 노동조합의 지회 등이 독자적으로 단체교섭을 진행하고 단체협약을 체결하지는 못하더라도, 법인 아닌 사단의 실질을 가지고 있어 기업별 노동조합과 유사한 근로자단체로서 독립성이 인정되는 경우에, 그 지회 등은 스스로 고유한 사항에 관하여 산업별 노동조합과 독립하여 의사를 결정할 수 있는 능력을 가지고 있다. 이러한 의사결정 능력을 갖춘 이상, 그 지회 등은 소속 근로자로 구성된 총회에 의한 자주적·민주적인 결의를 거쳐 그 지회 등의 목적 및 조직을 선택하고 변경할 수 있으며, 나아가 단결권의 행사 차원에서 정관이나 규약 개정 등을 통하여 단체의 목적에 근로조건의 유지·개선 기타 근로자의 경제적·사회적 지위의 향상을 추가함으로써 노동조합의 실체를 갖추고 활동할 수 있다.

(2) 간접교섭

간접교섭이란 단체교섭권을 보유한 당사자가 직접 단체교섭을 수행하지 않고 자신의 단체교섭권을 타인에게 위임하여 교섭에 임하도록 하는 교섭방식을 말한다. 단체교섭 당사자와 담당자의 분열이 발생하게 된다. 노조및조정법 제29조 제3항은 "노동조합과 사용자 또는 사용자단체로부터 교섭 또는 단체협약의 체결에 관한 권한을 위임받은 자는 그 노동조합과 사용자 또는 사용자단체를 위하여 위임받은 범위 안에서 그 권한을 행사할 수 있다"라고 하여 단체교섭권의 위임을 인정하고 있다. 단체교섭권을 위임 받은 단체교섭의 담당자는 단체교섭 당사자의 대리인의 지위를 갖게 된다. 간접교섭에서 단체교섭 담당자의 단체협약 체결권 보유 문제, 대리인으로서의 법적 지위의 문제 등은 단체교섭권의 주체와 상대방을 설명한 부분에서 자세히 다루었으므로 여기에서는 생략하기로 한다.

3. 교섭 전술에 따른 분류

(1) 패턴교섭

노동조합이 산업이나 지역 전반에 걸쳐 영향력이 있는 주요 사업 또는 사업장의 사용자를 선택하거나 또는 교섭력이 취약하여 노동조합 측의 주장을 비교적 쉽게 관철할 수 있다고 판단되는 사업 또는 사업장의 사용자를 선택하여 단체교섭을 진행하여 모범 단체협약을 체결한 뒤에 모범 단체협약의 내용이나 수준을 동일 산업 또는 지역 내의 다른 사용자들이 체결하는 단체협약에 수용하도록 하는 단체교섭 방식을 패턴교섭이라고 한다.[30] 패턴교섭 방식에서는 모범 단체협약 체결을 위한 단체교섭이 진행되는 동안 여타의 사업 또는 사업장에서는 단체교섭을 개시하지 않고 기다리는 것이 일반적이다. 단체협약 체결을 목적으로 하는 단체교섭의 경우에 패턴교섭이 특히 중요한 의미를 가질 수 있다.

패턴교섭은 주로 산업별 또는 지역별 초기업 단위노동조합이 개별 사용자들을 상대로 단체교섭을 하는 대각선교섭 또는 집단적 대각선교섭 방식의 단체교섭이 행해지는 경우에 노동조합 측이 선택할 수 있는 교섭 전략의 하나이다. 하지만 노동조합 측 당사자가 초기업 단위노동조합이 아닌 경우에도 패턴교섭이 행해질 수 있다. 하나의 사업 또는 사업장 내에 다수의 노동조합이 존재하고 이들이 단체교섭 창구단일화를 하지 않고 개별교섭을 하는 경우에 해당 사업 또는 사업장의 특정 노동조합과 사용자 사이에 단체협약이 체결되면 이를 나머지 다른 노동조합들이 수용하여 사용자와 단체협약을 체결하는 경우가 여기에 해당한다. 해당 사업 또는 사업장의 노사관계를 주도할 수 있는 세력이 있는 노동조합이 패턴교섭을 사용자에게 강요할 수도 있고, 사용자가 패턴교섭을 자신의 사업 또는 사업장 내에서 관철해낼 수도 있다. 이는 해당 사업 또는 사업장 내에서 노사관계의 주도권을 어느 당사자가 확보하고 있는가에 따라 달라질 수 있다.

특정 산업 또는 지역 내에서 주도적인 영향력이 있는 개별 사업 또는 사업장 단위 노동조합과 사용자가 단체교섭을 진행하여 단체협약을 체결

---

30) 임종률, 「노동법」, 116쪽.

할 때까지 관행 또는 암묵적 동의 하에 해당 산업 또는 지역 내 다른 개별 사업 또는 사업장 노동조합과 사용자가 자신들의 교섭을 진행하지 않고 주도적인 영향력이 있는 사업 또는 사업장의 단체협약 체결 결과를 기다리다가 그 결과에 따라 자신들의 단체협약을 체결하는 것도 넓은 의미에서 패턴교섭의 하나라고 볼 수 있다.

(2) 집중교섭

집중교섭이란 단체교섭에 임하는 노동조합과 사용자가 신속한 단체교섭의 진행과 마무리를 위해 당사자가 합의한 기간 동안 통상의 경우보다 많은 차수의 단체교섭을 집중적으로 진행하는 것을 말한다. 집중교섭은 특정한 교섭의제에 대한 신속한 합의가 필요하다는 노사 간의 공감대가 형성되어야 가능하다. 집중교섭은 주로 신속한 교섭 타결과 그 타결 결과에 따른 조속한 단체협약 체결을 위해 행해진다.

제2절 단체교섭의 절차

Ⅰ. 단체교섭 절차 법정화의 문제

단체교섭 절차를 법률로 정할 것인지 또는 노동관계 당사자의 자율에 맡길 것인지의 문제는 전적으로 입법자의 결단에 따라 달라질 수 있다. 하지만 기본적으로 단체교섭의 절차와 방식은 노사가 자율적으로 결정하고 형성해 나가는 것이 바람직하다. 노조및조정법 제48조도 “노동관계 당사자는 단체협약에 노동관계의 적정화를 위한 노사협의 기타 단체교섭의 절차와 방식을 규정하고 노동쟁의가 발생한 때에는 이를 자주적으로 해결하도록 노력하여야 한다”라고 하여 단체교섭의 절차와 방식을 자율적으로 결정하여 단체협약에 명시하도록 하고 있다. 그리고 단체교섭 절차를 노조및조정법에 자세하게 규정하지 않고 개방적으로 열어두는 태도를 견지하고 있다. 독일, 미국, 일본 등도 단체교섭에 대해 자세히 규율하는 법률을 가지고 있지 않다. 단체교섭의 절차와 방식은 해당 산업과 지역, 사업과 사업장의 특성을 반영하여 상황과 관행, 필요에 따라 구성원들이 직접 만들어 나가는 것이 바람직하다는 판단에 따른 것이다.

그러나 단체교섭 창구단일화 절차에 관해서만은 우리나라는 노조및조정법 제29조 이하, 노조및조정법 시행령 제14조의2 이하에 매우 자세한 규정을 가지고 있다. 교섭대표 결정절차를 중심으로 단체교섭 창구단일화 절차 규정을 입법하고 있는 나라들도 있다. 미국은 연방노동관계법(NLRA) 제9조 등에 배타적 교섭대표 결정 절차와 관련된 규정을 가지고 있고, 영국도 기존의 노동조합 및 노동관계법(TULRA)을 1999년도에 고용관계법(Employment Relations Act)을 통해 개정하면서 교섭대표 노동조합 승인제도를 입법하였다. 일본이나 독일과 같이 하나의 교섭단위 내에 복수노조가 존재할 때에 어떠한 방식으로 교섭할 것인지에 대해 아무런 규정을 가지고 있지 않은 채 노동관계 당사자의 관행 또는 단체협약과 법원의 판례로 규율하도록 하는 나라도 있다. 하지만 우리나라와 같이 단체교섭 창구단일화 절차를 매우 자세하게 규정하는 것은 다소 이례적이라고 할 수 있다.

노조및조정법이 단체교섭 창구단일화에 대하여 이와 같이 상세한 규정을 갖게 된 것은 우리나라 특유의 상황을 고려해야 이해될 수 있다. 1953년 제정 노동조합법 제6조는 "근로자는 자유로 노동조합을 조직하거나 또는 이에 가입할 수 있다"고 규정하면서 별도로 복수노조설립을 제한하는 규정을 두지 않았었다. 그러나 1963년 노동조합법[31] 제3조 단서 제5호는 "조직이 기존 노동조합의 정상적인 운영을 방해하는 것을 목적으로 하는 경우"에는 노동조합으로 보지 않는다고 규정하여 최초로 복

31) 법률 제1329호, 1963. 4. 17 시행.

수노조의 설립을 금지하는 규정을 두었다. 이후 우리나라에서는 1997년 노조및조정법 제정 시에 산업별 또는 지역별 노동조합 등 초기업 단위에서의 복수노조 설립이 허용되었지만, 2010년 1월 1일 노조및조정법 개정을 통해[32] 사업 또는 사업장 단위의 복수노조 설립이 허용되고 단체교섭 창구단일화 제도를 시행하게 될 때까지 오래도록 복수노조 설립이 금지되어 왔다. 그 기간 동안 복수노조 설립 허용 문제는 이념적 차원의 문제로까지 비화될 정도로 치열한 논쟁의 대상이 되었다. 공식적으로도 1996년 노사관계개혁위원회에서 복수노조 설립 원칙적 허용 및 단체교섭 창구단일화 의무부과 필요성이 비록 노사정 사이의 합의에는 이르지 못했지만 공익위원안으로 작성되었고,[33] 이후 노사관계개혁위원회의 뒤를 이은 노사정위원회의 가장 첨예하고 논란이 큰 쟁점 중 하나로서 1990년대 후반부와 2000년대를 관통하면서 논의가 이루어져 왔다. 이와 같이 오랜 기간 동안 격한 논쟁의 대상이 되면서 마치 복수노조 설립이 허용되면 사업장에 엄청난 혼란이 초래될 것 같은 불안감이 일반 국민들은 물론 공무원들과 전문가들의 인식 저변에 자리 잡게 되었고, 그러한 혼란을 막기 위해서 매우 정치한 창구단일화 절차를 마련해야 한다는 무의식적 공감대가 이루어지게 되었던 것 같다.

지나치게 세부적인 창구단일화 절차 규정은 법제도 시행 이후 그 경직성으로 인해 다양한 문제들을 초래하게 되었고, 창구단일화 절차 규정들을 임의규정으로 보아야 하는지 아니면 강행규정으로 보아야 하는지 하는 논란으로 이어졌다. 고용노동부는 교섭창구 단일화에 관한 규정은 강행규정으로 노동조합과 사용자는 반드시 이에 따라야 한다고 입장을 분명히 하고 있다.[34] 하지만 노조및조정법과 그 시행령, 시행규칙상의

---

32) 법률 제9930호, 2010. 1. 1 시행.

33) 노사관계개혁위원회, 「노사관계 개혁백서」 참조.

34) 고용노동부, 「사업(사업장) 단위 복수노조 업무매뉴얼」, 8쪽.

모든 창구단일화 절차 규정을 강행규정이라고 이해할 경우 상당히 많은 문제점이 발생한다. 따라서 단체교섭과 관련하여 사용자 및 노동조합들을 수규자로 하는 절차 규정들은 임의규정이라고 이해하거나 최소한 그와 관련한 단체협약에 대해서는 임의성을 갖는다고 해석하는 것[35]이 법률 규정의 미비로부터 초래되는 혼란을 최소화하고, 노동관계 당사자가 자신들에게 가장 잘 어울리는 교섭규칙을 자율적으로 형성해 나갈 수 있는 환경을 조성한다는 측면에서 합리적이라고 생각된다.

Ⅱ. 단체교섭 창구단일화 절차

1. 교섭단위 확정 절차

노조및조정법 제29조의3 제1항은 "교섭대표 노동조합을 결정하여야 하는 단위는 하나의 사업 또는 사업장으로 한다"고 하여 교섭창구 단일화 절차를 거쳐 교섭대표 노동조합을 결정하는 단위는 원칙적으로 사업 또는 사업장 단위임을 규정하고 있다. 이는 1997년 이후 산업별 또는 지역별 초기업 단위노동조합 설립을 허용하면서도 초기업 단위노동조합들 사이에서는 조직대상을 같이하는 복수노조 상황이라 하더라도 교섭창구를 단일화하도록 제한하지 않아왔던 연혁에 대한 고려가 있었던 것으로 보인다. 사업 또는 사업장 단위 복수노조 설립이 허용되지 않았던 기간 동안 하나의 사업 또는 사업장 내에 기업단위 노동조합과 초기업 단위노동조합 지회·분회가 병존할 수 있는가에 대해서는 견해가 대립되어 왔지만,[36] 대체로 초기업 단위노동조합의 지회·분회는 설립이 금지되는 복수

35) 이종복, '협약자율의 우위성', 500쪽 이하 참조.

36) 대표적으로 법원은 독자적인 규약 및 집행기관을 가지고, 독립한 단체로서 활동을 하면서, 당해 조직이나 그 조합원에 고유한 사항에 대하여는 독자적인 단체교섭 및 단체협약 체결능력을 가지고 있는 정도로 고도의 단체성을 가지고 있는 지회·분회가 아니라면 기업별 단위노동조합과 하나의 교섭단위 내에 병존이 가능하다는 입장이었고(대판 2002. 7. 26, 2001두5361), 고용노동부는 하나의 사업 또는 사업장에

노조에 해당하지 않는다고 보는 것이 일반적이었기 때문이다.

노조및조정법은 교섭단위를 원칙적으로 사업 또는 사업장 단위로 결정하도록 하고 있으나, 하나의 사업 또는 사업장 내에 있다 하더라도 서로 다른 여러 가지 사업 부문이 하나의 사업 내에 속해 있거나, 하나의 근로조건을 형성하기에는 곤란한 다양한 업종이 하나의 사업장 내에 동시에 존재하는 경우도 있다. 따라서 노조및조정법 제29조의3 제2항은 하나의 사업 또는 사업장 내라 하더라도 "현격한 근로조건의 차이, 고용형태, 교섭 관행 등을 고려하여 교섭단위를 분리할 필요가 있다고 인정되는 경우에 노동위원회는 노동관계 당사자의 양쪽 또는 어느 한 쪽의 신청을 받아 교섭단위를 분리하는 결정을 할 수 있다"고 교섭단위 분리제도를 규정하고 있다.[37]

2. 교섭참여노조 확정 절차

(1) 1단계 : 노동조합의 교섭 요구와 사용자의 공고

본격적인 창구단일화 절차가 시작되기 이전에 단체교섭에 참여하는 노동조합을 확정하는 절차가 선행한다. 노조및조정법 제29조의2 제1항과 시행령 제14조의2에서 제14조의4까지가 이 절차를 규정하고 있다. 노조및조정법 시행령 제14조의2는 사용자와 단체협약을 체결하고자 하는 노동조합은 해당 사업 또는 사업장에 단체협약이 있는 경우에는 그 유효기간 만료일 이전 3개월이 되는 날부터 교섭을 요구할 수 있다고 규정하고 있다. 여기에서 정하는 3개월은 훈시규정이라고 이해된다. 따라서 남은 단체협약 유효기간이 3개월 이상이라 하더라도 노동조합이 요구하면 사

기업별 단위노동조합이 설립되어 있거나 당해 사업 또는 사업장 근로자들이 산업별·지역별 노동조합에 가입하거나 산업별·지역별 노동조합의 지회·분회 등이 설치되어 있는 경우, 그 교섭단위 내에 새로운 기업별 단위노동조합이나 초기업 단위노동조합의 지회·분회를 설립할 수 없다고 보고 있었다(2008. 5. 13, 노동조합과-958).

37) 자세한 내용은 제3장 제2절 Ⅲ. 2. 참조.

용자는 단체협약 개정을 위한 단체교섭 요구를 수용할 수 있다. 하지만 단체교섭 요구를 받은 사용자가 아직 단체협약 유효기간이 3개월이 넘게 남아 있다는 것을 이유로 교섭절차 개시를 거부하는 경우에는 단체교섭을 거부할 수 있는 정당한 이유가 있으므로 부당노동행위가 성립하지는 않는다. 단체교섭 요구는 노동조합의 명칭, 대표자의 성명, 주된 사무소의 소재지, 조합원 수 등을 기재한 서면으로 해야 한다.

고용노동부는 이때 교섭을 요구할 수 있는 노동조합은 설립신고를 필한 노동조합에 한정한다고 한다.[38] 그러나 노동조합의 명칭을 사용할 수 없거나 부당노동행위 구제신청을 할 수 없다고 하여 단체교섭권까지 인정할 수 없는 것으로 해석되어서는 안 되므로 이러한 제한은 부당하다. 설립신고를 마치지 않은 노동조합이라 하더라도 단체교섭을 요구할 수 있고 정당하게 교섭대표 노동조합 결정절차에 참여할 수 있다고 보아야 한다. 다만 교섭대표 결정절차가 진행되는 과정에서 노동위원회에 대한 이의신청권 행사 등 행정서비스를 이용하는 데에 제한을 두는 것은 가능하다. 설립신고를 마치지 않은 노동조합에게 부당노동행위 구제신청권을 인정하지 않는 것과의 균형을 고려해야 하기 때문이다.

사용자가 단체교섭 요구를 받은 때에는 그 날부터 교섭요구 사실을 7일 간 공고하여 다른 노동조합과 근로자가 알 수 있도록 하여야 한다. 여기에서 7일을 계산할 때에는 공고문을 게시한 첫 날은 포함되지 않는다. 공고문에는 교섭을 요구한 노동조합의 명칭, 노동조합 대표자의 성명, 교섭요구 일자, 다른 노동조합이 교섭을 요구할 수 있는 기한 등을 교섭 요구 서면에 기재된 대로 기재하여야 한다.

사용자는 노동조합의 교섭요구가 있으면 복수노조가 조직되어 있는 상태이거나 또는 단일노조 상황이라고 확신하는 경우를 막론하고 교섭요

---

38) 고용노동부, 「사업(사업장) 단위 복수노조 업무매뉴얼」, 9쪽.

구 사실을 공고하여야 한다.[39] 만일 교섭요구 사실 공고제도가 해당 교섭단위 내에 복수의 노동조합이 존재하는 때에만 적용된다고 한다면, 복수노조의 존재가 명확하지 않은 상태에서 그에 관한 사용자의 주관적인 인식에 따라 교섭요구 사실 공고 여부가 좌우될 수 있게 되어 집단적 노동관계의 법적 안정성이 현저히 침해될 우려가 있고, 경우에 따라서는 사용자가 이를 악의적으로 이용할 여지를 허용하는 불합리한 결과가 발생할 수 있기 때문이다.[40]

한편 법원이 이와는 다른 태도를 취한 판례가 있다.[41] 산업별 노동조합 지회인 단일 노동조합만 존재하던 사업장에서 교섭요구 사실 공고 이후에 그 지회를 교섭대표 노동조합으로 확정하고 유효기간이 1년인 단체협약을 체결했다. 이후에 새로운 기업별 노동조합이 신설되고 신설 노동조합이 과반수 조직률을 점하게 되었다. 이 상황에서 위의 단체협약 유효기간이 만료되자 산업별 노동조합 지회가 단체교섭을 요구했고 사용자가 다시 교섭요구 사실 공고를 했다. 이 공고 이후에 위 지회도 참가신청을 했고, 단일화 절차가 진행되어 신설 기업별 노동조합이 과반수 노동조합으로서 교섭대표 노동조합으로 확정되었다. 하지만 이 사안에서 지회는 자신의 교섭대표 노동조합으로서의 권한이 여전히 유지되고 있다고 주장하면서 사용자를 상대로 단체교섭을 요구하였다. 법원은 위 지회의 주장에 대하여 "교섭창구 단일화 절차는 하나의 사업 또는 사업장에 복수의 노동조합이 존재하는 경우에 진행되는 절차로 해석함이 타당하다"고 하면서 새로 교섭대표 노동조합이 된 기업별 노동조합이 정당한 교섭대표 노동조합이라고 판단했다. 이 판결은 교섭참여 노동조합 확정절차만을 거친 경우에는 교섭대표 노동조합의 지위를 인정하지 않겠다는 취지이

39) 고용노동부, 「사업(사업장) 단위 복수노조 업무매뉴얼」, 9쪽.

40) 서울고판 2014. 3. 19, 2013누16175.

41) 서울고판 2016. 1. 22, 2015누54690(원심 : 서울행판 2015. 7. 23, 2015구합50146 / 대판 2016. 6. 10, 2016두33797 심리불속행기각).

다. 법원의 이와 같은 판결을 받아들인다면 교섭요구 사실 공고 이후에 교섭에 참여하는 노동조합이 없어서 최초에 교섭을 요구한 노동조합이 교섭 상대방으로 확정된다면 그 노동조합은 유일한 교섭 상대방으로서의 지위는 가지지만 노조및조정법상 창구단일화 절차를 거친 교섭대표 노동조합으로서의 권한은 가지지 못하게 된다. 그러나 이러한 해석은 교섭참여 노동조합 확정 기간 동안 세력이 열세인 조직이 노동조합 설립이나 산업별 노동조합 가입을 미루고 있다가 추후에 조합원을 확보하여 설립신고 등을 마치고 교섭을 요구하는 방법으로 단체교섭 창구단일화 제도를 무력화하는 것을 허용하는 결과가 된다. 이 판결은 교섭대표 노동조합으로 확정되었던 지회가 자신의 교섭대표권 유지기간 내임에도 불구하고 후에 자의로 교섭창구 단일화 절차에 참여했기 때문에, 심리 과정에서 법원이 앞의 교섭창구 단일화 절차의 정당성과 후의 교섭창구 단일화 절차의 정당성을 비교형량할 수밖에 없는 상황이었다는 특수성이 반영된 것으로 이해해야 할 것이다.

[관련판례]

교섭요구사실 공고제도는 단수노조인 때에도 적용된다고 본 사례
서울고판 2014. 3. 19, 2013누16175

노조법 시행령 제14조의3은, 사용자는 노동조합으로부터 제14조의2에 따라 교섭요구를 받은 때에는 그 요구를 받은 날부터 7일 간 그 교섭을 요구한 노동조합의 명칭 등을 공고하여야 한다고 규정하고 있을 뿐, 이러한 공고제도가 하나의 사업장에 복수의 노동조합이 존재하는 경우에 한하여 적용된다는 취지의 규정을 두고 있지는 않다. 또한, 시행령 제14조의2 제1항은, 노동조합은 사업장에 단체협약이 있는 경우 노조법 제29조 제1항 또는 제29조의2 제1항에 따라 그 유효기간 만료일 이전 3개월이 되는 날부터 사용자에게 교섭을 요구할 수 있다고 규정하여, 해당 사업장에 하나의 노동조합만이 존재하는 경우를 포함하는 제29조 제1항의 상황에서도 같은 절차가 적용됨을 규정하고 있다. 따라서 시행령 제14조의3에서 '제14조의2에 따라 교섭 요구를 받은 때'란 복수노조를 전제로 한 노조법 제29조의2 제1항뿐 아니라 단수노조인 경우도 포함하는 노조법 제29조 제1항에 따라 교섭요구가 있는 때에도 적용된다고 봄이 옳다.

만일 교섭요구 사실 공고제도가 복수노조가 있을 때만 적용된다고 한다면, 복수노조의 존재가 명확하지 않은 상태에서 그에 관한 사용자의 주관적인 인식에 따라 교섭요구 사실 공고 여부가 좌우될 수 있게 되어 집단적 노동관계의 법적 안정성이 현저히 침해될 우려가 있고, 경우에 따라서는 사용자가 이를 악의적으로 이용할 여지도 있는 불합리한 결과가 발생할 수 있다. 이러한 점에서도 복수노조가 존재할 때만 사용자가 교섭요구 사실을 공고할 의무가 있다고 보는 것은 타당하지 않다.

창구단일화 절차는 복수노조인 경우에 진행하는 절차라고 본 사례
서울행판 2015. 7. 23, 2015구합50164

노조법 제29조의2는 '교섭창구 단일화 절차'라는 제목 하에 제1항 본문에서 하나의 사업 또는 사업장에서 조직형태에 관계없이 근로자가 설립하거나 가입한 노동조합이 2개 이상인 경우에 노동조합은 교섭대표 노동조합을 정하여 교섭을 요구하여야 한다고 규정하고 있는 점, 교섭창구 단일화 제도는 근로조건의 결정권이 있는 사업 또는 사업장 단위에서 복수 노동조합과 사용자 사이의 교섭절차를 일원화하여 효율적이고 안정적인 교섭체계를 구축하고, 소속 노동조합과 관계없이 조합원들의 근로조건을 통일하기 위한 것인 점 등을 종합하면, 교섭창구 단일화 절차는 하나의 사업 또는 사업장에 복수의 노동조합이 존재하는 경우에 진행되는 절차로 해석함이 타당하다.

사용자가 교섭요구 사실을 공고하지 않거나 게시한 공고문의 내용에 대해서 이의가 있는 경우 노동조합이 사용자를 상대로 시정을 요구하거나 노동위원회에 대하여 시정요청을 할 수 있다. 노동위원회는 시정요청을 받은 날로부터 10일 이내에 그 에 대한 결정을 하여야 한다.

(2) 2단계 : 다른 노동조합의 참여

최초로 교섭을 요구한 노동조합 이외에 단체협약 체결을 위한 단체교섭에 참여하려는 다른 노동조합이 있으면 위의 공고기간인 7일 이내에 서면으로 사용자에게 교섭을 요구하여야 한다. 사용자의 교섭요구 사실 공고기간에 교섭참여를 신청한 다른 노동조합이 없다면, 최초에 교섭을 요구했던 노동조합이 교섭대표 노동조합으로 확정된다. 만약 교섭참여 노동조합 확정 절차가 진행되는 기간에 교섭요구를 하지 않았던 노동조합이나, 이 기간 이후에 신설된 노동조합이 있는 경우, 고용노동부는 해당 노동조합들이 추가로 단체교섭을 요구할 수 없다고 한다.[42] 법률이 제시한 절차를 거쳐 정당하게 교섭대표 노동조합이 결정된 법상태를 존중하고 사업장 내 단체교섭 질서를 원활하게 유지하기 위하여 별도의 교섭요구를 거부할 수 있다고 보는 것은 수긍할 수 있다. 그러나 창구단일화 절차에 참여하지 않았던 노동조합이나 절차 진행기간 중에 신설된 노동조합 조합원들이 교섭대표 노동조합과 사용자 사이에 체결된 단체협약을 적용받을 수 있는 기회는 보장되어야 한다. 이러한 기회가 보장되어야 교섭대표 노동조합의 대표권 유지기간 동안 같은 교섭단위 내의 기타 노동조합들이 사용자를 상대로 단체교섭을 요구할 수 없다는 고용노동부의 해석[43]이 유지될 수 있다. 교섭창구 단일화 절차 완료 후 교섭이 진행 중이거나 교섭이 완료되고 단체협약이 체결된 이후라도 신설 노동조합 또는 창구단일화 절차에 참여하지 않았던 기존 노동조합이 단체협약을 적용해줄 것을 요청할 경우 교섭대표 노동조합과 사용자 사이의 별도 합의를 통하여 이를 결정할 수 있도록 허용하는 것이 바람직하다.[44] 교섭대

42) 고용노동부, 「사업(사업장) 단위 복수노조 업무매뉴얼」, 14쪽, 18쪽, 52쪽; 고용노동부, 「집단적 노사관계 업무매뉴얼」, 180쪽 이하.

43) 고용노동부, 「사업(사업장) 단위 복수노조 업무매뉴얼」, 20쪽.

44) 박종희, '교섭창구 단일화 방안의 안정적 정착을 위한 해석방안', 544쪽도 같은 취지라고 보인다.

표 노동조합과 사용자가 단체협약의 적용을 거부할 경우 신설 노동조합이나 창구단일화 절차에 참여하지 않았던 노동조합은 별도의 단체교섭을 요구할 수 있다고 보아야 한다. 교섭창구 단일화 규정 전체의 취지를 고려할 때 교섭대표 노동조합과 사용자 사이에 체결된 단체협약의 적용을 받을 수 있도록 신설 노동조합이나 창구단일화 절차에 참여하지 않았던 노동조합이 요청할 수 있다는 내용을 노조및조정법에 규정하는 것이 바람직하다고 생각한다.

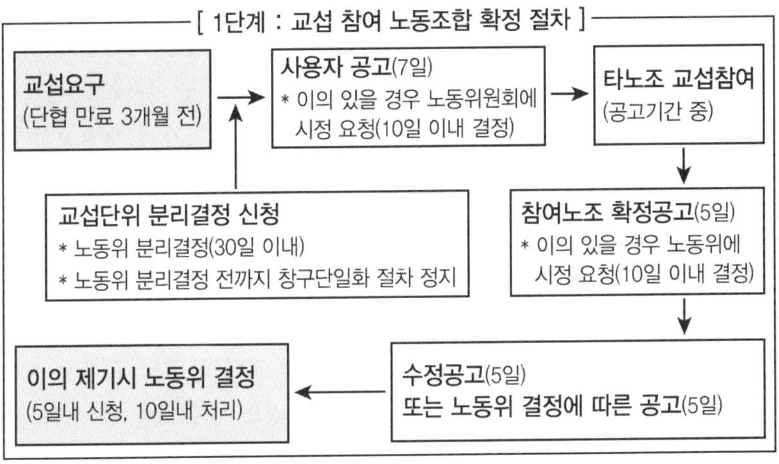

3. 교섭대표 노동조합 결정 절차

(1) 1단계 : 자율적 교섭대표 노동조합 결정

자율적 교섭대표 노동조합 결정절차는 노조및조정법 제29조의2 제1항 단서에 규정되어 있다. 단체협약 체결을 위한 단체교섭에 참여하고자 하는 노동조합이 확정된 이후에, 자율적으로 교섭창구를 단일화할 수 있도록 14일의 기간이 부여된다. 교섭대표 선정 방법과 형태가 전적으로 노동조합 측의 자율에 맡겨져 있으므로, 단일화 절차에 참여한 노동조합들 사이의 합의로 교섭대표 노동조합을 선정할 수도 있고 공동교섭대표기구를 구성할 수도 있다. 이 기간 내에 사용자가 동의한 경우 교섭창구를 단일화하지 않고 개별교섭을 하기로 결정할 수도 있다. 이 규정은 강행규정이 아니라 지도규정 내지 임의규정으로 보아야 하므로 그 기간이 경과한 이후에 당사자 간의 자율적인 합의로 기업별교섭 결정을 하는 것도 가능하다고 보아야 한다.[45] 법원도 사용자가 복수의 노동조합과 개별적으로 교섭하는 것이 노조및조정법에 의하여 허용되어 있고, 사용자가 교섭대표 노동조합 및 교섭대표 아닌 노동조합과 개별교섭을 하기로 선택한 것이라면, 이 단체협약이 노조및조정법 제29조의2 단서상의 '교섭대표 노동조합을 자율적으로 정하는 기한 내'라는 개별교섭 가능 기간을 벗어나 체결되었다는 이유만으로 효력이 없다고 보아서는 안 된다고 판단했다.[46] 비록 이 판결은 개별교섭 동의 가능 기한을 넘어가서 개별교섭 합의를 하고 진행한 단체교섭의 결과 체결된 단체협약의 효력 문제에 대해서만 언급했을 뿐이지만, 판결문 전체 흐름을 보면 기한을 넘은 개별교섭 합의의 효력 자체를 인정하고 있는 것으로 해석해도 무방한 것으로 보인다. 다만 고용노동부는 14일의 기간이 경과한 이후에는 개별교섭 동의가 불가능하다고 한다.[47] 특정 노동조합과의 개별교섭 동의의 효과는 창구단일화 대상인 모든 노동조합에 미치므로 다수의 노동조합 중 어느 한 노동조합이 사용자와 개별교섭동의를 하면 창구단일화 절차에 참여한 다른 모든 노동조합들도 사용자와 개별교섭을 하게 된다.

(2) 2단계 : 과반수 조직 노조를 교섭대표 노동조합으로 인정

제1단계의 절차에서 단일화가 이루어지지 못한 경우, 교섭창구 단일화 절차에 참여한 노동조합에 소속된 전체 조합원 수의 과반수로 조직된 노

45) 강선희, '노동기본권과 소수 노동조합의 협약능력 및 단체협약의 효력에 관한 연구', 96쪽; 박종희, '교섭창구 단일화 방안의 안정적 정착을 위한 해석방안', 535쪽.

46) 서울고판 2014. 7. 10, 2013누53587(대판 2014. 11. 27, 2014두39722) 심리불속행기각.

47) 고용노동부, 「사업(사업장) 단위 복수노조 업무매뉴얼」, 19쪽.

동조합이 교섭대표 노동조합으로 결정된다. 이 절차는 노조및조정법 시행령 제14조의7에 규정되어 있다. 이때 "전체 조합원 과반수로 조직된 노동조합"이란 해당 사업 또는 사업장 전체 근로자의 과반수를 의미하는 것이 아니고 조직된 근로자의 과반수를 뜻한다는 사실에 주의하여야 한다. 과반수로 조직된 노동조합에는 2개 이상의 노동조합이 위임 또는 연합 등의 방법으로 전체 조합원의 과반수를 확보하는 경우도 포함된다.

과반수로 조직된 노동조합은 5일 이내에 그 사실을 사용자에게 통지하여야 하며, 사용자는 이 사실을 노조및조정법 시행령 제14조의7 제2항에 따라 5일 동안 공고하여야 한다. 여기에서 5일을 계산할 때에는 공고문을 게시한 첫 날은 포함되지 않는다. 만약 과반수로 조직된 노동조합이라고 주장하는 노동조합이 없거나, 과반수라고 주장하는 노동조합이 있었으나 추후에 교섭창구 단일화 절차에 참여한 다른 노동조합의 이의제기를 통해 과반수에 미달한다는 사실이 드러난 경우 과반수로 조직된 노동조합을 중심으로 하는 창구단일화는 이루어지지 못한다. 그러나 과반수라고 주장하는 노동조합이 실제로는 과반수에 미달하는 경우라 하더라도 교섭창구 단일화 절차에 참여한 다른 노동조합들이 5일의 공고기간 동안 이의제기를 하지 않았다면 그 노동조합이 교섭대표 노동조합으로 확정될 수도 있다. 사용자가 과반수가 되지 않는 노동조합이라는 사실을 알고 있었던 경우에도 마찬가지이다. 이의제기는 교섭창구 단일화 절차에 참여한 다른 노동조합에게만 허용된다. 과반수에 미달하는 노동조합이 과반수라고 주장하면서 사용자에게 공고를 요구할 때 사용자는 공고를 거부할 권한이 없다. 과반수로 조직된 노동조합인지 여부는 노동조합 측 단체교섭 당사자들인 참여 노동조합들 사이에서 결정될 문제이기 때문이다. 다른 노동조합들이 과반수라고 주장하는 노동조합이 실제로는 과반수에 미달한다는 사실을 알면서도 이의제기를 하지 않는 것은 과반수라고 주장하는 노동조합이 교섭대표 노동조합이 되는 것을 용인하는 것이라고 볼 수 있다.

과반수로 조직된 노동조합이라고 주장하는 노동조합이 사용자에게 통지를 했으나 사용자가 공고를 하지 않는 경우에 그 노동조합은 노동위원회에 이의신청을 할 수 있다. 또한 과반수로 조직된 노동조합이라고 주장하는 노동조합이 사용자에게 통지했는데 다른 노동조합들이 그에 대해 이의가 있는 경우에는 사용자가 공고하는 5일 간의 기간 동안 노동위원회에 노조및조정법 시행령 제14조의7 제3항에 따라 이의신청을 하여야 한다. 노동위원회는 이의신청 내용에 대해 조사·확인한 결과 과반수 노동조합이 있다고 인정하는 경우에는 그 이의 신청을 받은 날부터 10일 이내에 그 과반수 노동조합을 교섭대표 노동조합으로 결정하여 교섭창구 단일화 절차에 참여한 모든 노동조합과 사용자에게 통지하여야 한다. 노조및조정법 시행령 제14조의7 제8항은 그 기간 이내에 조합원 수를 확인하기 어려운 경우에는 한 차례에 한정하여 10일의 범위에서 그 기간을 연장할 수 있다고 규정한다. 과반수에 미달한다고 결정하는 경우에도 마찬가지이다. 노동위원회가 과반수로 조직된 노동조합인지 확인하기 위해서는 조합원 수를 확인하여야 하는데 노조및조정법 시행령 제14조의7 제5항은 "조합원 수를 확인하는 경우의 기준일은 제14조의5 제1항에 따라 교섭을 요구한 노동조합의 명칭 등을 공고한 날로 한다"고 규정하여 조합원 수 확인 기준일이 교섭요구 노동조합 확정 공고일임을 분명히 하고 있다. 여기에서 공고일은 사용자가 실제로 공고한 날이 아니라 시행령에 따라 공고했어야 하는 날을 의미한다.[48]

(3) 3단계 : 자율적 공동교섭대표단 구성

제2단계의 절차에서 교섭창구 단일화가 이루어지지 못한 경우, 교섭창구 단일화 절차에 참여한 모든 노동조합이 공동으로 공동교섭대표단을 구성할 수 있다. 제2단계의 절차에서 교섭창구 단일화가 이루어지지 못

---

48) 대전지판 2013. 4. 17, 2012가합35037.

한 경우란 과반수로 조직된 노동조합이라고 주장하는 노동조합이 있었으나 다른 노동조합들이 이의를 제기하여 노동위원회가 과반수에 미달한다고 결정한 경우와 과반수로 조직된 노동조합이라고 주장하는 노동조합이 없었던 경우를 모두 포함한다. 과반수로 조직된 노동조합이라고 주장하는 노동조합이 있었지만 노동위원회가 과반수에 미달한다고 결정한 경우에는 공동교섭대표단에 참여할 수 있는 노동조합들은 노조및조정법 시행령 제14조의7 제8항에 따른 노동위원회의 통지가 있은 날로부터 5일 간의 기간 내에 공동교섭대표단을 구성하여 공동교섭대표단의 대표자, 교섭위원 등을 명시하여 연명으로 서명 또는 날인하여 사용자에게 통지하여야 한다. 과반수로 조직된 노동조합이라고 주장하는 노동조합이 없었던 경우에는 공동교섭대표단에 참여할 수 있는 노동조합들은 노조및조정법 시행령 제14조의6 제1항에 따른 자율적 단일화 기간이 만료된 날로부터 10일 간의 기간 내에 공동교섭대표단을 구성하여 공동교섭대표단의 대표자, 교섭위원 등을 명시하여 연명으로 서명 또는 날인하여 사용자에게 통지하여야 한다. 노조및조정법 시행령 제14조의8 제2항은 사용자에게 공동교섭대표단의 통지가 있은 이후에는 그 공동교섭대표단 결정 절차에 참여한 노동조합 중 일부 노동조합이 그 이후의 절차에 참여하지 않더라도 교섭대표노동조합의 지위는 유지된다고 규정하고 있다. 이는 공동교섭대표단이 구성된 이후 공동교섭대표단의 지위를 안정적으로 보장하여 단체교섭이 원활하게 진행될 수 있도록 하기 위한 것이다.

자율적으로 공동교섭대표단을 구성할 경우에 노조및조정법 제29조의2 제4항은 조합원 수가 교섭창구 단일화 절차에 참여한 노동조합 전체 조합원의 100분의 10 이상인 노동조합만이 교섭대표단을 구성할 수 있다고 규정한다. 조합원 수가 교섭창구 단일화 절차에 참여한 노동조합의 전체 조합원 100분의 10 미만인 노동조합은 교섭창구 단일화 절차에 참여한 경우에도 직접 공동교섭대표단의 일원이 될 수 없다. 공동교섭대표단이 체결한 단체협약의 적용을 받을 뿐인 것으로 해석된다. 노조및조정법 제29조의2 제4항이 제시하는 "100분의 10" 기준은 매우 자의적이다. 비록 조합원 수는 적지만 해당 노동조합 임원의 단체교섭 역량은 매우 뛰어날 수 있기 때문이다. 노동조합이 실질적인 조직으로서 규약과 자주성을 갖고 있으면 "단체성"을 인정하고[49] 그 노동조합이 노조및조정법상 노동조합으로 인정될 수만 있다면 굳이 단체로서의 세력을 이용해 사용자를 압박하지 않아도 단체교섭권을 사용자에게 관철할 수 있도록 법정하고 있는 우리 노조및조정법상 단체교섭 관련 규정 전체 체계를 고려할 때 유독 공동교섭대표단 구성에 있어서만 일정한 현실적 세력을 요구하는 것은 일관된 입법태도라고 보기 어렵다. 노조및조정법에 따른 자율단일화 절차에서 교섭대표 노동조합으로 선출되거나 교섭대표단의 일원이 된 경우, 다른 노동조합들과 연합하거나 위임을 받아 과반수 지지를 확보하여 교섭대표 노동조합이 되는 경우에는 조합원 수가 교섭창구 단일화 절차에 참여한 노동조합의 전체 조합원 100분의 10에 미달하는 노동조합도 단체교섭에 직접 참여할 수 있다.

(4) 4단계 : 노동위원회 결정에 따라 공동교섭대표단 구성

제3단계의 절차에서 자율적인 공동교섭대표단 구성이 이루어지지 못한 경우 노동위원회가 해당 노동조합의 신청에 따라 조합원 비율을 고려하여 교섭단 구성을 결정할 수 있는 절차가 마련되어 있다. 노조및조정법 시행령 제14조의9는 노동위원회는 10일 이내에 10명 이내로 공동교섭대표단을 구성하여야 하며, 결정 기한은 1회에 한하여 10일을 더 연장할 수 있다고 규정한다. 노동위원회가 교섭단위 내 노동조합들의 조합원 규모를 파악하고 노동조합들 사이의 의견을 조율해서 공동교섭대표단을 구성하는 기간으로서 10일 또는 20일은 충분한 기간이라고 보기는 어렵다.

---

49) 대판 2001. 2. 23, 2000도4299; 대판 2002. 7. 26, 2001두5361; 대판 2004. 7. 22, 2004다24854 등.

하지만 단체교섭 창구단일화 절차의 신속한 진행을 위해 불가피한 규정이라고 이해된다.

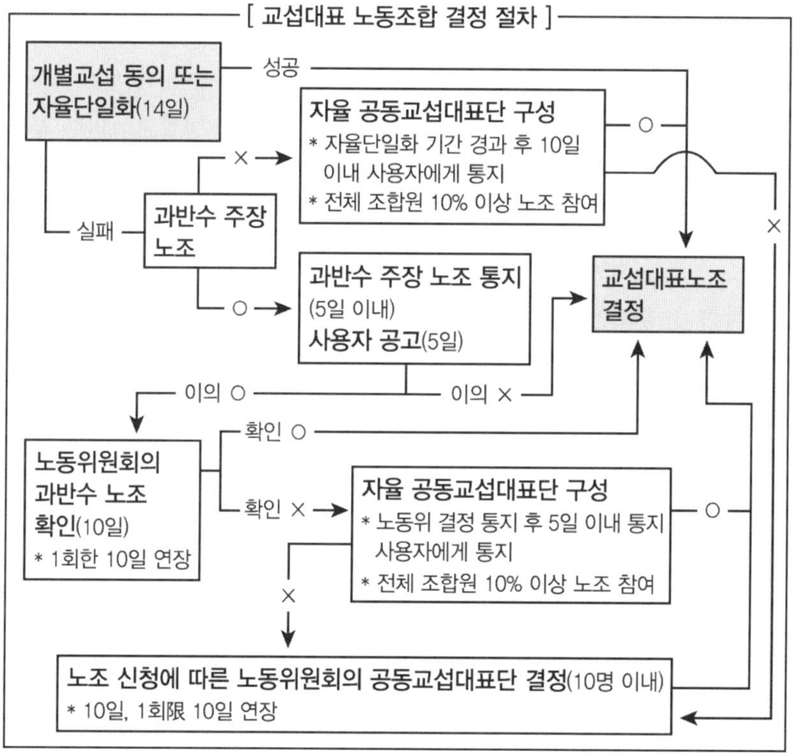

4. 교섭대표 노동조합의 권한과 지위

(1) 교섭대표 노동조합의 권한

교섭대표 노동조합은 단위노동조합일 수도 있고, 공동교섭대표단 등 2개 이상의 노동조합 조합원을 구성원으로 하는 교섭대표 기구일 수도 있다. 교섭대표 노동조합의 대표자는 노조및조정법 제29조 제2항에 의해, 단체협약 체결을 목적으로 하는 단체교섭에 있어서는 교섭에 참여한

다른 모든 노동조합 또는 조합원들을 대표하여 단체교섭권을 행사할 수 있는 배타적인 대표권을 보유하게 된다. 교섭대표 노동조합은 단체교섭의 당사자가 되며, 교섭대표 아닌 노동조합들과 교섭대표 노동조합과의 관계에는 민법상 대표의 법리가 적용된다.[50] 노조및조정법 제29조의5는 교섭대표 노동조합이 있는 경우에 노동쟁의의 주체(제2조 제5호), 단체교섭 또는 단체협약 체결권한 위임(제29조 제3항, 제4항), 성실교섭의무 부담 및 권한남용 금지의 주체(제30조), 쟁의행의를 주도하는 노동조합(제37조 제2항), 쟁의행위가 적법하게 수행될 수 있도록 지도·관리·통제할 책임을 지는 노동조합(제38조 제3항), 필수유지업무 유지를 위해 근무할 근로자를 지명하는 노동조합(제42조의6 제1항), 쟁의행위기간 중 임금 지급요구를 해서는 안 되는 노동조합(제44조 제2항), 직장폐쇄의 상대방인 노동조합(제46조 제1항), 조정위원회 구성 시 사용자를 대표하는 조정위원을 추천하는 노동조합(제55조 제3항), 특별조정위원회 구성을 위한 순차배제권을 행사하는 노동조합(제72조 제3항), 단체교섭거부 부당노동행위 구제신청을 할 수 있는 노동조합(제81조 제3호) 등을 규정하면서 명시된 "노동조합"은 "교섭대표 노동조합"으로 본다고 규정하고 있다. 교섭대표 노동조합이 결정되어 있는 경우 교섭대표 아닌 노동조합들은 위 조항의 "노동조합"으로 해석될 수 없다.

단체협약 체결을 위한 단체교섭 과정에서 교섭대표 노동조합이 배타적인 대표권을 보유한다는 점에서 노조및조정법 각 조항에 "노동조합"이라고 규정된 내용이 "교섭대표 노동조합"이라고 해석될 필요성이 있는 조항들이 있다. 하지만 단체교섭 창구단일화 이후 교섭대표 노동조합이 배타적으로 독점하는 단체교섭권은 단체협약 체결을 목적으로 하는 단체교섭에 한정되어야 한다는 점을 고려하면 노조및조정법 제29조의5가 위

---

50) 강선희, '노동기본권과 소수 노동조합의 협약능력 및 단체협약의 효력에 관한 연구', 103쪽 이하; 김용진, 「복수노조 하에서의 교섭창구 단일화 제도」, 106쪽 이하.

와 같이 광범위하게 "노동조합"을 "교섭대표 노동조합"이라고 규정하여 교섭대표 아닌 노동조합의 단체교섭권을 제한하는 것은 납득하기 어렵다. 굳이 이와 같이 명시하지 않더라도 노조및조정법의 체계적 해석을 통해서 "노동조합"이라고 규정되어 있지만 "교섭대표 노동조합"이라고도 해석될 수 있는 사항들은 충분히 밝혀질 수 있고, 위에 예시된 조항들 중에는 단체협약 체결을 목적으로 하지 않는 "기타의 단체교섭"에 대해서도 적용되는 조항들이 다수 있기 때문에 노조및조정법 제29조의5는 부당한 입법인 동시에 일부 사항에 대해서는 불필요한 입법이라고 생각된다. 대표적으로 단체교섭 또는 단체협약 체결권한 위임(제29조 제3항, 제4항), 성실교섭의무 부담 및 권한남용 금지의 주체(제30조), 필수유지업무 유지를 위해 근무할 근로자를 지명하는 노동조합(제42조의6 제1항), 단체교섭 거부 부당노동행위 구제신청을 할 수 있는 노동조합(제81조 제3호) 등은 교섭대표 노동조합으로 제한하여 해석되어서는 안 된다. 입법적 개선이 무엇보다 시급한 사항이다.

(2) 교섭대표권 관련 특수문제

교섭대표권 유지와 관련한 특수문제로서 과반수 요건을 충족하여 교섭대표 노동조합이 된 노동조합이 이후 조직률 변동을 겪거나 위임 또는 연합했던 노동조합의 위임이나 연합 철회로 과반수 미만이 된 경우의 교섭대표권 유지 여부, 교섭대표 노동조합이 단체교섭을 진행하고 있던 도중에 교섭대표 노동조합 대표자의 중대한 비위행위가 드러나는 등의 사유가 발생하여 대표자가 교체된 경우 교섭대표 노동조합의 지위 유지 여부 등이 문제될 수 있다.

전자의 경우와 같이 과반수로 조직되었던 노동조합이 과반수 요건에 미달하게 된 경우에 대해서는 노조및조정법에 아무런 규정이 없다. 이는 노조및조정법 시행령 제14조의6 제2항이 자율적으로 결정된 교섭대표 또는 자율적 공동교섭대표단의 경우 사용자에게 자율적 교섭대표 또는 자율적 공동교섭대표단의 결정에 대해 통지한 이후에는 그 결정 절차에 참여한 노동조합 중 일부 노동조합이 그 이후의 절차에 참여 하지 않더라도 교섭대표의 지위가 유지된다고 규정하고 있는 것과 대비된다. 결국 이 문제는 해석을 통해 규명될 수밖에 없는데, 여기에 대해서는 과반수로 조직된 노동조합이라고 주장하는 노동조합이 과반수 노동조합임을 주장하여 사용자가 공고한 기간 내에 이의신청이 없거나, 노동위원회가 과반수 여부를 결정한 시점을 기준으로 그 이후에 조합원이 탈퇴하여 과반수 요건을 흠결하거나 위임의사 등을 철회한 경우에도 교섭대표의 지위를 유지한다고 보는 견해[51]와 과반수 노동조합의 지위를 상실한 것이 명확한 경우 노조및조정법 제14조의6 제2항과 같이 특별한 명문의 규정이 없음에도 불구하고 교섭대표 노동조합의 지위를 인정하는 것은 과반수 지위라는 수적 우위를 정당화의 기초로 하여 교섭대표권을 부여한 취지에 반할 뿐만 아니라 다른 노동조합의 반발에 직면하여 노사관계의 혼란을 초래할 가능성이 많다는 것을 이유로 교섭대표의 지위를 상실한다고 보는 견해[52]가 대립하고 있다. 자율적 교섭대표와 자율적 공동교섭대표단의 경우 교섭대표권 유지를 보장한 노조및조정법 시행령 제14조의6 제2항으로부터 입법자의 취지를 유추할 수 있다는 점, 노조및조정법 시행령 제14조의7 제5항이 조합원 수 확인 기준 시점을 교섭을 요구한 노동조합의 명칭 등을 공고한 날로 명확히 확정하고 있는 점, 교섭대표 노동조합이 과반수 미만으로 조직률이 하락되어 있다는 것을 공식적으로 확인할 수 있는 절차가 마련되어 있지 않다는 점, 교섭대표권의 안정적 유지를 보장하는 것이 해당 단체협약 적용 범위 내 단체교섭 질서의 안정에 기여할 수 있다는 점 등을 고려할 때 과반수로 조직된 노동조합임을 인정받아 교섭대표 노동조합이 된 경우에 후에 과반수 요건에 미달하게 되었다 하

51) 조상균, '개정노조법상 교섭창구 단일화 방안을 둘러싼 문제', 175쪽.
52) 이승욱, '교섭창구단일화의 절차를 둘러싼 노동법상 쟁점', 71쪽.

더라도 노조및조정법 시행령 제14조의10 제2항이 인정하는 교섭대표권 유지기간 내에선 그 교섭대표 노동조합으로서의 권한을 유지한다고 보는 것이 타당하다.

다음으로 교섭대표 노동조합이 단체교섭을 진행하고 있던 도중에 교섭대표 노동조합 대표자의 중대한 비위행위가 드러나는 등의 사유가 발생하여 대표자가 교체된 경우 교섭대표 노동조합의 지위 유지와 관련해서는, 교섭대표 노동조합의 대표자가 교체된다 하더라도 교섭대표 노동조합의 지위에는 영향이 없다고 보는 것이 타당하다. 따라서 교섭대표 노동조합 내부의 통제 절차에 따라 새로 대표자나 대표 권한대행이 결정되면 그 대표자나 대표 권한대행이 단체교섭을 이어서 계속 진행할 수 있다. 마찬가지로 공동교섭대표단인 경우에도 대표단 내부 대표 구성원 변경은 공동교섭대표단의 지위 유지에 직접 영향을 미치지 않는다고 보아야 한다.

(3) 교섭대표 노동조합의 대표권 유지 기간

노조및조정법 시행령 제14조의10 제1항에 따르면 교섭대표 노동조합은 교섭대표로 결정된 날로부터 대체로 2년 동안 지위를 유지할 수 있다. 즉 교섭대표 노동조합으로 결정된 후 사용자와 체결한 첫 번째 단체협약의 유효기간이 2년인 경우에는 그 단체협약의 유효기간이 만료되는 날까지, 교섭대표 노동조합으로 결정된 후 사용자와 체결한 첫 번째 단체협약의 유효기간이 2년 미만인 경우에는 그 단체협약의 효력이 발생한 날을 기준으로 2년이 되는 날까지 교섭대표 노동조합으로서의 지위를 유지한다. 한편 체결된 단체협약의 유효기간이 2년 미만인 경우에는 단체협약 효력 발생일로부터 2년 동안 교섭대표 노동조합의 지위를 유지한다. 따라서 교섭대표 노동조합이 체결한 단체협약이 유효기간 1년의 임금협약 등 유효기간이 2년 미만인 단체협약인 경우 교섭대표 노동조합은 대표권 유지기간 중 2개의 단체협약을 체결할 수 있게 될 가능성이 있다. 예를 들어 어떤 교섭대표 노동조합이 유효기간 1년의 임금협약 유효기간이 종료된 시점에 노조및조정법 시행령 제14조의10에 따라 교섭대표 노동조합의 지위를 유지하고 있다면 교섭창구 단일화 절차를 거치지 않고 곧바로 단체교섭권과 단체협약 체결권을 행사할 수 있다. 이때 기존 창구단일화 절차 개시 이후에 신설된 노동조합이나 교섭창구 단일화에 참여하지 않았던 노동조합이 있다 하더라도 교섭대표 노동조합이 대표권 유지기간 동안 계속 행사하는 단체협약 체결을 위한 단체교섭에 참여할 수 있는 절차는 마련되어 있지 않다. 앞에서 설명한 바와 같이 체결된 단체협약의 적용을 요구할 수 있도록 하거나 교섭대표권 유지기간 내라 하더라도 단체협약 개정을 위해 새로이 개시되는 단체교섭에 참여할 수 있는 절차를 신설할 필요가 있다. 노조및조정법상 절차가 마련되어 있지 않다 하더라도, 단체교섭권이 헌법상 기본권이라는 점을 고려하면 창구단일화 절차 개시 이후 신설된 노동조합이나 교섭창구 단일화에 참여하지 않았던 노동조합은 기존 교섭대표 노동조합이 그 대표권 유지기간 동안 단체협약 개정을 위한 단체교섭을 개시하는 시점에 단체교섭 참여를 요구하거나 새 단체협약 적용을 요구하는 것을 제한할 수는 없다고 생각된다.

교섭대표 노동조합의 지위 유지기간이 만료되었음에도 불구하고 새로운 교섭대표 노동조합이 결정되지 못할 경우 새로운 교섭대표 노동조합이 결정될 때까지 기존 단체협약의 이행과 관련해서는 기존 교섭대표 노동조합이 교섭대표 노동조합의 지위를 유지한다. 노조및조정법 시행령 제14조의10 제3항은 교섭대표 노동조합이 결정된 날부터 1년 동안 단체협약을 체결하지 못한 경우에는 해당 교섭단위 내의 어느 노동조합이든지 사용자에게 교섭을 요구할 수 있다고 규정하고 있다. 교섭대표 노동조합이 성실히 교섭에 임했어도 단체협약을 체결하지 못한 경우에는 해당 교섭대표 노동조합이 교섭단위 내의 다른 노동조합들을 대표하여 교섭대표권을 행사할 능력이 없다고 본 것이다.

제6장
단체교섭 관철수단

제 6 장
단체교섭 관철수단

사용자가 정당한 이유 없이 단체교섭을 거부하는 것은 조합의 존재를 부인하는 것과 같다. - 김치선 -

제1절 단체교섭 관철수단 인정 필요성

노동조합이 단체교섭을 요구하는데 상대방 당사자인 사용자가 정당한 이유 없이 이를 거부하거나 해태할 경우에 그 거부·해태 행위를 배제하고 단체교섭이 개시될 수 있도록 강요할 수 있는 법제도적 수단이 노동조합에게 보장되어야 한다. 관철수단의 존재는 단체교섭권이 권리로서 실효성을 갖기 위한 전제이다. 특히 노조및조정법상 노동조합으로 인정될 수만 있다면, 그 노동조합이 굳이 사용자를 압박할 수 있을 정도의 물리적 세력을 확보하지 않아도 법제도적인 측면에서 노동조합의 단체교섭력이 확보 또는 의제되어 있는[1] 우리나라의 법상황에서는 단체교섭 관철수단을 제도적으로 보장하는 의의가 더욱 크다.

사용자가 노동조합의 요구에 따라 단체교섭에 임하도록 할 수 있는 단체교섭 관철수단으로서 보장되는 대표적인 것은 쟁의행위를 비롯한 단체행동권 행사이다. 그 이외에 노조및조정법 제81조 제3호에 따라 노동위원회에 부당노동행위 구제신청을 제기하는 행정적 구제수단, 단체교섭 당사자 지위 확인 청구, 단체교섭 응낙가처분 신청, 단체교섭 거부로 인한 손해배상 청구 등 법원을 통한 사법적 구제수단, 고용노동부 근로감독관에 대한 진정 등 행정관청을 통한 구제수단, 사적 조정 및 중재를 통한 자율적 해결 방안 등이 제시될 수 있다.

1) 박종희, '노동3권의 보장의의와 내용', 127쪽 이하.

제2절 사용자의 단체교섭 거부

Ⅰ. 단체교섭 거부의 의미

사용자는 헌법 제33조에 의해 보장되는 단체교섭권을 보유하는 주체는 아니지만 노조및조정법 제29조 제1항, 제30조 제1항 등에 의해서 단체교섭의 정당한 당사자로 인정되고 있다. 노동조합이 단체교섭을 행하는 상대방이 되는 사용자도 집단적 자치의 구도에서 근로자 측과 동등한 주체로서 기능할 수 있도록 인정해줄 필요가 있기 때문이다.[2] 단체교섭의 당사자인 사용자는 노동조합에게 단체교섭을 요구할 권리는 없지만 노동조합이 단체교섭을 요구할 경우 이에 응해야 할 의무가 있다. 이 의무는 헌법 제33조, 노조및조정법 제29조 제1항, 제81조 제3호 등의 해석상 당연히 사용자에게 인정된다. 이와 같이 헌법과 노조및조정법의 각 규정에 따라 부여되는 단체교섭 의무에 위반하여 사용자가 단체교섭에 응하지 않거나 개시된 단체교섭을 중단하는 것, 단체교섭을 원활히 진행하지 않을 것을 징표하는 행태를 보이는 것 등을 일반적으로 단체교섭 거부라고 한다. 단체교섭 거부에는 거부와 해태가 모두 포함된다. 넓은 의미로는 사용자가 노동조합과 단체교섭을 거치지 않고 일방적으로 조합원의 근로조건을 변경하는 것도 단체교섭 거부에 포함될 수 있다. 즉 단체교섭 거부는 사용자의 성실교섭의무와 근로조건 일방적 결정 금지의무 위반이라고 평가할 수 있다.

단체교섭 거부에는 사용자가 정당한 이유 없이 단체교섭을 거부한다는 것을 인식하면서 거부행위를 하는 적극적인 거부 외에 사용자가 스스로는 단체교섭을 거부할 정당한 이유가 있다고 믿었지만 객관적으로 평가할 때 정당한 이유가 없는 경우도 포함된다. 일단 단체교섭이 개시된

2) 박종희, '노동3권의 보장의의와 내용', 120쪽 이하.

이후에도 사용자가 그 단체교섭에 성실히 응하고 있다고 믿었다 하더라도 성실교섭 의무를 위반했다고 판단되는 경우도 단체교섭 거부에 포함된다.[3] 즉 단체교섭 거부에는 노동조합의 정당한 단체교섭권 행사를 부인한다는 사용자 측의 주관적 요건을 필요로 하지 않는다. 객관적인 거부 행위만 있으면 단체교섭 거부가 성립할 수 있다.[4]

Ⅱ. 사용자의 단체교섭 거부의 종류

1. 좁은 의미의 단체교섭 거부

단체교섭 거부는 기본적으로 사용자가 노동조합이 정당하게 요구하는 단체교섭에 응하지 않는 것, 즉 단체교섭 개시에 대한 거부를 의미한다. 적극적으로 거부 의사를 표시하는 것과 단체교섭 요구에 대하여 소극적으로 응답하지 않는 것을 모두 포함한다. 단체교섭의 개시를 거부하는 것 외에 단체교섭이 진행되던 도중에 정당한 이유 없이 일방적으로 교섭을 중지하고 재개하지 않는 것도 단체교섭 거부에 포함된다. 정당한 이유의 존부는 교섭 상대방인 근로자 측과의 관계에서 문제가 되므로 사용자 측 일방의 행위만을 가지고 판단할 수는 없으며 노동관계 당사자 양측의 교섭태도를 종합적으로 판단하여야 한다.[5]

사용자의 단체교섭 거부 행위는 교섭 요구사실 공고 지연 및 거부,[6] 교섭참여 노동조합 공고 거부, 이에 대한 수정공고 요구 거부, 노동조합 측의 교섭 요구 공문에 대한 접수 거부나 접수 후 처리 지연, 현실적으로

3) 대판 1998. 5. 22, 97누8076.

4) 三浦惠司, '団交拒否', 270쪽.

5) 김형배, 「새로 쓴 노동법」, 1266쪽 이하; 하경효, '단체교섭거부에 대한 구제방법과 내용', 537쪽.

6) 서울행판 2013. 7. 17, 2013구합50678은 이를 "기타의 단체교섭" 거부라고 보았지만, 단체교섭 창구단일화 절차 개시 거부는 단체협약 체결목적 단체교섭의 거부에 해당한다고 분류하는 것이 타당하다.

불가능하거나 상대방이 수용할 의무가 없는 사항을 교섭 개시의 전제사항으로 제시하는 행위,[7] 단체협약에 규정되어야 하는 임금, 근로시간, 복리후생 등 조합원의 근로조건에 관련된 사항을 노동조합과 단체교섭을 거치지 않고 사용자가 임의로 변경하는 행위 등을 통해 징표될 수 있다. 사용자가 일방적으로 근로조건을 변경한 이후에 그에 관한 노동조합의 단체교섭 요구에 응하지 않는 것도 여기에 포함된다.

구체적인 단체교섭 거부의 모습으로는 노동조합에 가입한 근로자가 소수라는 것을 이유로 단체교섭을 거부하는 것, 단체협약 유효기간 내라는 이유로 단체협약 체결 목적 이외의 단체교섭을 거부하는 것, 교섭위원 중에 해당 사업장근로자가 아닌 제3자가 포함되어 있다는 것을 이유로 단체교섭을 거부하는 것,[8] 단체협약 유효기간의 만료에 대비하여 노동조합이 합리적인 시기에 요구한 단체교섭을 거부하는 경우,[9] 노동조합의 요구사항이 지나치게 과다하다는 것만을 이유로 단체교섭을 거부하는 경우, 단체교섭의 결과 당사자 간에 합의에 도달하여 협약을 체결하기로 합의했음에도 불구하고 단체협약서에 최종적으로 서명하는 것을 거부하는 협약화 거부의 경우[10] 등을 들 수 있다. 반면 산업별 노동조합과 대각선 교섭을 하던 중 사용자가 자기 사업장 소속 근로자들 중 해당 산업별 노동조합에 가입한 조합원이 있는지 여부를 확인해 줄 것을 요구하며 교섭을 중단한 경우에는 단체교섭을 거부할 수 있는 정당한 사유가 있는 경우라고 볼 수 있다.

---

7) Harper/ Estreicher/ Flynn, 「Labor Law-Cases, Materials, and Problems」, 511쪽 이하.

8) 임종률, 「노동법」, 289쪽.

9) 대판 2006. 2. 24, 2005도8606.

10) 김치선, 「노동법강의」, 383쪽 이하.

[관련판례]

합리적 일시의 단체교섭 개시 요구를 거부할 수 없다고 본 사례
대판 2006. 2. 24, 2005도8606

노동조합연맹이 사측에 2004. 3. 12부터 2004. 6. 14까지 3회에 걸쳐 단체교섭을 요구한 데 대하여 사측의 대표자인 피고인이 계속하여 단체교섭을 거부해 왔던 사실에 비추어 보면, 연맹이 다시 2004. 6. 19에 같은 달 24일을 교섭일시로 정하여 단체교섭을 요구한 시점에서는 피고인으로서는 이미 교섭사항 등의 검토와 준비를 위한 충분한 시간을 가지고 있었다고 할 것이므로, 피고인이 연맹에 위 교섭일시의 변경을 구할 만한 합리적 이유가 있었다고 보이지 아니할 뿐 아니라, 피고인은 위 교섭일시 전에 노동조합 측에 교섭일시의 변경을 구하는 등 교섭일시에 관한 어떠한 의사도 표명한 적이 없는 사실을 인정할 수 있으므로, 피고인이 연맹이 정한 위 일시에 단체교섭에 응하지 아니한 데에는 정당한 이유가 있다고 할 수 없다.

2. 사용자의 단체교섭 해태

일본 勞働組合法 제7조 제2호는 단체교섭 거부만을 부당노동행위의 태양으로 규정하고 있다. 그러나 일본의 대부분 학설들은 일본 勞働組合法 제7조 제1호의 단체교섭 거부에는 성실교섭의무에 위반한 불성실 교섭, 즉 단체교섭 해태가 포함되어 있는 것으로 본다.[11] 그러나 우리 노조및조정법 제81조 제3호는 단체교섭의 해태를 단체교섭 거부와 구별하여 특별히 명시하고 있다. 이와 같이 노조및조정법이 단체교섭의 해태를 단체교섭 거부와 구별하여 규정한 것은 단체교섭 해태의 성질과 그에 대한 판단이 거부와는 달리 이루어져야 한다는 것을 나타낸다고 볼 수 있다. 단체교섭 거부와 구별되는 단체교섭 해태의 특성에 주목하면서 단체교섭 해태의 의의와 성립 요건, 취급에 대해 설명해보면 다음과 같다.

11) 菅野和夫, 「勞働法」, 772쪽 이하; 西谷 敏, 「勞働組合法」, 205쪽 이하; 荒木尙志, 「勞働法」, 568쪽 이하.

사용자의 단체교섭 해태(懈怠)는 사용자가 노동조합의 단체교섭 요구에 응하여 일단 단체교섭 절차를 개시하기는 했지만, 단체교섭의 진행 과정에서 정당한 이유 없이 성실교섭의무에 위반하여 원만한 논의의 진전과 합의의 도출을 위한 노력을 이행하지 않는 것을 의미한다. 단체교섭 거부를 넓은 의미로 파악하면 단체교섭의 해태도 거부에 포함되는 것으로 본다.[12] 노조및조정법 제81조 제3호도 단체교섭을 정당한 이유 없이 해태하는 행위를 단체교섭 거부와 구별하여 명시하고 있다. 정당한 사유가 있는 단체교섭 해태가 아니라면 단체교섭을 해태하는 행위는 부당노동행위에 해당하는 것으로 금지된다. 노동조합이 제시한 단체교섭 요구안을 분석하기 위해 시간이 필요하다는 이유로 차기 교섭일정 연기를 요구하며 교섭에 응하지 않는 경우, 교섭 담당자 중 일부가 질병이나 사고 기타의 이유로 교섭에 임할 수 없는 사정이 발생하여 사용자가 일시적으로 일정 연기를 주장하는 경우 등은 단체교섭 해태에 정당한 사유가 있다고 볼 수 있는 사례들이다.

단체교섭의 해태는 비록 노조및조정법 제81조 제3호에 단체교섭 거부와 함께 부당노동행위에 해당하는 것으로 규정되어 있으나 단체교섭 개시 거부와는 법률상 취급을 달리 하여야 한다. 단체교섭의 해태는 노동조합의 정당한 단체교섭 요구에 처음부터 응하지 않는 것과는 행위의 양상이 다르고, 단체교섭을 진행함에 있어서 교섭 진행 속도, 절차와 완급을 조절하는 것, 상대편의 요구안에 대한 대안을 제시하는 시점을 정하는 것 등은 단체교섭 참여 주체들이 교섭 결과를 자신들에게 유리하게 이끌고 가기 위한 고도의 전략적 판단에 기초하여 결정하기 때문에 사용자의 전략적 교섭 지연 행위를 무조건 금지된 부당노동행위로 보아서는 안 된다. 그러므로 단순히 겉으로 드러난 행위의 태양만으로 단체교섭 해태 행위

---

12) 김유성, 「노동법II」, 343쪽; 김형배, 「새로 쓴 노동법」, 1265쪽; 임종률, 「노동법」, 288쪽 이하; 문무기/ 김홍영/ 송강직/ 박은정, 「부당노동행위제도 연구」, 16쪽 이하.

의 위법성 여부를 판단할 수는 없다. 단체교섭 해태의 경우에는 단체교섭 거부의 경우와는 달리, 사용자 측이 노동조합 측의 정당한 단체교섭권을 침해한다는 것을 인식하고 이를 소극적 또는 적극적으로 의욕하는 의사를 가지고 행한 경우에야 비난 가능한 단체교섭 거부라고 평가할 수 있을 것이다. 단체교섭 해태는 단체교섭 거부와 동일한 조항에 규정되어 있지만, 주관적 부당노동행위의사를 필요로 하는가에 있어서 본질적인 차이를 가진다.

제3절 노동조합의 단체교섭 관철수단

Ⅰ. 단체행동권 행사

1. 쟁의행위

(1) 단체협약 체결 목적 단체교섭 거부에 대한 쟁의행위

노동조합의 의무적 교섭사항에 대한 정당 단체교섭 요구에도 불구하고 사용자가 단체교섭을 거부하거나 해태하여 교섭이 결렬된 경우, 노동조합은 이러한 사용자의 단체교섭 거부에 대하여 쟁의행위를 함으로써 사용자로 하여금 단체교섭과 단체협약 체결에 임하도록 촉구할 수 있다.[13] 쟁의행위란 파업·태업·직장폐쇄 기타 노동관계 당사자가 그 주장을 관철할 목적으로 행하는 행위와 이에 대항하는 행위로서 업무의 정상적인 운영을 저해하는 행위를 말한다. 쟁의행위는 단체교섭에 있어서 구체적인 협의와 절충을 진전시키기 위하여 인정된 것이므로, 만약 노동조합이 사용자에게 단체교섭을 요구하지도 않은 채 곧바로 쟁의행위에 돌입하거나 단체교섭을 요구하였으나 이에 대하여 사용자가 회답할 시간적 여유를 주지 않은 채 쟁의행위를 개시하게 되면 이때의 쟁의행위는 정당성을 가지지 못한

13) 하경효, '단체교섭 거부에 대한 구제방법과 내용', 539쪽.

다.[14] 이에 대해서는 노동위원회의 조정절차를 거친 경우에만 쟁의행위의 합법성이 인정되는 현행법 하에서 사용자가 전혀 예상하지 못한 시점에 시간적 여유를 주지 않은 채 노동조합이 쟁의행위에 돌입할 수 있는 가능성은 거의 없다는 지적이 가능하다. 그러나 노동조합이 제기한 노동쟁의 조정신청에 대하여 노동위원회가 실질적인 조정을 하지 않고 교섭미진을 이유로 행정지도 결정을 내린 상황에서도 조정신청을 한 이후 10일의 기간만 경과하면 조정을 거친 것으로 인정되고 있는 현실[15]을 고려하면 사용자가 예측하지 못한 시점에 노동조합이 갑자기 쟁의행위를 시작하는 것이 전혀 불가능하지는 않다고 생각된다. 교섭미진을 이유로 노동위원회로부터 행정지도 결정을 받은 뒤에 노동조합이 추가적인 단체교섭에 임하지 않은 채 10일의 기간이 도과하기만을 기다려 쟁의행위를 개시했다면, 이는 노동위원회의 행정지도 결정의 취지에도 부합하지 않을 뿐 아니라, 쟁의행위 자체의 실질적 정당성도 인정되기 어렵다고 본다.

[관련판례]

행정지도 이후에도 쟁의행위를 할 수 있다고 본 사례

대판 2001. 6. 26, 2000도2871

노조가 노동위원회에 노동쟁의 조정신청을 하고 조정절차를 마치거나 조정이 종료되지 않은 채 조정기간이 끝나면 노동조합은 쟁의행위를 할 수 있다. 또한 이 사건에서 그 쟁의행위의 목적은 임금협약안의 체결, 고용안정협약안의 체결, 공동단체협약안의 체결 등에 있고, 그 중 정리해고에 관한 사항은 여러 목적 가운데 주된 목적이 아니므로, 이 사건 쟁의행위는 그 목적에 있어 정당성이 인정된다는 원심의 판단은 정당하고, 이 사건 쟁의행위는 노동위원회의 조정절차를 거친 뒤에 이루어진 것으로서 그 절차에 있어 정당성이 인정된다는 원심의 판단 역시 정당하다.

14) 임종률, 「노동법」, 242쪽.

15) 대판 2001. 6. 26, 2000도2871; 대판 2003. 12. 26, 2001도1863.

- 노동조합이 고용안정협약 체결 등이 포함된 요구안에 대한 단체교섭을 요구했으나 사측이 거부하자 노동위원회에 조정신청을 하여 행정지도 결정을 받은 뒤 쟁의행위를 개시한 사건 -

(2) 단체협약 체결 목적 아닌 단체교섭 거부에 대한 쟁의행위

가. 노동위원회의 조정·중재 가능성

노조및조정법 제2조 제5호는 "노동쟁의"라 함은 노동조합과 사용자 또는 사용자단체 간에 임금·근로시간·복지·해고 기타 대우 등 근로조건의 "결정에 관한" 주장의 불일치로 인하여 발생한 분쟁상태를 말한다고 규정한다. 그리고 노조및조정법 제45조는 노동관계 당사자는 노동쟁의가 발생한 때에는 어느 일방이 이를 상대방에게 서면으로 통보하여야 하고 노동위원회의 조정·중재 절차를 거치지 않은 상태에서는 쟁의행위를 할 수 없다고 규정하고 있다. 만약 노동위원회의 조정·중재 절차를 거치지 않은 쟁의행위를 행한 경우에는 노조및조정법 제91조에 의해 노동조합과 노동조합 간부, 주도적으로 쟁의행위를 한 조합원 등에게 형벌이 부과될 수 있다. 이와 같이 현행 노조및조정법 규정상 조합원의 근로조건의 결정, 즉 단체협약을 체결하기 위한 단체교섭이 결렬된 경우에 한해서 조정 또는 중재 절차를 거친 적법한 쟁의행위가 가능하며, 그 이외의 사항에 대한 단체교섭이 결렬된 경우에는 적법한 쟁의행위를 할 수 있는 길이 차단되어 있다.

나. 현행 노조및조정법 규정의 위헌성

그러나 헌법 제33조 제1항에서 천명된 단체교섭권의 독자적 권리성과, 단체교섭은 근로자의 단결체가 근로조건 및 기타 근로자의 대우에 대한 사항과 노사관계에 있어서의 실체적 또는 절차적 각종 규율에 관한 사항을 설정하거나 해석·적용하기 위하여 사용자 또는 사용자단체와 평화적으로 협의하고 절충해가는 과정이라는 단체교섭 개념의 2원성을 승인한다면, 근로조건의 결정에 관한 사항뿐만 아니라 노사관계에 있어서의 실체적 또는 절차적 각종 규율에 관한 사항을 설정하거나 해석·적용하기 위한 교섭도 단체교섭의 핵심적인 대상이 된다고 보아야 한다. 그러므로 이러한 사항에 대한 단체교섭이 결렬되었을 경우를 노동위원회의 공적 조정과 중재 서비스 제공 대상에서 제외한 것은 심각한 문제가 있다. 물론 행정심판제도의 설치와 행정심판 대상 사항의 결정에 대해서는 입법자가 폭넓은 입법적 재량을 가진다. 하지만, 단체교섭권이 헌법 제33조 제1항으로부터 근거 지워지는 헌법상 기본권이라는 점을 상기할 때, 현행 노조및조정법 제2조, 제45조의 위와 같은 노동쟁의 개념 정의 규정과 조정·중재 대상 규정 태도는 헌법 제33조 제1항의 취지에 부합한다고 보기 어렵다. 설사 단체교섭 개념의 2원성을 긍정하지 않는다 하더라도 근로조건의 결정에 관한 부분 이외에, 채무적 부분 중에서도 노사관계에 있어서의 실체적 또는 절차적 각종 규율에 관한 사항들을 규율하기 위한 단체교섭은 근로조건 결정에 관한 부분에 못지않게 중요한 의미를 갖는다. 왜냐하면 노동관계 당사자가 조합원인 근로자의 근로조건을 결정하기 위한 교섭을 대등한 힘의 균형과 조화로운 집단적 자치의 틀 속에서 진행하기 위한 전제가 되는 사항들이기 때문이다. 이 부분에 대한 교섭도 단체교섭권 행사의 본질적인 내용이라고 보아야 한다. 따라서 단체교섭 개념의 2원성을 부정하는 견해를 취한다 하더라도 단체협약의 채무적 부분 중 근로조건 결정에 밀접한 영향이 있는 노사관계에 있어서의 실체적 또는 절차적 각종 규율에 관한 사항에 대한 교섭이 결렬 되었을 때에 노동위원회의 조정 또는 중재가 가능하도록 관련 법제도를 개선할 필요성을 긍정해야 한다. 중앙노동위원회는 근로조건의 결정에 관한 주장의 불일치로 인하여 발생한 분쟁상태만이 조정의 대상이 된다고 밝히고 있다.[16] 그러나 실무에서는 근로조건의 결정에 관한 주장과 채무적 부분의

---

16) 중앙노동위원회, 「조정 및 필수유지 업무 매뉴얼」, 9쪽.

결정에 관한 주장이 한꺼번에 제기되고 조정에 회부되어 쟁의행위로까지 이어지고 있다. 대법원은 원칙적으로 노조및조정법 제2조 제5호의 노동쟁의 정의 규정을 근거로 근로조건 이외의 사항에 관한 노동관계 당사자 사이의 주장의 불일치로 인한 분쟁상태는 근로조건의 결정에 관한 분쟁이 아니어서 현행법상의 노동쟁의라고 할 수 없고 특별한 사정이 없는 한 이러한 사항은 중재재정의 대상으로 할 수 없다고 보지만, 중재절차는 노동쟁의의 자주적 해결과 신속한 처리를 위한 광의의 노동쟁의조정절차의 일부분이므로 노사관계 당사자 쌍방이 합의하여 단체협약의 대상이 될 수 있는 사항에 대하여 중재를 해줄 것을 신청한 경우이거나 이와 동일시할 수 있는 사정이 있는 경우에는 근로조건 이외의 사항에 대하여도 중재재정을 할 수 있다고 보고 있다.[17] 현행법 하에서 조정 및 중재의 대상이 제한적으로 인식되고 있는 상황이 초래하는 문제점을 해결하기 위한 불가피한 해석으로 보인다.

2. 쟁의행위 이외의 단체행동

(1) 쟁의행위 이외의 단체행동 개념 인정 가능성

쟁의행위 이외에 노동조합의 단체행동 영역을 인정할 수 있는가에 대해서 견해가 대립한다. 우선 업무의 정상적인 운영을 저해하는 행위로서 시민법상 채무불이행 또는 불법행위로서 위법한 것으로 인정되던 행위가 근대 이후 정당성이 인정되었고 그 헌법상 표현이 바로 단체행동권이므로 단체행동은 쟁의행위만을 의미한다고 보는 견해가 있다.[18] 쟁의행위 이외의 근로자의 집단행위는 근로3권이 아닌 시민적 자유 내지 단결권의 일환으로 보호되는 것이라고 한다. 이에 대하여 대다수의 견해는 단체행동을 쟁의행위 이외에 일정한 조합활동을 포함하는 넓은 개념으로서 인

---

17) 대판 2003. 7. 25, 2001두4818.

18) 임종률, 「노동법」, 209쪽.

정하고 있다.[19] 쟁의행위 이외의 단체행동은 단결권의 보호를 받는 영역이라는 견해도 일응 타당성이 있다. 하지만 조합활동 가운데 노동조합의 존속에 불가결한 일상적인 활동으로서, 단결권 보장에 포함되는 것으로도 해석할 수 있는 활동 외에 유인물 부착과 피케팅 등 사용자에 대한 압력과 제3자에 대한 호소를 목적으로 이루어지는 활동은 단결권보다는 단체행동권 보장의 영역으로 보는 것이 합리적이라는 점,[20] 노조및조정법상의 쟁의행위 개념에 선행하면서 쟁의행위 개념을 한계지우는 역할을 하는 헌법 제33조 제1항 고유의 단체행동권 개념을 상정하지 않을 수 없다는 점 등을 고려하면 쟁의행위보다 상위의 넓은 개념으로서 단체행동 개념을 인정하는 것이 타당하다고 본다.

(2) 쟁의행위 이외의 단체행동 인정 범위

쟁의행위보다 넓은 개념으로서 단체행동을 인정하는 경우에도 구체적으로 단체행동이 무엇을 의미하는가에 대해서는 견해가 일치하지 않는다. 단체행동을 사용자의 업무의 정상적인 운영을 저해하는 행위인 쟁의행위 이외에 정상적인 업무의 저해를 수반하지 않는 단결체로서의 노동조합의 활동이라고 보는 견해가 있는 반면[21] 이보다 더욱 적극적으로 "면책적 쟁의행위"라는 개념을 도입하여 노조및조정법상 쟁의행위에는 해당하지 않지만 헌법 제33조 제1항으로부터 직접 정당성이 부여되는 업무의 정상적인 운영을 저해하는 행위까지 포함하는 단체행동 개념을 인정하는 견해도 있다.[22]

이와 같이 견해가 갈라지는 이유는 "단체행동"이라는 표현은 똑같이

---

19) 김유성, 「노동법II」, 217쪽; 김형배, 「새로 쓴 노동법」, 1100쪽 이하; 菅野和夫, 「勞働法」, 704쪽 이하; 西谷 敏, 「勞働組合法」, 58쪽 이하.

20) 西谷 敏, 「勞働組合法」, 59쪽.

21) 김형배, 「새로 쓴 노동법」, 1100쪽 이하; 菅野和夫, 「勞働法」, 704쪽 이하; 西谷 敏, 「勞働組合法」, 58쪽 이하.

22) 김유성, 「노동법II」, 218쪽 이하.

사용하지만 각자가 상정하는 단체행동 개념의 개념 좌표상의 위치가 서로 다르기 때문이다. 단체행동 본래의 의미를 상정하면, 헌법 제33조 제1항이 단체행동권의 보장을 선언하고 있고, 헌법상 단체행동권 개념은 노조및조정법상 쟁의행위 개념의 상위에 있는 개념이라고 보게 되므로 쟁의행위 이외의 단체행동에도 업무의 정상적인 운영을 저해하는 행위까지 포함된다고 보는 견해가 논리적이다. 그러나 자유권으로서의 성격이 강조되는 단결권과는 달리 헌법 제33조 제1항의 단체행동권은 법률에 의한 특별한 면책을 명령하는 권리라는 점에서, 업무의 정상적인 운영을 저해하는 행위를 포함하는 단체행동은 노조및조정법에 의해 행위자에 대한 면책이 인정되는 쟁의행위에 국한하고, 그 이외의 단체행동에 포함되는 행위들은 업무의 정상적인 운영을 저해하는 데까지는 이르지 않는 행위들만 포함한다고 보는 것이 타당하다고 생각된다.[23)]

(3) 사용자의 단체교섭 거부에 대한 단체행동

사용자가 노동조합의 정당한 단체교섭을 거부 또는 해태할 경우 현행법상 노동조합에게 허용된 쟁의행위 이외의 단체행동은 업무의 정상적인 운영을 저해하지 않는 한도에서의 옥내외 집회나 시위, 전단지 배포 등 홍보활동, 항의의 표시로서의 리본 패용, 휴게시간이나 업무 외 시간을 활용한 조합원 교육 등 다양한 형태로 진행될 수 있다. 노조및조정법상 쟁의행위 이외의 단체행동은 단체협약 체결 목적 단체교섭이 거부된 경우나 단체협약 체결 목적 아닌 단체교섭이 거부된 경우에 모두 가능하다. 이러한 단체행동에 대해서는 노조및조정법이 쟁의행위의 정당성 인정 요건으로서 요구하고 있는 엄격한 절차적 요건들은 적용되지 않는다.

---

23) 김형배, 「새로 쓴 노동법」, 1100쪽 이하.

Ⅱ. 부당노동행위 구제제도

1. 단체교섭 거부 부당노동행위의 개념

(1) 단체교섭 거부 부당노동행위의 의의

노조및조정법 제81조 제3호는 사용자는 "노동조합의 대표자 또는 노동조합으로부터 위임을 받은 자와의 단체협약 체결 기타의 단체교섭을 정당한 이유 없이 거부하거나 해태하는 행위"를 할 수 없다고 규정하고 있다. 단체협약 체결을 위한 단체교섭의 경우 교섭창구 단일화가 되었다면 여기에서 말하는 노동조합은 이 법 제29조의5에 의해 교섭대표 노동조합이 된다. 금지 대상 행위는 단체교섭을 거부하거나 해태하는 것으로서 헌법 제33조 제1항의 기본권을 직접적인 대상으로 하는 부당노동행위 유형이라는 점에서, 그리고 단체교섭 거부나 해태가 지속적으로 이어질 경우 노동조합의 존립 자체를 부정하게 될 수도 있다는 점에서 부당노동행위의 여러 가지 유형 중 매우 중요한 특색을 갖는 유형이라고 할 수 있다.[24] 물론 예외적으로 정당한 이유가 있다면 사용자가 노동조합의 단체교섭 요구를 거부하거나 해태하는 행위가 허용될 수도 있다.[25]

(2) 거부가 금지되는 단체교섭의 유형

주의할 것은 "단체협약 체결 기타의 단체교섭"이라는 노조및조정법 제81조 제3호의 문구이다. 이 문구를 보면 단체교섭 거부의 부당노동행위는 단체협약 체결을 위한 단체교섭뿐만 아니라, 그 이외의 단체교섭을 거부하는 경우에도 성립된다는 점을 알 수 있다. 그러므로 노조및조정법 제81조 제3호에 의해 거부가 금지되는 단체교섭의 유형은 단체협약 체결을 목적으로 하는 단체교섭과 기타의 단체교섭으로 나누어 검토해야 하며, 특히 "기타의 단체교섭"이 의미하는 바가 무엇인지에 대하여는 특별히 주의할 필요가 있다.

---

24) 김유성, 「노동법Ⅱ」, 343쪽; 김치선, 「노동법강의」, 382쪽.

25) 김형배, 「새로 쓴 노동법」, 1266쪽 이하.

가. 단체협약 체결 목적 단체교섭

노조및조정법 제81조 제3호에 의해 사용자가 거부하거나 해태해서는 안 되는 단체교섭으로서 가장 대표적인 것은 단체협약 체결 목적 단체교섭이다. 이는 노조및조정법 제81조 제3호의 규정을 통해서도 분명하게 드러나며, 단체교섭의 가장 중요한 목적 중 하나가 단체협약 체결을 통한 근로조건 결정에 있다는 점을 고려할 때에도 당연한 것이라고 할 수 있다. 그러므로 단체협약 체결을 목적으로 노동조합이 단체교섭을 요구할 때에 사용자가 정당한 이유 없이 그러한 요구를 거부한다면 부당노동행위 금지규정에 위반하는 행위가 될 가능성이 높다. 단체협약 체결 목적 단체교섭에는 단체교섭을 개시하기 위한 사전 절차인 노조및조정법 시행령 제14조의3에 따라 사용자가 단체교섭 요구사실을 공고하는 행위로부터 합의된 단체협약서에 서명하는 행위까지 모두 포함된다. 따라서 사용자가 단체교섭을 통해 단체협약안이 완성되어 있음에도 불구하고 정당한 이유 없이 협약서에 서명하는 것을 거부하는 경우 노조및조정법 제81조 제3호의 단체교섭 거부 부당노동행위에 해당할 수 있다. 예정된 교섭 기일에 정당한 이유 없이 교섭 석상에 나오지 않고 노동조합이 발송한 교섭을 요청하는 공문에 답을 하지 않는 행위, 교섭에 임하기는 하지만 아무런 발언을 하지 않고 침묵하다가 일괄 퇴장하는 행위 등은 단체교섭 해태의 부당노동행위로 판단될 가능성이 있다.

나. 기타의 단체교섭

노조및조정법 제81조 제3호에 명시된 "기타의 단체교섭"이 무엇을 의미하는가에 대해서는 최근까지 학계에서 별다른 논의가 전개되고 있지 않다. 앞에서 설명한 바와 같이 부당노동행위 규정이 아닌 현재의 노조및조정법 제29조에 해당하는 과거 구 노동조합법 제33조에 규정되어 있던 "기타의 사항"이 무엇을 의미하는가에 대한 논의가 발견될 뿐이다.[26] 다

26) 자세한 내용은 제2장 제5절 Ⅰ. 1. (2) 참조.

만 하급심 판결례 중에 "노조및조정법 제81조 제3호 … 규정에서 의미하는 '기타의 단체교섭'이라 함은 단체협약의 체결 이외에 단체협약의 체결을 위한 일련의 단체교섭절차를 의미하는 것이므로 사용자가 단체협약 체결 이외에도 단체협약의 체결을 위한 일련의 절차를 거부하거나 해태하는 행위도 부당노동행위로 볼 수 있다"고 하면서 "사용자가 교섭대표 노동조합과의 단체협약 체결 또는 단체교섭을 거부하거나 해태하는 행위뿐 아니라 교섭대표 노동조합을 정하기 위한 교섭창구 단일화 절차를 거부하거나 해태하는 행위 역시 노조및조정법 제81조 제3호의 기타의 단체교섭을 거부하거나 해태하는 것으로서 부당노동행위에 해당한다고 할 것이다"[27]라고 하여 노조및조정법 제81조 제3호에 규정된 "기타의 단체교섭"의 개념을 "단체협약 체결을 위한 일련의 절차"라고 해석한 판결이 있다.

이 판결은 그 동안 제대로 해석되지 않고 있던 "기타의 단체교섭"이라는 문구의 의미를 밝히려 했다는 점 외에도 사용자의 공고의무 미이행을 부당노동행위로 판단했다는 점에서 중요한 의미가 있는 판결이다.[28] 그러나 위 판결과 같이 노조및조정법 제81조 제3호의 "단체협약 체결 기타의 단체교섭"이 "단체협약 체결"과 "체결 과정의 일련의 교섭절차를 의미하는 단체교섭"으로 나누어진다고 이해한 것은 우리 노조및조정법의 제·개정 연혁과 그 과정에서 조문의 변화 과정을 제대로 이해하지 못하여 잘못된 해석을 내놓은 것이라고 생각된다. 노조및조정법 제81조 제3호의 "단체협약 체결 기타의 단체교섭"이라는 표현은 연혁적으로 1953년 구 노동조합법[29] 제34조 협약 체결에 관한 상호의무 조항 제1항의 "사용자 또는 그 단체는 전조에 규정하는 단체협약 대표자와의 성실한 단체협

27) 서울행판 2013. 7. 17, 2013구합50678.

28) 이 사건에서 사용자 측이 항소했으나 서울고등법원에서 2013. 12. 12. 항소기각 결정이 내려졌고(2013누46237), 이에 대하여 사용자가 다시 상고한 사건에서도 2014. 3. 27. 심리불속행기각 결정이 내려져 1심 판결의 내용이 확정되었다.

29) 법률 제280호, 1953. 3. 8 시행.

약 체결을 정당한 이유 없이 거부 또는 해태할 수 없다"는 규정으로부터 이어지고 있는데,[30] 여기에서 말하는 "전조의 규정"이란 제33조를 말한다. 1953년 구 노동조합법 제33조는 교섭권한이라는 표제 하에 "노동조합의 대표자 또는 조합의 위임을 받은 자는 노동조합 또는 조합원을 위하여 사용자 또는 그 단체와 단체협약의 체결 기타 사항에 관하여는 교섭할 권한이 있다"고 규정하고 있었다. 이 규정을 지금의 관점에서 살펴보면 구 노동조합법 제34조는 제33조의 "단체협약의 체결 기타 사항에 관하여 교섭"하는 것 중에서 특히 단체협약 체결 거부, 즉 사용자의 협약화 거부를 금지하고 처벌하는 규정이었다고 볼 수도 있다. 그러나 당시의 해석론을 보면 1953년 구 노동조합법 제33조와 제34조를 단지 협약화 거부가 아니라 단체교섭 자체에 대한 거부로 이해하여 "사용자가 정당한 이유 없이 면회와 담판 등의 요구를 거부하면 이것은 부당노동행위"[31]라는 취지로 설명하거나, "노동조합으로부터 단체교섭의 신청을 응하지 아니한다는 것을 말하는 것"[32]이라고 설명하고 있다. 그렇다면 1953년 구 노동조합법 제34조에서 말하는 "단체협약 체결을 정당한 이유 없이 거부 또는 해태"하는 행위는 제33조의 "단체협약의 체결 기타 사항에 관하여 교섭"하는 것을 정당한 이유 없이 거부 또는 해태하는 행위를 지칭하는 것이었다고 보아야 한다. 그리고 "단체협약 체결 거부"를 단체교섭의 거부라고 보았던 당시의 해석론에 따를 때, 이 조항은 "협약화 거부"와 "교섭거부"로 나누어 볼 것이 아니라, "단체협약의 체결에 관한 교섭"과 "기타의 사항에 관한 교섭"의 양자에 대한 거부를 의미하는 것이라고 해석하여야 한다. 이후 1953년 구 노동조합법 제33조의 교섭권한 규정은 그 내

30) 1953년 구 노동조합법 제34조 위반에 대해서는 같은 법 제43조에 "5천 환 이하의 벌금에 처한다"는 처벌규정이 있었다.

31) 박덕배, 「사회법서설과 노동법」, 110쪽.

32) 홍영표, 「노동법론」, 267쪽. 홍영표 교수는 여기에 덧붙여 "그 결과 협정을 성립시키느냐의 여부는 오직 당사자 간의 합의 여하에 달려 있는 것"이라고 한다.

용과 형식이 거의 그대로 유지된 채, 제34조가 1963년 구 노동조합법[33] 개정 시에 삭제되고 대신 제39조에 부당노동행위 금지규정이 신설되면서 같은 조 제3호에 "노동조합의 대표자 또는 노동조합으로부터 위임을 받은 자와의 단체협약 체결 기타의 단체교섭을 정당한 이유 없이 거부하거나 해태하는 행위"라고 규정되었다. "기타의 사항에 관하여 교섭할 권한"이 "기타의 단체교섭"으로 축약되어 표현된 것이다. 1963년 구 노동조합법 제39조는 다시 현행 노조및조정법 제81조로 이어지고 있다. 그러므로 현행 노조및조정법 제81조 제3호의 "단체협약 체결 기타의 단체교섭"은 "협약화 거부"와 "단체교섭 거부"로 보아서는 안 되며, 역시 "단체협약의 체결에 관한 교섭"과 "기타의 사항에 관한 교섭"의 양자에 대한 거부를 의미하는 것이라고 보아야 한다. "협약화 거부"는 "단체협약의 체결에 관한 교섭"의 일부로서 포함된다.

이와 같이 이해할 때 위 서울행정법원 판결과 같이 노조및조정법 제81조 제3호의 "단체협약 체결 기타의 단체교섭"의 의미를 "협약화 거부"와 이 단체협약 체결을 위한 단체교섭과 단체협약 체결 과정의 "일련의 교섭절차"를 의미하는 단체교섭으로 나누어 해석할 것이 아니라, 단체협약 체결을 위한 단체교섭과, 단체협약 체결 목적 이외의 기타의 사항에 대한 단체교섭 두 가지를 의미하는 것으로 해석하여야 한다. 후자와 같이 해석하여야 하는 또 다른 이유는 서울행정법원의 판결의 해석은 모든 단체교섭은 단체협약 체결을 목적으로 하는 교섭밖에 없다고 보는 관점을 전제할 때에만 가능한 해석이기 때문이다. 앞에서 자세히 설명한 바와 같이 우리 헌법 제33조 제1항과 노조및조정법 관련 규정들의 체계적인 해석의 결과 단체교섭의 개념은 2원적으로 이해하여야 한다는 점을 논증한 바 있다. 이러한 단체교섭의 개념 이해에 기초할 때 위 판결의 해석 태도는 받아들이기 어렵게 된다. 대상 판결이 부당노동행위라고 판단한 사용

33) 법률 제1329호, 1963. 4. 17 시행.

자의 교섭요구 사실 공고 거부행위는 그대로 단체협약 체결을 위한 단체교섭 절차의 개시를 거부한 것으로서 노조및조정법 제81조 제3호의 "단체협약 체결" 부분의 적용을 받는 단체교섭 거부행위라고 보아 결과에 있어서는 부당노동행위로 의율하는 데에 차이는 없다.

이상의 논의에서 살펴본 바와 같이 노조및조정법 제81조 제3호의 "기타의 단체교섭"은 단체협약 체결 목적 단체교섭 이외의 단체협약 체결을 목적으로 하지 않는 교섭사항들에 대한 단체교섭을 의미한다고 해석하는 것이 타당하다. 노동조합이 사용자 또는 사용자단체에게 단체교섭을 요구하는 경우 그 사항이 의무적 교섭사항에 해당하는 것일 때에는 단체협약 체결 목적 단체교섭인지 아닌지를 불문하고 단체교섭 거부의 부당노동행위가 성립할 가능성이 있다고 보아야 한다. 단체협약 체결 목적 단체교섭이 아니면서 의무적 교섭사항이라고 볼 수 있는 교섭사항의 예로는 단체협약 해석·적용에 관한 사항, 단체협약에 근거 없는 조합원 인사에 관한 사항, 조합원 근로조건에 직접 영향을 미치는 단체협약에 근거가 없는 경영상 조치에 관한 사항, 단체협약에 규정되지는 않았지만 집단적 노사관계 운용에 관하여 교섭이 필요한 사항, 필수유지업무협정 체결을 위한 교섭 등이 있다. 이러한 사항에 대하여 사용자가 단체교섭을 거부하는 경우에 비록 적법한 쟁의행위를 할 수 있는 수단은 현행법에 의해 제한되어 있지만, 부당노동행위 금지규범의 적용은 가능한 것으로 열려 있다고 볼 수 있다.

2. 단체교섭 거부 행위자로서의 사용자

(1) 부당노동행위 금지 수규자로서 사용자의 범위

부당노동행위를 하지 않아야 하는 부작위의무를 부담하는 사용자의 범위가 근로기준법상의 사용자는 물론 노조및조정법 제2조 제2호에 따른 일반적인 사용자 개념과도 다르다는 점에는 대체로 견해가 일치한다.[34] 대부분 일반적인 사용자 개념보다 부당노동행위 규정의 수규자로서의 사용자 개념을 넓게 파악하고 있다. 그러나 부당노동행위 규정의 수규자로서의 사용자 개념은 부당노동행위의 각 유형에 따라 달리 판단될 수 있다. 예를 들면, 지배·개입의 부당노동행위의 경우 수규자가 될 수 있는 사용자의 범위가 단체교섭 거부 부당노동행위의 수규자가 될 수 있는 사용자의 범위보다 더 넓다고 볼 수 있다. 지배·개입의 부당노동행위의 경우에는 법률상, 계약상 아무런 권리·의무 관계가 없는 제3자, 예를 들어 모기업 사용자가 자회사 노동조합의 조합활동을 방해할 목적으로 개입할 경우에 모기업 사용자가 부당노동행위를 행하는 사용자가 된다고 볼 필요까지 생길 수 있는 반면, 단체교섭 거부 부당노동행위에서는 단체교섭 의무를 부담하는 직접 상대방인 사용자에 국한하여 단체교섭 거부 부당노동행위의 수규자인 사용자가 되기 때문이다.

여기에서 살펴보려 하는 것은 단체교섭 거부의 부당노동행위이므로 단체교섭 거부 부당노동행위 금지규정의 수규자로서의 사용자는 단체교섭 의무를 부담하는 사용자 즉, 노동조합 소속 조합원들과 직접 근로계약관계에 있는 사용자이거나 또는 외부적인 계약형식에 관계없이 해당 근로자들과의 관계를 고려할 때 실질적으로 사용자 권한을 행사하는 자로서 근로조건의 전부 또는 일부에 대하여 구체적 영향력 내지 지배력을 미치는 자를 포함하는 자라고 정리하면 족하다.[35] 따라서 해당 조합원에게 실질적으로 사용자로서의 권한을 행사하는 자가 단지 형식적인 근로계약관계가 없다는 점만 강조하면서 단체교섭을 거부하는 경우 부당노동행위에 해당한다고 보아야 한다.[36] 한편 판례는 여전히 단체교섭 거부 금지규정에서의 사용자는 명시적·묵시적 근로계약관계를 맺고 있는 자

34) 김유성, 「노동법Ⅱ」, 316쪽 이하; 김형배, 「새로 쓴 노동법」, 1234쪽 이하; 임종률, 「노동법」, 274쪽 이하 등.

35) 자세한 내용은 제3장 제4절 Ⅰ. 2. 참조.

36) 김유성, 「노동법Ⅱ」, 345쪽.

로 보는 태도를 견지하고 있다.[37)]

(2) 협의의 사용자 이외의 수규자

가. 단체교섭 담당 직원(관리자)

단체교섭의 경우에는 직접 당사자인 사용자가 단체교섭에 임하는 경우도 있지만, 하위의 노무관리부서 관리자나 일반 근로자가 사용자 측 단체교섭 담당자로서 단체교섭에 임하는 경우도 있다는 점에서 주의를 요한다. 단체교섭 담당 직원의 단체교섭 거부나 해태 행위는 구체적인 사용자의 개입 내용 및 정도와 교섭 진행과정 전후의 지시사항 등을 분석하여 사용자의 책임으로 귀속시킬 수 있는지 여부를 판단하면 될 것으로 생각된다.[38)] 현실에서는 사용자는 교섭 담당 직원에게 매 교섭 진행 단계마다 구체적으로 지시하고 개입하는 경우가 대부분이다. 그리고 비록 세세하게 개입하지 않는다 하더라도 단체교섭의 전략이나 방향은 최종적으로 사용자의 의사에 따라 결정되는 경우가 많다. 따라서 단체교섭 담당자인 담당 부서 직원의 단체교섭 거부나 해태 행위의 책임을 사용자의 책임으로 간주하는 것에는 큰 문제가 없다고 생각된다. 비사용자인 근로자의 반조합적 행위가 사용자와 명시적·묵시적인 연락 하에 이루어진 경우 그것은 사용자 자신의 부당노동행위가 된다고 설명하는 견해도 같은 취지이다.[39)] 더구나 단체교섭을 포함한 전반적인 노무관리 업무를 수행하는 것이 해당 근로자의 담당 직무였다면 그 근로자가 자신의 직무를 수행하는 과정에서 단체교섭을 담당하여 단체교섭 해태의 부당노동행위를 행한 경우에 그 결과를 사용자에게 귀속시키는 것은 당연한 결론이다. 이러한 결론은 민법 제756조의 사용자 책임의 법리와도 부합하는

---

37) 대판 1995. 12. 22, 95누3565; 대판 2008. 9. 11, 2006다40935 등.

38) 김유성, 「노동법Ⅱ」, 321쪽 이하는 이를 사용자 개념의 내부적 획정 문제로 검토하고 있다.

39) 강성태, '관리적 근로자의 부당노동행위 주체성', 252쪽 이하.

부분이 있다. 대법원 판례도 단체교섭 거부의 부당노동행위가 불법행위를 구성한다고 본다.[40] 이 경우 자신의 지휘에 따라 단체교섭을 해태한 부하직원의 행위로 인해 부당노동행위의 책임을 부담하게 된 사용자가 휘하 직원에게 구상권을 행사하는 것은 신의칙상 허용되지 않는다고 보아야 할 것이다. 대법원 판례도 사용자책임과 관련하여 법원은 사용자의 피용자에 대한 구상권 행사를 신의칙에 근거하여 제한[41]하거나 부인[42]하고 있다.

다만 그 휘하 직원이 사용자의 명시적인 지시에 위반하여 단체교섭을 거부·해태했다면 그 책임을 사용자에게 곧바로 귀속시킬 수는 없다. 따라서 만약 그로 인해 사용자가 민법 제756조 등에 따른 책임을 부담하게 된 경우에는 해당 담당 직원에 대한 구상권 행사를 인정하지 않을 수 없을 것이다.

나. 단체교섭권 수임인

단체교섭권을 위임받은 담당자가 단체교섭 거부 또는 해태의 부당노동행위를 한 경우 그 부당노동행위의 효과는 우선 단체교섭권을 위임받은 담당자에게 귀속한다. 단체교섭권의 위임은 위임이라는 명칭에도 불구하고 대리권 수여라고 보아야 하기 때문이다.[43] 따라서 단체교섭권의 위임을 받은 자가 임의로 단체교섭을 게을리 하여 부당노동행위를 범한 경우 그로 인한 책임은 당사자에게 미치지 않고 수임인이 지는 것이 원칙이다. 다만 사용자가 수임인이 담당하는 단체교섭 과정에 개입하여 지시권을 행사하였고 그에 따라 수임인이 단체교섭을 거부·해태한 경우에도 단체교섭권을 위임한 사용자는 수임인의 단체교섭 거부의 불법행위 책임

---

40) 대판 2006. 10. 26, 2004다11070.

41) 대판 1987. 9. 8, 86다카1045; 대판 2001. 1. 19, 2000다33607 등.

42) 대판 1991. 5. 10, 91다7255; 대판 1994. 12. 13, 94다17246 등.

43) 김형배, 「새로 쓴 노동법」, 1013쪽.

에 대하여 민법상 사용자 책임을 지게 된다.44) 그리고 이러한 단체교섭 거부·해태 행위가 부당노동행위에 해당한다면 적극적으로 단체교섭을 거부 또는 해태하도록 지시권을 행사한 위임인은 수임인과 함께 형법 제31조의 교사범으로서의 책임을 부담하게 된다.

다. 사용자단체

노조및조정법 제30조 제1항은 사용자와 노동조합뿐만 아니라 사용자단체에도 성실교섭의무를 부담시키고 있다. 따라서 사용자단체도 단체교섭에 성실하게 임하지 않는 경우 단체교섭 거부·해태의 부당노동행위를 범하는 것으로 보는 것이 타당하다. 따라서 사용자단체는 부당노동행위 금지법규의 직접 수규자의 범위에 포함된다.45) 다만 노조및조정법 제81조는 수규자를 '사용자'라고 명시하고 있으므로, '사용자단체'는 제81조 제3호 위반으로 제90조에 따라 처벌되지는 않는다. 노조및조정법 제81조를 개정하여 수규자의 범위에 사용자단체를 포함시킬 필요가 있다.46)

3. 단체교섭 거부의 정당성 인정 여부

(1) 사용자의 성실교섭의무 위반

사용자가 노동조합의 단체교섭 요구에 응한다는 것은 교섭사항에 대한 합의에 도달하기 위하여 성실하게 교섭에 임하는 것을 의미한다.47) 성실교섭의무가 반드시 단체협약을 체결해야 한다거나 또는 특정한 합의에 도달할 것을 강제하는 것은 아니지만, 사용자가 단지 교섭 자리에 나와서 대면하는 것만으로는 성실교섭의무를 다한 것으로 볼 수 없다. 성실교섭의무는 여기에서 더 나아가 적극적으로 협의·절충하면서 합의를 모

---

44) 대판 1998. 4. 28, 96다25500.
45) 임종률, 「노동법」, 276쪽 이하.
46) 임종률, 「노동법」, 277쪽.
47) 김형배, 「새로 쓴 노동법」, 1265쪽.

색해야 할 의무인 것이다.[48] 따라서 사용자가 단체교섭에 임하기는 하지만 성실하게 임하지 않는 경우는 단체교섭 해태로서 넓은 의미의 단체교섭 거부에 포함된다.[49] 성실교섭의무의 구체적 내용과 사례에 대해서는 앞에서 자세히 설명한 바 있다.[50] 사용자가 정당한 이유 없이 성실교섭의무를 위배했다는 것이 분명하게 밝혀지면 원칙적으로 단체교섭 거부의 부당노동행위에 해당하는 것으로 보아도 무방하다. 다만 사용자가 단체교섭을 거부한 사항이 의무적 교섭사항이 아닌 때에는 성실교섭의무에는 위반한 것이 되지만 단체교섭 거부의 부당노동행위에는 해당하지는 않게 되는 경우가 발생할 수 있다. 임의적 교섭사항에 대한 단체교섭 요구에 사용자가 임의로 응하여 단체교섭을 개시한 경우 사용자는 해당 교섭사항에 대한 교섭도 성실하게 수행할 의무를 부담하므로 성실교섭의무를 부담한다. 불법한 사항에 대한 단체교섭이 아닌 한 교섭을 시작한 모든 사항에 대해서는 성실하게 교섭에 임할 성실교섭의무를 부담하기 때문이다. 하지만, 이때의 성실교섭의무는 의무적 교섭사항에 대한 교섭 요구를 거부하거나 의무적 교섭사항에 대한 교섭을 진행하던 중 교섭을 해태하는 것과 동일하게 판단해서는 안 된다. 이러한 경우에는 성실교섭의무 위반에는 해당한다고는 볼 수 있으나 부당노동행위 해당성은 없다고 판단하는 것이 타당할 것이다. 단체교섭 거부의 부당노동행위는 의무적 교섭사항에 대한 교섭에 응하지 않은 경우에만 성립한다고 보아야 하기 때문이다.

성실교섭의무 위반으로 인해 단체교섭 거부의 부당노동행위가 될 수 있는 것을 살펴보면, 교섭이 중단·결렬된 이후 새로운 단체교섭안이 제시되는 등 새로운 타결 가능성이 생겼음에도 불구하고 파업과 직장폐쇄

---

48) 임종률, 「노동법」, 144쪽.

49) 菅野和夫, 「労働法」, 772쪽.

50) 제3장 제6절 Ⅰ. 3. 참조.

가 진행되고 있다는 것만을 이유로 사용자가 노동조합의 교섭 재개 요구에 응하지 않는 경우,[51] 사용자가 처음부터 교섭에 임하지 않거나 노동조합이 발송한 교섭 요청 공문에 서면으로 회답만 할 뿐 대화를 하지 않는 경우, 교섭사항과 합리적인 관련이 없는 사항을 교섭의 전제조건으로 하는 경우,[52] 교섭 개시 일정을 차일피일 미루는 경우, 교섭 타결이 임박한 단계에서 새로운 제안을 내놓는 등의 방법으로 타결을 미루는 경우[53]에는 성실교섭의무 위반인 동시에 단체교섭 거부의 부당노동행위가 될 수 있다.

(2) 사용자의 단체교섭 거부 의사

앞에서 설명한 바와 같이 사용자가 단체교섭을 거부할 정당한 이유가 있다고 믿었거나 또는 자신이 성실하게 단체교섭에 임하고 있다고 믿고 있는 경우에도 그러한 사용자 측의 주관적 사유가 단체교섭 거부의 부당노동행위 성립에 영향을 주지 않는다.[54] 단체교섭 거부의 부당노동행위 성립에는 거부 행위의 본질과 노조및조정법상 부당노동행위 규정의 취지상 단체교섭 거부 의사 등 주관적 부당노동행위 의사를 필요로 하지 않고 객관적으로 단체교섭 거부 행위가 있는지를 기준으로 판단해야 하기 때문이다.

[관련판례]

단체교섭 거부 사유의 정당성을 부정한 사례

대판 1998. 5. 22, 97누8076

부당노동행위는, 사용자가 아무런 이유 없이 단체교섭을 거부 또는 해태하는 경우는 물론이고, 사용자가 단체교섭을 거부할 정당한 이유가 있다

51) 대판 2006. 2. 24, 2005도8606.
52) 菅野和夫, 「労働法」, 660쪽.
53) 西谷 敏, 「労働組合法」, 308쪽.
54) 김형배, 「새로 쓴 노동법」, 1268쪽 이하; 대판 1998. 5. 22, 97누8076.

거나 단체교섭에 성실히 응하였다고 믿었더라도 객관적으로 정당한 이유가 없고 불성실한 단체교섭으로 판정되는 경우에도 성립한다고 할 것이고, 한편 정당한 이유인지의 여부는 노동조합 측의 교섭권자, 노동조합 측이 요구하는 교섭 시간, 교섭 장소, 교섭 사항 및 그의 교섭 태도 등을 종합하여 사회통념상 사용자에게 단체교섭 의무의 이행을 기대하는 것이 어렵다고 인정되는지 여부에 따라 판단할 것이다.

노동조합 조합장인 H는 학예부장의 차하위자인 3급직 학예담당관으로 그 부하직원을 지휘하고 그 휘하의 6급 이하 직원에 대한 1차적 평가를 하지만, 부장이 2차 평정권자로서 그 평정의 권한 및 책임은 궁극적으로 부장에게 귀속되고, 부하직원의 지휘도 부장을 보조하는데 지나지 아니하며, 인사, 급여, 후생, 노무관리 등 근로조건의 결정에 관한 권한과 책임을 원고로부터 위임받은 사실이 없다면, 위 H는 사용자 또는 항상 그의 이익을 대표하여 행동하는 자에 해당하지 아니하므로, 사용자가 H는 노동조합원이 될 수 있는 자격이 없다는 이유로 노동조합의 단체교섭 요구에 응하지 아니한 것은 정당하다고 볼 수 없다.

사용자는 노동조합으로부터 교섭을 위임받은 상급노동단체인 소외 전국전문기술노동조합연맹이 1996. 1. 31. 일자를 같은 해 2. 5.로 지정하여 한 단체교섭 요구에 대하여, 신임 대표가 업무파악을 다하지 못하였다는 이유로 같은 달 말로 연기하자고 통보한 뒤, 그 무렵에 이르러서는 노동조합이 같은 달 23. 스스로 해산결의를 하였다는 이유로 다시 교섭에 불응하였는데, 위 해산결의는 이미 그 전인 같은 해 2. 4. 노동조합을 탈퇴한 부조합장이던 C가 같은 달 17.자로 소집공고를 하여 개최한 같은 달 22.의 임시총회가 정족수 미달로 무산되고, 다음 날 오전으로 연기된 임시총회 역시 정족수가 미달되어, 같은 날 오후 사용자의 총무부장 등의 조합원 참석독려 등 도움을 받아 근무시간 중에 개최된 임시총회에서 이루어졌고, 그 뒤 같은 달 27. 구청장에게 제출된 조합해산신고서는 같은 해 3. 5. 위 임시총회가 정당하게 소집되지 아니하였다는 사유로 반려되었는바, 사측 신임 대표의 업무파악이 끝나지 않았다는 사유는 사용자의 내부 사정에 불과한 것으로 사회통념상 단체교섭을 행하기 어려운 사유라고 할 수 없고, 조

> 합해산결의는 정당한 소집권한이 없는 자에 의하여 소집된 임시총회에서의 결의로서 무효라고 할 것이므로 조합이 해산되었다는 이유로 사용자가 단체교섭에 불응한 것도 역시 정당하다고 볼 수 없다.
>
> 따라서 모두 객관적으로 정당한 이유가 없는 위 사유들을 내세워, 노동조합의 최초 단체교섭 요구 시부터 계속된 일련의 원고의 단체교섭 거부 또는 지연행위는 부당노동행위에 해당한다.

다만 단체교섭 해태의 경우에는 원칙적으로 그러한 해태 행위가 노동조합의 단체교섭권을 침해한다는 적극적인 인식 하에 이루어지는 경우에 한하여 부당노동행위로 평가할 수 있다고 보아야 한다. 교섭 기법상 단체교섭을 자신들에게 유리한 국면으로 이끌고 가기 위한 교섭 전략의 일환으로 단체교섭 진행 속도의 완급을 조절하는 경우도 있을 수 있고, 교섭을 일단 개시했지만 불가피한 사유로 진행 일정이 지연되는 경우도 있을 수 있기 때문이다. 또한 해태 행위의 특성상 단체교섭에 처음부터 임하지 않는 단체교섭 거부와는 규범적 평가를 달리하는 것이 타당하다. 그러므로 단순히 교섭 일정이 사용자 측의 사유로 인해 지연되고 있다는 사정이 있다는 사실만으로 곧바로 노조및조정법 제81조 제3호 위반의 부당노동행위가 성립된다고 보아서는 안 된다.

(3) 사용자의 단체교섭 거부의 정당성이 인정되는 경우

사용자에게 노동조합의 교섭요구를 거부할 수 있는 정당한 사유가 인정되는 이외의 경우에는 단체교섭 거부의 부당노동행위가 성립되는 것으로 본다. 단체교섭 거부의 부당노동행위제도는 단체교섭권 행사를 실효적으로 보장하는 데에 목적이 있기 때문에 사용자가 단체교섭을 거부한 행위의 정당성이 인정되는 것이 오히려 예외적인 경우라고 할 수 있다. 사용자가 단체교섭을 거부할 정당한 이유가 있는지 여부는 단체교섭의 주체, 시간과 장소, 교섭 대상, 교섭 태도, 방법 등을 종합하여 사회통념상 사용자에게 교섭의무의 이행을 기대할 수 있는가의 여부에 따라 사안별로 객관적·구체적으로 판단해야 한다.[55] 단체교섭 거부 사유의 정당성이 인정된 사례를 몇 가지 범주로 정리해보면 다음과 같다.

첫째, 정상적인 단체교섭의 진행이 어렵다고 인정될 경우 단체교섭 거부의 정당성이 인정된다. 노동조합이 위임한 교섭 담당자의 수가 지나치게 많아서 신중한 협의를 할 수 없는 경우와 장시간에 걸친 협의의 결과 심신이 피로하여 더 이상 정상적인 협의를 기대할 수 없는 경우,[56] 노동조합 측이 단체교섭의 대상이 되지 않는 사항을 요구사항으로 하는 경우,[57] 사용자에게 처분권한이 없는 순수한 정치적 사항이나 순수한 경영권 관련 사항에 대한 교섭을 요구하는 경우[58] 등을 사례로 들 수 있다. 둘째, 특정한 방법과 형식만을 요구하는 단체교섭 요구에 응하지 않는 경우 단체교섭 거부의 정당성이 인정될 수 있다. 산업별 노동조합이 복수의 사용자에 대하여 집단교섭을 요구하는 경우 사용자 측이 각 회사별 근로조건의 차이 등을 이유로 개별교섭을 주장하면서 집단교섭 요구에 응하지 않는 것은 단체교섭을 거부할 정당한 이유가 있는 것으로 보아야 한다.[59] 다만 노동조합이 요구하는 교섭방식을 거부할 만한 특별한 사정이 없이 무조건 불응하는 경우에는 정당한 단체교섭 거부로 보지 않는다.[60] 셋째, 대법원은 단체협약 체결을 목적으로 하는 단체교섭에서 교섭을 진행하더라도 정상적인 단체협약 체결이 불가능하다고 인정될 때 단체교섭 거부의 정당성이 인정될 수 있다고 한다. 노동조합 측 단체교섭 담당자가 확정적인 단체협약체결권이 있는지 여부를 확인해달라는 사용자의 요구

55) 대판 1998. 5. 22, 97누8076; 대판 2006. 2. 24, 2005도8606; 대판 2009. 12. 10, 2009도8239 등.

56) 김형배, 「새로 쓴 노동법」, 1267쪽.

57) 임종률, 「노동법」, 289쪽.

58) 김치선, 「노동법강의」, 383쪽.

59) 2000. 6. 13, 노조01254-481.

60) 2008. 3. 7, 노동조합과-58.

에 전혀 응하지 않은 채 단체교섭만을 요구하였다면 단체교섭을 위한 진지한 노력을 다하였다고 볼 수 없고, 이러한 경우 단체교섭의 성과를 노동조합이 무효로 돌릴 위험성이 있으므로 사용자가 성실하게 교섭에 임할 것을 기대할 수 없다고 한다.[61)]

4. 노조및조정법 제81조 제3호의 적용 범위

(1) 의무적 교섭사항 이외의 교섭사항에 대한 교섭 거부

의무적 교섭사항 이외의 임의적 교섭사항에 대한 노동조합의 단체교섭 요구를 사용자가 거부하는 것은 부당노동행위로 보지 않는다. 왜냐하면 임의적 교섭사항에 대해서는 사용자가 노동조합의 교섭 요구에 응할 법률상 의무가 없기 때문이다. 임의적 교섭사항에 대한 단체교섭 요구에 응할 것인지 여부는 전적으로 사용자의 자유로운 결단의 영역에 속하는 것이라고 보아야 한다. 다만 사용자가 임의로 해당 사항에 대한 단체교섭 요구를 수용하는 것은 가능하며, 교섭 요구를 수용했으면 성실하게 교섭에 임하여야 한다.

여기에서 한 가지 문제가 되는 것은 의무적 교섭사항이 아닌 사항에 대하여 사용자가 교섭 요구를 받아들이고 교섭에서 합의된 사항을 단체협약에 규정한 경우, 단체협약에 규정된 내용을 개정할 것을 노동조합이 요구할 때 사용자가 이에 응하여야 하는가 하는 문제이다. 즉 임의적 교섭사항에 해당하는 교섭대상이 단체협약에 기재되면 그 때부터 의무적 교섭사항으로 변경되는가 하는 것이다. 이는 임의적 교섭사항에 해당하는 의제를 합의하여 단체협약에 규정했을 때 단체협약 유효기간 동안 그 규정이 당사자를 구속하는가 하는 것과는 전혀 다른 문제이다. 사용자에게 교섭에 응할 의무가 없는 사항이 특정 시기에 단체협약에 규정되었다

61) 대판 1998. 1. 20, 97도588; 대판 2000. 5. 12, 98도3299. 이에 대한 자세한 내용은 제2장 제4절 Ⅱ. 4. (2) [보충논의] ‘인준투표의 적법성’ 참조.

는 우연적인 사정만으로 그 때부터 해당 교섭단위 내에서 그 사항이 의무적 교섭사항으로 변경된다고 본다면 이는 매우 불합리한 결론이라고 하지 않을 수 없다. 의무적 교섭사항에 대한 단체교섭 거부가 노조및조정법 제81조 제3호와 제90조에 의해 금지되며 위 조항들이 사용자에 대한 형벌규정이라는 점을 고려하면 임의적 교섭사항이 의무적 교섭사항으로 변경되는지 여부는 매우 엄격한 판단이 필요하다. 임의적 교섭사항에 해당하는 의제가 사용자의 호의에 의해 단체교섭 과정에서 논의되고 단체협약에 규정되었다 하더라도 그 사항이 의무적 교섭사항으로 성격이 변경되는 것이 아니므로 노동조합이 그 내용의 개정을 요구할 때 사용자가 반드시 응해야 할 의무는 없다고 보아야 할 것이다. 그러나 사용자가 노동조합의 요구에 자발적으로 응해서 그 사항의 개정을 위한 교섭을 진행하는 것은 무방하다고 생각한다.

(2) 헌법상 조합의 교섭 요구에 대한 교섭 거부

설립신고를 필하지 않은 노동조합에 대하여 노조및조정법 제7조는 노동위원회에 노동쟁의의 조정 및 부당노동행위의 구제를 신청할 수 없다고 규정하고 있다. 그러나 자주적이고 민주적인 근로자의 단결체로서 실질적 의미의 노동조합에 해당하지만 단지 설립신고를 필하지 못한 것뿐인 헌법상 조합은 단체교섭권을 적법하게 보유하는 단체교섭 당사자로서의 지위를 갖는 것으로 보아야 하므로,[62] 헌법상 조합의 정당한 단체교섭 요구를 사용자가 거부할 경우 단체교섭 거부의 부당노동행위가 성립한다고 보는 데에는 문제가 없다. 노조및조정법 제7조 제1항의 내용은 부당노동행위가 발생했을 때 단지 노동위원회에 구제신청을 할 수 없다는 규정일 뿐, 제81조 제3호를 근거로 기타 사법상의 구제를 받을 수 없다거나, 사용자가 헌법상 조합의 단체교섭 요구를 정당한 이유 없이 거부해도 부당노동행위로 인한 처벌을 받지 않는다는 의미는 아니라고 보아야 하기 때문이다.

---

62) 헌법상 조합에 대한 자세한 내용은 제3장 제3절 Ⅳ. 참조

이와 관련하여 일본 勞働組合法의 해석을 둘러싸고 진행되고 있는 논의를 살펴볼 필요가 있다. 논의는 단체교섭 거부의 부당노동행위를 금지하는 일본 勞働組合法 제7조 제2호는 "사용자가 고용하고 있는 근로자의 대표자와 단체교섭을 하는 것을 정당한 이유 없이 거부하는 것"이라고 규정하고 있는 것을 둘러싸고 이루어지고 있다. 여기에서 "근로자의 대표자"라는 표현은 단지 일본 勞働組合法에 따른 노동조합을 달리 표현한 것이라고 이해하는 견해도 있다.[63] 하지만 여타 조항들과는 다른 일본 勞働組合法 제7조 제2호의 이 특별한 표현에 주목해서, 단체교섭을 요구할 수 있는 근로자 측 당사자는 근로자가 자발적으로 결성하는 단체라면 족하고, 노동조합에 한정할 필연성은 없다고 해석하는 견해가 있다.[64] 그리고 후자와 같은 해석에 따를 경우 단체협약의 당사자가 될 수 있는 자만이 단체교섭의 당사자가 될 수 있다고 하는 견해는 합리적 근거 없이 단체교섭의 주체를 제한하는 것이라는 비판을 가하고 있다. 물론 우리 노조및조정법은 단체교섭 거부 부당노동행위를 규정한 제81조 제3호에서 단체교섭을 요구하는 주체를 "노동조합의 대표자 또는 노동조합으로부터 위임을 받은 자"로 명시하고 있기 때문에 일본과는 사정이 다르다. 그러나 조문의 내용과 구조에 충실하게 해석하는 이와 같은 해석론은 시사하는 바가 매우 크다.

5. 단체교섭 거부 부당노동행위에 대한 구제절차

사용자가 노동조합의 정당한 단체교섭 요구를 거부하는 것은 부당노동행위를 구성한다. 노조및조정법 제81조 제3호의 부당노동행위 금지규정은 형법 구성요건에 해당하므로 형사제재도 가능하고, 노동조합이 민사소송을 제기하거나 노동위원회에 구제신청을 할 수도 있다. 이하에서

63) 菅野和夫, 「勞働法」, 772쪽.
64) 西谷 敏, 「勞働組合法」, 286쪽.

는 단체교섭 거부 부당노동행위에 대한 구제절차를 비용이나 접근성 측면에서 가장 효과적이라고 생각되는 노동위원회에 대한 구제신청부터 순서대로 살펴보기로 한다.

(1) 노동위원회를 통한 행정적 구제절차

가. 부당노동행위 구제신청

사용자가 정당한 이유 없이 단체교섭을 거부 또는 해태하는 경우 노동조합은 노조및조정법 제81조 제3호의 부당노동행위를 이유로 노동위원회에 구제신청을 할 수 있다. 구제신청은 부당노동행위가 있은 날(계속하는 행위는 그 종료일)부터 3개월 이내에 하도록 되어 있다. 부당노동행위 구제신청을 받은 노동위원회는 구제신청이 제기된 행위를 심사하고, 그 행위가 부당노동행위에 해당한다고 판단될 때에는 사용자에게 구제를 명령하는 판정을 내리게 된다. 부당노동행위에 대한 노동위원회의 구제명령은 부당노동행위의 각 유형에 따라 달라진다. 단체교섭 거부나 해태로 인한 부당노동행위인 경우에는 교섭의 담당자나 시기 혹은 교섭사항을 특정하여 성실하게 단체교섭을 할 것을 명하게 된다.[65)]

부당노동행위 구제절차에 대한 불복절차는 노조및조정법 제85조에 규정되어 있다. 통상 당사자는 주된 사무소 소재지의 지방노동위원회에 구제를 신청하게 되고 구제명령이나 기각결정에 불복이 있는 관계 당사자는 그 명령서 또는 결정서의 송달을 받은 날부터 10일 이내에 중앙노동위원회에 그 재심을 신청할 수 있다. 중앙노동위원회의 재심판정에 대하여 불복이 있는 관계 당사자는 그 재심판정서의 송달을 받은 날부터 15일 이내에 행정소송을 제기할 수 있다. 각각의 기간 내에 재심을 신청하지 아니하거나 행정소송을 제기하지 않은 때에는 그 구제명령·기각결정 또는 재심판정은 확정된다. 확정된 구제명령에 위반한 사용자에게는 노조및조정법 제89조 제2호에 따라 벌칙이 적용된다.

---

65) 하경효, '단체교섭 거부에 대한 구제방법과 내용', 538쪽.

나. 교섭대표 아닌 노동조합의 부당노동행위 구제신청권 인정 문제

교섭대표 노동조합이 결정되어 있는 경우에 "노동조합"이라고 규정되어 있는 특정 노조및조정법 규정들의 해당 내용을 "교섭대표 노동조합"이라고 간주해야 하는 규정들을 예시하여 명시한 노조및조정법 제29조의5는 단체교섭 거부의 부당노동행위에 관하여 규정하고 있는 노조및조정법 제81조 제3호의 "노동조합"을 "교섭대표 노동조합"으로 한정하고 있다. 그러나 단체교섭 거부의 부당노동행위에 대한 구제신청권은 교섭대표 아닌 노동조합에 대해서도 부여해야 한다는 점이서 심각한 입법상의 오류라고 지적하지 않을 수 없다.[66] 단체협약 체결 목적 아닌 단체교섭이 교섭대표 아닌 노동조합과 진행될 때, 노동조합 측 당사자가 교섭대표 노동조합인지 여부를 불문하고 사용자는 교섭 상대방인 노동조합에 대해 성실교섭의무를 부담하기 때문이다. 또한 단체협약 체결 목적 단체교섭에 관해서도 교섭대표 노동조합이 사용자의 단체교섭 거부에 대한 부당노동행위구제신청을 하지 않는 등 교섭대표 노동조합으로서의 임무를 해태하고 있을 때 교섭대표 아닌 노동조합들이 부당노동행위 구제신청을 할 수 있도록 허용해야 한다. 현행 노조및조정법에는 교섭대표 아닌 노동조합들이 교섭대표 노동조합을 탄핵하거나 견제할 수 있는 절차가 공정대표의무 조항 이외에는 거의 없는 상황이다. 이와 같은 문제점을 고려한다면 현재 노조및조정법 제29조의5의 규정 태도는 만약 입법상 오류가 아니라면 지나치게 행정편의와 절차 간소화에만 치중한 입법이라는 비난을 피하기 어렵다. 그러므로 노조및조정법 제29조의5에 예시된 조항들 중 "제81조 제3호"를 삭제하거나 "'교섭대표 노동조합'으로 본다"가 아니라 "'교섭대표 노동조합'으로 볼 수 있다"라고 개정하여야 한다.

---

66) 이준희, '교섭창구 단일화 체계 하에서 소수노조가 갖는 단체교섭권의 범위', 111쪽 이하 참조.

(2) 법원을 통한 사법적 구제절차

가. 노동위원회 판정에 대한 행정소송

중앙노동위원회의 재심판정에 불복하는 당사자는 노조및조정법 제85조 제2항에 근거해서 재심판정서를 송달받은 날로부터 15일 이내에 행정소송을 제기할 수 있다. 이 기간 내에 행정소송을 제기하지 않는 때에는 중앙노동위원회가 내린 재심판정이 그대로 확정된다. 소송이 제기되면 법원은 중앙노동위원회의 재심판정에 위법이나 월권에 해당하는 내용이 있는지 여부를 판단하게 된다. 취소소송을 제기하면 중앙노동위원회의 구제명령은 공정력만 있을 뿐 확정된 구제명령으로서 집행력이 있다고 볼 수는 없으므로 사용자가 구제명령을 이행하지 않아도 벌칙은 적용되지 않는다.[67] 다만 행정소송이 제기된 경우에도 관할법원은 중앙노동위원회의 신청에 의하여 결정으로써, 판결이 확정될 때까지 중앙노동위원회 구제명령의 전부 또는 일부를 이행하도록 명할 수 있다. 그리고 당사자의 신청에 의하여 또는 직권으로 그 이행명령 결정을 취소할 수도 있다. 법원의 이행명령이 내려지면 사용자는 구제신청을 한 노동조합과의 단체교섭에 임하여야 한다. 이행명령은 당사자에게 명령서가 송부된 날로부터 효력을 발생하고, 행정소송의 판결이 확정될 때까지 효력을 가진다.[68] 만약 사용자가 관할 법원의 이행명령에 위반하면 노조및조정법 제95조에 따라 벌칙으로 과태료가 부과된다. 행정소송을 제기하여 확정된 구제명령에 사용자가 위반한 경우에도 노조및조정법 제89조에 의해 형벌이 부과될 수 있다.

나. 부당노동행위에 대한 형사제재

노조및조정법 제90조는 노조및조정법 제81조에 위반하는 행위에 대해 형사처벌을 하도록 규정하고 있다. 그러므로 사용자가 단체교섭을 거

67) 김형배, 「새로 쓴 노동법」, 1296쪽 이하.

68) 임종률, 「노동법」, 314쪽.

부하면 형사처벌을 받게 될 가능성이 있다. 이 규정은 독자적인 형벌 구성요건으로서 부당노동행위를 행한 사용자가 노동위원회의 구제명령을 이행했는지 여부와 관계없이 적용될 수 있다. 구제명령이 확정된 후에 사용자가 구제명령을 이행하기만 한다면 이미 행해진 부당노동행위에 대해서는 아무런 제재를 받지 않게 된다고 하면 부당노동행위가 반복될 우려가 있다는 점을 고려한 규정이라고 한다.[69] 그러나 부당노동행위의 구제절차로서 형사처벌 제도가 적용되는 것은 현실성이 없을뿐더러 법체계적인 관점과도 부합하지 않는다는 비판이 유력하다.[70] 사용자에게 노조및조정법 제81조 제3호 위반에 따른 책임을 묻기 위해서는 단순히 사용자가 객관적으로 단체교섭을 정당한 이유 없이 거부·해태했다는 구성요건 해당성 이외에 위법성의 인식과 그러한 거부 행위의 책임을 사용자에게 물을 수 있는지의 책임성 판단까지 추가적인 요건들이 검토되어야 한다. 노동조합의 단체교섭권 침해 사실을 객관적으로 판단하기 위한 부당노동행위 해당성 심사와 행위자인 사용자를 처벌하기 위한 형벌부과의 타당성 심사는 전혀 다른 차원의 문제이다.

현행 노조및조정법의 규정에 따르면 검사는 노동위원회의 구제절차와 관계없이 부당노동행위 금지규정에 위반한 자를 독자적으로 기소할 수 있다. 이 때 처벌 대상에 해당하는 자는 부당노동행위를 행한 자이다. 따라서 사업주 이외에 "사업의 경영담당자", "그 사업의 근로자에 관한 사항에 대하여 사업주를 위하여 행동하는 자" 등도 단체교섭을 실제로 수행하는 지위에 있었다면 형벌 부과의 대상자가 될 수 있다. 단체교섭권을 위임받은 수임인, 단체교섭 업무를 수행한 사용자의 지휘를 받는 휘하 직원 등도 마찬가지이다.[71]

---

69) 임종률, 「노동법」, 317쪽.

70) 김형배, 「새로 쓴 노동법」, 1304쪽 이하.

71) 김영문/ 이상윤/ 이 정, 「부당노동행위제도와 원하청관계」, 22쪽.

Ⅲ. 단체교섭 거부에 대한 사법적 대응절차

사용자가 노동조합의 정당한 단체교섭 요구를 거부하는 경우에 노동조합은 위의 부당노동행위 구제절차 이외에 사법적 절차를 활용하여 단체교섭에 응하도록 할 수 있다. 사법적 구제절차에는 법원에 대한 단체교섭 이행청구, 단체교섭 당사자 지위 확인청구, 불법행위에 기한 손해배상청구 등이 있다. 이와 같은 사법적 구제절차에 호소할 수 있는 단체교섭은 단체협약 체결 목적 단체교섭인지 단체협약 체결 목적 아닌 단체교섭인지 불문하며, 노동조합이 단체교섭을 요구한 대상 사항이 의무적 교섭사항에 해당하는 것이라면 사법적 구제절차에 호소할 수 있다고 보아야 한다.

1. 단체교섭 이행청구 허용 여부

대법원은 노조및조정법 제29조 제1항, 제30조 등에 의하면 노동조합의 대표자는 그 노동조합 또는 조합원을 위하여 사용자나 사용자단체와 교섭할 권한을 가지고 있으므로, 사용자 또는 사용자단체는 신의에 따라 성실히 교섭하여야 하며 정당한 이유 없이 교섭을 거부하거나 해태해서는 안 된다고 하면서, 노동조합의 대표자는 사용자 또는 사용자단체에 대하여 단체교섭에 응할 것을 요구할 권리가 있고, 사용자 또는 사용자단체가 그 요구를 정당한 이유 없이 거부하는 경우에는 법원에 그 이행을 청구하는 소송을 제기할 수 있다고 본다.[72] 이는 대법원이 단체교섭 응낙가처분 신청을 인정하고 있는 것과 궤를 같이하는 판결이다.[73]

72) 대판 2012. 8. 17, 2010다52010.

73) 대판 2007. 7. 26, 2005다67698; 대판 2007. 12. 13, 2006다34268 등.

[관련판례]

단체교섭 거부에 대해 법원에 이행을 청구할 수 있다고 본 사례
대판 2012. 8. 17, 2010다52010

노동조합의 대표자는 그 노동조합 또는 조합원을 위하여 사용자나 사용자단체와 교섭할 권한을 가지고, 사용자 또는 사용자단체는 신의에 따라 성실히 교섭하여야 하며 정당한 이유 없이 교섭을 거부하거나 해태하여서는 아니 되므로, 노동조합의 대표자는 사용자 또는 사용자단체에 대하여 단체교섭에 응할 것을 요구할 권리가 있고, 사용자 또는 사용자단체가 그 요구를 거부하는 경우에는 소로써 그 이행을 청구할 수 있다.

그러나 단체교섭권의 청구권성과 관련하여 앞에서 자세히 검토한 바와 같이[74] 노조및조정법 제29조, 제30조 제2항, 제81조 제3호 등은 헌법 제33조 제1항에 따라 민사상 단체교섭을 구할 수 있는 노동조합의 기초적인 법적 지위를 설정한 것일 뿐이며,[75] 이 규정들을 통해서 구체적인 사법상의 단체교섭 응낙 청구권이 발생한다고 볼 수는 없다. 사용자의 단체교섭 거부는 단순한 채무불이행이 아니라 노동3권 보장질서의 실현을 위한 공서적(公序的) 권리를 위반하는 행위로 보아야 한다.[76] 그러므로 단체교섭 응낙 청구권을 인정한 대법원의 판결은 헌법 제33조와 노조및조정법에 의해 보장되는 단체교섭권의 의미를 오해한 것이라고 판단할 수밖에 없다. 헌법 제33조 제1항에 의해 보장되는 노동3권이 직접적 대사인적 효력을 가진다 하더라도 그것은 제3자가 노동3권을 부정하거나 침해할 경우 이를 위법·무효로 한다는 의미일 뿐이지 노동조합의 사용자에

74) 자세한 내용은 제2장 제3절 II. 참조.

75) 박종희, '협약자치의 견지에서 본 단체교섭응낙가처분결정인용에 관한 비판적 고찰', 142쪽; 임종률, 「노동법」, 320쪽 이하; 하경효, '단체교섭거부에 대한 구제방법과 내용', 535쪽 이하; 菅野和夫, 「勞働法」, 665쪽 이하; 渡辺 章, 「勞働法講義(下)」, 83쪽 이하; 秋田成就, 「勞使關係法 I」, 219쪽 이하.

76) 김형배, 「새로 쓴 노동법」, 1268쪽.

대한 적극적인 청구권을 인정하고 그에 상응하는 사법상 의무를 긍정하는 것은 아니라고 보아야 한다.

2. 단체교섭 당사자 지위 확인청구

헌법 제33조 제1항과 노조및조정법 제29조, 제30조, 제81조 제3호 등을 기초로 노동조합은 사용자 또는 사용자단체에 대하여 단체교섭을 요구할 수 있는 적법한 지위를 가지고 있다. 그러므로 사용자가 정당한 이유 없이 단체교섭 요구를 거부하거나 해태하는 경우 노동조합은 단체교섭을 요구할 수 있는 법적 지위에 기초하여 법원에 대하여 단체교섭 당사자 지위의 확인청구나 단체교섭을 할 지위를 피보전권리로 하여 단체교섭 지위를 임시로 정하는 가처분을 신청할 수 있다.[77] 단체교섭권의 사법상 청구권성을 인정할 수 없으므로 단체교섭 청구권을 피보전권리로 하는 단체교섭 응낙가처분 신청은 인정할 수 없지만,[78] 노동조합의 정당한 단체교섭 요구가 있음에도 불구하고 사용자가 단체교섭을 요구할 수 있는 노동조합의 지위 그 자체를 부정하면서 응하지 않는 경우에 노동조합은 사용자 측을 상대로 단체교섭을 요구할 수 있는 지위를 확인해달라는 가처분 신청을 할 수는 있다고 보아야 한다.[79] 이때의 가처분은 법적 지위를 임시로 정하는 가처분에 해당한다. 다만 단체교섭 지위확인 청구는 교섭에 대한 법적인 지위를 확인해달라는 취지이므로, 상대방인 사용자가 단체교섭 당사자로서의 지위를 부정하지 않고 사실상 교섭을 회피하는 것일 뿐인 때에는 지위 확인을 청구할 수는 없다.[80]

---

77) 하경효, '단체교섭 거부에 대한 구제방법과 내용', 543쪽.

78) 자세한 내용은 제2장 제3절 Ⅱ. 참조.

79) 임종률, 「노동법」, 321쪽; 하경효, '단체교섭 거부에 대한 구제방법과 내용', 543쪽; 菅野和夫, 「勞働法」, 666쪽.

80) 하경효, '단체교섭 거부에 대한 구제방법과 내용', 543쪽.

3. 단체교섭 거부와 불법행위책임

사용자가 정당한 이유 없이 노동조합의 적법한 단체교섭 요구를 거부한 경우에 단체교섭권을 침해당한 노동조합은 일정한 요건을 갖춘 경우 불법행위에 근거하여 손해배상을 청구할 수 있다.[81] 노조및조정법이 부당노동행위제도를 두고 있음에도 불구하고 사법상 불법행위 책임에 기하여 손해배상청구를 인정할 필요성이 있다고 보는 이유는 노동위원회를 통한 구제의 한계에서 비롯된다.[82] 노동위원회의 구제명령은 공법상 명령이기 때문에 그 명령을 기초로 직접 사법상 손해를 전보 받을 수 없으며, 노동위원회는 손해배상을 명할 권한을 가지고 있지 않기 때문이다.[83]

(1) 단체교섭 거부로 인한 불법행위 성립요건

사용자의 단체교섭 거부행위에 대하여 손해배상책임을 묻기 위해서는 그 행위가 민법 제750조의 불법행위책임의 성립요건을 갖추어야 한다.[84] 단체교섭 거부로 인한 부당노동행위라고 해서 곧바로 불법행위의 요건을 충족하게 되는 것은 아니고, 민법 제750조에 따라 고의 또는 과실로 인한 위법행위로 타인에게 손해를 가할 것을 요한다.[85] 그러므로 단체교섭 거부행위의 위법성이 있어야 하고, 그러한 거부에 대한 사용자의 고의·과실이 있어야 하며, 사용자의 단체교섭 거부 행위와 노동조합의 손해 발생 사이에 인과관계가 인정되어야 한다.[86] 대법원은 사용자가 노

---

81) 김유성, 「노동법Ⅱ」, 152쪽 이하; 김형배, 「새로 쓴 노동법」, 1268쪽; 임종률, 「노동법」, 321쪽; 하경효, '단체교섭 거부에 대한 구제방법과 내용', 543쪽; 菅野和夫, 「労働法」, 667쪽 이하; 西谷 敏, 「労働組合法」, 319쪽; 三宅 正男, '不当労働行為', 366쪽 이하; 대판 1993. 12. 21, 93다11463; 대판 1992. 10. 12, 92다43568; 대판 2006. 10. 26, 2004다11070 등.

82) 하경효, '단체교섭 거부에 대한 구제방법과 내용', 545쪽.

83) 이철수, '단체교섭 거부와 불법행위책임', 106쪽.

84) 임종률, 「노동법」, 321쪽; 이철수, '단체교섭 거부와 불법행위책임', 106쪽.

85) 대판 2006. 10. 26, 2004다11070.

86) 하경효, '단체교섭 거부에 대한 구제방법과 내용', 545쪽 이하.

동조합과의 단체교섭을 정당한 이유 없이 거부하였다고 하여 그 단체교섭 거부행위가 곧바로 위법한 행위로 평가되어 불법행위의 요건을 충족하게 되는 것은 아니지만, "그 단체교섭 거부행위가 그 원인과 목적, 그 과정과 행위태양, 그로 인한 결과 등에 비추어 건전한 사회통념이나 사회상규상 용인될 수 없는 정도에 이른 것으로 인정되는 경우"에는 그 단체교섭 거부행위는 부당노동행위로서 단체교섭권을 침해하는 위법한 행위로 평가되어 불법행위의 요건을 충족하게 된다고 한다.[87] 그러므로 일각에서 단체교섭권은 헌법 제33조 제1항과 노조및조정법의 관련 규정들을 통해 확인되고 있고, 무엇보다 노조및조정법의 관련 규정들은 강행규정이라고 보아야 하므로 이를 침해하는 행위는 단체교섭을 거부할 만한 정당한 사유가 있지 않는 한 위법성이 있다고 판단하는 것[88]에는 동의하기 어렵다. 사용자의 단체교섭 거부행위로부터 단체교섭권이 침해된 노동조합의 권리를 구제해 줄 필요가 있는지 여부를 확인하기 위해서 단체교섭 거부의 부당노동행위 해당성을 판단할 때에는 사용자의 부당노동행위 의사를 요구하지 않고 단체교섭 거부 행위의 외형을 객관적으로 판단하면 족하다. 그러나 노동조합 구제 여부에 대한 판단이 아니라 사용자에게 불법행위 책임을 부과하기 위해서는 고의 또는 과실 등 주관적 요소와 부당노동행위와 손해 발생 사이의 인과관계 등이 있는지 여부가 추가로 판단되어야 하기 때문이다.

요컨대 단체교섭 거부에 있어서 고의는 사용자가 단체교섭을 거부할 정당한 이유가 없고 노동조합의 단체교섭권을 침해하게 된다는 사실을 알면서도 행할 때 인정될 수 있으며, 그러한 사실을 알았어야 함에도 불구하고 주의의무를 해태하여 알지 못했을 경우에는 과실이 인정된다.[89]

---

87) 대판 2006. 10. 26, 2004다11070.

88) 이철수, '단체교섭 거부와 불법행위책임', 107쪽.

89) 하경효, '단체교섭 거부에 대한 구제방법과 내용', 546쪽.

불이익취급의 부당노동행위인 경우에는 부당노동행위 의사가 있으면 고의가 추단될 수 있다.[90] 그러나 단체교섭 거부의 부당노동행위의 경우에는 다른 부당노동행위 유형과는 달리 사용자에게 부당노동행위 의사를 요구하지 않는다는 점을 고려하면, 그것이 부당노동행위에 해당한다고 하더라도 불법행위에 있어서의 고의를 인정하기 위해서는 노동조합의 단결권을 침해한다는 반조합적 의도와 같은 가중적인 심리적 요건이 필요하다.[91] 단체교섭 거부와 손해 발생 사이의 인과관계에 대한 입증책임은 노동조합이 부담하게 된다. 예상 가능한 손해에는 교섭 지연으로 인한 조합원 감소, 조합비 감소, 단체교섭을 준비하면서 소요된 비용 등이 있을 것이다.

(2) **손해배상책임의 내용**

사용자의 단체교섭 거부 행위가 불법행위로 인정되면 사용자는 노동조합에 대하여 손해를 배상할 책임을 부담하게 된다. 이 때 손해배상의 내용은 사용자가 단체교섭을 거부함으로써 발생한 노동조합의 재산적 손해와 위자료 등 비재산적 손해에 대한 배상이 될 수 있다.[92] 비재산적 손해에 대한 배상은 단체교섭 거부 행위가 고의로 인한 행위일 때에 한해서 인정된다고 보는 견해가 있다.[93]

다만 손해배상청구는 과거의 손해에 대한 배상이라는 점에서 장래를 향하여 단체교섭이 원활히 진행되도록 하는 직접적인 구제조치라고 할 수 없다는 한계를 지닌다.[94]

---

90) 대판 1993. 12. 21, 93다11463.

91) 이철수, '단체교섭 거부와 불법행위책임', 107쪽; 하경효, '단체교섭 거부에 대한 구제방법과 내용', 546쪽 각주 69).

92) 대판 2006. 10. 26, 2004다11070.

93) 菅野和夫, 「勞働法」, 668쪽.

94) 김유성, 「노동법Ⅱ」, 153쪽; 菅野和夫, 「勞働法」, 668쪽.

사항색인

이준희 (李準熙)

고려대학교 법과대학에서 법학을 배우고, 같은 대학교 대학원에서 노동법을 공부했다. 직장 내 집단 괴롭힘 문제를 연구해서 석사학위를, 단체교섭권을 연구해서 박사학위를 받았다. 한국경영자총협회에서 법제2팀장, 법제1팀장을 맡았었다. 지금은 경총 부설 노동경제연구원 연구위원으로 재직 중이고, 홍익교회 주일학교 교사로 일하고 있다.
그 동안 쓴 책은 「노동쟁송실무 Ⅰ, Ⅱ」, 「복수노조와 단체교섭 Q&A」, 「교대제와 노동법 Q&A」, 「직무 성과급제 도입 운영과 근로기준법」, 「인사평가의 공정성에 관한 판례 분석」 등이 있다.

단체교섭법론

초판 인쇄 2017년 12월 20일
초판 발행 2017년 12월 30일

저　자 이준희
발행인 이명재 · 이종은
편　집 송일근 · 정윤아
디자인 김도언 · 김태연
제　작 정대의

발행처 신조사
서울특별시 마포구 독막로 295 삼부골든타워 212호
등록 1994. 7. 4. 제17-179호(倫)
전　화 (02) 713-0402
F A X (02) 713-0403
홈페이지 http: //www.sinjosa.co.kr
ISBN 979-11-86377-26-0 93360

정　가 30,000원